Wirtschaftsenglisch für Studium und Beruf

Wirtschaftswissen kompakt in Deutsch und Englisch – German and English Business Know-How

von

Gabi Galster

Christine Rupp

3., korrigierte Auflage

Oldenbourg Verlag München

Lektorat: Christiane Engel-Haas, M.A.
Herstellung: Tina Bonertz
Titelbild: Julian Dostmann
Einbandgestaltung: hauser lacour

Bibliografische Information der Deutschen Nationalbibliothek
Die Deutsche Nationalbibliothek verzeichnet diese Publikation in der Deutschen Nationalbibliografie; detaillierte bibliografische Daten sind im Internet über http://dnb.dnb.de abrufbar.

Library of Congress Cataloging-in-Publication Data
A CIP catalog record for this book has been applied for at the Library of Congress.

Rosenheimer Straße 143, 81671 München, Deutschland
www.degruyter.com/oldenbourg
Ein Unternehmen von De Gruyter

Gedruckt in Deutschland

Dieses Papier ist alterungsbeständig nach DIN/ISO 9706.

ISBN 978-3-486-72655-8
eISBN 978-3-486-75117-8

Ein Ökonom ist ein Mensch, der das Offensichtliche mit den Fachausdrücken des Unbegreiflichen darstellt.
Alfred A. Knopf

Economics is common sense made simple.
Alfred Marshall

Vorwort zur zweiten Auflage

In den letzten Jahren gab es in der Weltwirtschaft monumentale Entwicklungen – die Bildung einer gewaltigen Spekulationsblase, deren Platzen die Immobilien- und Finanzmärkte, vor allem die Banken und die gesamte Kreditwirtschaft und schließlich die Realwirtschaft rund um den Globus erschütterte. In der Folgezeit wurden Konjunkturprogramme aufgelegt und Rettungsschirme gespannt, während gleichzeitig neue Turbulenzen etwa in Form der Eurokrise die Grundfesten etablierter Wirtschaftsstrukturen ins Wanken geraten lassen. Neben diesen großen Paradigmenwechseln gab es viele kleine Veränderungen, wie etwa überarbeitete Bestimmungen im Exportwesen (Incoterms, Versicherung, Dokumentation). Natürlich entstanden im Gefolge dieser großen und kleinen Umwälzungen viele neue Termini und Jargonismen, die die deutsch-englische Wirtschaftssprache bereichern.

In den jeweiligen Kapiteln dieser überarbeiteten Auflage sind diese Neuerungen eingeflossen, wobei der gesteckte Rahmen der möglichst kompakten Vermittlung von Wirtschaftswissen und –terminologie erhalten bleiben sollte. Wir hoffen, dass dieses Kompendium unseren Leserinnen und Lesern gute Dienste erweisen kann und freuen uns über Kommentare, Kritik und konstruktive Anregungen.

Die Autorinnen
München, Juni 2011

Vorwort zur ersten Auflage

Die Tücken der deutsch-englischen Wirtschaftssprache

Chronisten der deutschen und der englischen Wirtschaftsfachsprache müssen mit der Tatsache leben, dass der Gegenstand ihrer Betrachtungen stetigen Veränderungen ausgesetzt ist. In immer kürzeren Abständen kommen neue Instrumente, Abläufe, Tools, Produkte, Dienstleistungen, neue Management-Theorien und Marketing-Konzepte auf den Markt – in ihrer Mehrzahl in der anglo-amerikanischen Wirtschaftswelt konzipiert. Die innovationshörige Welt der globalisierten Ökonomie zeichnet sich durch stets kürzere Lebenszyklen all dieser Innovationen aus. Und alles Neue muss neue Namen erhalten, und diese müssen übersetzt werden, mögen die Begriffe und ihre Benennungen wie die Produkte oder Fakten, die sie repräsentieren, auch nur von besagter kurzer Halbwertszeit sein.

Im Zeitalter des Internets und seiner Suchmaschinen sind solche Wirtschaftsfakten zweifellos schnell abrufbar. Auch der Zugriff auf die dazugehörige Fachsprache ist ein Leichtes: ein- und mehrsprachige Online-Wirtschaftsglossare sind in einer schier unüberschaubaren Vielzahl und Vielfalt per Mausklick verfügbar. Hinzu kommen all die Wirtschaftsinformationen, die via Printmedien, Funk und Fernsehen einmal für den populären Gebrauch, dann aber auch akademischen Ansprüchen genügend aufbereitet werden. Dem systematischen Sammler von Wirtschaftstermini bieten sich eigentlich viele sachliche und sprachliche Informationsquellen zu einem betrachteten Begriff aus der Welt der Wirtschaft.

Doch leider sind nicht alle Quellen zuverlässig, und zunehmend fehlt es an begrifflicher und sprachlicher Übereinstimmung der Autoren, die die ökonomischen Termini kommunizieren. Die Gründe? Schlampigkeit? Fehlendes Interesse an Genauigkeit und linguistischer Konsistenz seitens der Autoren und der Leser? Zeitdruck für die Verfasser der Informationen? Allgemein nachlassende Sensibilisierung für die genaue Bedeutung von Begriffen und ihren Übersetzungen?

Das Ergebnis: 1. Für ein und denselben Begriffsinhalt gibt es verschiedene Fachtermini oder 2. ein Wirtschaftsterminus wird für mehrere voneinander abweichende, aber oft benachbarte Begriffsinhalte verwendet; es erfolgt also ein Abgleiten in die Mehrdeutigkeit. Dem Chronisten bleibt nichts weiter übrig, als dies zu konstatieren und ab einer bestimmten Verwendungsfrequenz auch noch die x-te Variante zu dokumentieren. Die wünschenswerte linguistische Präzision und Konsistenz bei der genauen Benennung, Beschreibung, Übersetzung und Verwendung von ökonomischen Sachverhalten – für viele eine vernachlässigbare Größe – wird für die, die sie systematisch präsentieren, unterrichten und lernen wollen, zur Sisyphusarbeit.

Doch damit noch nicht genug. Bestimmte Publikationen, Institutionen oder Unternehmen pflegen überdies ganz bewusst ureigene, von anderen abweichende sprachliche und terminologische Konventionen, um sich auf diese Weise durch Alleinstellungsmerkmale in ihrer Corporate Language von der Konkurrenz abzuheben.

Nun wird der überwiegende Teil der internationalen Wirtschaftstransaktionen zwar mit Hilfe der englischen Sprache, jedoch von nicht-englischen Muttersprachlern (non-native speakers) getätigt. Dieses Global English erfüllt durchaus seinen Zweck als Lingua Franca der Business Community, weist aber auf terminologischer, syntaktischer und phonetischer Ebene regionale Besonderheiten und Eigenkreationen auf, die es wiederum zu vermerken gilt.

Jede Fachsprache gehorcht zudem den eigenen Konventionen und Gesetzmäßigkeiten ihres jeweiligen Sprachraums. Die englische und die deutsche Wirtschaftsfachsprache weisen per se Unterschiede auf. Dies erfordert größte Wachsamkeit des Übersetzers.

- Im Deutschen neigt man zur Nominalisierung (Substantivierung), und das Englische favorisiert den Verbalstil.
- Die anglo-amerikanische Wirtschaftssprache enthält im Vergleich zur deutschen mehr umgangssprachliche Elemente, sie hat appellativeren Charakter, verwendet in stärkerem Maße Metaphern und wartet mit vielen witzigen und kreativen Wortneuschöpfungen auf. Die deutsche Wirtschaftssprache integriert nur gezielt und seltener Metaphern; sie ist sachlicher, nüchterner – viele meinen auch langweiliger – als ihr englisches Pendant, wenngleich in den letzten Jahren eine gewisse Annäherung an das Anglo-Amerikanische zu beobachten ist.
- Diese Annäherung geht soweit, dass viele englische Fachbegriffe gänzlich ins Deutsche übernommen wurden und sich ein Deutsch-Englisch-Mix (Denglisch) inzwischen großer Popularität erfreut. Doch im Deutschen erlebt der englische Originalterminus so manches Mal eine gewisse Bedeutungsmetamorphose.

  Ein Beispiel: Das Mobiltelefon wird im Neudeutschen auch als *Handy* bezeichnet. Im Englischen versteht man unter *handy* allerdings *geschickt*, *praktisch* oder *griffbereit,* wohingegen ein *mobile phone* in Großbritannien oder ein *cellphone* in den USA dem 'deutschen' *Handy* oder Mobiltelefon entspricht.

Somit wird die Liste der Benennungen und ihrer Übersetzungen zu einem einzigen Begriff lang und länger und bedarf noch ausführlicherer Kommentare.

Trotz einiger Standardisierungsversuche seitens verschiedener Normierungsautoritäten (DIN, Duden) präsentiert sich die Wirtschaftsfachsprache gerade beim Unterfangen eine zweisprachige Fachkunde und Fachterminologie zu erstellen als schier undurchdringlicher Dschungel. Es bedeutet sich permanent mit neuen inhaltlichen und sprachlichen Realitäten auseinander zu setzen und mit terminologischen Kontroversen, ja Widersprüchen zu ringen. Es bedeutet aber auch, kontinuierlich mit neuen, interessanten und komplexen Wortkonstrukten konfrontiert zu werden und an lebendigen Sprachentwicklungen teilzuhaben.

Das vorlegende Arbeitsbuch verfolgt das Ziel den Leser für diese Komplexität der Wirtschaftssprache im deutsch-englischen Vergleich zu sensibilisieren. Vermittelt werden kompakte Fachkenntnisse zu bestimmten Wirtschaftsthemen und die dazugehörige Terminologie, um sich auf dem Terrain der praktischen Wirtschaftskommunikation sicher bewegen und etwaige Unbillen meistern zu können.

Die Autorinnen
München, September 2006

Hinweise zur Benutzung des Buches

Das vorliegende Arbeitsbuch ist ein Versuch, auf begrenztem Raum wirtschaftliche Fachsprache exemplarisch zu vermitteln und in sachliche Zusammenhänge einzubetten. Unser Konzept fußt auf einer Verbindung von Fakten zu klassischen und aktuellen Wirtschaftsthemen (präsentiert in deutscher und in englischer Sprache), dem dazugehörenden themenspezifischen deutsch-englischen bzw. englisch-deutschen Wortschatz sowie kommentierten Sprachübungen.

Wir wenden uns an

- Zielgruppen aus dem schulischen, berufsbildenden und akademischen Bereich: SchülerInnen und StudentInnen, die im Rahmen ihrer Ausbildung mit der Kombination Wirtschaft & Englisch/Deutsch befasst sind und über gute allgemeinsprachliche Vorkenntnisse in der englischen und deutschen Sprache verfügen; LehrerInnen und DozentInnen, die das Fach Wirtschaftsenglisch unterrichten
- sowie an Personen aus der beruflichen Praxis, die sich als Selbstlerner mit Wirtschaftsenglisch/-deutsch beschäftigen: international tätige Geschäftsleute, die Defizite in der englischen Wirtschaftssprache ausgleichen müssen; SprachexpertInnen, wie etwa ÜbersetzerInnen, DolmetscherInnen oder JournalistInnen, die an kompakten sachlichen Informationen zur Wirtschaft der BRD, der USA und in Großbritannien und am entsprechenden themenbezogenen Wortschatz interessiert sind.

Einsatzmöglichkeiten

Das Buch soll als anwendungsbezogene Lernhilfe, als kompakter fachsprachlicher und thematischer Leitfaden und als Nachschlagewerk für Studium und Beruf dienen.

Es trägt den Bedürfnissen von LehrerInnen und DozentInnen im zweisprachigen Wirtschaftsunterricht Rechnung und kann als Grundlage oder Ergänzung zur Kursarbeit oder zur Lektüre des aktuellen Tagesgeschehens herangezogen werden. SchülerInnen und StudentInnen bietet es die Möglichkeit, kursbegleitend oder zum Zwecke der Prüfungsvorbereitung systematisch wirtschaftliche Schwerpunktthemen im deutschen und anglo-amerikanischen Wirtschaftsraum abzudecken. Personen, die in ihrer beruflichen Praxis über profunde Wirtschaftskenntnisse verfügen müssen, können anhand des Buches ihren aktuellen Wirtschaftswortschatz im Deutschen und im Englischen gezielt und themenorientiert als Selbstlerner erweitern und ihre Sprechfertigkeit gleichzeitig durch die Sprachübungen vertiefen.

Kapitelaufbau

Das Buch ist in 28 Kapiteleinheiten gegliedert. Jede Einheit behandelt einen thematischen Schwerpunkt. Die betriebs- und volkswirtschaftlichen Themen

tragen dem klassischen Lehrstoff sowie aktuellen ökonomischen Entwicklungen und Trends Rechnung.
Der Aufbau eines jeden Kapitels präsentiert sich nach folgendem Muster:

1. ein **Artikel in deutscher Sprache** mit deutsch-englischer **Terminologie**
2. ein **Artikel in englischer Sprache** mit englisch-deutscher **Terminologie**
3. praktische **Sprachübungen** zu dieser Einheit mit Lösungen.

Die deutschen bzw. englischen **Artikel** sind jeweils geschlossene Darstellungen, die das Thema kompakt (i.d.R. über drei Seiten) vorstellen. Sie wiederholen keine Inhalte, sondern ergänzen sich vielmehr in sachlich-inhaltlicher Hinsicht, beleuchten ein Thema oftmals aus deutscher bzw. angloamerikanischer Sicht und arbeiten die divergierenden Wirtschaftsstrukturen sowie interkulturelle Unterschiede heraus.

Die in den Artikeln verwendeten wichtigen wirtschaftlichen Fachbegriffe sowie Fachphraseologien sind kursiv gedruckt. Diese Kennung bedeutet, dass sie in der **Terminologie**liste auf der jeweils gegenüberliegenden Seite übersetzt sind. Zu jeder Seite Fließtext gehört also eine Seite mit alphabetisch geordneten terminologischen Einträgen. Zeitraubendes Nachschlagen im Wörterbuch und langwieriges Sinnieren über die kontextuelle Bedeutung entfallen.

Die terminologischen Kommentare enthalten:
a) Benennungen und Übersetzungen
Grundsätzlich ist anzumerken, dass eine wörtliche oder 1:1-Übersetzung vom Deutschen ins Englische und vice versa aufgrund von abweichenden grammatikalischen und idiomatischen Konventionen der beiden Sprachen nicht immer möglich ist.

Beispiel:

Bilanzkosmetik	cooking the books
Es gelten die folgenden Bestimmungen: ...	The following provisions apply/must be met: ...

b) Definitionen, Synonymangaben und kurze Anmerkungen zu bestimmten Termini, die als zusätzliche Verständnis- und Übersetzungshilfe dienen.

Beispiel:

glocalisation *(no pl.)*	Glokalisierung, Glokalisation
Adaptation of a global brand or strategy to suit local circumstances.	

farm produce *(no pl.)*	Agrarprodukte, landwirtschaftliche Erzeugnisse
The collective term 'produce' is used only in an agricultural context.	

empower, to ~ sb.	jdn. empowern
Management concept which involves giving employees greater control over their own jobs and allowing them to realise their full potential by enabling them to make decisions and to act on their own initiative.	

c) Polysemie-Hinweise

Viele Wirtschaftstermini haben mehrere Bedeutungen, die durchnumeriert und vollständig dokumentiert werden. Man beachte jedoch, dass die englischen und deutschen Konventionen bei polysemen Begriffen oft verschieden sind.

Beispiele:

workforce *(no pl.)*	
1. *all those engaged in work or available for work; syn. labour force*	1. Erwerbspersonen
2. *all those in the employment of a specific company or organisation*	2. Belegschaft

Kreditzinsen	
1. *aus Sicht der Kreditgeber*	1. lending rates
2. *aus Sicht der Kreditnehmer*	2. borrowing rates

security	
1. *sing. + pl.*	1. Wertpapier
2. *no pl.*	2.1 Sicherheit *(als Schutz)*
	2.2 Sicherheit *(als Garantie)*

Bei 'einfacher' Polysemie, die eher den allgemeinsprachlichen Bereich betrifft, wird auf die Nennung weiterer, nicht fachlicher Bedeutungen verzichtet. Solchen Polysemen wird lediglich ein *hier:/here:* vorangestellt. Diese Kennung macht deutlich, dass die Übersetzung für diesen speziellen Artikelkontext gilt, in anderen Kontexten jedoch anders ausfallen kann.

Beispiel:

award	*hier:* Schiedsspruch

exploit *(vb)*	*hier:* verwerten

d) Pragmatik- und Grammatikhinweise

Pragmatikangaben wie *ugs.* (umgangssprachlich), UK (britisches Englisch) bzw. *US* (amerikanisches Englisch) und grammatikalische Hinweise erleichtern die gezielte sprachliche Verwendung von Termini. Letztere sind außerdem häufig ausschlaggebend bei der Zuordnung von Bedeutungen bei Polysemen.

Beispiel:

economy 1. *no article, uncountable* 2. *article, countable*	 1. Sparsamkeit 2. Wirtschaft

sale(s) (*activity of selling*)	*hier:* Verkauf
NB sales (no sing.) = 1. volume of goods sold (Absatz) *2. value of goods sold, turnover (UK) (Umsatz)*	

Jedes Kapitel wird durch eine Übungssektion abgerundet, die den Fachwortschatz und einzelne linguistische Aspekte aus den beiden vorangegangenen Fließtexten aufgreift und vertieft. Im Fokus der **Übungen** steht die englische Wirtschaftssprache kontrastiv zur deutschen. Es wurde versucht, die erfahrungsgemäß typischen Probleme deutscher Muttersprachler mit englischer Grammatik, Idiomatik, Lexik oder Syntax abzudecken. Jedes Kapitel endet mit der Seite **Lösungen**, in der die bearbeiteten Übungsaufgaben präsentiert werden.

Die Übungen behandeln u.a. die folgenden Aspekte:

- problematische Wortpaare; *Beispiele: rise/raise, lend/borrow, by/until*
- pragmatische Formulierungsfelder, die in der englischen und deutschen Diskussionspraxis zu wirtschaftlichen Themen verwendet werden;
  Beispiele: Wie definiert man korrekt? Wie formuliert man Pro und Kontra? Wie begründet man Sachverhalte? Wie zieht man Vergleiche? Wie drückt man seine Meinung aus?
- Wortfamilien zu Fachtermini, die die wichtigsten Kollokationen in den beiden Sprachen enthalten und anhand von Zuordnungs- oder Übersetzungsübungen präsentiert werden;
  Beispiele: economy, currency, supply; Umschlag, schätzen
- Übungen zur Wirtschaftsstatistik;
  Beispiele: Währungsangaben, Ranglisten, Prozent/ Prozentpunkt/ Basispunkt
- Übungen, die die Sprechfertigkeit und die Übersetzungstechnik fördern;
  Beispiele: connectives, indirekte Rede, Wiedergabe von 'man' im Englischen

Wir hoffen, dass das vorliegende Arbeitsbuch allen BenutzerInnen einen guten Dienst erweisen wird.

Was man auch von der Unzulänglichkeit des Übersetzens sagen mag,
so ist und bleibt es doch eines der wichtigsten
und würdigsten Geschäfte in dem allgemeinen Weltverkehr.
Johann Wolfgang von Goethe

Inhaltsübersicht

Inhaltsangabe mit Themenübersicht

Verzeichnis der Übungen

Verzeichnis der Abkürzungen

deutsche Abkürzungen	
Adj.	Adjektiv
Adv.	Adverb
Anm.	Anmerkung
Ant.	Antonym
bzgl.	bezüglich
bzw.	beziehungsweise
ca.	circa, ungefähr
d.h.	das heißt
etc.	et cetera
etw.	etwas
ggf.	gegebenenfalls
i.d.R	in der Regel
i.e.S.	im engeren Sinne
i.S.v.	im Sinne von
i.w.S.	im weiteren Sinne
jd.	jemand
jdm.	jemandem
jdn.	jemanden
Pl.	Plural
Sing.	Singular
Syn.	Synonym
ugs.	umgangssprachlich
UK	britisches Englisch
US	amerikanisches Englisch
u.a.	unter anderem
usw.	und so weiter
v.a.	vor allem
vgl.	vergleiche
z.B.	zum Beispiel

englische Abkürzungen	
adj.	adjective
adv.	adverb
cf.	compare with
coll.	colloquial
e.g.	for example
esp.	especially
etc.	et cetera, and so on
i.e.	that is
intr.	intransitive
NB	nota bene
no pl.	no plural
no sing.	no singular
opp.	opposite
pl.	plural
sb.	somebody
sing.	singular
sth.	something
syn.	synonym
tr.	transitive
UK	British English
US	American English
usu.	usually
vb	verb

1

Globalisierung – Herausforderung oder Verhängnis?
Die Argumente der Globalisierungsbefürworter und -gegner

Free Trade – A Will-O'-The-Wisp?
Pros and cons of free trade

Globalisierung – Herausforderung oder Verhängnis?

Der Begriff *Globalisierung* steht seit den 80er Jahren für einen beschleunigten Prozess der Internationalisierung von zuvor eher national ausgerichteten *Volkswirtschaften.* Er bezeichnet die primär ökonomische Verflechtung aller Staaten weltweit. Diese Entwicklung ist durch folgende Faktoren gekennzeichnet:

- Zusammenwachsen von Märkten durch *grenzüberschreitenden Waren-, Dienstleistungs- und Kapitalverkehr* zu einem einzigen weltumspannenden Markt;
- wirtschaftliche Interdependenz, die sowohl gegenseitige Abhängigkeit als auch einen steten Anpassungsdruck bewirkt, dem einzelne Staaten und *Regionen* unterliegen;
- die Dominanz von *multinationalen* bzw. *transnationalen Unternehmen*, den Global Playern, die als Akteure nunmehr weltweit operieren. Sie überziehen die Weltwirtschaft mit einem Netz globaler *Unternehmensstandorte* für Produktion und Vertrieb. Durch *Fusionen und Übernahmen* über nationale Grenzen hinweg trachten sie nach einer Verbesserung ihrer weltweiten Marktposition.

Globalisierung ist zwar in hohem Maße ein ökonomisches Phänomen, das jedoch zwangsläufig politische, gesellschaftliche, soziale und kulturelle Veränderungsprozesse nach sich zieht.

Der Motor der Globalisierung

- ***Deregulierung***

Die Popularität der *wirtschaftspolitischen Denkschulen* des *Monetarismus* und des *Neoliberalismus* in den 70er Jahren löste eine Welle binnenstaatlicher Deregulierungsmaßnahmen aus. Die Abschaffung vieler staatlicher Kontrollen und Vorschriften zugunsten des *Primats des freien Marktes* ließ die wettbewerbsfähigsten Unternehmen zunächst innerhalb ihrer eigenen Volkswirtschaften expandieren und erstarken.
Parallel dazu erfolgte eine außenwirtschaftliche Deregulierung der Güter- und Finanzmärkte. Im Rahmen von *GATT* und Organisationen wie der *WTO* einigten sich die Mitgliedstaaten auf einen gewissen Abbau von Handelsbarrieren wie *Zölle, Kontingente und andere Ein- und Ausfuhrbeschränkungen* sowie auf die Abschaffung von *Kapitalverkehrskontrollen.* All dies sorgte für ein *Umfeld*, in dem die führenden Unternehmen als Global Player überall auf der Welt unbehindert und unkontrolliert agieren konnten.

- ***Regionalisierung* als *Vorstufe* der Globalisierung**

Im Zuge supranationaler Regionalisierung, d.h. der Zusammenschluss von Staaten zu großen *Wirtschaftszonen* (z.B. EU, *NAFTA*, *Mercosur* oder *ASEAN*), wurde der Liberalisierungstrend in den betreffenden Regionen eingeleitet.

ASEAN, Vereinigung südostasiatischer Nationen	ASEAN, Association of South-East Asian Nations
Ziel: Förderung des Wirtschaftswachstums und der Stabilität in der Region.	
Deregulierung, Liberalisierung	deregulation
Abbau staatlicher Vorschriften und Bestimmungen in der Wirtschaft.	
Ein- und Ausfuhrbeschränkungen	import and export restrictions
Fusionen und Übernahmen	mergers and acquisitions, M&As
GATT, Allgemeines Zoll- und Handelsabkommen	GATT, General Agreement on Tariffs and Trade
Globalisierung, Internationalisierung	globalisation, internationalisation
grenzüberschreitend	cross-border
Kapitalverkehrskontrollen	controls on the movement of capital
Kontingent *(Pl. Kontingente)*	quota *(pl. quotas)*
Mercosur, Mercosul *(portugiesische Bezeichnung)*, Gemeinsamer Markt des Südens	Mercosur, Mercosul, Common Market of the South
Langform: Mercado Común del Sur, Mercado Comum do Sul; Ziel: Förderung des Freihandels in der Region Lateinamerika.	
Monetarismus	monetarism
multinationales Unternehmen, Multi *(ugs.)*, transnationales Unternehmen	multinational company, MNC, transnational company, TNC
NAFTA, Nordamerikanisches Freihandelsabkommen	NAFTA, North American Free Trade Agreement
Ziel: Förderung des Handels zwischen den Mitgliedstaaten Kanada, Mexiko und den Vereinigten Staaten.	
Neoliberalismus	neo-liberalism
Primat des freien Marktes	primacy of the free market
Region	region
Ein geografisches Gebiet, das aufgrund ökonomischer, historischer, politischer, ethnischer, sprachlicher oder kultureller Kriterien eine Einheit bildet; die territoriale Größenordnung kann subnational oder supranational sein.	
Umfeld	environment
Unternehmensstandort	business location
Volkswirtschaft	(national) economy
Waren-, Dienstleistungs- und Kapitalverkehr	movement of goods, services and capital
Vorstufe	*here:* a step towards
wirtschaftspolitische Denkschulen	economic schools (of thought)
Wirtschaftszone	economic area
WTO, Welthandelsorganisation	WTO, World Trade Organisation
Sonderorganisation der UNO zur Förderung und Überwachung des Welthandels; Sitz: Genf/Schweiz.	
Zoll	tariff, duty, customs

- Das Ergebnis war eine raschere Zunahme des Volumens und eine Ausweitung des grenzüberschreitenden Waren-, Dienstleistungs- und Kapitalverkehrs weltweit.

- Mit dem *Scheitern* der sozialistischen *Planwirtschaft* und der Öffnung bisher *geschlossener Märkte* in Osteuropa und in China war der *Systemwettbewerb* beendet. Das nunmehr weitgehend einheitliche weltumspannende Wirtschaftssystem unterliegt den *Spielregeln* der *freien Marktwirtschaft*, die für alle *Akteure gelten*.

- **Global Village – der *Eintritt ins Informationszeitalter***
Die Welt wird zum globalen Dorf der weltweiten *Datenströme*, in dem alle Marktteilnehmer vernetzt sind. Die digitale Revolution globalisierte den *Informationsaustausch*. Neue *bahnbrechende* Technologien in *der Informations- und Kommunikationsindustrie (IuK)*, v.a. im Bereich der *Datenverarbeitung,* beschleunigten und verbilligten Transport und Kommunikation *in beispiellosem Maße*. Sie bewirkten einen rasanten Ausbau der internationalen Infrastruktur, die dann von den transnationalen Unternehmen genutzt werden konnte, um räumliche und zeitliche Distanzen im Rahmen ihrer wachsenden Auslandsaktivitäten zu überbrücken.

- Damit war der *Weg* für Global Player zu stärkeren *Auslandsengagements geebnet. Produktionsverlagerungen* in *Billiglohnländer* finden statt. *Direktinvestitionen im Ausland* werden getätigt. Finanzkapital kann *in Sekundenschnelle* von einem Ort auf der Erde zum anderen bewegt werden.

Globalisierung – *Pro und Kontra*

Globalisierung ist in der Öffentlichkeit mit unterschiedlichen Emotionen besetzt: Die *Befürworter* sehen sie als Chance für einen Aufbruch in ein neues ökonomisches Zeitalter, und für *Globalisierungsgegner,* die sich zunehmend *lautstark* anlässlich internationaler *Wirtschaftsgipfel* oder Wirtschaftskonferenzen *zu Wort melden* und sich in Gruppen zu formieren beginnen, ist sie der *Inbegriff* der *Ausbeutung von wirtschaftlich Schwächeren.*

Die *Argumente* der Globalisierungsgegner

- **Die Politik wird zum *Handlanger* der Global Player *degradiert***
Die wirtschaftliche Entwicklung *entzieht sich* immer mehr *der staatlichen Kontrolle*. Durch den *Deregulierungswettbewerb* gibt die nationale Politik *Regelungskompetenz* an die internationalen Märkte und an die Global Player weiter und eliminiert ihren *Daseinsgrund*. Doch die sozialen Folgen der Globalisierung müssen nach wie vor von den Nationalstaaten getragen werden. Der *'Turbokapitalismus'* und der *'Imperialismus der Ökonomie'* gehen einher mit dem Kontrollverlust der nationalen Regierungen.

Akteur (*hier:* Marktteilnehmer)	player, market participant, actor
Ausbeutung von wirtschaftlich Schwächeren	exploitation of the economically disadvantaged
Auslandsengagement	business activities abroad
bahnbrechend	revolutionary, groundbreaking, path-breaking, pioneering
Befürworter	advocate, supporter
Billiglohnland, Niedriglohnland	low-wage country, cheap-labour country
Daseinsgrund	raison d'être
Datenstrom	flow of data
Datenverarbeitung	data processing
Deregulierungswettbewerb	competitive deregulation
Direktinvestitionen im Ausland, Auslandsdirektinvestition	foreign direct investment, FDI
Gründung von Tochtergesellschaften oder Zweigniederlassungen im Ausland sowie der Erwerb von Beteiligungen an ausländischen Unternehmen.	
Eintritt ins Informationszeitalter	beginning of the information era
entziehen, sich der staatlichen Kontrolle ~	to slip out of state control
freie Marktwirtschaft	free market economy
gelten, Regeln ~ für	rules apply to
geschlossene Märkte	closed markets
Globalisierungsgegner	opponents of globalisation
Handlanger, zum ~ degradiert sein	*here:* reduced to serving sb's interests
'Imperialismus der Ökonomie'	'economic imperialism'
Inbegriff von	epitomy of
Informationsaustausch	exchange of information
Informations- und Kommunikations-industrie, IuK	information and communications industry, I&C
Maße, in beispiellosem ~	to an unprecedented degree
Planwirtschaft	planned economy
Pro und Kontra	pros and cons
Produktionsverlagerung	shifting production
Regelungskompetenz	regulatory powers
Scheitern	failure, collapse
Sekundenschnelle, in ~	within (a matter of) seconds
Spielregeln	rules of the game
Systemwettbewerb	competing economic systems
'Turbokapitalismus'	'turbo-capitalism'
Weg ebnen, den ~	to pave the way, to set the scene
Wirtschaftsgipfel	economic summit
Wort, sich lautstark zu ~ melden	to proclaim/broadcast one's opinion

- ***Sozialdarwinismus*: Es gilt das *Recht des Stärkeren***

Bei den *Investitionsentscheidungen* der Global Player sind die lokalen *Standortbedingungen* und Kostenstrukturen maßgeblich. Die *mächtigen Großkonzerne zementieren den Wettbewerb* um den günstigsten Produktionsstandort und untermauern dadurch *soziale Demontage*, die Schwächung des *Sozial-* bzw. *Wohlfahrtsstaats* und die *Aufweichung* des *Arbeitnehmerschutzes* in den *sozialen Marktwirtschaften. Öko- und Sozialdumping* in den *Schwellen- und Entwicklungsländern* werden zum Standortvorteil.

- **Gefahr internationaler Finanzkrisen**

Es entstand ein weltweiter Finanzmarkt, der sich politisch nicht mehr kontrollieren lässt und durch Spekulationen jederzeit *in Turbulenzen geraten* kann. Die globalisierte Wirtschaft wird *störanfälliger*.

- ***Kulturelle Eigenständigkeit* verschwindet**

Globalisierung wirkt homogenisierend und erfasst in ihrer Wirkung nicht nur ökonomische sondern auch gesellschaftliche Beziehungen von Menschen. Der amerikanisch-europäische Lifestyle wird auch in die *Hütten der Dritten Welt* getragen und zerstört dort *gesellschaftliches Gefüge*. Daraus resultiert eine *globale Einheitskultur ('kultureller US-Totalitarismus')*.

- ***Globalisierungsverlierer:* die Entwicklungsländer**

Viele Entwicklungsländer haben es schwer, sich im weltweiten *Verdrängungswettbewerb* zu *behaupten*. Internationale Deregulierung erfolgte oft einseitig *zu Lasten der Dritten Welt*, die die Öffnung ihrer eigenen Märkte vornehmen musste, jedoch immer noch mit *aggressivem Protektionismus* der *Industrieländer* konfrontiert ist.

Die Argumente der *Verfechter der Globalisierung*

- **Win-Win-Situation für Produzenten und Verbraucher**

Der Globalisierungprozess bewirkt eine *Optimierung der Produktion*, die allen Beteiligten, den Produzenten wie auch den Konsumenten, *Wohlfahrtsgewinne* beschert. Auf der *Absatzseite* haben Unternehmen aufgrund größerer und offenerer Märkte neue Absatzpotenziale und damit die Möglichkeit höhere *Erträge* zu *generieren*. Auf der *Beschaffungsseite* nutzen Firmen die weltweit günstigsten Ressourcen und Standorte, um optimale Voraussetzungen für die Produktion ihrer Güter zu schaffen. Effizientes Produzieren ermöglicht wiederum konkurrenzfähige Preise bzw. ein gutes *Preis-Leistungs-Verhältnis*, von dem der Konsument beim Kauf der Ware profitiert.

- **Abbau des *Reformstaus* im Sozialstaat**

Überregulierung und Kostenexplosion des reformbedürftigen Sozialstaates werden korrigiert, und die *sozialstaatliche Leistungsfähigkeit* wird zugunsten effizienterer Strukturen neu überdacht.

Absatzseite, auf der ~	with regard to sales
aggressiver Protektionismus	aggressive protectionism
Arbeitnehmerschutz	worker protection
Aufweichung	watering down, weakening
behaupten, sich ~	to hold one's own
Beschaffungsseite, auf der ~	with regard to procurement
Entwicklungsland, Dritte-Welt-Land	developing country, Third World country
Erträge generieren/erwirtschaften	to generate returns
gesellschaftliches Gefüge	social structure
globale Einheitskultur	uniform global culture
Globalisierungsverlierer	globalisation's losers
Großkonzern, mächtiger ~	(industrial) behemoth
Hütten der Dritten Welt *(die Armenviertel in Entwicklungsländern)*	Third World slums/slum areas
Industrieländer	industrialised countries
Investitionsentscheidung	investment decision
kulturelle Eigenständigkeit	cultural independence/sovereignty
'kultureller US-Totalitarismus'	'US cultural totalitarianism'
Ökodumping	ecological dumping
Optimierung der Produktion	optimisation of production
Preis-Leistungs-Verhältnis	price/performance ratio, cost/benefit ratio
Recht des Stärkeren	survival of the fittest
Reformstau	holdup/delay in reforms
Schwellenland	threshold country, emerging market (country)
Sozialdarwinismus	social Darwinism
Sozialdumping	social dumping
soziale Demontage, Demontage des Wohlfahrtsstaates	dismantling/rollback of the welfare state
soziale Marktwirtschaft	social free market economy
Sozialstaat, Wohlfahrtsstaat	welfare state
sozialstaatliche Leistungsfähigkeit	efficiency of the welfare state
Standortbedingungen	conditions for industrial locations
störanfällig	susceptible to disturbances
Turbulenzen, in ~ geraten	to be plunged into turbulence
Verdrängungswettbewerb	cut-throat competition
Verfechter der Globalisierung	advocate of globalisation, globalist
Wohlfahrtsgewinne	welfare gains
zementieren, den Wettbewerb ~	to reinforce competition
zu Lasten der Dritten Welt	to the detriment of the Third World

- ***Win-Win-Situation* für Industrie- und Entwicklungsländer**

Transnationale Konzerne mit Sitz in Hochlohnländern verlagern ihre Produktion in Entwicklungs- oder Schwellenländer, um von den dortigen attraktiveren Standortbedingungen zu profitieren. Dies sichert die Konkurrenzfähigkeit und damit die Arbeitsplätze in den Unternehmensbereichen des Konzerns, die noch in den Industrieländern verbleiben.
Diejenigen Entwicklungs- und Schwellenländer, in denen die Produktionswerke errichtet werden, profitieren ihrerseits von der Schaffung neuer Arbeitsplätze sowie vom Technologie- und Knowhow-Transfer. Dies eröffnet ihnen die Möglichkeit längerfristig Industrie anzusiedeln und sich nicht mehr nur auf die Erzeugung von Rohstoffen konzentrieren zu müssen. Vor allem die Einführung allermodernster Informations- und Kommunikationstechnologie, die von den Investoren ins Land gebracht wird, ermöglicht so manchen Entwicklungsländern ein *Leapfrogging* und eine schnellere Entwicklung ihrer Volkswirtschaften.

- **Mehr Chancen für den globalen Arbeitnehmer**

Mobile Arbeitnehmer nutzen das Beschäftigungspotential eines nunmehr globalen Arbeitsmarktes.

- ***Kulturelle Diversität***

Die auf den Weltmarkt ausgerichteten Konzerne trachten bei der Zusammensetzung ihrer Teams nach internationaler Besetzung. Sie rekrutieren zunehmend *ausländische Mitarbeiter*, die ihr Wissen über Auslandsmärkte und über die dortigen wirtschaftlichen, politischen und kulturellen Gepflogenheiten einbringen können. Diese Entwicklung sensibilisiert für die Notwendigkeit interkultureller Kompetenz seitens der Arbeitnehmer und der Unternehmensleitung, *fördert* die *Multikulturalität der Gesellschaft* und die *Integration aller ausländischen Mitbürger*.

- ***Global Governance***

Globalisierung stärkt die internationale politische und wirtschaftliche Zusammenarbeit im Sinne der Global Governance. Unter diesem Begriff werden all die Bemühungen *subsumiert*, die die Einrichtung von Instanzen zum Ziel haben, *die eine gemeinsam getragene Weltordnungspolitik schaffen* und globale Probleme *einer Lösung näher bringen können*. Als Aktionsforen und *Regulierungsinstanzen* koordinieren sie grenzüberschreitende Vorgehensweisen und fordern die *Einhaltung* von ökologischen, ökonomischen und *ethischen Standards* ein.

ausländische Mitarbeiter	foreign members of staff/workers
Ausweitung	expansion
Einhaltung von Standards	acting in accordance with standards, paying heed to standards, observing standards
ethischer Standard	ethical norm, ethical standard
fördern	to promote
Global Governance *(die ~)*	global governance
Integration ausländischer Mitbürger	integrating foreign members of society
kulturelle Diversität	cultural diversity
Leapfrogging	leapfrogging

Der extrem schnelle wirtschaftliche Aufholprozess einzelner Entwicklungsländer mit Hilfe der Informationstechnologie. Mehrere Technologiegenerationen können übersprungen werden. Die direkte Einführung und der Einsatz modernster IT eröffnet diesen Ländern die Möglichkeit eines Quantensprungs in ihrer Entwicklung.

Lösung, etw. einer ~ näherbringen	to come closer to solving sth.
Multikulturalität der Gesellschaft	multicultural society
Regulierungsinstanz	regulatory body, regulator, watchdog
subsumieren, ... unter einem Begriff ~	this is an umbrella term covering ...; this term covers ...; this term is used to denote ...
Weltordnungspolitik, die eine gemeinsam getragene ~ schaffen können	which can initiate/set up/create/ establish a common world order
Win-Win-Situation	win-win scenario

Sie kommt zustande, wenn zwei Akteure, die eigentlich Konkurrenten sind, am Markt so agieren, dass beiden Kontrahenten Wettbewerbsvorteile entstehen.

Free Trade – A Will-O'-The-Wisp?

The *case for free trade*, that is the free flow of imports and exports on a global scale without government intervention, rests on the assumption that all countries will in the long run gain if they each specialise in the production of those commodities they can produce more efficiently in comparison with other countries. This principle of *comparative advantage* presumes that specialisation will lead to higher production and to higher consumption on a global scale, thus increasing overall *prosperity*.

The principle of free trade is not without its opponents, however, and particularly in times of crisis there tends to be a swing towards *protectionist principles,* with *pressure groups clamouring for* governments to *erect trade barriers* to protect *domestic* producers and the domestic *workforce* against foreign competition. Protectionists traditionally *base their case on* the following arguments:

1. **The *infant industry argument*:** the argumentation here is that new *home industries* should be *shielded from* foreign competition by means of state *subsidies*, *import tariffs* etc. until they are sufficiently mature to stand on their own feet.

Free traders counter that such state-protected industries never do grow up because they are never exposed to the icy winds of competition; in addition governments do not have a good record in picking winners, that is in *backing* industries which are likely to be successful in the long run. In any case, they say, if an industry has good *prospects*, then *private enterprise* will recognise its potential and will invest in it without the need for state aid.

2. **The defence argument:** here protectionists maintain that nations should avoid being dependent on imports of *vital commodities* in case supplies are cut off, for example as a result of war. Instead, countries should aim at being *self-sufficient* as far as possible and at achieving wider diversification of their domestic production.

Free traders answer that a country's *natural resources* obviously limit the extent to which a country can be self-sufficient and also limit the variety of commodities which can be produced. The defence argument may have relevance in an emergency, such as wartime, but under normal circumstances international trading and consumer demand are so highly diversified that it simply is not practicable to aim at self-sufficiency.

3. **The dumping argument:** the *reasoning* in this case is that domestic producers need to be protected against *unfair competition* from foreign producers who *practise dumping*, that is who offer goods on foreign markets at lower prices than they normally charge on their own domestic market.

Dumping, according to free traders, is usually only a temporary measure resorted to by exporters who want to get rid of *unwanted surpluses* or goods threatening to become *obsolete*. The low prices benefit consumers

back *(vb)*	1. unterstützen 2. auf etw./jdn. setzen
base, to ~ a case on sth.	etw. begründen mit
case for	Argument für
clamour for *(vb)*	lautstark fordern
comparative advantage	komparativer Vorteil
counter *(vb)*	erwidern
domestic	inländisch, im Inland
dumping *(no pl.)*, to practise ~	Dumping praktizieren
erect *(vb)*	errichten
free trade *(no pl.)*	Freihandel
free trader	Verfechter des Freihandels
home industry	inländische Industrie
NB Heimindustrie = cottage industry	
import tariff	Einfuhrzoll
infant industry argument	Erziehungszollargument, Erziehungsschutzargument
natural resources	natürliche Ressourcen
obsolete	veraltet
pressure group	Interessengruppe
private enterprise *(no pl.)*	*hier:* die Privatwirtschaft
prospect	Aussicht, Perspektive
NB Prospekt = leaflet (cf. page 138)	
prosperity *(no pl.)*	Wohlstand
protectionist principles	protektionistische Grundsätze
reasoning *(no pl.)*	Argumentation
self-sufficient	autark
shield from *(vb)*	abschirmen, sich abschotten gegen
subsidy	Subvention
trade barrier	Handelshemmnis, Handelsschranke
unfair competition *(no pl.)*	unlauterer Wettbewerb
unwanted surplus	unerwünschter Überschuss
vital commodities	lebensnotwendige Güter
will-o'-the-wisp	Irrlicht, Trugbild
Phosphorescent light flitting over marshy ground and leading travellers astray.	
workforce *(no pl.)* 1. *all those engaged in work or available for work, syn. labour force* 2. *all those in the employment of a specific company or organisation*	1. Erwerbspersonen 2. Belegschaft

in the importing country, and any *anti-dumping penalties* will offset this gain and also invite *retaliatory measures* on the part of the exporting country.

4. **The unemployment argument:** here protectionists reason that it is necessary to erect trade barriers to prevent the domestic workforce losing jobs in the face of competition from countries which can produce more efficiently - usually as a result of lower wage costs. They maintain that firms in *low-wage countries* usually have the additional advantage that they provide fewer, if any, *social amenities* and can *economise on social security* costs for their *employees*, factors which again enable them to produce and sell goods more cheaply (*social dumping*).

Free traders argue that consumers in the home country can only *stand to benefit* by lower import prices - the main losers are workers located in home industries where the low-wage competitor has the comparative advantage. In this case workers in the *high-wage country* need to adapt and move to industries in which the country has a comparative advantage.

None of these arguments of course even touches on the complex ethical *issues raised* in connection with the morality of importing commodities produced by *child labour*, in *sweatshops* and under substandard working conditions which do not *meet* even minimal health and safety *requirements*; equally they do not *address* the *environmental concerns* raised by the steady *depletion* of the world's *non-renewable resources* in developing countries in order to earn badly needed *foreign exchange* (*ecological dumping*). In recent years *transnationals* based in industrial countries have increasingly found it advantageous to *shift* the production of *components* and even *assembly operations* to low-wage countries, which often *impose* less *stringent* environmental *regulations* or observe lower standards as regards working conditions. Under existing *World Trade Organisation* rules, countries cannot necessarily *ban imports* on grounds that the way in which they are produced is socially or environmentally undesirable; they can, however, impose *import restrictions* on products which are proven to be *detrimental to health*. But the scientific evidence that a product constitutes a *health hazard* is often *open to interpretation*, and this has for example led to controversy over trade in *GM farm produce* and hormone-treated meat.

The *fluctuating fortunes* of free trade

In times of prosperity most countries are quite happy to observe the principle of free trade, but in times of crisis there are always calls to protect the national economy against lower-priced imports. After a century of virtually unrestricted free trade, World War 1 and its economic and political *aftermath* saw countries around the globe plunging into ever-deepening recession. During the 1930s, nations suffering under the *depredations* of the *Great Depression* tried to secure individual advantages for themselves by pursuing *beggar-my-neighbour policies* in order to boost their own trade at the expense of others.

address *(vb)*	ansprechen
aftermath *(no pl.)*	Auswirkungen
anti-dumping penalty	Antidumping-Strafe
assembly operation	Montage(arbeit,-tätigkeit)
ban, to ~ imports	ein Einfuhrverbot verhängen
beggar-my-neighbour policy	Beggar-My-Neighbour-Politik
benefit, to stand to ~ by sth.	von etw. nur profitieren können
child labour *(no pl.)*	Kinderarbeit
component	Bauteil
depletion *(no pl.)*	Verringerung
depredations *(usu. pl.)*	verheerende Folgen
detrimental to health	gesundheitsschädlich/-gefährdend
ecological dumping *(no pl.)*	Ökodumping
economise on *(vb)*	einsparen, sparsam umgehen mit
employee	Arbeitnehmer
environmental concern	*hier:* Umweltproblem
farm produce *(no pl.)*	Agrarprodukte, landwirtschaftliche Erzeugnisse
The collective term 'produce' is used only in an agricultural context.	
fluctuating fortunes *(usu. pl.)*	Auf und Ab, wechselhafte Geschichte
foreign exchange *(no pl.)*	Devisen
GM, genetically modified	gentechnisch verändert
Great Depression *(1929 – circa 1935)*	Weltwirtschaftskrise
health hazard	Gesundheitsrisiko
high-wage country	Hochlohnland
import restriction	Einfuhrbeschränkung
impose *(vb)*	auferlegen
low-wage country	Billiglohnland
non-renewable resources *(usu. pl)*	nicht erneuerbare Ressourcen
open to interpretation, to be ~	Auslegungssache sein
raise, to ~ an issue	eine Frage aufwerfen
regulation	Vorschrift, Bestimmung
requirement, to meet a ~	eine Anforderung erfüllen
retaliatory measure	Vergeltungsmaßnahme
shift *(vb)*	verlagern
social amenity	Sozialeinrichtung
social dumping *(no pl.)*	Sozialdumping
social security *(no pl.)*	*hier:* Sozialversicherung
stringent	streng
sweatshop	Ausbeuterbetrieb
transnational (company), TNC, multinational (company), MNC	multi-/transnationales Unternehmen, TNU, Multi *(ugs.)*
World Trade Organisation, WTO	Welthandelsorganisation, WTO

These policies included *competitive devaluations*, when countries *vied with* one another to secure price advantages on export markets, soaring *import duties*, export subsidies, and the erection of other trade barriers. The effect was disastrous worldwide.

The end of World War 2 saw the world anxious not to repeat these mistakes, and to create a framework in which the international community could cooperate to establish a liberal *global economic order*. This led amongst other things to the conclusion of the *General Agreement on Tariffs and Trade (GATT)*, in which 23 *signatories* committed themselves to granting each other specific concessions on trade policy on a multilateral basis. The original Agreement was followed by further *rounds of negotiations.*

The outcome of the first few rounds of GATT negotiations was *gratifying*, and by the early 1990s tariffs on manufactured goods had been reduced from an average of over 40% to about 5%. At the same time the number of parties participating in the GATT surged as developing and *transition countries* in particular increasingly recognised the benefits of free trade for boosting their domestic economies. Nevertheless important obstacles to fair trade continued to *abound*, mainly in the form of *non-tariff barriers* such as health, safety, and environmental regulations, *red tape*, subsidies, etc.; important areas such as agricultural produce, *intellectual property* and trade in services, had not been addressed at all. Such topics were the main focus of protracted negotiations in the Uruguay Round (1986-1994) and the Doha Round (2001→).

One of the main drawbacks of the GATT code was that it *had no* real *clout* as no official organisation existed to administer and enforce the agreements negotiated. As a result, the *Final Act* of the Uruguay Round *provided for* the creation of a separate *legal entity* with expanded *terms of reference*: the World Trade Organisation (WTO), which started life in January 1995 and now numbers over 150 members. The WTO is formally empowered to enforce the agreements reached within the scope of trade talks, and to *adjudicate* in any disputes. An official *dispute settlement procedure* has been negotiated, whereby members *at loggerheads* over a particular issue have 60 days in which to *patch up their differences*; if no agreement is reached by this deadline, the *injured party* can refer the case to a panel for adjudication.

Alongside the progress made on this global level to liberalise trade there has been a proliferation of regional trade pacts in the form of *customs unions* such as the EU and *free trade areas* such as *NAFTA*. By way of exception to the *MFN treatment* which all WTO members must extend to one another, members of such entities and also signatories of pacts with developing countries are permitted to grant each other *preferential treatment* to the exclusion of others. It is frequently argued that such arrangements, in particular the patchwork of bilateral deals which has emerged, are likely to actually hinder the establishment of a multilateral trade order. It seems that the grand global trade pact is proving as *elusive* as ever.

abound *(vb)*	zahlreich vorhanden sein
adjudicate *(vb)*	entscheiden
clout, to have no ~ *(vb)*	es fehlt die Kompetenz etw. durchzusetzen
competitive devaluations	Abwertungswettlauf
customs union	Zollunion
Group of countries with no internal trade tariffs and a common external tariff.	
differences, to patch up ~	Differenzen beilegen
dispute settlement procedure	Verfahren zur Beilegung von Streitigkeiten
elusive	schwer greifbar
Final Act	Schlussakte
free trade area, FTA	Freihandelszone
Group of countries with no internal trade tariffs and differing external tariffs.	
General Agreement on Tariffs and Trade, GATT	Allgemeines Zoll- und Handelsabkommen, GATT
1. Agreement signed in 1947 setting out the rules for world trade; now forms part of the WTO agreements in an updated form governing goods trade. *2. International organisation created to implement the GATT agreement and replaced in 1995 by the WTO.*	
global/world economic order *(no pl.)*	Weltwirtschaftsordnung
gratifying	erfreulich
import duties	Einfuhrzölle
injured party	Geschädigter
intellectual property *(no pl.)*	geistiges Eigentum
legal entity	juristische Person
loggerheads, to be at ~ with sb.	ein Problem mit jdm. haben
MFN treatment, most-favoured-nation treatment *(no pl.)*	Meistbegünstigung
Non-discriminatory trading policy under which a country agrees to grant its most favourable trading conditions (lowest import tariffs) to another country.	
NAFTA, North American Free Trade Agreement	NAFTA, Nordamerikanisches Freihandelsabkommen
non-tariff barrier	nicht-tarifäres Handelshemmnis
preferential treatment *(no pl.)*	Vorzugsbehandlung
provide, to ~ for sth.	etw. vorsehen
red tape *(no pl.)*	Bürokratie, Amtsschimmel
round of negotiations	Verhandlungsrunde
signatory	Signatarstaat, Unterzeichner
terms of reference	Aufgabenbereich
transition country *(former socialist country)*	Reformstaat
vie, to ~ with sb.	mit jdm. wetteifern

1. Formulating approval or disapproval

Befürworter, Verfechter, Anhänger	advocate, supporter
unterstützen, billigen, zustimmen, befürworten, bejahen, gutheißen	to support, to approve of, to favour, to be in favour of, to advocate
etw. (offiziell) zustimmen, absegnen, genehmigen	to approve sth.
Kritiker, Skeptiker, Gegner	critic, sceptic, opponent
ablehnen, missbilligen, verneinen, kritisieren	to reject, to disapprove of, to criticise
Fluch oder Segen, Vorteile und Nachteile, Pro und Kontra, Für und Wider	boon or bane, curse or blessing, advantages and disadvantages, pros and cons, the case for and against sth.

Translate the following sentences

(a)	Ich kann diesem Vorschlag zwar nicht zustimmen, unterstütze Sie jedoch grundsätzlich in Ihren Reformbestrebungen.
(b)	Die meisten Unternehmen lehnen die Vorwürfe der Globalisierungsgegner ab.
(c)	Das Kartellamt billigte die Fusion der beiden größten Medienkonzerne in Deutschland.
(d)	Viele Entwicklungsländer betrachten Globalisierung eher skeptisch. Ihre Kritik an der Globalisierung ist durchaus gerechtfertigt.
(e)	Ob die Globalisierung als Fluch oder Segen zu beurteilen ist, hängt vielfach von der ideologischen Einstellung des Betrachters ab.
(f)	Als Verfechter des Monetarismus befürworten Sie natürlich den Abbau staatlicher Kontrollen in der Wirtschaft. Ich als Keynesianer kann eine Deregulierung um jeden Preis nicht uneingeschränkt gutheißen.
(g)	Lassen Sie uns das Pro und Kontra dieser Maßnahme diskutieren, bevor wir zur Abstimmung schreiten.

2. Match the definitions below with the terms in the box

* import duty * quota * protectionism * non-tariff barrier *
* free trade * retaliatory measure *

(a)	Unrestricted export and import of goods between countries.
(b)	Limitation on the amount of a product allowed to enter or leave a country.
(c)	Tax on imported goods.
(d)	Practice of shielding home companies from international competition.
(e)	Step taken to counter (aggressive) action taken by another party.
(f)	Step designed to curb imports without actually taxing them.

3. The ups and downs of business life

(i) Insert the most appropriate verb from the following list to complete the sentences describing the charts

* decline * accelerate * level off * plunge * fluctuate * recover * rise * surge *

(a)

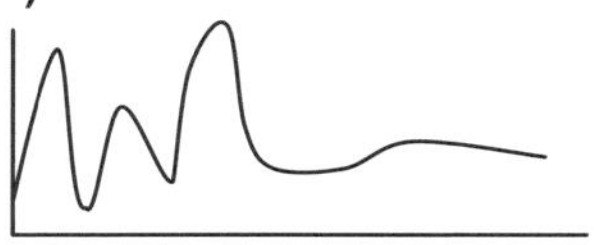

Turnover has .... since Christmas.

(b)

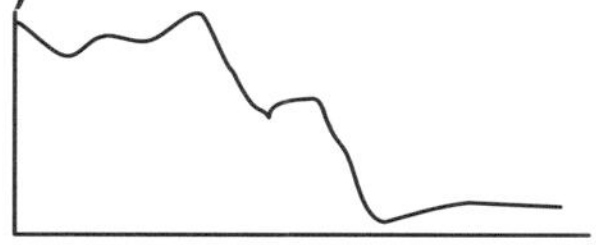

The price of gold .... two days in succession.

(c)

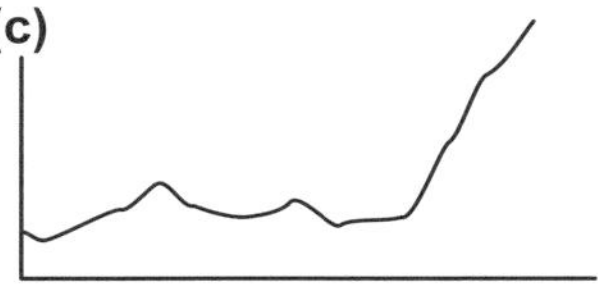

Oil prices have .... recently, thereby boosting inflation.

(d)

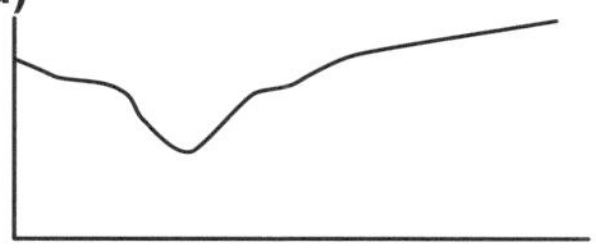

Share prices .... on the news of the takeover.

(e)

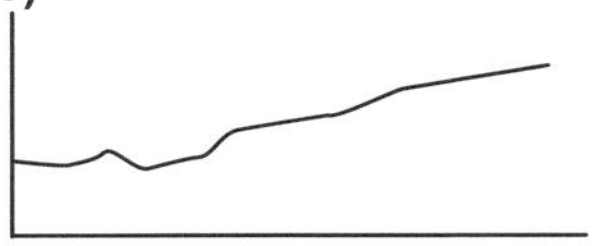

The proportion of pensioners has .... over the past 2 decades.

(f)

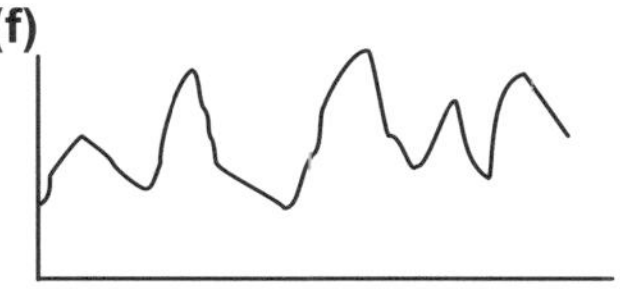

Volatile investor demand has made share prices .... wildly.

(g)

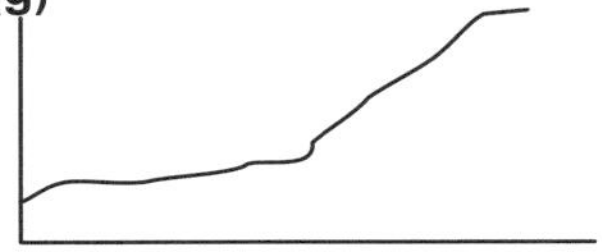

Output .... once we had installed the new machines.

(h)

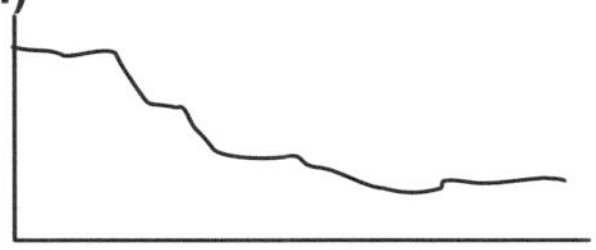

Interest rates have .... so far that it's worth taking out a loan.

(ii) Translate the sentences into German

(iii) Now match these verbs with synonyms from the table below

* decline * accelerate * level off * plunge * fluctuate * recover * rise * surge *

fall	speed up	increase	seesaw	pick up	slump
jump	steady	revive	tumble	slide	dip
stabilise	plummet	oscillate	skyrocket	soar	slow

1.

(a) I cannot agree to this proposal, although in principle I support your reform course/reform ambitions.
(b) Most companies reject the reproaches levelled by the opponents of globalisation.
(c) The cartel office approved the merger of Germany's two largest media groups.
(d) Many developing countries tend to be sceptical about globalisation. Their criticism of globalisation is entirely justified.
(e) Judging whether globalisation is a curse or a blessing is largely a question of one's ideological stance.
(f) As an advocate of monetarism you are naturally in favour of reducing state regulation of the economy. As a Keynesian I cannot altogether approve of deregulation at any price.
(g) Let's discuss the pros and cons of this measure before we proceed to the vote.

2.

(a) free trade
(b) quota
(c) import duty
(d) protectionism
(e) retaliatory measure
(f) non-tariff barrier

3. (i) & (ii)

(a) Turnover has **levelled off** since Christmas.
Der Umsatz hat sich seit Weihnachten auf ein bestimmtes Niveau eingependelt.
(b) The price of gold **plunged** two days in succession.
Der Goldpreis war zwei Tage in Folge deutlich rückläufig.
(c) Oil prices have **surged**, thereby boosting inflation.
Die kürzlich in die Höhe geschnellten Ölpreise heizten die Inflation an/bewirkten einen Inflationsschub.
(d) Share prices **recovered** on the news of the takeover.
Nach der Bekanntgabe der Übernahme haben sich die Aktienkurse wieder erholt.
(e) The proportion of pensioners **has risen** over the past two decades.
Der Anteil der Rentner ist in den letzten zwei Jahrzehnten gestiegen.
(f) Volatile investor demand has made share prices **fluctuate** wildly.
Große Nachfrageschwankungen seitens der Investoren haben zu heftigen Fluktuationen bei den Aktienkursen geführt.
(g) Output **accelerated** once we had installed the new machines.
Nachdem wir die neuen Maschinen installiert hatten, ist die Produktion schneller gestiegen.
(h) Interest rates have **declined** so far that it's worth taking out a loan.
Die Zinsen sind inzwischen auf einem so niedrigen Niveau, dass es sich lohnt einen Kredit aufzunehmen.

3. (iii)

decline	slow, fall, slide, dip	**fluctuate**	oscillate, seesaw
accelerate	speed up	**recover**	revive, pick up
level off	steady, stabilise	**rise**	increase
plunge	tumble, plummet, slump	**surge**	skyrocket, soar, jump

2

Produkte im Wandel der Zeit – von Waren und Dienstleistungen zu Solutions

Die Entwicklung von Waren und Dienstleistungen im historischen Überblick

Whose Idea Was It Anyway?

Intellectual property rights and branding

Produkte im Wandel der Zeit – von Waren und Dienstleistungen zu Solutions

Allem *wirtschaftlichen Handeln* liegt *laut Lehrbuch* das Spannungsverhältnis zwischen dem *Bedarf an Gütern* und den *knappen Ressourcen* zur Bedarfsdeckung zugrunde. Der Begriff Güter umfasst i.w.S. sowohl *Waren* (*Sachgüter, materielle Produkte*) als auch *Dienstleistungen (immaterielle Produkte).* Unternehmen nutzen die klassischen *Produktionsfaktoren Arbeit, Boden,* Kapital sowie die modernen Faktoren Technologie, *unternehmerische Fähigkeiten* und Wissen zur möglichst effizienten Herstellung der nachgefragten Güter. Doch Geschmack, Mode, Technologien, *Konsummuster* und die Konkurrenzsituation am Markt unterliegen einem stetem Wandel. Im *Ringen um die Gunst des Verbrauchers* befinden sich Unternehmen in einem kontinuierlichen Prozess der *Produktinnovation.*

Produktstrategien im historischen Überblick

In den Jahren des Wiederaufbaus nach dem 2. Weltkrieg herrschte in den Industrieländern ein *Überhang der Nachfrage gegenüber dem Angebot* (*Verkäufermarkt*). Die Unternehmen sahen folglich ihre vordringliche Aufgabe darin ihre *Kapazitäten zu erweitern*, um möglichst viele Produkte und Dienstleistungen anzubieten und dem großen *Bedarf gerecht zu werden.* Den *absatzpolitischen Instrumenten* kam lediglich eine begrenzte Bedeutung zu. Das Hauptanliegen der Unternehmer war die *Optimierung der Produktion.*
Angesichts des alsbald produzierten *Güterüberangebots* ging die Ära der Produktionsorientierung und des Verkäufermarktes allmählich zu Ende. Überdies wurden die Verbraucher mit der Zeit *anspruchsvoller.* Die Epoche der Produktorientierung begann. Es wurden zunehmend diejenigen Produkte verkauft, die dem Käufer die beste Qualität, das beste Design und die insgesamt *beste Gegenleistung* boten. Aufgabe der Unternehmen war die Produkte kontinuierlich zu verbessern, um die *gewachsenen Ansprüche* der Kunden zu befriedigen.

Die darauffolgenden Jahre der 'Wohlstandsgesellschaft', der 'Gesellschaft im Überfluss' ('Affluent Society' – ein Begriff geprägt von J.K. Galbraith) waren durch *gesättigte Märkte (Käufermarkt)* gekennzeichnet. Unternehmen versuchten nun mit Hilfe *ausgeklügelter* und aggressiver *Verkaufstaktiken, Werbung* und *Verkaufsförderung neue Bedürfnisse zu schaffen* und mit den Mitteln der *Kundenpsychologie* die entsprechenden Güter gezielt zu *vermarkten.* Der Führungsanspruch des Marketings betraf von nun an alle Produktentscheidungen von der *Produktentwicklung* bis zum *Vertrieb.*

Die 90er Jahre brachten eine neue Form des *Markenbewusstseins* mit sich. Produkte wurden Träger ökologischer, sozialer oder kultureller Werte, mit denen sich die Verbraucher identifizierten. Güter verkörperten den Lifestyle ihrer Käuferschichten und erforderten integrierte Marketingkonzepte.

absatzpolitisches Instrument	marketing instrument
anspruchsvoll	sophisticated, discriminating
Ansprüche, gewachsene ~	*here:* higher expectations/standards
Arbeit *(als Produktionsfaktor)*	labour
ausgeklügelt	sophisticated
Bedarf an Gütern	need/demand for goods
Bedarf, dem ~ gerecht werden	to satisfy needs
Bedürfnisse, neue ~ schaffen	to create new wants/needs
Boden *(als Produktionsfaktor)*	land
Dienstleistung	service
Gegenleistung, die beste ~	*here:* the best value for money
gesättigter Markt	saturated market
Güter *(als Oberbegriff für Waren und Dienstleistungen)*	goods, products
Güterüberangebot	excess supply of goods
immaterielles Produkt	intangible good, intangible
Kapazitäten erweitern	to expand capacities
Käufermarkt	buyers'/buyer's market
knappe Ressourcen	scarce resources
Konsummuster	consumption pattern
Kundenpsychologie	consumer psychology
laut Lehrbuch	according to textbooks
Markenbewusstsein	brand awareness
Optimierung der Produktion	optimisation of production
Produktentwicklung	product development
Produktinnovation	product innovation
Produktionsfaktor	production factor, factor of production
Ringen um die Gunst des Verbrauchers	competing for the customer's favour
Sachgut, materielles Produkt	tangible good, tangible
Überhang der Nachfrage (gegenüber dem Angebot), Nachfrageüberhang	excess/surplus demand
unternehmerische Fähigkeit	entrepreneurial ability
Verkäufermarkt	sellers'/seller's market
Verkaufsförderung	sales promotion
Verkaufstaktik	sales tactic
vermarkten	to market
Vertrieb	distribution, sales
Ware, Waren	goods *(no sing.)*, commodities
Werbung	advertising
wirtschaftliches Handeln	economic activity

Der globale *Siegeszug* großer *Marken* wie Coca Cola oder McDonalds symbolisierte zudem eine weltweite *Homogenisierung* und *Standardisierung* von Produkten und Konsummustern.

Das neue *Schlagwort* in der Gegenwart hingegen lautet *Kundenorientierung.* Unternehmen gehen nicht mehr vom Produkt aus, sondern vom Markt bzw. den vorhandenen und potenziellen Kundengruppierungen. Ausschlaggebend ist die Erkenntnis, dass inzwischen nicht mehr das Produkt und die Produktpflege für den Verkaufserfolg entscheidend sind. Der Grund: Produkte verschiedener Hersteller sind austauschbar geworden und in ihren *Zyklen* immer kurzlebiger. Eine hohe Produktqualität wird vom Kunden *als selbstverständlich vorausgesetzt.* Um angesichts *steigenden Wettbewerbsdrucks* am Markt bestehen zu können, sind *unverwechselbare Alleinstellungsmerkmale* notwendig, mit denen man sich von der Masse der Anbieter *abhebt* und den *Kunden an sich bindet. 'Weiche' Faktoren* wie die *persönliche Betreuung* gewinnen für den *mündigen Verbraucher* zunehmend an Bedeutung und definieren die Beziehung zwischen dem Kunden und dem *Lieferanten.* Nicht das Produkt sondern der Kunde steht im Mittelpunkt unternehmerischen Handelns. Erforderlich ist der Aufbau eines *Beziehungsmanagements*, das Customer Relationship Management (CRM).

CRM umfasst alle Maßnahmen eines Unternehmens im Rahmen der professionellen *Kundenbetreuung*, aus der eine dauerhafte *Kundenbindung* an das Unternehmen resultiert. Der Kunde mit seinen Wünschen, Vorstellungen und Zielen steht im Zentrum der Produkt- und/oder Serviceleistung sowie der Verkaufsstrategie. Der Kunde wird sogar als *Prosument* aktiv an der Produktweiterentwicklung beteiligt. Für die individuelle *Kundenpflege* v.a. bei *Großkunden* wird eigens die Position des *Key Account Managers* in Unternehmen eingerichtet. Regelmäßige Firmeninfos, Kunden-Workshops, Schulungen für die Belegschaft von Kunden, Kundenservice als Pre-Sales-Service und After-Sales-Service, Support etc. zählen zu seinem *Aufgabenspektrum.*
Lediglich einzelne Produkte oder Dienstleistungen anzubieten reicht längst nicht mehr aus, um am Markt bestehen zu können. 'Solutions' *lautet die neue Devise!*

Solutions – *Leistungspakete aus einer Hand*

Solutions sind Lösungsportfolios, die den Kunden als *maßgeschneiderte,* individuelle und *ganzheitliche (integrierte) Lösungen in Verbindung mit allerneuester Technologie* präsentiert werden. Firmen *profilieren* sich jetzt als Solution Provider, d.h. als Anbieter von kompletten Leistungspaketen bestehend aus Produkten, Dienstleistungen, Software, *Systembetreuung,* Service und Beratung aus einer Hand, die zudem speziell *auf den Kunden zugeschnitten* werden. Die Einbindung modernster *IT*-Leistungen oder Internet-Dienste ist *fester Bestandteil* von Solutions.

abheben, sich von etw. ~	to stand out/to be different/ to distinguish oneself from sth.
Alleinstellungsmerkmal	unique selling proposition, USP
allerneueste Technologie	state-of-the-art technology
Aufgabenspektrum	range of tasks
Beziehungsmanagement, Customer Relationship Management, CRM	customer relationship management, CRM
Devise, ... lautet die neue ~!	... is the new motto!
fester Bestandteil, etw. ist ~ von ...	sth. forms an integral part of ...
ganzheitliche/integrierte Lösungen	integrated/all-in solutions
Großkunde	major/leading/key account
Homogenisierung	homogenisation
IT, Informationstechnologie	IT, information technology
Key Account Manager	key account manager
Kunden an sich binden	to retain/bind customers, to engender customer loyalty
Kundenbetreuung	customer service
Kundenbindung	customer retention
Kundenorientierung	customer orientation
Kundenpflege	customer care
Leistungspaket aus einer Hand	full-service solution, one-stop solution
Lieferant	supplier
Marke	brand
maßgeschneidert	tailor-made, customised
mündiger Verbraucher	intelligent/thinking/responsible consumer
persönliche Betreuung	personal customer service
profilieren, sich ~ als	to define oneself as, to create a distinctive image of oneself as
Prosument	prosumer

Zusammensetzung aus 'Produzent' und 'Konsument'; ein Verbraucher, der im Rahmen von Kundenintegration an der Produktentwicklung einer Firma teilnimmt; er leistet einen aktiven Beitrag zu bedarfsgerechter Produktion.

Schlagwort	buzzword
selbstverständlich, als ~ vorausgesetzt werden	to be taken for granted/as a matter of course
Siegeszug	victorious/triumphal march
Standardisierung	standardisation
Systembetreuung	systems administration
unverwechselbar	distinctive, distinct, unmistakable
Verbindung, in ~ mit	in combination with, combined with
weiche Faktoren	soft factors
Wettbewerbsdruck, steigender ~	increasing pressure of competition
zugeschnitten, auf den Kunden ~	tailored to the needs of the customer
Zyklus, Lebenszyklus (eines Produkts)	life cycle (of a product)

Whose Idea Was It Anyway?

Developing and marketing a new *cutting-edge* product – a product is by definition an idea, a service or goods, or any combination of these – *requires* enormous *time and expense*, and the originator will normally be at pains to ensure that the *intellectual property* created in this way is protected against *unauthorised use*. The chief mechanisms for protecting *intellectual property rights (IPR)* are fundamentally the same everywhere, but differ in detail depending on local legislation.

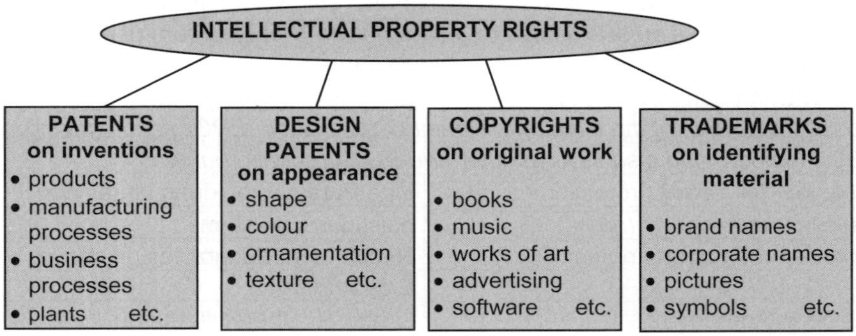

Patents grant inventors the exclusive right to manufacture, use and/or sell their inventions for a specified number of years, usually about 20, and *prohibit* others *from* doing so. To be *patentable* an invention must be "useful" and must either *be novel*, i.e. hitherto *undisclosed* and not simply a modification of something that is already *public knowledge* (known as *prior art*), or it must represent a functional improvement on existing inventions. It must also *take tangible form*, that is be more than just an idea. New varieties of plants and also *business processes* like one-click internet shopping are patentable, but not inventions which will be prohibited from *commercial exploitation* on ethical grounds. Some countries also offer scaled-down versions of patents known as *utility models*, which provide shorter protection but are simpler to obtain.

Filing for patent protection can be a lengthy, costly, and on an international level, complicated process. As yet the EU has no uniform Community Patent valid and enforceable throughout the EU, although it is possible to obtain a European patent by filing a single application with the *EPO* in Munich. The *London Agreement* has reduced the volume of required translations, but only in those EPO countries which have ratified the Agreement, and granted patents still require country by country validation. Elsewhere, despite some harmonisation within the *Paris Union* and various regional agreements, every country *processes applications* in accordance with its own *procedures*.

A ***design patent*** protects the appearance of a product rather than its functional aspects. The rules and procedure for *registering* designs have been harmonised in the EU but otherwise vary from country to country.

business process, business method	betrieblicher Ablauf
commercial exploitation *(no pl.)*	gewerbliche Verwertung
cutting-edge, leading-edge, state-of-the-art	auf dem allerneuesten Stand (der Technik), brandneu
design patent *(US)*, registered design *(UK)*, ornamental design	Geschmacksmuster

NB In general usage the word 'design' has a wider meaning in English than in German, referring not only to appearance but also to function. It is often best translated 'Konstruktion'; e.g. faulty design (Konstruktionsfehler), designer (often Konstrukteur), to design (konstruieren). The word 'construction' refers to the actual execution of a design (e.g. The design (Konstruktion) of the museum took longer than its construction (Bau)).

EPO, European Patent Office	EPA, Europäisches Patentamt

Executive organ of the European Patent Organisation (EPOrg), comprising all EU members and also several other non-EU European countries.

file, to ~ for patent protection *(no pl.)*	eine Patentanmeldung einreichen
intellectual property *(no pl.)*, IP	geistiges Eigentum
intellectual property rights, IPR	Rechte zum Schutz des geistigen Eigentums
London Agreement	Londoner Übereinkommen

Agreement which came into effect in 2008 aiming to streamline patent protection in EPO countries by reducing the number of required translations. Ratification is optional and the Agreement is not yet valid in all EPO countries.

novel, to be ~	neuartig/eine Neuheit sein
Paris Union	Pariser Union, Pariser Verband

International association founded in 1883 to promote cooperation in patent rights amongst signatory countries. Administered by the World Intellectual Property Organisation (WIPO) - Weltorganisation für geistiges Eigentum (WIPO), cf. page 28.

patent; patentable	Patent; patentfähig, patentierbar
prior art *(no pl.)*	Stand der Technik
procedure *(usu. sing.)*	Verfahren, Verfahrensweise
process, to ~ an application	eine Anmeldung bearbeiten
prohibit, to ~ sb. from doing sthg.	jdm. verbieten etw. tu tun
public knowledge *(no pl.)*, to be ~	allgemein bekannt/offenkundig sein
register *(vb)*	1. eintragen 2. gesetzlich schützen
require, to ~ time and expense	zeit- und kostenaufwändig sein
tangible form *(no pl.)*, to take ~	konkrete Form angenommen haben
unauthorised use *(no pl.)*	unerlaubte Benutzung/Nutzung
undisclosed	unveröffentlicht, nicht veröffentlicht
utility model, petty/innovation patent	Gebrauchsmuster

Only available in some countries. NB The term "utility model" does not correspond to the American term "utility patent". This is the term used in the USA for any patent except plant patents and design patents.

Copyrights grant *authors* the right to exclude others from reproducing their work, i.e. from copying and distributing it, performing it in public etc. Copyright does not cover titles and does not extend to ideas on their own, they must *find tangible expression*. For example the idea for a TV programme cannot be *copyrighted*, whereas the actual *recording* can. Once created, all original works automatically enjoy *copyright protection*, but registration provides better *legal cover*. The *Berne Convention*, amongst others, was drawn up with the aim of harmonising protection worldwide; under the Convention copyright *protection* is automatically *extended* from the country of origin to all other member countries. The spread of the internet and new digital technologies have led to a surge in litigation over copyrights, however, and there are calls for current legislation to be updated to suit the digital age.

Trademarks are *distinctive* marks used by manufacturers and merchants to *identify* their products and services and *differentiate* them from those of their competitors. Most businesses *take the precaution of* registering their trademarks to prevent unauthorised use. Marks might take the form of

- a word or phrase, for example a company name (Exxon) or the name of a product (Persil)
- a picture or emblem (Shell)
- letters (VW)
- numbers (4711)
- a combination of any of these (Betty Crocker logo: name in spoon)

Marks certifying quality (*BSI Kitemark*), *origin* (Champagne), membership of an organisation (*FIT*) or service marks, which *designate* a service rather than goods (Greyhound), are also considered trademarks.

When *contemplating* overseas registration it is, of course, important to obtain advice on a mark's *linguistic* and cultural *suitability* for certain markets (cf. Chapter 3). Regulations everywhere insist that there should be no risk of *confusing* a new trademark with existing marks and that a mark must not be a *generic term*, i.e. an everyday designation of a type of product such as radio or pencil. (Paradoxically, very successful trademarks can *become a liability* to their owners: the very familiarity of former trademarks such as aspirin and cellophane has *turned* them *into household names* and generic terms *in their own right*.) Otherwise trademark legislation varies, for example *common law countries* such as the USA and UK apply the principle that the first person to use a trademark is entitled to register it, while in other countries prior use is not a *prerequisite*. This means that exporters of famous *brands* sometimes find themselves unable to use their own trademarks when entering new markets abroad because they have already been registered locally by persons unconnected with their firm; consequently they have to pay to *acquire the right* to use their own marks in that particular territory. The same problem has arisen on the internet where *cybersquatters* register domain names incorporating famous trademarks, usually *with an eye to* selling them to their original owners.

acquire, to ~ the right	das Recht erwerben
author	*hier:* Urheber
In copyright law an author is the creator of any type of original work: book, software, choreography, photograph, music, etc.	
Berne Convention	Berner Übereinkunft
Convention originally signed in 1886 by the Berne Union providing copyright protection throughout signatory countries. Administered by WIPO.	
brand	Marke
BSI Kitemark	vom BSI vergebenes Gütesiegel
Quality mark certifying approval by the British Standards Institute.	
common law countries	Common-Law-Länder
Common Law is that part of the Anglo-American system of law applied in many parts of the world which derives from custom and judicial precedent rather than statutes.	
confuse *(vb)*	verwechseln
contemplate *(vb)*	in Erwägung ziehen
copyright protection *(no pl.)*	Urheberrechtsschutz
copyright sth. *(vb)*	urheberrechtlich schützen
copyright, ©	Urheberrecht, Copyright, ©
cybersquatter	Domain-Pirat
designate *(vb)*	kennzeichnen
differentiate, to ~ sth. from sth. *(vb)*	etw. von etw. unterscheiden
distinctive	unverwechselbar
extend, to ~ protection *(no pl.)*	die Schutzrechte ausweiten
eye, with an ~ to doing sth.	in der Absicht etw. zu tun
find, to ~ tangible expression *(vb)*	konkrete Formen annehmen
FIT mark	Verbandszeichen der FIT
Collective mark denoting membership of the Fédération Internationale des Traducteurs.	
generic term	Gattungsbezeichnung, Oberbegriff
household name, to turn into a ~	ein feststehender Begriff werden
identify *(vb)*	*hier:* kennzeichnen
legal cover *(no pl.)*	Rechtsschutz
liability, to become a ~ *(no pl.)*	*hier:* zur Belastung werden
linguistic suitability *(no pl.)*	sprachliche Eignung
origin	Herkunft
precaution, to take the ~ of doing sth.	vorsichtshalber etw. unternehmen
prerequisite	Voraussetzung
recording	Aufzeichnung
right, in their own ~	*here:* selbst
trademark, TM; registered ~, ®	Warenzeichen; eingetragenes ~, ®
e.g. word mark (Wortzeichen), service mark (Dienstleistungsmarke), picture mark (Bildzeichen), quality mark (Gütezeichen)	

A **brand** is fundamentally the same concept as a trademark in that it is a means of distinguishing one product from another, so that consumers are immediately able to *identify* those brands which offer the values and attributes they consider most attractive or desirable. Companies will normally register their *brand names* (text) or *brand marks* (pictures or symbols) as trademarks. However the idea of a brand goes beyond this, and the process of branding is far more complex than devising and registering a *corporate* or product *name* or logo. It involves the whole process of building up the brand in the *consciousness* of the buying public, making sure it has the right associations and creates the desired image (*classy*, *value-for-money*, nostalgic etc.) for the chosen *target segment*. It therefore involves a whole range of *promotional activities* such as advertising, packaging, *event-sponsoring*, *point-of-sale interaction* and so on. In today's markets, with the *abundant range* of *virtually indistinguishable* goods on offer, good *brand-building* and *brand-nurturing* are of paramount importance for *swaying customer preference*.
A popular brand can

- open the door to new markets through *brand recognition*
- give added incentive to *retailers* to *stock* this brand
- help to *weather slack times* as a result of *brand loyalty* and trust
- *command premium prices* at the point-of-sale
- facilitate the *launching* of new goods as *product line extensions*
- add value to a company's *balance sheet*, known as *brand equity*: prices negotiated for takeovers frequently include a substantial sum for *goodwill*, which includes brands.

The fact that strong brands command higher prices can, however, cause them to be challenged by more moderately priced *own-label products* bearing the brand name, not of the manufacturer, but of the chains of supermarkets and department stores which retail them. These are a variant of the low-price *no-name products* with plain packaging and no promotion frequently retailed by discounters, and which sometimes eventually become brands in their own right.

Owners of intellectual property rights can authorise others to use their rights by *granting them licences and franchises* against payment of *royalties* (cf. page 78). *Infringement of property rights* is neverthless *rife*, and technological advance has made it increasingly difficult to guard against the *mis-appropriation* of rights, particularly where music and software *piracy* is concerned. Some governments are accused of *turning a blind eye* to such activities as they are important *money-spinners* for the local economy. The main organisation involved in promoting global cooperation on intellectual property rights is the World Intellectual Property Organisation (WIPO); this is a special agency of the UN which administers the Berne Union and the Paris Union and cooperates with the World Trade Organisation (WTO), all of whose members must take the Berne and Paris requirements as their minimum standards.

balance sheet	Bilanz
brand equity *(no pl.)*	Markenwert
brand loyalty *(no pl.)*	Markentreue
brand name; brand mark	Markenname; Markenzeichen
brand recognition *(no pl.)*	Markenbekanntheit, Markenwiedererkennung
brand-building *(no pl.)*	Aufbau einer Marke
brand-nurturing *(no pl.)*	Markenpflege
classy	nobel, anspruchsvoll
command, to ~ premium prices	Spitzenpreise erzielen
consciousness *(no pl.)*	Bewusstsein
corporate name	Firmenname
event-sponsoring *(no pl.)*	Event-Sponsoring
eye, to turn a blind ~ to sth.	bei etw. ein Auge zudrücken
goodwill *(no pl.)*	Firmenwert
grant, to ~ a licence or franchise	eine Lizenz bzw. Franchise erteilen
identify *(vb)*	*hier:* erkennen
infringement of property rights	Verletzung von Schutzrechten
launch, to ~ a product	ein Produkt auf dem Markt einführen
misappropriation *(no pl.)*	unrechtmäßige Anwendung
money-spinner, to be a ~	ein Goldesel/höchst einträglich sein
no-name product, no-frills product, generic *(usu. pharmaceuticals)*	No Name-Artikel, weißes Produkt, Gattungsmarke, Generikum *(v.a. bei Pharmazeutika)*
owner	*hier:* Inhaber
own-label product	Hausmarke, Eigenmarke
piracy *(no pl.)*	Plagiat, Produkt-Piraterie

'Plagiat' also = result of piracy: knockoff (coll.), pirate edition, pirate copy etc.

point-of-sale interaction *(no pl.)*	POS-Interaktion
product line extension	Ausweitung der Produktlinie
promotional activities	verkaufsfördernde Aktivitäten
range, abundant ~	reichhaltiges Angebot
retailer	Einzelhändler
rife, to be ~	grassieren
royalty	Lizenz-/Franchisegebühr, Tantieme
stock *(vb)*	führen
sway, to ~ customer preference	den Kunden überzeugen
target segment (of a market)	Zielsegment (des Marktes)

A market segment is a group of consumers with joint characteristics, e.g. age, buying habits, purchasing power, lifestyle etc.

value-for-money	preisgünstig
virtually indistinguishable	praktisch austauschbar
weather, to ~ slack times	schlechte Zeiten überstehen

In der Wirtschaft werden folgende Güterkategorien unterschieden:

freie Güter *(frei verfügbare Güter, z.B. Luft)*	free goods
wirtschaftliche Güter *(knappe Güter, die einen Preis haben, z.B. Auto, Strom)*	economic goods
öffentliche Güter, Kollektivgüter *(werden vom Staat zur Befriedigung von Kollektivbedürfnissen bereitgestellt, z.B. Verteidigung)*	public goods, collective goods
meritorische Güter *(Kollektivgüter, die der Staat preislich subventioniert, weil sie laut politischer Entscheidung gesamtwirtschaftlich relevant sind, die Konsumenten aber nicht bereit wären dafür einen hohen Preis zu zahlen, z.B. Infrastruktur)*	merit goods
Individualgüter, private Güter *(befriedigen individuelle Bedürfnisse; werden i.d.R. von privaten Anbietern bereitgestellt)*	private goods
Substitutionsgüter *(Konkurrenzgüter, die dieselben oder ähnliche Bedürfnisse befriedigen und einander ersetzen können, z.B. Margarine und Butter)*	substitute products, substitutes
Komplementärgüter *(ergänzen und bedingen sich, z.B. CD-Player und CD)*	complementary goods, complements
Produktionsgüter, Investitionsgüter, Kapitalgüter *(dienen der Produktion anderer Güter, z.B. Maschinen)*	producer goods, capital goods, investment goods
Konsumgüter *(sind für den direkten Verbrauch bestimmt, z.B. Lebensmittel)*	consumer goods
Gebrauchsgüter, langlebige Güter *(Lebensdauer mehr als 3 Jahre, z.B. Auto)*	durable goods, durables
Verbrauchsgüter, kurzlebige Güter *(Lebensdauer weniger als 3 Jahre, z.B. Lebensmittel, Seife, Kosmetikprodukte)*	non-durable goods, non-durables
Convenience-Produkte *(z.B. Fertiggerichte aller Art)*	convenience products
leicht verderbliche Güter *(z.B. Obst, Gemüse)*	perishable goods, perishables
lebensnotwendige Güter *(befriedigen Grundbedürfnisse, z.B. Wasser, Nahrung)*	essential goods, essentials
Luxusgüter *(befriedigen Luxusbedürfnisse, z.B. Kreuzfahrt)*	luxury goods, luxuries
Bedarfsgüter *(befriedigen Kulturbedürfnisse, z.B. Körperpflegemittel, Bücher)*	necessities

landwirtschaftliche Erzeugnisse, Agrarerzeugnisse *(z.B. Getreide, Obst, Fleisch, Milchprodukte)*	agricultural commodities, agricultural/farm produce
Rohstoffe, Primärprodukte *(z.B, Bodenschätze, Holz, Agrarprodukte)*	raw materials, primary products
Industrieerzeugnisse *(z.B. Fotoapparate, Pharmazeutika)*	industrial products, manufactured goods
Fertigerzeugnisse	finished goods
Halbfabrikate	semi-finished goods
Enderzeugnisse, Endprodukte	final products
Zwischenprodukte	intermediate goods
weiße Güter *(Haushaltsgeräte, z.B. Waschmaschinen)*	white goods
graue Güter *(EDV-Geräte, z.B. Computer)*	grey goods
braune Güter *(Unterhaltungselektronik-Geräte, z.B. Fernseher, DVD-Player)*	brown goods
Massengüter	mass-produced goods
maßgeschneiderte Produkte	customised/tailor-made goods
Markenartikel	branded goods
No-Name-Artikel	no-name goods, generics
erstklassige/anspruchsvolle Waren	high-grade/top-quality goods
Güter der gehobenen Preisklasse	high-end/upmarket/upscale goods
Güter der unteren Preisklasse	low-end products
große (und folglich teure) Anschaffungen *(z.B. Haus, Weltreise)*	big-ticket items
erratische Güter *(Güter, die heftigen Preisschwankungen unterliegen, z.B. Erdöl)*	erratic goods
materielle Güter *(physisch vorhandene, gegenständliche Güter, Sachgüter, z.B. Schmuckstücke, PCs, Schreibwaren)*	tangible goods, tangibles
immaterielle Güter *(nicht gegenständliche Güter; z.B. Dienstleistungen, Finanzanlagen, Schutzrechte wie Patente oder Lizenzen)*	intangible goods, intangibles
geistiges Eigentum *(Rechte an immateriellen Vermögenswerten, die aus schöpferischer Leistung wie Ideen, Werken usw. entstehen, z.B. Patente, Urheberrechte)*	intellectual property
bewegliche Güter	movable goods, movables
unbewegliche Güter *(Vermögenswerte, die ortsgebunden sind, z.B. Gründstücke, Gebäude)*	immovable goods

1. Look at the list of products on pp. 30 & 31 and translate the following

(a)	So many new grey goods are launched every year that customers are bewildered by the choice.
(b)	Makers of luxury goods are usually prepared to customise their products to suit their clients' wishes.
(c)	As they earned more from intangible goods such as licences, they opted to discontinue their own production in order to focus on research.
(d)	Production of investment goods trebled, while consumer goods rose by less than 50%.
(e)	Polo shirts are increasingly a low-end product: 30% are sold through discount outlets, though designer models are still big-ticket items.
(f)	Subsidies depress the price of agricultural produce on world markets.
(g)	Last year Japan invested 23.5% of its GDP in new plants, machinery and other capital goods.
(h)	We saw a drop in orders for durable goods, which include household appliances, cars and other items designed to last for at least 3 years.

2. Household names

The following were originally trademarks but have become so familiar internationally that they are now generic names in a number of languages.

aspirin | windsurfer | cellophane | thermos | tippex

(i) Explain what these products are in your own words

(ii) Can you think of any other trademarks which are now generic names?

3. own

As an adjective own cannot be preceded by *the* or *a/an* as in German:
im eigenen Namen unterzeichnen – sign in ***my/your/her/his/our own*** *name(s)*
Wir müssen im eigenen Auto fahren. – We have to go in ***our own*** *cars.*
Eigeninitiative der Bürger – the ***citizens' own*** *initiative*
NB One important exception to this rule: *an own goal – ein Eigentor*
After a/an, a number, or no, many, etc. the construction *of my own* is used:
Ich möchte einen eigenen PC. – I'd like a PC ***of my own.***
Sie haben keine eigenen Kinder. – They have no children ***of their own.***
Ich habe 2 eigene Handtücher mitgebracht. – I've brought 2 towels ***of my own.***
Sie hatte mehrere eigene Vorschläge. - She had several suggestions ***of her own.***

Translate the following

(a)	Die Fluggäste werden im eigenen Interesse gebeten, so lange angeschnallt zu bleiben, bis das Flugzeug zum Stillstand kommt.
(b)	Unsere Firma stellt ihre eigenen Produktionsmaschinen her.
(c)	Er leitet die Rennbahn und hat auch sechs eigene Pferde.
(d)	Das ist keine Eigenkonstruktion unserer Firma. Wir haben keine eigenen Patente und zahlen hohe Lizenzgebühren.
(e)	Sie hat nur so viel Geld mitgenommen, um den Eigenbedarf zu decken.

4. Word Family: process		
noun	process	1. (Herstellungs)Verfahren 2. Prozess (z.B. Friedens-/Alterungs-/ Entwicklungsprozess) 3. Vorgang, Ablauf
phrase	in the process of doing sth.	(gerade) dabei sein etw. zu tun
vb tr.	to process	1. bearbeiten 2. verarbeiten, behandeln
noun	manufacturing	verarbeitendes Gewerbe
noun	process(ed) cheese	Schmelzkäse
noun	procession	1. (Fest)Zug, Umzug, Prozession 2. Reihe, Aneinanderreihung
noun	trial, court case	Prozess
vb	to bring an action/bring a lawsuit/proceed against sb.	gegen jdn. prozessieren
vb intr.	to proceed (with sth.) to proceed to do sth.	1. (mit etw.) fortfahren 2. vorangehen 3. sich zu/nach ... begeben 4. (trotzdem) anfangen etw. zu tun
noun	proceedings *(no sing.)* (legal/judicial) proceedings *(no sing.)*	1. Geschehen, Veranstaltung, Programm, vorgesehener Ablauf 2. Gerichtsverfahren, Gerichts-verhandlung, Prozess
noun	proceeds *(no sing.)*	Erlös
noun	procedure	Verfahrensweise, Verfahrensordnung

Using the word family given above translate
(i) the paragraph starting "Filing for patent protection" on page 24
(ii) the following sentences

(a)	Have you processed our order yet? No, we're still in the process of tracing a suitable supplier.
(b)	In England parliamentary procedure developed over the course of centuries, whereas in the USA the Constitution made the process much shorter.
(c)	How's your research work proceeding?
(d)	He brought a lawsuit against his employer because he hadn't followed the statutory procedure for giving notice.
(e)	Since I won the lottery there's been a procession of friends and relatives knocking on my door, hoping for a share of the proceeds.
(f)	Having said she didn't know a thing about word processing, she proceeded to iron out all the formatting mistakes I'd made.

1.

(a) Es werden jedes Jahr so viele neue graue Güter eingeführt, dass die Kunden die Qual der Wahl haben/vom Angebot irritiert sind.

(b) Hersteller von Luxusgütern sind normalerweise dazu bereit, ihre Produkte entsprechend den Wünschen ihrer Kunden maßzuschneidern.

(c) Weil sie mehr Einnahmen durch immaterielle Güter wie Lizenzen erwirtschafteten, entschieden sie sich dafür, die Eigenproduktion einzustellen, um sich auf die Forschung zu konzentrieren.

(d) Die Produktion von Investitions-/Produktions-/Kapitalgütern konnte verdreifacht werden, während die Herstellung von Konsumgütern um weniger als 50 % gesteigert wurde.

(e) Polo-Hemden gehören zunehmend zur Produktkategorie der unteren Preisklasse: 30 % dieser Artikel werden in Discount-Geschäften verkauft; Designer-Modelle zählen allerdings noch zu den teuren Anschaffungen.

(f) Aufgrund von Agrarsubventionen kommt es auf dem Weltmarkt zu einem deutlichen Preisrückgang/-verfall bei landwirtschaftlichen Erzeugnissen.

(g) Im vergangenen Jahr investierte Japan 23,5 % des BIP in neue Produktionsanlagen, Maschinen und andere Produktions-/Investitions-/Kapitalgüter.

(h) Wir verzeichneten einen Rückgang bei Auftragseingängen für Gebrauchsgüter/ langlebige Konsumgüter, wie z.B. Haushaltsgeräte, Autos und andere Artikel, deren Haltbarkeit/Lebensdauer auf mindestens 3 Jahre angesetzt ist.

2.

(i) **aspirin** - medicine taken to reduce pain and fever.
windsurfer – board with a sail for riding over water. Operated by one person standing on the board and adjusting the position of the sail with a bar.
cellophane – transparent wrapping material made from viscose.
thermos – double-walled flask for insulating liquids to keep them cold or hot.
tippex – correcting medium applied to delete writing and which can be overwritten.

(ii) Tesafilm/sellotape, Tempo/kleenex, Uhu, Nutella, Knirps, Maggi, hoover, jeep, biro

3.

(a) Passengers are requested in their own interest(s) to keep their seat belts fastened till the plane has come to a standstill.

(b) Our company manufactures its own production machinery.

(c) He runs the racecourse and also has six horses of his own.

(d) That isn't our firm's own design: we haven't any patents of our own and pay large royalties.

(e) She's only taken enough money with her to cover her own requirements/needs.

4. (i)

Die Einreichung einer Patentanmeldung ist ein langwieriges, kostspieliges und auf internationaler Ebene kompliziertes Verfahren. Die EU verfügt bisher über kein einheitliches Patent; man kann sich jedoch europaweit schützen lassen, indem man eine einzige Anmeldung beim EPA in München einreicht und die erforderlichen (teuren) Übersetzungen vorlegt. In anderen Ländern werden trotz Ansätze einer Harmonisierung im Rahmen der Pariser Union die Anmeldungen gemäß der landeseigenen Vorschriften und Verfahrensweisen bearbeitet.

4. (ii)

a) Haben Sie unseren Auftrag schon bearbeitet? Nein, wir sind noch dabei, einen geeigneten Lieferanten zu finden.

(b) In England entwickelte sich die parlamentarische Verfahrensordnung im Laufe von Jahrhunderten, während sich in den USA dieser Entwicklungsprozess aufgrund der Verfassung deutlich schneller vollzog.

(c) Kommen Sie mit Ihrer Forschungsarbeit gut voran?

(d) Er prozessierte gegen seinen Arbeitgeber, weil er sich nicht an das gesetzlich vorgeschriebene Kündigungsverfahren gehalten hatte.

(e) Seitdem ich im Lotto gewonnen habe, kommen scharenweise Freunde und Verwandte an meine Haustür, in der Hoffnung an dem Erlös teilzuhaben.

(f) Nachdem sie behauptet hatte, dass sie gar nichts von Textverarbeitung verstünde, fing sie an all meine Formatierungsfehler auszubügeln.

3

Markterschließung und Kundenakquisition im Ausland
Klassischer Maßnahmenkatalog zur Erschließung neuer Absatzmärkte

The World's Your Oyster
Intercultural dimensions of product promotion

Markterschließung und Kundenakquisition im Ausland

Unternehmen bemühen sich aus vielfältigen Motiven um *Zugang zu Auslandsmärkten*: um *Direktinvestitionen* zu tätigen, die *Produktion* zu *verlagern* oder um neue Kooperationspartner zu finden. Doch primär gilt ihr Interesse der Erschließung neuer Absatzmärkte und der *Gewinnung von Neukunden*.

Jeder *Markterschließung im Ausland* geht eine eingehende *Marktanalyse* voraus. *Es besteht weit höherer Informationsbedarf* als im *Inlandsgeschäft*, will man *Käuferstruktur,* Wettbewerbssituation, *Absatzpotenzial* und die politischen, rechtlichen und ökonomischen *Rahmenbedingungen* richtig einschätzen. Hier stehen eine Reihe von Einrichtungen mit vielfältigen Beratungs- und Informationsangeboten zur Verfügung:

- *Industrie- und Handelskammern* (IHKs): *öffentlich-rechtliche Körperschaften*, in denen alle deutschen *Industrie- und Handelsunternehmen* als Pflichtmitglieder nach Regionen zusammengefasst sind.
- *Außenhandelskammern*: privatrechtliche freiwillige Zusammenschlüsse von Firmen, Organisationen und Privatpersonen aus Deutschland und dem jeweiligen Partnerland (z.B. deutsch-japanische Handelskammer in Tokio); Ziel: Förderung des bilateralen Handels.
- *Internationale Handelskammer* (ICC): privatrechtliche Organisation mit Sitz in Paris; Ziel: Förderung des internationalen Handels.
- Bundesstelle für Außenhandelsinformationen
- *Auslandsvertretungen* wie Botschaften und Konsulate
- *Marktforschungsinstitute* oder -agenturen
- *List-Broking-Agenturen*, die sich auf die Sammlung und den Verkauf von Firmen- oder Kundenadressen (List-Broking) spezialisieren und Data-Base-Marketing betreiben (Erstellung elektronischer Kunden-Datenbanken mit umfassenden *Personenprofilen*; die Daten sind nach diversen Kriterien selektier- und nutzbar. Ziel ist eine strukturierte Kundenanalyse, die individuellen Kundendialog und *bedarfsgerechte Kundenbetreuung* erlaubt.).
- *Auskunfteien*: zur *Einholung von Auskünften* über die *Bonität* potenzieller *Geschäftspartner* im Ausland
- Banken usw.

Nachdem die Situation auf dem zu erschließenden Auslandsmarkt erschöpfend analysiert wurde, folgt die Erarbeitung von *Marketing-Strategien* und konkreten Maßnahmen zum Aufbau von Auslandsmarktpositionen.

Mit gezielten *Werbemaßnahmen* kann der Bekanntheitsgrad und die Nachfragegenerierung gesteigert werden. Hierzu zählen die Produktwerbung (die Präsentation von *produktbezogenen Information* in den entsprechenden Medien), *Public Relations-Aktionen* (die die Firma und ihre Corporate Culture vorstellen) sowie Maßnahmen zur *Verkaufsförderung an den Verkaufsorten (z.B. Aktionstage, Probepackungen, Werbegeschenke)*. Die Werbung sollte

Absatzpotenzial	sales/market potential
Aktionstage	sales promotion events
Auskunftei	credit enquiry agency
Ausland, im ~	abroad *(adv.)*
Auslandsvertretungen	overseas representatives
Außenhandelskammer, AHK	chamber for foreign trade
bedarfsgerechte Kundenbetreuung	customer care tailored to the buyer's needs
Bonität	credit standing, financial standing, creditworthiness
Direktinvestition, Auslandsdirektinvestition	direct investment, foreign direct investment, FDI
Einholung von Auskünften	making enquiries
Geschäftspartner	business partner
Gewinnung von Neukunden	acquiring new customers
Industrie- und Handelskammer	chamber of industry and commerce
Industrie- und Handelsunternehmen	industrial and commercial companies
Informationsbedarf, es besteht weit höherer ~	far more information is required
Inlandsgeschäft	domestic business/trade
Internationale Handelskammer, ICC	International Chamber of Commerce
Käuferstruktur	buyers' structure
Kundengewinnung/-akquirierung/ -akquise/-akquisition	acquisition/canvassing of new customers
Gewinnung und Betreuung neuer Kunden und das Einholen neuer Aufträge.	
List-Broking-Agentur	list brokerage, list broker
Marketing-Strategie	marketing strategy
Marktanalyse	market analysis
Markterschließung	opening up of a market
Marktforschungsinstitut	market research institute
öffentlich-rechtliche Körperschaft	public body
Personenprofil, Kundenprofil	customer profile
Probepackung	product sample
produktbezogene Information	information relevant to the product, product-relevant information
Produktion verlagern	to shift/move/relocate production
Public Relations-Aktion	public relations campaign
Rahmenbedingungen	framework, environment
Verkaufsförderung am Verkaufsort, POS-Verkaufsförderung	POS sales promotion, sales promotion at the point of sale
Werbegeschenk	freebie, free gift
Werbemaßnahme	advertising, promotional measure
Zugang zu Auslandsmärkten	access to foreign markets

auf die jeweiligen *Sitten und Gebräuche* des anvisierten Auslandsmarktes ausgerichtet sein und die dort herrschenden kulturellen und sozialen Gepflogenheiten berücksichtigen.

Die Teilnahme an internationalen Messen und Ausstellungen ist eine weitere Maßnahme zur *Kontakt- und Geschäftsanbahnung* auf dem Auslandsmarkt. Firmen unterbreiten durch *geschultes Personal* ihr *Leistungsangebot* und treten direkt mit potenziellen Kunden in Kontakt, die das Produktangebot sofort prüfen können. Informationsgespräche und Vergleichsmöglichkeiten mit anderen *Anbietern* vor Ort lassen Marktentwicklungen und *eventuelle Defizite* rechtzeitig *erkennen*. Sofortige oder spätere *Vertragsabschlüsse* im *Nachmessegeschäft* bieten *erfolgversprechende Möglichkeiten der Kundengewinnung*.

Die Teilnahme an *Ausschreibungen* im Ausland, über die die bereits genannten Stellen sowie die *Fachpresse* informieren, bietet weiteres Potenzial. In einer Ausschreibung erfolgt die Ankündigung, dass die Erbringung einer bestimmten Dienstleistung oder die Lieferung von Waren *in Auftrag gegeben wird* und gleichzeitig die Aufforderung an interessierte *Anbieter*, schriftliche *Angebote* für die nachgefragte Leistung *einzureichen*. Der Nachfrager von Leistungen ist der *Submissionar*, den potenziellen Anbieter bezeichnet man als *Submittent*.
Das an der Teilnahme interessierte Unternehmen fordert zunächst bei der *ausschreibenden Stelle* die *Ausschreibungsunterlagen* an. Der nächste Schritt ist die Beantragung einer *Bietungsgarantie*, die bei der *Hausbank* gestellt wird. Bietungsgarantien über einen bestimmten Prozentsatz des Angebotspreises werden von der ausschreibenden Stelle i.d.R. als *Sicherheit* verlangt. Die Bank des Submittenten gewährleistet damit die Seriosität der Bewerbung und im Falle eines *Zuschlags* die korrekte *Auftragsausführung* gemäß Angebot.
Nach Ablauf der Ausschreibungsfrist prüft die ausschreibende Stelle alle eingegangenen Angebote. Das beste Angebot *erhält den Zuschlag*. Nun wird das beauftragte Unternehmen die Bietungsgarantie der Bank in eine sogenannte *Lieferungs- oder Leistungsgarantie* umwandeln, die sich auf ca. 20 % der Vertragssumme beläuft. Auch diese Garantie soll sicherstellen, dass die zugesagte Leistung in vollem Umfange erbracht wird. Sie garantiert außerdem Liquidität, falls bei nicht *fristgemäßer Vertragserfüllung* die Zahlung einer *Konventionalstrafe* erfolgen muss.

Ein Auslandsengagement erfordert stets auch die Anpassung oder gar die Schaffung entsprechender interner Unternehmensstrukturen (Einrichtung von neuen Abteilungen, Repräsentanzen im Ausland etc.). Das akquisitorische Potenzial eines Unternehmens wird *grundsätzlich* bestimmt durch die *Ausstrahlung* und Attraktivität eines Unternehmens auf Lieferanten, Neukunden und die gesamte Öffentlichkeit. Die potenzialbildenden Faktoren sind

Ablauf der Ausschreibungsfrist, bei ~	at the tender closing date, after expiry of the bidding period
Anbieter	1. supplier 2. tenderer *(UK)*, bidder *(US)*
Angebot einreichen	to submit a tender/bid
Angebot, Ausschreibungsangebot	tender *(UK)*, bid *(US)*
Auftrag, etw. in ~ geben	to place an order/contract for sth.
Auftragsausführung	execution of an order/contract
ausschreibende Stelle	office issuing the call for tenders
Ausschreibung, Submission	call for tenders, invitation to tender *(UK)*, invitation of bids *(US)*
Ausschreibung, sich an der ~ beteiligen	to enter a bid/tender
Ausschreibungsunterlagen	tender documents/specifications
Ausstrahlung eines Unternehmens	*here:* a company's appeal to sb.
Bietungsgarantie	tender guarantee *(UK)*, bid bond *(US)*
erfolgversprechende Möglichkeiten der Kundengewinnung	promising opportunities for attracting customers
eventuelle Defizite erkennen	to recognise potential deficiencies
Fachpresse	specialist publications
fristgemäß	within the period stipulated, punctually
geschultes Personal	trained members of staff
grundsätzlich	basically
Hausbank	a company's principal banker
Kontakt- und Geschäftsanbahnung	to make contacts and initiate business
Konventionalstrafe	penalty for the non-performance of a contract/for the anticipated breach of contract
Leistungsangebot	range of goods and services
Lieferungsgarantie, Leistungsgarantie	performance guarantee *(UK)*, performance bond *(US)*
Nachmessegeschäft	follow-up business, post-fair business
Sicherheit	*here:* security *(no pl.)*
Sitten und Gebräuche	customs and traditions, mores
Submissionar	principal
Submittent	tenderer *(UK)*, bidder *(US),* bidding companies
Vertragsabschluss	conclusion of a contract
Vertragserfüllung	performance/fulfillment of a contract
Zuschlag, den ~ erhalten	to win/be awarded the contract
Zuschlag, den ~ erteilen	to award the contract

abgesehen von der *Qualität der Leistungen* das gesamte *Erscheinungsbild*, das auf die internationale Kundschaft neu ausgerichtet werden muss.

Besonderes Augenmerk ist zu *richten auf* die *Schulung von Mitarbeitern*, die für die persönliche Kundenakquisition im Ausland eingeteilt sind. Kenntnisse über *interkulturelles Management*, *fachgerechte* Kundenpflege im Rahmen eines modernen *CRM* und vor allem die adäquate *Betreuung von Großkunden (Key Account Management)* sind zu einem entscheidenden Wettbewerbsfaktor beim *Ringen um Marktanteile* geworden.

Rund um die Messe	
abbauen	to dismantle
aufbauen	to erect, set up
Aussteller	exhibitor
Ausstellung	exhibition
Ausstellungs- und Messe-Ausschuss der Deutschen Wirtschaft (AUMA)	Association of the German Trade Fair Industry (AUMA)
Ausstellungsstück, -ware, Exponat	exhibit
Ausweis, Ausstellerausweis	(exhibitor's) pass
besuchen	to attend
Besucher	visitor
Besucherzahl	attendance (figure)
eintrittsberechtigt sein	to qualify for admission
Einzugsgebiet	catchment area
Fachausstellung	trade exhibition
Fachbesucher	trade visitor
fachkundiges Publikum	well-informed/knowledgeable visitors
Fachmesse	specialist fair
Fläche, Ausstellungsfläche	(exhibition) space/area
Freigelände	outdoor site/area
Gastort	host city
Halle	hall
Kasse	ticket/box office
leicht erreichbar	easily accessible
Messe	(trade) fair
Messegelände	fairground, exhibition site
Messekalender	fair schedule
Messezentrum	exhibition centre
mietbare Fläche	rentable space ▶

abgesehen von	apart from
Augenmerk, besonderes ~ auf etw. richten	to pay particular attention to sth.
Betreuung von Großkunden, Key Account Management	key account management
CRM, Customer Relationship Management	CRM, customer relationship management

CRM ist das Beziehungsmanagement zwischen Kunden und Verkäufer. Die Beziehung zum Kunden wird weit über die Verkaufsdienstleistung hinaus gepflegt. Man ist bemüht um Kundennähe (Einrichtung einer Hotline, Schulung für Kunden-Mitarbeiter, regelmäßige Firmen- und Produktinfos) und individuelle, maßgeschneiderte Kundenbetreuung. Unternehmen und Kunden rücken enger zusammen, so dass Beziehungsnetzwerke aufgebaut werden, bei denen die Zufriedenheit des Kunden und der Erfolg des Leistungs- oder Warenanbieters einhergehen.

Erscheinungsbild	image
fachgerecht	expert, professional
interkulturelles Management	intercultural management

Das Management von Prozessen, Aufgaben und Ereignissen, an denen Personen aus unterschiedlichen Kulturkreisen beteiligt sind. Ziel ist die Bewusstmachung von Barrieren, um sie überwinden und die Vorteile aus den interkulturellen Unterschieden positiv und konstruktiv nutzen zu können. Diese interkulturelle Kompetenz ermöglicht eine differenzierte Kommunikation sowie adäquate Handlungsweisen z.B. innerhalb von international besetzten Mitarbeiterteams, bei geschäftlichen Kontakten im Ausland, im internationalen Marketing oder bei der Integration von Unternehmen im Rahmen grenzüberschreitender Fusionen.

Qualität der Leistungen	quality of services
Ringen um Marktanteile	fighting for market share
Schulung von Mitarbeitern	training (members of) staff

◄ Nachmessegeschäft	follow-up/post-fair sales
Publikumsmesse	general fair/exhibition
Rahmenprogramm	(programme of) fringe events
Schauplatz	venue
Stand: Eck~, Kopf~, Block~, Reihen~	stand: corner ~, end ~, island ~, row ~
Standort	location
Treffpunkt	meeting point, rendezvous
Veranstalter	organiser(s)
Veranstaltung	event
Verbindungen knüpfen	to make contacts
Verkaufsausstellung	selling exhibition

The World's Your Oyster

For the exporter, promotional activities in one form or another are essential for *acquiring recognition* on foreign markets and boosting sales. The promotional *mix*, that is the combination of techniques used for *conveying a* marketing *message* to a *target group of customers*, is the same as that used on the domestic market:

- **personal selling:** here the *salesperson* comes face to face with the customer, which in an overseas context means that he must normally be fluent in the language of the country concerned and familiar with the local *mores*. A related technique is the *promotion of goods* at *trade fairs* and exhibitions either at home or abroad, again involving direct contact between *sales staff* and buyers.
- ***direct marketing*:** this *entails advertising and selling products* to *prospective customers* direct, either by post (direct mail), telephone (teleshopping), or via the internet (e-marketing). Names and addresses of *prospects* are normally obtained from bought *databases*.
- ***advertising*:** this enables the manufacturer to reach a mass audience and build up a long-term company, product and brand identity by *delivering* the promotional *message* by one or more media (print, *posters*, *billboards*, TV, radio and cinema *commercials* etc.); the media mix employed will vary according to local circumstances.
- ***publicity*:** this is news printed or broadcast about a company in the media. It is compiled on the basis of *press releases*, *editorial material*, *interviews* etc. which have been made available by the company concerned within the scope of their *public relations activities*. Such *advertorials* are not paid for, but can be extremely effective as consumers often *perceive them to be more credible* than advertising.
- ***sales promotions*:** these are short-term, *one-off sales drives* intended to *supplement* and *augment* normal promotional activities. They usually take the form of some sort of discount (2-for-the-price-of-1 offers, *coupons* etc.). Exporters need to exercise care about this sort of *campaign* as their use is not always permitted in every country.

Intercultural factors to be taken into account with export promotion activities

Although basic needs are the same all over the world and current demographic trends, such as the youth culture, tend to be global rather than local, it cannot be assumed that people everywhere will *respond* in the same way to certain products and certain *advertising appeals*. Promotional messages must therefore *take into account* a number of barriers to communication which might exist:

advertise, to ~ a product	für ein Produkt werben
advertising *(no pl.)*	Werbung
advertorial	Advertorial

Portmanteau word derived from advertisement + editorial.

appeal, advertising ~	*hier:* Werbeappell
augment *(vb)*	steigern, ausbauen
billboard, hoarding	Anschlagtafel, Werbetafel
campaign	Kampagne, Aktion
commercial	Werbespot
coupon, voucher	Gutschein, Coupon, Kupon
database	Datenbank
direct marketing *(no pl.)*	Direktmarketing
editorial material *(no pl.)*	redaktionelle Inhalte
entail, to ~ doing sth.	beinhalten
interview	1. *hier:* Interview 2. Vorstellungsgespräch
message, to convey/deliver a ~	Message/Botschaft übermitteln
mix	Mix

Combination of instruments available to perform certain marketing operations e.g. marketing mix (Marketing-Mix), advertising mix (Werbe-Mix), promotional mix (Promotion-Mix), media mix (Media-Mix).

mores *(no sing.)*	Gepflogenheiten, Sitten
one-off sales drive	einmalige Verkaufsaktion
oyster, the world's your ~	die Welt steht Dir/Ihnen offen, die Welt liegt Dir/Ihnen zu Füßen
perceive, to ~ sth. to be more credible	etw. als glaubwürdiger empfinden
poster	Plakat
press release	Pressemitteilung, Presseinformation
promotion *(no pl.)* of goods	Produktwerbung
promotion, sales promotion	Promotion, Werbeaktion
promotional activities	Werbemaßnahmen, verkaufsfördernde Aktivitäten
prospective customer, prospect	Kaufinteressent, potenzieller Kunde
public relations/PR activities	PR-Arbeit, Öffentlichkeitsarbeit

Maintaining good relations between an organisation and the general public.

publicity *(no pl.)*	Publicity
recognition *(no pl.)*, to acquire ~	Bekanntheit erwerben
respond, to ~ to sth.; response *(noun)*	auf etw. reagieren; Reaktion
salesperson; sales staff *(pl .)*	Verkäufer(in); Verkaufspersonal
supplement *(vb)*	ergänzen
take, to ~ into account	berücksichtigen
target group of customers	Kundenzielgruppe
trade fair	Messe

Linguistic barriers In most cases a wider audience will be reached by translating promotional material and using sales staff who are fluent in the local language. To ensure that no *offence* or *misunderstanding* is caused, it is essential to use reliable qualified translators and preferably build up a *long-term relationship* with them so that they are familiar with the company, its products, and the appropriate terminology. In addition it is often advisable to have promotional material *checked* by *locals* sensitive to *linguistic nuances* and to *pre-test* it if possible. Brand names which are to be used internationally should be checked *for ease of pronunciation* and to ensure that they have no undesirable *connotations*: Pschitt (French lemonade) or Bimbo (Spanish bread) would not *elicit* the desired *response* in English, similarly Pink Mist as a name for a perfumed body spray would not *appeal to* German-speakers.

National legislation It is important to bear in mind that *statutory regulations* regarding advertising tend to vary: for example many countries now ban certain forms of tobacco advertising, restrict advertising of *confectionery*, or *control* advertising *directed at* children. Similarly the use of superlatives and/or *comparative advertising* is not always allowed. In addition some countries insist that advertising material must originate on their own home territory.

Media access Target groups will not always *have the same media exposure* – in some countries a high proportion will read newspapers, watch TV and surf the internet; in other countries with a less developed communications infrastructure, the target group can more successfully be reached by cinema commercials and posters. Radio-listeners will belong to a different socio-economic group in an *emerging market* than in a highly developed country.

Tastes and *attitudes* The product to be promoted might have an entirely different status or arouse different associations in different countries, and will accordingly have to be *positioned* differently. For example in many countries *disposable nappies* will be presented as *convenient* and *labour-saving* for mothers; in others, where mothers might consider it an *affront to* their *maternal instincts* to want to *cut corners* and make life easier for themselves, the *line* might be that they are drier and babies feel more comfortable in them.

Non-verbal communications Target groups around the world react differently to colours, symbols, body language, gestures etc.; for example *casual appearance* or *posture* will be perceived as cool in some countries, but *sloppy* in others. In Egypt green is associated with nationalism, not *environmentalism,* and in India an owl is a symbol of bad luck, not wisdom.

Cultural and religious differences There are often national differences as regards how consumers respond to the *approach adopted*. Some audiences will respond well to an *emotional appeal*, others prefer an informative, *factual approach*. Similarly some countries prefer a national focus, whereas others see themselves as part of the international, especially American, *community*.

affront to sth.	Affront gegen etw.
appeal, to ~ to sb.	jdn. ansprechen
appeal, emotional ~	*hier:* emotionaler Appell
approach, to adopt a factual ~	einen sachlichen Ansatz wählen
attitude	Einstellung, Haltung
casual appearance *(no pl.)*	ein legeres äußeres Erscheinungsbild
check *(vb)*	(über)prüfen
community	Gemeinschaft
comparative advertising *(no pl.)*	vergleichende Werbung
Comparison of one brand with another, to the competitor's disadvantage.	
confectionery *(no pl.)*	Süßigkeit(en)
connotation	Konnotation, Assoziation
control *(vb)*	steuern, regulieren, regeln
NB 'kontrollieren' usually = to check, to monitor	
convenient	praktisch
corners, to cut ~	sich etw. leicht machen
directed at sb.	an jdn. gerichtet, auf jdn. ausgerichtet
disposable nappy	Wegwerfwindel
elicit, to ~ a response	eine Reaktion hervorrufen
emerging market/economy	Schwellenland, aufstrebender Markt
environmentalism *(no pl.)*	Umweltbewusstsein
labour-saving	*hier:* mit geringerem Arbeitsaufwand verbunden
line	*hier:* Argument, Ansatz
linguistic barrier	Sprachbarriere
linguistic nuance	sprachliche Feinheit/Nuance
local *(noun)*	Einheimische(r), Ortsansässige(r)
long-term relationship	langfristige Beziehung
maternal instincts *(usu. pl.)*	Mutterinstinkt
media access *(no pl.)*	Zugang zu den Medien
media exposure *(no pl.)*, to not have the same ~	*hier:* nicht überall den gleichen Zugang zu den Medien haben
misunderstanding	Missverständnis
national legislation	Landesgesetzgebung
non-verbal communication(s)	nonverbale Kommunikation
offence *(UK)*, offense *(US)* *(no pl.)*	*hier:* Beleidigung
position *(vb)*	positionieren
Create a specific image to reach a particular target group.	
posture	Haltung, Körperhaltung
pre-test *(vb)*	einem Pre-Test unterziehen
pronunciation, for ease of ~	*hier:* ob sie leicht auszusprechen sind
sloppy	ungepflegt, schlampig
statutory regulation	gesetzliche Bestimmung

Promotional activities must also *be aware of religious sensitivities* and customs and take these into account.

Standardisation versus localisation

Standardisation of promotional activities is therefore seldom a *feasible option*, even if the aim is to create a *global brand* with worldwide recognition of the company and its products. *Localisation* or even *glocalisation* are the keywords here: introducing appropriate minor modifications to a basic marketing concept in order to *tailor it to suit local* linguistic and cultural *conditions*.

It is clear from the above that promoting exports can be a potential *minefield*, and it is certainly advisable to use the services of experienced professionals such as *advertising agencies* (whereby a small local agency might be more *economic* and more effective than a large international one), public relations (PR) firms, translators, *photographers* etc. The amount spent on promotion must of course *be consistent with* the extra *revenues generated*: some exporters *allocate* a certain percentage of their *quarterly sales* to their promotion budget, but find more is needed when *entering a market* for the first time or when taking measures to *revive flagging sales*.

advertising agency	Werbeagentur
allocate *(vb)*	zuteilen
consistent, to be ~ with	einhergehen mit, in Einklang sein mit
economic	*hier:* wirtschaftlich sinnvoll
enter, to ~ a market	einen Markt erschließen
feasible option, to be a ~	eine praktikable Alternative darstellen
flagging sales *(no sing.)*, to revive ~	rückläufige Verkaufszahlen wieder ankurbeln
global brand	Weltmarke
glocalisation *(no pl.)*	Glokalisierung, Glokalisation
Adaptation of a global brand or strategy to suit local circumstances.	
localisation *(no pl.)*	Lokalisierung, Lokalisation
Tailoring of a product or strategy to suit the local market.	
minefield, to be a ~	große Risiken bergen
photographer	Fotograf
NB photograph = Foto	
promotion budget	Promotion-Etat, Promotion-Budget
quarterly sales *(no sing.)*, quarterly turnover *(no pl.) (UK)*	Quartalsumsatz
religious sensitivities, to be aware of ~	sensibilisiert für religiöse Empfindsamkeiten, Sensibilisierung in der Wahrnehmung religiöser Empfindsamkeiten
NB sensible = vernünftig; sensitive = sensibel	
revenues, to generate ~	Einnahmen generieren
standardisation *(no pl.)*	Standardisierung, Vereinheitlichung
tailor, to ~ to suit local conditions	den Bedingungen vor Ort anpassen

1. Word Family: Technik		
noun	technicality	1. technisches Detail 2. Formsache 3. Formfehler
noun	technique, also technic *(US)*	1.Technik, Methode 2. technisches Können
adj.	technical	1. Fach-, fachlich 2. technisch
NB	*'technisch' is often used as a suffix in German to create new adjectives: die bautechnischen Bestimmungen (the construction regulations), aus gehaltstechnischen Gründen (for salary reasons)*	
noun	technical term	Fachbegriff
adv.	technically technically (speaking)	1. technisch 2. fachlich, fachmännisch 3. im Grunde, genau genommen
noun	technology	Technologie
adj.	technological	technologisch
noun	technologist; techie	Technologe; Technofreak
noun	engineering *(no pl.)*	Technik
noun	engineer	Ingenieur
noun	technician	1.Techniker, Fachmann *(v.a. im praktischen, handwerklichen Bereich)* 2. Laborassistent, technischer Assistent
noun	technics *(sing.& pl.)*	technische Begriffe, Methoden und Details
noun	tech, technical college	Fachhochschule, FH

(i) Which of the above terms would you insert in the sentences below?

(a)	His translating ...... has improved out of all recognition.
(b)	As a painter she has reached a high degree of ...... excellence, but lacks creativity.
(c)	She's ...... a citizen of the US, but has mainly lived in Asia.
(d)	He was completely confused by the time she'd explained all the ...... of the insurance contract, it was all gibberish to him as he didn't understand the ....
(e)	He was a brilliant ...... on the football pitch and outwitted his opponents with ease.
(f)	I've no idea what's wrong with my i-pod, I'm not a(n) ......, but I can ask my brother, he's a real ....
(g)	Despite her experience she didn't get the job because she'd only trained as a(n) ...... rather than a(n) .... , a mere ...... in my opinion.
(h)	The singer's ...... was brilliant and needed no ...... backup such as microphones.
(i)	Modern medical ...... such as scanners and also new ...... such as microsurgery have conferred many benefits on mankind.
(j)	He's studying electrical ...... at our local ....

(ii) Suggest a translation for the following newspaper extract

Aus beziehungstechnischen Gründen möchte die Hälfte der über zwei Millionen Tätowierten in Deutschland ihre Zierde früher oder später loswerden.

2. Translate the sentences below incorporating the following terms

* customer loyalty * customer base * sales representative * key account *
* regular customer * casual clientele * client * winning customers *
* the customer is always right *

(a)	Die Zufriedenheit unserer Kunden ist oberstes Gebot.
(b)	In unserem Hause verfahren wir nach dem Motto: Der Kunde ist König.
(c)	Zu meinen Hauptaufgaben zählt die Betreuung unserer Großkunden.
(d)	Mittels gezielter Werbestrategien wollen wir versuchen neue Kunden zu akquirieren und unsere Laufkundschaft noch stärker an uns zu binden.
(e)	Unser Außendienstmitarbeiter hat sich im Laufe der Jahre einen großen Kundenstamm aufgebaut.
(f)	Zu den Klienten unseres Anwaltbüros zählen namhafte Persönlichkeiten aus dem Showbusiness.

3. Preposition problems

a number of barriers	TO	communication
locals sensitive		linguistic nuances
it is an affront		their maternal instincts
they react differently		colours, symbols etc.
consumers respond		the approach adopted

(i) Translate the above phrases from the English text, paying particular attention to the translation of *to*

Note the following terms where English (to) and German (gegen) seem to adopt opposing stances:

* allergy/allergic to	* object/have an objection to
* averse to	* resistance/resistant to
* hostility/hostile to	* sensitivity/sensitive to
* immunity/immune to	

(ii) Now translate the following sentences

(a)	Sie ist immun gegen Schmeicheleien.
(b)	Die Firma hat keine Bedenken dagegen, dass er sich beurlauben lässt.
(c)	Ich habe nichts dagegen, abends ein Glas Bier zum Essen zu trinken.
(d)	Dieser Möbelstoff soll gegen Chemikalien resistent sein.
(e)	Er ist allergisch gegen Blütenstaub.
(f)	Die Ausländerfeindlichkeit nimmt leider ständig zu.
(g)	Kinder sind besonders empfindlich gegen die Sonne.

1. (i)

(a) technique
(b) technical
(c) technically
(d) technicalities – technical terms
(e) technician
(f) technologist/engineer/technician – techie
(g) technician – engineer – technicality
(h) technique – technical/technological
(i) technology – techniques
(j) engineering – tech(nical college)

1. (ii) Half of the over 2 million Germans who have had themselves tattooed would sooner or later like to get rid of their tattoos for partner reasons/for the sake of their partners.

2.

(a) Customer satisfaction is our overriding aim/prime consideration.
(b) Our firm's motto is that the customer is always right.
(c) One of my main tasks is to manage our key accounts.
(d) We intend to direct our promotional activities towards winning new customers and improving customer loyalty amongst our casual clientele.
(e) Our sales representative has built up a large customer base over the years.
(f) Some of our legal practice's clients are famous showbiz personalities.

3. (i)

einige Kommunikationsbarrieren
Einheimische, die über ein ausgeprägtes Sprachgefühl verfügen
ein Affront gegen ihren Mutterinstinkt
sie reagieren anders auf Farben, Symbole usw.
die Verbraucher reagieren auf den gewählten Ansatz

3. (ii)

(a) She is immune to flattery.
(b) The firm has no objection to his taking leave of absence.
(c) I am not averse to having a glass of beer with my evening meal.
(d) This furniture fabric is supposed to be resistant to chemicals.
(e) He is allergic to pollen.
(f) Hostility to foreigners/racism/xenophobia is unfortunately always on the increase.
(g) Children are particularly sensitive to the sun.

4

Die Grundformen des Außenhandels
Direkter und indirekter Export/Import und Transithandel

Going Through the Right Channels
Distribution channels and export/import intermediaries on domestic and foreign markets

Die Grundformen des Außenhandels

Der Sektor *'Außenwirtschaft'* eines Landes umfasst *Kapitalverkehr* und *Dienstleistungsverkehr* mit dem Ausland sowie *Außenhandel*. Als Unternehmen im Außenhandel tätig sein, bedeutet *Warenverkehr* mit dem Ausland und somit *grenzüberschreitenden Güteraustausch abzuwickeln*.
Zu den Grundformen des Außenhandels zählen:

- *Export (Ausfuhr)* von Waren
- *Import (Einfuhr)* von Waren
- *Transithandel* mit Waren

Das Export- bzw. Importgeschäft lässt sich wiederum in direkte und indirekte Aus- bzw. Einfuhren unterteilen. Der entscheidende Unterschied besteht *nach allgemeiner Auffassung* darin, dass beim *direkten Export/Import* kein inländischer *Absatzmittler* einbezogen wird und die *Ware* direkt ins Ausland geliefert bzw. aus dem Ausland bezogen wird.

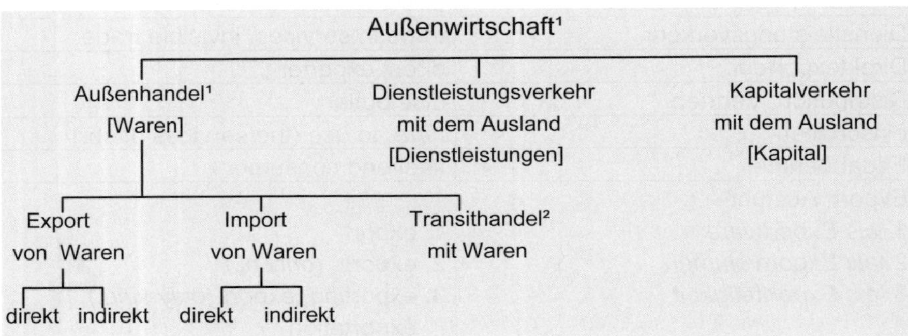

[1] Für Außenwirtschaft und Außenhandel gibt es keinen einheitlichen Sprachgebrauch. Hier umfasst Außenwirtschaft i.w.S. den gesamten Wirtschaftsverkehr mit dem Ausland; Außenhandel bezieht sich lediglich auf den Handel mit Waren. In der Zahlungsbilanz werden für diese Sachverhalte z.T. andere Zuordnungen und auch andere Termini verwendet.
[2] In der Zahlungsbilanz in Deutschland wird der Transithandel seit 1995 (gemäß den internationalen Richtlinien der Zahlungsbilanzerstellung des IWF) in der Dienstleistungsbilanz und nicht mehr in der Handelsbilanz erfasst.

Direkter Export

Wollen inländische *Produzenten* ihre Waren direkt exportieren, werden sie keine Absatzmittler im Inland *einschalten*, sondern die Ware direkt ins Ausland an einen *Abnehmer liefern*. Bei diesem Abnehmer handelt es sich entweder um den *Endabnehmer* oder um einen ausländischen *Exportmittler*. Der *Direktexporteur* kann sich also zur Verbesserung seiner *Distribution* im Ausland, dem *Importland*, durchaus eines Absatzmittlers bedienen. Solange dieser im Ausland *ansässig* ist, ändert sich nichts an der Tatsache, dass der Export direkt erfolgt.

Abnehmer	buyer, customer, purchaser
Absatzmittler, Handelsmittler	intermediary, middleman
abwickeln, Warenverkehr ~	to conduct trade in goods
ansässig, im Ausland ~	located/based abroad
Auffassung, nach allgemeiner ~	it is generally accepted that
Außenhandel 1. *Handel mit Waren und Dienstleistungen* 2. *Warenhandel*	foreign/international/ overseas trade 1. trade in goods and services 2. visible trade, trade in physical goods, merchandise trade *(US)*
Außenwirtschaft 1. *i.w.S. als Oberbegriff* 2. *i.e.S. Außenhandel*	 1. external sector of the economy 2. foreign trade, international trade, overseas trade
direkter Export, Direktexport	direct exporting, direct selling
direkter Import, Direktimport	direct importing
Dienstleistungsverkehr	trade in services, invisible trade
Direktexporteur	direct exporter
Distribution, Vertrieb	distribution
einschalten	*here:* to use (the services of sb.)
Endabnehmer	final/end consumer
Export, Ausfuhr 1. *als Exportware* 2. *als Exportvolumen* 3. *als Exporttätigkeit*	 1. export 2. exports *(only pl.)* 3. exporting, export *(only sing.)*, exportation
Exportmittler	export intermediary
grenzüberschreitend	cross-border
Güteraustausch	exchange of goods
Import, Einfuhr 1. *als Importware* 2. *als Importvolumen* 3. *als Importtätigkeit*	 1. import 2. imports *(only pl.)* 3. importing, import *(only sing.)*, importation
Kapitalverkehr	capital transactions
liefern *(siehe Übungen S. 108-109)*	1. to supply 2. to deliver
Produzent, Hersteller	manufacturer, producer
Transithandel	transit trade
Ware	goods *(no sing.)*, commodity, merchandise *(no pl.)*
Warenverkehr	goods/visible trade, trade in goods, merchandise trade *(US)*

Wann entscheidet sich ein Produzent für den Direktexport? Im Handel mit *Investitionsgütern*, vor allem bei *Großobjekten* wie *Kraftwerken* oder Schiffen, wird der unmittelbare Kontakt zum Endabnehmer als eindeutig vorteilhaft empfunden, denn solche Produkte erfordern individuellere Kundenberatung und Versorgung mit *Ersatzteilen.* Ferner entscheiden *Absatzchancen* und der angestrebte *Geschäftsumfang* über den direkten oder indirekten *Absatzweg*; je höher der geplante *Absatz* desto wahrscheinlicher ist das direkte Auslandsengagement.
Doch andererseits muss der Direktexporteur Risiken (z.B. *Wechselkurs-* oder *Annahmerisiken*) und anfallende Kosten berücksichtigen. Jeder Direktexport verlängert den vom Exporteur zu finanzierenden Absatzweg und *bedingt* längere *Zahlungsziele* als der Verkauf an einen *inländischen* Exportmakler. Mit dieser längeren Finanzierungsdauer steigt auch das Risiko. Hinzu kommt der hohe *Kapitaleinsatz* verbunden mit der Schaffung organisatorischer Strukturen für den Direktexport. Direktexporteure, die ihre *Erzeugnisse* unmittelbar an den Endabnehmer *im Ausland* liefern wollen, werden in ihren Unternehmen ab einem gewissen Geschäftsumfang Exportabteilungen einrichten. Zu deren Aufgaben zählen eine gute Kenntnis des *Auslandsmarktes,* Auftragsanbahnung, Pflege von direkten Geschäftskontakten und die Abwicklung der Exportgeschäfte einschließlich der *Güterzustellung.* Oft ist eine eigene *Repräsentanz* im Ausland vorteilhaft; je nach Geschäftsvolumen und Absatzpotenzial auf dem Auslandsmarkt handelt es sich dabei nur um einen Gebietsdelegierten, um ein eigenes *Auslieferungslager* oder *Ersatzteillager* oder *bei stärkerem Engagement* um eine eigene *Verkaufsniederlassung* in Form einer rechtlich selbständigen *Tochtergesellschaft* oder um eine unselbständige *Filiale.*

Indirekter Export

Beim indirekten Export verkauft beispielsweise der deutsche Produzent an einen deutschen Absatzmittler. Damit beschränkt er seine 'Exporttätigkeit' auf die Bereitstellung der Ware zum Export und überlässt sämtliche Kosten und Risiken der weiteren Distribution, insbesondere des Transports und der Kundensuche, den inländischen *Exporthändlern.*

Direkter Import

Der *Direktimporteur* bezieht seine Ware unmittelbar von einem ausländischen Hersteller oder von einem Exporthändler im Ausland, d.h. dem *Exportland*; ein inländischer Importhändler wird nicht *eingeschaltet*. Im internationalen Warenverkehr ist in verschiedenen Bereichen ein starker Trend zum Direktimport zu verzeichnen. Besonders beim Bezug von *Rohstoffen* und *unfertigen Erzeugnissen* aus *Entwicklungsländern* bietet der direkte Import wegen *der längerfristigen Disposition* von großen Mengen durch direkten Kontakt zum *Lieferanten* Vorteile. In vielen Fällen wird jedoch eine *Einkaufsniederlassung* oder ein *Handelsmakler* eingeschaltet werden müssen.

Absatz	sales *(no sing.)*
Absatzchancen	marketing/sales potential
Absatzweg	distribution channel
Annahmerisiko	acceptance risk
Ausland, im ~	abroad, in the foreign country
Auslandsmarkt	foreign/overseas market
Auslieferungslager	distribution warehouse, depot
bedingen	to necessitate
Direktimporteur	direct importer
Disposition	*here:* buying, ordering
Engagement, bei stärkerem ~	*here:* if it is particularly committed
Entwicklungsland	developing country
Ersatzteil	spare part
Ersatzteillager	spare parts depot
Erzeugnisse, Waren	goods *(no sing.)*, commodities, merchandise *(no pl.)*
Exportland	exporting country
Exporthändler	export merchant
Filiale	branch
Geschäftsumfang	volume of business
Großobjekt	large-scale project
Güterzustellung	delivery of goods
Handelsmakler	export broker, mercantile agent, middleman
indirekter Export	indirect exporting
inländisch	domestic, on the home market
Investitionsgüter	capital goods, producer goods
Kapitaleinsatz	amount of capital needed
Kraftwerk	power plant
längerfristig	longer-term
Lieferant	supplier
Niederlassung 1. *als Verkaufsniederlassung* 2. *als Zweigniederlassung* 3. *als Einkaufsniederlassung*	 1. sales office 2. branch, branch office/operation 3. purchasing office
Repräsentanz	representation
Rohstoffe	raw materials, primary goods
Tochtergesellschaft	subsidiary
unfertiges Erzeugnis	unfinished product
Wechselkursrisiko	exchange rate risk
Zahlungsziel	1. period of payment, time allowed for payment 2. payment date

Um einen *stetigen Warenfluss* zu *sichern*, ist der Aufbau eines *Importlagers* besonders bei stärker schwankenden Einkaufsmengen ratsam.

Indirekter Import

Der Import ausländischer Ware über inländische *Importhändler* wird als indirekte Einfuhr bezeichnet. Sie ist *unumgänglich*, wenn der Importbedarf nur *zeitweilig* oder in relativ kleinen Mengen anfällt. Auch bei sehr *breit gestreuten Einfuhren* aus vielen Ländern wird die *Ausgliederung* des *Importwarenbezugs* insgesamt *kostengünstiger* sein als die Unterhaltung von *Importniederlassungen* oder die Einschaltung von *Einkaufskommissionären*.

Transithandel

Transithändler sind an den *weltweit* wichtigen *Warenumschlagplätzen* ansässig. Sie kaufen Transitware im Ausland ein und beliefern Abnehmer in einem *Drittland*. Entweder die Ware wird vom Verkäufer im Ausland direkt an den Käufer im Ausland geliefert, oder es erfolgt eine *Zwischenlagerung* in einer *zollfreien* Zone im Land des Transithändlers, bevor der *Weiterverkauf* ins *Bestimmungsland* abgewickelt wird.

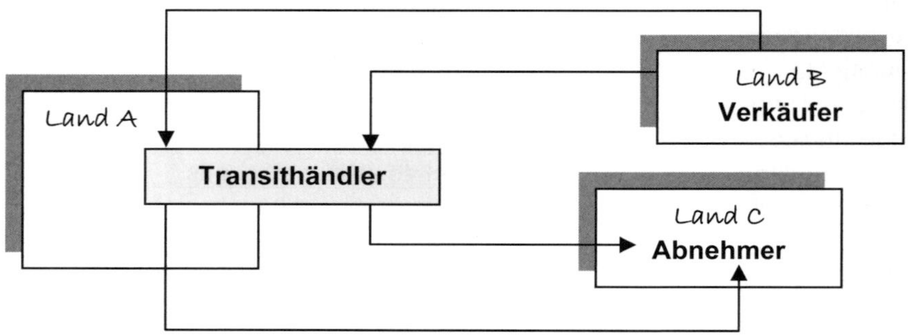

Transitgeschäfte werden erforderlich, wenn ein *Handelsgeschäft* zwischen zwei Staaten *aus politischen* oder *protektionistischen Gründen* nicht zustande kommen kann. Denkbar wäre etwa, dass ein Land die mit einem anderen Staat vereinbarten *Kontingente* bereits *ausgeschöpft* hat. Man würde dann einen Transithändler im Drittland mit noch *offenen* Kontingenten mit dem Kauf/Verkauf der gewünschten Produkte *beauftragen*. Typische *Transithandelsgüter* sind Güter wie *Tabak* und *Baumwolle*. *Gewinnversprechend* für einen Transithändler ist außerdem ein *Großeinkauf* bei *Massengütern* oder *Serienprodukten* zu *Sonderpreisen* mit *anschließendem* weltweitem Weiterverkauf.

anschließend	subsequently
ausschöpfen, ein Kontingent ~	to use up/to exhaust a quota
Ausgliederung	*here:* outsourcing
Baumwolle	cotton
beauftragen, jdn. mit etw. ~	to commission sb. to do sth.
Bestimmungsland	country of destination
breit gestreute Einfuhren	diversified imports
Drittland	third country
Einkaufskommissionär	commission buying agent, CBA
gewinnversprechend	potentially profitable
Großeinkauf	bulk buying
Gründe, aus politischen ~n	for political reasons
Handelsgeschäft	commercial transaction
Importhändler	import merchant
Importlager	stock of imported goods
Importniederlassung	import branch office
Importwarenbezug	purchase/procurement of imports
indirekter Import	indirect importing
Kontingent, *(Pl. Kontingente)*	quota *(pl. quotas)*
kostengünstiger	less expensive
Massengüter	bulk goods
offen	*here:* free, unused
protektionistisch	protectionist
Serienprodukte	series-produced goods
sichern	to ensure, guarantee
Sonderpreis	special price, discount price
stetig	steady, continuous, uninterrupted
Tabak	tobacco
Transithandelsgüter	transit goods
Transithändler	transit trader
unumgänglich	inevitable
Warenfluss	flow of goods
Warenumschlagplatz	entrepot, trans(s)hipment centre
Weiterverkauf	resale, reselling
weltweit	globally
zeitweilig	occasionally, from time to time
zollfrei	duty-free
Zwischenlagerung	temporary storage

Going Through the Right Channels

Choosing the most suitable *channel of distribution* is an important policy decision and will depend on a company's marketing strategy, experience, size, and *commitment to exporting*.

DIRECT EXPORTING, where the manufacturer largely retains control over marketing operations *abroad*, implies selling direct to the *end consumer*. It is of especial interest for large-scale exports, for example to overseas *retail chains*, *mail-order firms* or e-shopping concerns, and is virtually essential for companies manufacturing *custom-built capital goods* or *engineering products*. In this case *sales* are usually *handled* either by an *in-house* export department, possibly using the firm's own *sales force*, i.e. travelling *sales representatives*, or by a *branch* or *subsidiary overseas*. The services of an *overseas intermediary* might also be employed.

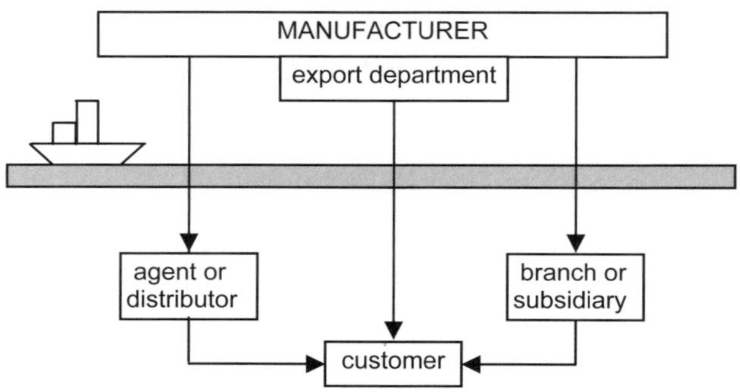

A firm that aims to carry out all the work connected with the export of its products must be prepared to *tackle* a variety of tasks:

- initiating *market research* and export *sales promotion*
- handling *orders*, *contracts* and correspondence with foreign customers
- packing goods in ways suitable for transport overseas and for *display* in foreign markets
- arranging for *shipping* and proper documentation of export *consignments*
- *pricing* and setting up *appropriate payments systems*
- handling *customer care* and *after-sales service*.

Probably all firms engaged in exporting *perform* some of these *functions*, but it is only major companies with large and stable export markets which will find it necessary or possible to employ the *specialist staff* with appropriate *linguistic skills* which are required to handle all of them.

abroad *(cf. page 67)*	im Ausland
after-sales service *(no pl.)*	Kundendienst
appropriate	geeignet
branch	Filiale, (Zweig-)Niederlassung
capital goods *(no sing.)*	Investitionsgüter
channel of distribution	Absatzweg, Vertriebsweg
channels, to go through the right ~	den Instanzenweg einhalten
commitment *(no pl.)* to exporting	Auslandsengagement
NB export commitment(s) = Exportverpflichtung(en)	
consignment	Sendung, Lieferung
NB consignment (no pl.) = Versand	
contract *(for goods or services)*	Auftrag
custom-built	speziell angefertigt, maßgeschneidert
customer care *(no pl.)*	Kundenbetreuung
direct exporting *(no pl.)*	direkter Export, Direktexport
display *(no pl.)*	Auslage, Ausstellung
end consumer, final consumer	Endverbraucher
engineering product	Technologie-Erzeugnis
function, to perform a ~	eine Funktion/Aufgabe übernehmen
handle *(vb)*	bearbeiten, erledigen, abwickeln
in-house	unternehmensintern, hausintern
intermediary, middleman	Absatzmittler, Zwischenhändler, Handelsmakler
linguistic skills	Sprachkenntnisse
mail-order firm	Versandfirma
market research *(no pl.)*	Marktforschung
order *(usually for goods, not services)*	Bestellung, Auftrag
overseas *(adj. & adv.)*	ausländisch; im Ausland
payments system	Zahlungssystem
pricing *(no pl.)*	Preisgestaltung
representative, sales ~, rep	Außendienstmitarbeiter, Reisender
Employee of the firm he represents (cf. agent).	
retail chain	Einzelhandelskette
sale(s) *(activity of selling)*	*hier:* Verkauf
NB sales (no sing.) = 1. volume of goods sold (Absatz) *2. value of goods sold, turnover (UK) (Umsatz)*	
sales force *(no pl.)*	Außendienst
sales promotion *(no pl.)*	*hier:* Verkaufsförderung
shipping *(no pl.)*	Versand
specialist staff *(pl.)*	Sachbearbeiter
Singular = specialist member of staff, member of staff in charge of sth.	
subsidiary	Tochtergesellschaft
tackle *(vb)*	in Angriff nehmen, angehen

Intermediaries on the overseas market

One widespread method of selling abroad which allows the manufacturer to retain some control over his *export operations* without *committing hímself to* the *expense* of a permanent *representation* is to use an *agent* or *distributor* operating in the overseas *sales territory*. The extent to which the manufacturer can still influence marketing operations largely depends on the contract concluded with this *middleman*. A manufacturer will often grant *sole selling rights* to the appointed distributor or agent to encourage loyalty.

- A distributor purchases the products and sells them in his own name, *assuming* full *responsibility* for the state of the goods and the *commercial risks* of their sale.
- An agent, on the other hand, does not *purchase* the goods, but earns an agreed *commission* on any sales he *negotiates* for the manufacturer, who remains the *principal* in the transaction. The agent's *remuneration* depends on the *functions* he *assumes*. For example a *consignment agent* earns an extra *fee* for *holding stocks* of goods rather than just *samples*, and a *del credere agent*, who assumes responsibility for payment of the *invoice*, receives extra commission for this service.

INDIRECT EXPORTING is especially attractive to the *novice* or *small-time exporter*. Here the manufacturer has no direct contact with the buyer and *commissions* specialist organisations located in the domestic market to handle the firm's export activities *on his behalf*.

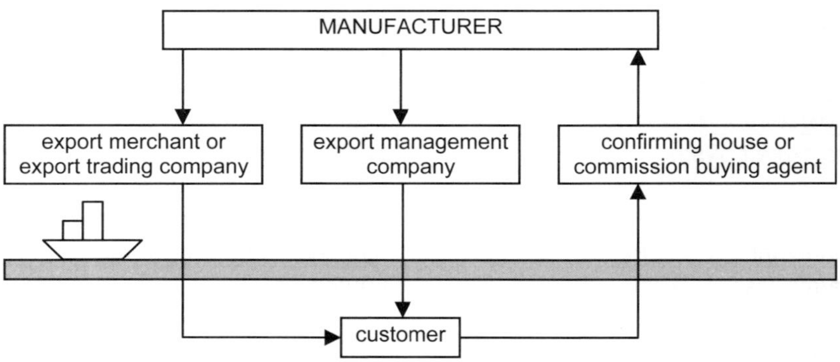

Intermediaries on the domestic market

The use of a domestic intermediary relieves the manufacturer of the time and expense involved in foreign travel and of *recruiting* and *training* suitable *manpower*. It also helps the *start-up exporter* to *penetrate markets* faster by using *established expertise*. The export *transaction is conducted* in much the same way as a domestic *piece of business*: *accounts are settled locally* in the

account, to settle an ~	eine Rechnung begleichen
agent *(self-employed – cf. representative)*	(Handels)Vertreter, Agent
assume, to ~ responsibility	Verantwortung übernehmen
commercial risk	Geschäftsrisiko
commission *(no pl.)*	Provision
commission, to ~ sb. to do sth.	jdn. beauftragen etw. zu tun
commit, to ~ yourself to sth.	sich auf etw. einlassen
conduct, to ~ a piece of business; conduct, to ~ business *(no pl.)*	ein Geschäft tätigen; Geschäfte tätigen
conduct, to ~ a transaction	eine Transaktion tätigen
consignment agent	Exportkommissionär
del credere agent	Delkredere-Vertreter
distributor, dealer	Vertragshändler
expense *(no pl.)* *expense**s** = costs incurred in a particular job or task (Spesen, Ausgaben)*	Aufwand, Kosten
expertise, established ~ *(no pl.)*	bewährte Kompetenz
export operations	Exporttätigkeiten
fee	Honorar, Gebühr
function, to assume a ~	eine Funktion/Aufgabe übernehmen
indirect exporting *(no pl.)*	indirekter Export
invoice	Rechnung
locally	vor Ort
manpower *(no pl.)*	Personal, Arbeitskräfte
middleman, intermediary	Zwischenhändler, Handelsmakler, Absatzmittler
negotiate *(vb)*	1. vermitteln 2. aushandeln
novice *(adj. & noun)*	Neu-, angehend
on behalf of sb.	stellvertretend für jdn., im Namen von jdm., im Auftrag von jdm.
penetrate, to ~ a market	in einen Markt eindringen
principal	*hier:* Auftraggeber, Kommittent
purchase, buy *(vb)*	kaufen
recruit *(vb)*	anwerben, einstellen
remuneration *(no pl.)*	Vergütung, Entgelt
representation	Repräsentanz
sales territory	Absatzgebiet
sample	Muster
small-time exporter	Kleinexporteur
sole selling rights	Alleinvertrieb, Alleinverkaufsrechte
start-up exporter	Exportneuling
stocks, to hold ~	Lagerbestände unterhalten
train *(vb)*	ausbilden

domestic currency, thus minimising the financial and *exchange risks*. Using an *export house* only produces satisfactory results if there is close cooperation between the intermediary and the *supplier*, however, with the latter providing full *back-up* as regards *adapting* products *to suit* foreign markets. The most common intermediaries are

- *Export management companies* (EMCs); these are specialist *consultancies* which act as export departments for a number of manufacturers, performing a broad *range* of export services and often specialising in specific *product lines*. They normally *operate on a commission basis.*
- *Export merchants* or *export trading companies* (ETCs); these also *solicit* and *transact business* on behalf of the manufacturer, but buy and sell *for their own account*, earning a profit on the *mark-up*.
- *Confirming houses* in the UK or *commission buying agents* (CBAs) in the USA; these look for suppliers and *place orders* on behalf of the *prospective* foreign *customer,* who pays them commission for their services. They *guarantee payment* to the exporter.

A useful export arrangement for *small and medium-sized enterprises* (SMEs) is *piggybacking*: here small suppliers use the services of well-established export departments of larger manufacturers to export products which *complement* the major supplier's range.

DIRECT IMPORTING *mirrors* the same *procedures* as exporting, and the decision to buy direct or indirect is based on similar considerations. Some *large-scale manufacturers* who use very large quantities of imported materials may find it more *convenient* and more *economic* to set up their own systems to import goods direct and thus *safeguard* supplies of *raw materials* at acceptable prices. The same applies to *buying organisations for the retail trade* and for imports of capital *goods made to specification*.

INDIRECT IMPORTING involves the same combinations of intermediaries as with exporting, such as *import merchants* and *commission agents*. *Import brokers*, who are very experienced at dealing in a specialized range of products which they know intimately, bring buyers and sellers together and earn a commission or *brokerage* for their services.

account, for/on your own ~	für/auf eigene Rechnung
adapt, to ~ sth. to suit sth.	etw. an etw. anpassen
back-up *(no pl.)*	Unterstützung
brokerage *(no pl.)*	*hier:* Maklergebühr
buying organisation for the retail trade	Einzelhandelseinkaufsgemeinschaft
commission agent	Kommissionär
commission buying agent, CBA *(US)*, confirming house *(UK)*	Einkaufskommissionär
commission, on a ~ basis	auf Provisionsbasis
complement *(vb)*	ergänzen
consultancy	Consulting-Unternehmen
convenient	praktisch, zweckmäßig
domestic currency	Landeswährung
economic	wirtschaftlich sinnvoll
exchange risk	Wechselkursrisiko
export house	Exportunternehmen
export management company, EMC	Außenhandelsunternehmen, Ausfuhrkommissionär
export merchant	Ausfuhrhändler, Exporthändler
export trading company, ETC *(US)*	Ausfuhrunternehmen
guarantee, to ~ payment	sich für die Zahlung verbürgen
import broker	Einfuhrmakler
import merchant	Einfuhrhändler
large-scale manufacturer	Großproduzent
mark-up	Aufschlag
mirror *(vb)*	widerspiegeln
operate *(vb)*	*hier:* arbeiten
order, to place an ~ with sb. for sth.	jdm. einen Auftrag für etw. erteilen
piggybacking *(no pl.)*	Huckepack-Vertrieb
procedure	Verfahren(sweise)
product line	Produktlinie
Group of related products within a company, e.g. beauty care, detergents etc.	
prospective customer, prospect	Kaufinteressent
range	Palette, Sortiment
raw material	Rohstoff
safeguard *(vb)*	sichern
small and medium-sized enterprises, SMEs	kleine und mittelständische Unternehmen, KMUs
solicit, to ~ business *(no pl.)*	Geschäfte anbahnen
specification, goods made to ~	Sonderanfertigung(en)
supplier	Lieferant, Zulieferer, Anbieter
transact, to ~ business *(no pl.)*	Geschäfte tätigen/abwickeln

1. Towards clearer definitions

Notice the difference between the following two sentences:
- Your duties will *consist of* making coffee for the boss and arranging his lunch appointments. (i.e. no other duties)
- Your duties will *include* making coffee for the boss and arranging his lunch appointments. (i.e. these are two of several duties)

The types of verb used here can be categorised into
1. those which define **all** the parts or components of something and
2. those which define only **some** of its components.
3. Some verbs fall between the two and often need clarification.

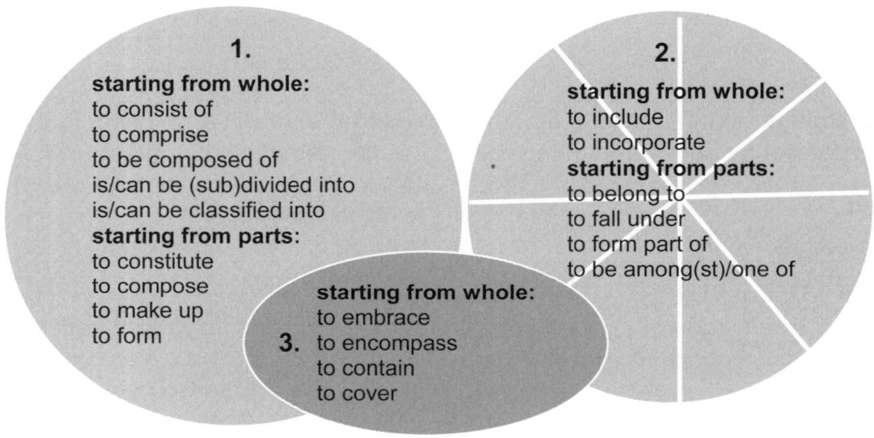

Notice: the board consists of 12 directors (starting from the whole)
12 directors make up the board (starting from the parts)

(i) Translate the following sentences

(a)	Cars are amongst Germany's top exports.
(b)	Our export department consists of one bilingual secretary.
(c)	The new proposal encompasses measures to boost German exports.
(d)	Our invoice does not include shipping, which will be handled by you.
(e)	Intermediaries on foreign markets can be divided into agents, who earn a commission, and distributors, who buy and sell in their own behalf.
(f)	Citizens of Caribbean extraction constitute the majority of the black population in the UK.
(g)	Our logistics centre in France incorporates special storage facilities for perishables.

(ii) Categorise the following German verbs on the same principle

* gehören zu	* einschließen	* zählen zu	* sich zusammensetzen aus
* enthalten	* bestehen aus	* umfassen	* unter anderem beinhalten
* bilden	* fallen unter	* sich untergliedern/unterteilen lassen in	

2.

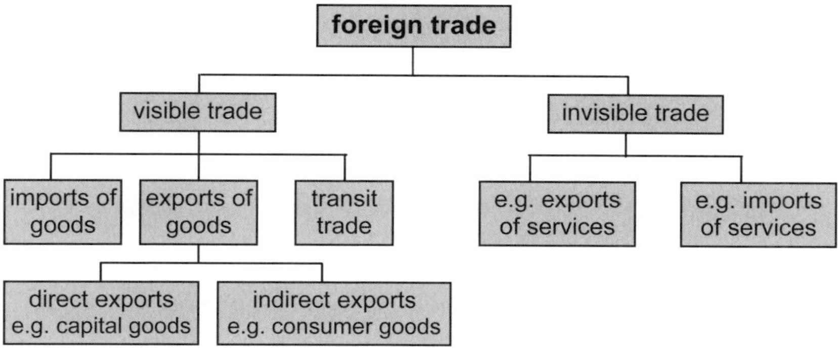

(i) Complete the following statements using the information given in the hierarchy above and using the vocabulary discussed in question 1

(a)	Foreign trade .... of visible and invisible trade.
(b)	Direct exports of goods .... capital goods.
(c)	Exports of services .... of invisible trade.
(d)	Transit trade .... to visible trade.
(e)	Visible trade .... exports and imports of goods and transit trade.
(f)	Consumer goods .... under visible trade.
(g)	Exports of goods .... into direct and indirect exports.
(h)	Invisible trade .... exports and imports of services.

(ii) Translate the following sentences

(a)	Unsere Preise schließen Porto und Verpackung nicht ein.
(b)	Architektur gehört zu den beliebtesten Studiengängen.
(c)	Die Anlage setzt sich aus mehreren Wohnhäusern zusammen, die je 6 Wohnungen enthalten.
(d)	Das Seminar umfasst Vorträge, sowie Gruppenarbeit und Präsentationen der einzelnen Teilnehmer.
(e)	Eine Pawlowa ist eine Torte, die aus Baiser, Früchten und Sahne besteht.
(f)	Labradors zählen zu den kinderfreundlichsten Hunderassen.
(g)	In England fällt Pfingstmontag nicht unter die gesetzlichen Feiertage.
(h)	Die Anleitung für den neuen Herd enthielt Anweisungen zu allem Möglichen, nur nicht zum Kochen.
(i)	Unser Katalog wird in mehrere Kategorien untergliedert, wie zum Beispiel Damen- und Herren-Oberbekleidung, Wäsche, Heimtextilien, Haushaltswaren usw.

3. The –ing form

Quite apart from its use to form the continuous tenses, the –ing form is used very frequently in English as a verbal noun (with direct object : *executing orders* rather than *the execution of orders*) and to shorten subordinate clauses, thus enhancing the flow of the language. In the English text you have just read it occurs

- as a **verbal noun** (gerund). This tends to stress the activity itself rather than the result of an activity.
  ***Choosing** the most suitable channel of distribution ...*
  "The choice of ..." would not be wrong, but is longer and sounds more stilted.
  Die Auswahl des am besten geeigneten Absatzweges ...
  Similarly in stock market reports *die Verkäufe nahmen im Nachmittagshandel zu* would be *there was increased selling during afternoon trading* because it is the activity which is being described.

- as a **participle** to shorten relative clauses.
  *companies **manufacturing** (= which manufacture) custom-built capital goods*
  Firmen, die kundenspezifische Investitionsgüter anfertigen

- as the **verb form** immediately following a preposition
  *without **committing** himself to the expense of a permanent representation*
  ohne sich an eine kostspielige ständige Repräsentanz zu binden

See where you can introduce the –ing form in translating the following sentences from the German text

(a)	Zu deren Aufgaben zählen ... die Pflege von direkten Geschäftskontakten und die Abwicklung der Exportgeschäfte einschießlich der Güterzustellung.
(b)	Direktexporteure, die ihre Erzeugnisse unmittelbar an den Endabnehmer im Ausland liefern wollen, ...
(c)	Damit beschränkt er seine 'Exporttätigkeit' auf die Bereitstellung der Ware zum Export. ...
(d)	... die Schaffung organisatorischer Strukturen für den Direktexport.
(e)	... die Ausgliederung des Importwarenbezugs wird insgesamt kostengünstiger sein als die Unterhaltung von Importniederlassungen oder die Einschaltung von Einkaufskommissionären.

4. Word Family: abroad		
adverb	abroad, overseas, offshore*	1. ins Ausland 2. im Ausland
verb	to offshore to nearshore	in das Ausland verlagern in das nahe Ausland verlagern
adverb	from abroad/overseas	aus dem Ausland
noun	foreign countries	Ausland
adj.	overseas, foreign	Auslands-, ausländisch
adj.	foreign *(in composite words)* e.g. foreign language/body, foreign trade, Foreign Office (*UK*), Department of State (*US*)	z.B. Fremdsprache, Fremdkörper, Außenhandel, britisches bzw. amerikanisches Außenministerium
noun	foreigner	Ausländer
noun	stranger	Fremder, Unbekannter
adj.	strange	fremd, fremdartig, seltsam
noun	alien	1. Ausländer 2. Außerirdischer
adj.	alien	1. fremdartig, seltsam 2. wesensfremd
verb	to alienate, estrange	entfremden
adj.	home, domestic	Binnen-, inländisch
noun	European Single Market	Europäischer Binnenmarkt
adv.	at home	im Inland
noun	Home Office *(UK)*, Department of the Interior *(US)*	britisches bzw. amerikanisches Innenministerium

* *especially used in connection with moving jobs, money, production etc. out of the country to maximise profits or minimise costs*

Translate the following sentences in the light of the above word family

(a)	Ich habe mein Auto direkt aus dem Ausland bezogen, weil es auf dem inländischen Markt viel mehr gekostet hätte.
(b)	Das Verlagern von Arbeitsplätzen ins Ausland bedeutet nicht zwangsläufig einen Anstieg der Arbeitslosigkeit im Inland.
(c)	Für diese Stelle kommen nur Bewerber mit Auslandserfahrung in Frage.
(d)	Gewalttätigkeit liegt ihm völlig fern.
(e)	Wir haben viele Geschäfte mit dem Ausland getätigt.
(f)	Sie können so viele Fremdsprachen. Haben Sie lange im Ausland gelebt?
(g)	Häufig gemachte Rechtschreibfehler kommen mir am Ende nicht mehr so fremd vor.
(h)	Unsere Produkte werden vornehmlich ins Ausland verkauft.
(i)	Ich kann Ihnen leider nicht helfen; ich bin hier fremd.

1. (i)

(a) Pkws zählen zu Deutschlands führenden Exportartikeln.
(b) Unsere Exportabteilung besteht aus einer einzigen Fremdsprachensekretärin.
(c) Der neue Vorschlag beinhaltet Maßnahmen, die den deutschen Export ankurbeln sollen.
(d) Unsere Rechnung schließt den Versand nicht ein/versteht sich ohne Versand; dieser wird von Ihnen übernommen.
(e) Auf dem Auslandsmarkt operierende Absatzmittler lassen sich unterteilen in Vertreter, die eine Provision erhalten und Vertragshändler, die für eigene Rechnung kaufen und verkaufen.
(f) Bürger, die aus der Karibik stammen, bilden die Mehrheit der schwarzen Bevölkerung im Vereinigten Königreich.
(g) Zu unserem Logistikzentrum in Frankreich gehören unter anderem besondere Lagereinrichtungen für verderbliche Waren.

1. (ii)

1.	2.	3.
1. bestehen aus sich zusammensetzen aus bilden sich untergliedern lassen in sich unterteilen lassen in	**2.** einschließen fallen unter zählen zu unter anderem beinhalten gehören zu	**3.** enthalten umfassen

2 .(i)

(a)	consists of	(e)	comprises/embraces/encompasses/covers
(b)	include	(f)	fall under
(c)	form part of	(g)	can be divided into/can be classified into
(d)	belongs to	(h)	includes

2. (ii)

(a) Our prices do not include postage and packing.
(b) Architecture is one of the most popular degree courses.
(c) The development consists of/comprises/is composed of several residential buildings, each incorporating 6 flats.
(d) The seminar encompasses lectures plus group work and presentations by individual participants.
(e) A pavlova is a cake consisting of meringue, fruit and cream.
(f) Labradors are one of those breeds of dog which are particularly good with children
(g) In England Whit Monday does not fall under/is not one of the public holidays.
(h) The instructions for the new cooker contained directions about all sorts of things, but not about how to cook.
(i) Our catalogue is subdivided into several categories, such as ladies' and mens' clothing, underwear, furnishing fabrics, household goods, etc.

3.

(a) Their tasks include cultivating direct business contacts and transacting export business, including delivering the goods.
(b) Direct exporters intending to supply their goods direct to the final consumer abroad
(c) He thus restricts his export activities to making goods available for export
(d) ... creating organisational structures for direct exporting.
(e) outsourcing purchases of imported goods will on the whole be less expensive than maintaining import offices or using commission buying agents.

4.

(a) I've bought my car directly from abroad as it would have cost a lot more on the home/domestic market.
(b) Offshoring jobs doesn't necessarily mean an increase in unemployment at home.
(c) Only applicants who have had experience working abroad will be considered for the job.
(d) Violence is completely alien to him.
(e) We have done a lot of business abroad.
(f) You can speak so many foreign languages, have you lived a long time abroad?
(g) Common spelling mistakes don't seem so strange to me in the end.
(h) Our products are mainly sold abroad.
(i) I'm afraid I can't help you, I'm a stranger here/to these parts.

5

Kompensationsgeschäfte im Außenhandel
Die verschiedenen Erscheinungsformen des Tauschhandels

Alternative Routes
Alternatives to exporting: foreign direct investment, licensing, franchising, joint ventures etc.

Kompensationsgeschäfte im Außenhandel

Unter dem *Oberbegriff Kompensationsgeschäfte* fasst man all *die Außenhandelsgeschäfte* zusammen, bei denen nicht bzw. nicht ausschließlich nach dem Prinzip 'gekaufte Ware oder Dienstleistung gegen Bezahlung in Geld' verfahren wird, sondern der Handel in Form von 'Ware/Dienstleistung gegen *Gegenleistung* oder *Gegengeschäft'* erfolgt. Das *Repertoire an* Gegengeschäften ist schier unerschöpflich: Warenlieferungen (Ware gegen Ware), Erlaubnis der Nutzung von *Standorten*, Lieferung von Technologie und Know-how, *Unternehmensbeteiligungen*, Vermittlung von weiteren Kunden, Bereitstellung von *Lizenzen* etc. und eine beliebige Kombination dieser Faktoren *eventuell* auch in Verbindung mit Geldbeträgen. Kompensationsgeschäfte sind immer *Gegenseitigkeitsgeschäfte*, die bilateral oder mit mehreren *Handelspartnern* abgewickelt werden.

Der Kompensationshandel, von manchen als Rückfall in die *Tauschwirtschaft* bewertet, als noch *in Naturalien bezahlt* wurde, von anderen als *Rückbesinnung auf* das 'Kompensieren gehen' auf den *Schwarzmärkten* der Nachkriegszeit tituliert, bietet in seinen modernen *Ausprägungen* eine Vielzahl von alternativen Handelsinstrumenten. Laut *Schätzungen beläuft sich sein Anteil am weltweiten Handel auf* etwa *20 %.*

Das Thema Kompensationsgeschäfte stiftet terminologisch leider einige Verwirrung. In der Fachwelt wird man manchmal auch Tauschhandel, Verbundgeschäft, Gegengeschäft, Countertrade oder Barter als Oberbegriff begegnen. Folglich gibt es auch bei den Erscheinungsformen des Kompensationshandels keinen einheitlichen Sprachgebrauch. Ähnliche begriffliche Unstimmigkeiten existieren im Englischen.

Einige *Variationen des Kompensationshandels*

- Bei einem ***klassischen Tauschhandels-*** oder **Bartergeschäft** wird *Ware gegen Ware getauscht*. Die beiden Lieferungen werden in einem einzigen Vertrag festgehalten. *Es fließen keine Geldströme.*
- ***Parallelgeschäft*** **(Gegengeschäft, Gegenkaufgeschäft)**: Hier werden zwei Transaktionen, die in zwei formal getrennten *Kaufverträgen* vereinbart sind, (*u.U.* im Rahmen eines dritten Vertrages) *gekoppelt*. Der Importeur erhält eine Warenlieferung und bezahlt den Kaufpreis an den Exporteur. Dieser hat *sich vertraglich zu* einem Gegengeschäft *verpflichtet* und muss einen bestimmten Prozentsatz des *Exporterlöses* für einen Warenkauf beim Importeur bzw. im Importland verwenden. Dieser Prozentsatz heißt *Kompensationsquote*. Sie kann 100 % des *Lieferwerts* aus dem ersten Vertrag betragen (*Vollkompensation*) oder weniger (*Teilkompensation*).

Anteil am weltweiten Handel *(der Anteil des Kompensationsgeschäfts am weltweiten Handel beläuft sich auf 20 %)*	share of international/world trade *(countertrade accounts for 20% of world trade)*
Ausprägung	*here:* form, variant
Außenhandelsgeschäfte	foreign business *(no pl.)*
Bartergeschäft, Barter-Geschäft, Tauschhandelsgeschäft	commercial barter, barter deal, barter transaction
eventuell	possible, possibly
Exporterlös(e), Exporteinnahmen	export earnings *(no sing.)*
Gegengeschäft, Gegenseitigkeitsgeschäft	reciprocal transaction, counter-performance, offsetting transaction
gekoppelt	linked, combined, coupled together
Geldströme, es fließen keine ~	*here:* no cash/money changes hands
Handelspartner	trading partner
Kaufvertrag	sales contract
klassisches Bartergeschäft	classic barter deal/transaction
Kompensationsgeschäft/-handel 1. *als Aktivität* 2. *als einzelner Geschäftsabschluss bzw. als einzelne Transaktion*	 1. countertrade *(no pl.)* 2. countertrade deal, countertrade transaction
Kompensationsquote	countertrade ratio
Lieferwert	value of goods supplied
Lizenz	licence
Naturalien, in ~ bezahlen	to pay in kind
Oberbegriff	generic term
Parallelgeschäft	counterpurchase transaction
Repertoire an, unerschöpfliches ~	inexhaustible/extensive repertoire of
Rückbesinnung auf	return to
Schätzung	estimate
Schwarzmarkt	black market
Standort	(industrial/business) location
Tauschhandels-/Bartergeschäft	barter deal/transaction
Tauschwirtschaft	barter economy
Teilkompensation	partial compensation
u.U., unter Umständen	possibly
Unternehmensbeteiligung	stake/interest/holding in a company
Variationen des Kompensationshandels	forms/varieties of countertrade
vertraglich, sich ~ zu etw. verpflichten	to undertake a contractual obligation, to contract to do sth.
Vollkompensation	full compensation
Ware gegen Ware tauschen	to swap one product for another

- ***Rückkauf-*** *oder* ***Buy-Back-Geschäfte*** werden beim Export von *industriellen Großanlagen* und *Ausrüstungen* abgewickelt. Der Exporteur akzeptiert als Bezahlung eine Lieferung der Güter, die mit den von ihm gelieferten *Anlagegütern* später produziert werden.
- Der Exporteur von Waren hat im Rahmen von ***Offsetgeschäften*** die Wahl zwischen etlichen Kompensationsmöglichkeiten. Er kann sich verpflichten, einen Teil der *Fertigung* seiner Ausfuhrgüter im *Abnehmerland im Rahmen eines Zuliefervertrags durchführen zu lassen*. Er könnte auch *Kooperationen*, *Direktinvestitionen* oder Joint Ventures als Gegenleistung für gelieferte Waren akzeptieren.
- ***Switch-Geschäft (Warenswitch)***: Bei dieser äußerst komplexen Form des Kompensationsgeschäfts sind drei *(Dreieckskompensation),* vier (Viereckskompensation) oder mehr Handelspartner *(Mehreckskompensation)* involviert.
- ***Clearinggeschäft (Verrechnungsgeschäft)***: *Im Vorfeld* solcher Geschäfte werden die *Rahmenbedingungen* manchmal sogar in bilateralen, staatlichen Vereinbarungen festgelegt und gemeinsame *Clearing-Konten* (*Verrechnungskonten*) eingerichtet. Die von den *Unternehmen* beider Länder getätigten Transaktionen werden miteinander verrechnet; der Lieferwert wird beim Export *dem Konto gutgeschrieben* und bei der Einfuhr *wird das Konto belastet. Im Rahmen* eines sogenannten *Swing* können sich die Handelspartner gegenseitig befristete einseitige *Überziehungen* ihrer Clearing-*Konten* einräumen. Das Clearing wird entweder von einer Bank oder einem speziellen Clearing-Unternehmen abgewickelt.

  Eine Variante des Clearing-Geschäfts ist der ***Vorwegverkauf***. Hier erhält der Exporteur vom Importeur mehrere Warenlieferungen, noch bevor die eigentliche Export-Transaktion erfolgt. Die Kompensationsleistung wird somit vor der *Basislieferung* erbracht. Der Exporteur verkauft die Kompensationswaren, und der Erlös wird auf ein *Countertrade-Treuhand-Konto* einbezahlt. Diese *Vorab-Gegenlieferungen* des Importeurs werden solange fortgesetzt, bis auf dem Konto ein Betrag *aufgelaufen* ist, der dem Verkaufspreis der Basisleistung des Exporteurs entspricht. Erst zu diesem Zeitpunkt wird die eigentliche Exporttransaktion getätigt.

Vorteile des Kompensationshandels

Importeure in *devisenarmen Staaten* drängen beim Abschluss von Einfuhrverträgen auf die Vereinbarung von Kompensationsgeschäften. Dies gilt für die *osteuropäischen Reformstaaten*, die auch schon als ehemalige *Staatshandelsländer* aufgrund von *Devisenmangel* traditionell Gegengeschäfte praktizierten, ebenso wie für *überschuldete Entwicklungs-* und *Schwellenländer*. Kompensation bietet ihnen oft die einzige Möglichkeit, als Akteure am internationalen Handel teilzunehmen.

Abnehmerland	buyer's country
Anlagegüter	plant and equipment
auflaufen	to accrue
Ausrüstungen, Ausrüstungsgüter	equipment
Basislieferung	primary supply transaction
belasten, ein Konto mit etw. ~	to debit an account with sth., to debit sth. from an account
Clearing-/Verrechnungsgeschäft	clearing arrangement
Clearing-Konto, Verrechnungskonto	clearing account
Countertrade-Treuhand-Konto	countertrade escrow account
devisenarmer Staat	a country short of foreign exchange
Devisenmangel	lack of foreign exchange
Direktinvestition	direct investment *(no pl.)*
Dreieckskompensation	switch trade between three trading partners
Entwicklungsland	developing country
Fertigung im Rahmen eines Zuliefervertrages durchführen lassen	to contract out production
Gesamthandelsvolumen	total trading volume
gutschreiben, einem Konto etw. ~	to credit an account with sth., to credit sth. to an account
industrielle Großanlage	large industrial plant
Kooperation 1. *im Sinne von strategischer Allianz* 2. *im Sinne von Zusammenarbeit*	 1. strategic alliance 2. cooperation, collaboration
Mehreckskompensation	switch trade between several trading partners
Offset-Geschäfte	offset arrangements, offsets
osteuropäische Reformstaaten	transition economies in Eastern Europe
Rahmen, im ~ von	within the scope of
Rahmenbedingungen	*hier:* terms of reference, framework
Rückkaufgeschäft, Buy-Back-Geschäft	buy-back deal, buy-back transaction
Schwellenland	threshold country, emerging country
Staatshandelsland	state trading country
Swing	swing
Switch-Geschäft, Warenswitch	switch trading, switch trade
Überziehung eines Kontos	overdraft on an account
überschuldet	heavily indebted, debt-ridden
Unternehmen, Unternehmung	company, firm, enterprise
Verrechnungskonto, Clearing-Konto	clearing account/evidence account (between companies)
Vorab-Gegenlieferung	advance counterdelivery
Vorfeld, im ~ von	*here:* in the preparatory stages of
Vorwegkauf	advanced compensation purchase
Zuliefervertrag	supply contract

Doch auch für Unternehmen in *exportorientierten Industriestaaten* sind Kompensationsgeschäfte zunehmend attraktiv. Sie bieten neben den herkömmlichen *Handelsstrukturen* ein zusätzliches Absatzpotenzial zur Verbesserung ihrer Außenhandelsposition, ermöglichen die Erschließung eines neuen Kundenkreises und die *Sicherung von Marktanteilen.* Sie sind oft die einzig praktikable Form des Handels bei Exporten in Entwicklungsländer, die zunehmend *umworbene Absatzmärkte* sind. Diese zusätzlichen Absatzchancen eröffnen Firmen somit die Möglichkeit zum *Abbau hoher Lagerbestände* und zur *vollen Auslastung von Kapazitäten.* Unternehmen der *verarbeitenden Industrie* können auf diesem Wege außerdem die eigene *Versorgung mit Rohstoffen*, die klassischen und oft auch einzigen Kompensationswaren vieler Entwicklungsländer, *sichern.*

Die Countertrade-Industrie

Die zunehmende wirtschaftliche Bedeutung des Kompensationsgeschäfts spiegelt sich in den organisatorischen Strukturen wieder. In Ländern mit einem großen Anteil am Kompensationshandel gibt es staatlich geförderte oder *semi-staatliche Countertrade-Clearing-Gesellschaften*, die entsprechend für die *zwischenstaatliche Verrechnung zuständig* sind.

Hinzu kommt eine Vielzahl weltweit operierender, spezialisierter *Barter-Handelsunternehmen.* Sie werden von Exporteuren *eingeschaltet*, die im Kompensationshandel *unerfahren* sind oder aber keine *Abnehmer* für die ihnen angebotene Kompensationsware finden. Diese *Barter-Firmen* übernehmen den Weiterverkauf der Ware entweder *auf eigene Rechnung,* oder sie agieren *im Auftrag von Kunden* als *Mittler* und *Makler.* Für ihre Dienstleistung *berechnen* sie für jede Transaktion *eine Provision* in Höhe von 3 % bis 15 % des Lieferwerts.

Außerdem gibt es eine beträchtliche Anzahl von *Countertrade-Agenturen (Barter-Ringe)* mit angeschlossenen *Barter-Zentralen.* Interessierte Unternehmen aus den unterschiedlichsten Branchen werden als Mitglieder in den Barter-Ring aufgenommen. Unter Zuhilfenahme der Zentrale als Informationsbörse, *Clearingstelle, Rechtsberater* bei Vertragsabschlüssen etc. *tätigen* die Mitglieder Kompensationsgeschäfte. Die 'Bezahlung' erfolgt in Form von Warenlieferungen, Geld oder in eigens dafür geschaffenen, künstlichen *Verrechnungseinheiten* auf die Konten der Barter-Zentrale. Je nach Vorgabe durch die Barter-Agentur wird die Abrechnung ihrer Leistungen in bestimmten Abständen über Clearingkonten vorgenommen.

Abnehmer	buyer, customer, purchaser
Absatzmarkt	market, market outlet
Auftrag des Kunden, im ~	on the client's account/behalf
Auslastung, volle ~ von Kapazitäten	full capacity utilisation
Barter-Handelsunternehmen, Barter-Firma	barter company
Barter-Zentrale, Countertrade-Zentrale	barter exchange
Clearingstelle	clearing office, clearing centre
Countertrade-Agentur, Barter-Ring	barter ring
Countertrade-Clearing-Gesellschaft	countertrade clearing agency
einschalten, jdn. ~	to use (the services of sb.)
exportorientiert	export-oriented
Handelsstrukturen	trading structures
Industriestaat	industrialised country
Lagerbestände, hohe ~ abbauen	to run down surplus inventory/ to liquidate surplus stocks
Makler	broker
Marktanteile sichern	to secure market share
Mittler	intermediary, middleman
Provision, eine ~ berechnen	to charge a commission
Rechnung, auf eigene ~ tätig sein	to act as principal, to act on one's own account
Rechtsberater	legal advisor
Rohstoffe	raw materials, primary goods, commodities
semi-staatlich, halbstaatlich	semi- governmental, semi-public, semi-autonomous, semi-private
tätigen	to conduct/perform/effect
umworben	*here:* desirable
unerfahren, in etw. ~ sein	to have little experience of sth.
verarbeitende Industrie, verarbeitendes Gewerbe	manufacturing, manufacturing industry/sector
Verrechnungseinheit	unit of account
Versorgung, die ~ mit Rohstoffen sichern	to secure/guarantee supplies of raw materials
zuständig sein für	to be in charge of, to be responsible for
zwischenstaatliche Verrechnung	government-to-government clearing

Alternative Routes

Foreign Direct Investment (FDI)

For some exporters *turnover* in export markets might be sufficiently strong to encourage them to establish *production facilities* closer to their *overseas* customers. This will enable them to *circumvent prohibitive* transport costs and restrictive import *regulations* and *duties*, to reduce *delivery periods*, and to take advantage of *incentives* offered by overseas governments to encourage *inward direct investment*. Such incentives might include *tax privileges*, low-price land for business development, cheap access to *utilities* etc., and will normally ultimately reduce production costs and thus *boost competitiveness*. It is of course essential to *conduct feasibility studies* before investing so much capital, and a number of questions will need to be clarified beforehand, for example

- *Is there a ready supply* of raw materials or other *manufacturing inputs available* locally or can they be imported without difficulty and without too much expense?
- Are utilities such as electricity, water and telecommunications readily available *at reasonable cost*?
- Is the local infrastructure e.g. the transport network, health services etc., adequately developed?
- Do *local workers* possess the requisite skills to produce the goods or can they easily be trained to acquire the necessary expertise?
- What is the precise nature of *local legislation* on wages and working conditions; is the overall *industrial relations* climate favourable?
- Are there any regulations *governing* the proportion of foreign *employees* to local employees?
- Does local legislation permit foreign firms to hold *majority interests* in *local companies*?
- Are there any restrictions on the *inflow* and *outflow* of capital and on the *repatriation of profits*?

If setting up a production facility seems too big a step to take, a less capital-intensive alternative is to export *components* and parts and *assemble* them in the importing country. Such *screwdriver operations economise on freight costs* (*knocked-down* goods are more space-saving) and the finished goods often *incur less customs duty* as they become, at least partly, *home-produced*.

Strategic Alliances (SA)

After examining his options, the potential overseas producer might decide there are too many obstacles to setting up overseas facilities; instead he might *opt for* entering into some *collaborative arrangement* enabling him to *cash in on* his success on overseas markets without investing too much capital. There are three main ways in which he can do this:

assemble *(vb)*	zusammenbauen, montieren
boost *(vb)*	steigern, ankurbeln
cash in, to cash in on sth.	aus etw. Kapital schlagen
circumvent *(vb)*	umgehen
collaborative arrangement	Kooperationsvereinbarung
competitiveness *(no pl.)*	Wettbewerbsfähigkeit
component	Bauteil
delivery period	Lieferzeit, Lieferfrist
duty, customs duty	Zoll
economise, to ~ on freight costs	bei den Frachtkosten sparen
employee	Mitarbeiter, Beschäftigter, Arbeitnehmer, Angestellter
feasibility study, to conduct a ~	Machbarkeitsstudie durchführen
foreign direct investment, FDI	Auslandsdirektinvestition(en)
govern *(vb)*	*hier:* regeln, bestimmen
home-produced	im Inland produziert/erzeugt
incentive	Anreiz
incur, to ~ less customs duty	weniger Zoll zu entrichten haben
industrial relations (*no sing.)*	Arbeitgeber-Arbeitnehmer-Beziehungen
inflow and outflow	Zufluss und Abfluss
inward direct investment	Direktinvestition(en) aus dem Ausland
knocked-down	zerlegt
local	vor Ort, ortsansässig, einheimisch, hiesig, dortig, örtlich, Orts-

Translation depends on context: Munich ← its local companies (Münchner Firmen); Germany ← local legislation (Gesetzgebung in Deutschland).

majority interest	Mehrheitsbeteiligung
manufacturing input	Faktorinput, Faktoreinsatz
opt for *(vb)*	wählen, sich entscheiden für
production facility	Produktionsstätte
prohibitive	unerschwinglich
ready supply, is there a ~ of raw materials available?	sind Rohstoffbestände sofort verfügbar/lieferbar?
reasonable, at ~ cost *(no pl.)*	zu angemessenen Preisen
regulation	Vorschrift, Bestimmung
repatriation of profits	Rückführung von Gewinnen
screwdriver operations	Montage-Fertigung
strategic alliance	strategische Allianz
tax privilege	Steuervergünstigung
turnover *(UK) (no pl)*, sales *(no sing.)*	Umsatz
utility	Versorgungsunternehmen/-betrieb

Provider of water, electricity, gas etc.

1. *licensing* or *franchising*
2. *contract manufacturing* and management contracting
3. entering into a joint venture.

In the case of **licensing**, the producer (the *licensor*) grants an overseas *entrepreneur* (the *licensee*) the right to produce and/or *market* his goods within a specific territory, *putting* the requisite know-how and *expertise at his disposal* to enable him to do so. These *licence* agreements can vary greatly in detail and complexity: the licensor normally grants the licensee the right to manufacture his products by *exploiting* his *intellectual property* such as patents, logo, *brand names* etc; he sometimes also agrees to provide certain raw materials, technology or components or to conduct training programmes. The licensee initially pays a *front-end flat fee* for these rights and *subsequently royalties* calculated on the basis of *unit sales*. It is essential that the agreement incorporate sufficient quality control guarantees, otherwise the reputation of the licensor's company might suffer irreparable *damage*.

Franchising works on the same principle as licensing, with the *franchisor* granting the *franchisee* the right to exploit his intellectual property, in particular to make and sell certain products or services under the franchisor's brand name and often supplying a *key* product or *ingredient* e.g. Coca-Cola, McDonald's. The aim is to reproduce a successful business system on an overseas market, and particular emphasis is therefore placed on marketing under a standard corporate image and maintaining tight control over retailing operations. Although *outlets* remain the property of the franchisee, they are run in strict conformity with the franchisor's instructions as regards product line(s), *sales techniques*, *staffing*, store design, decor and so on. Franchising accounts for an increasing proportion of turnover in the *retail trade* both on *domestic markets* and internationally, and can be a very useful tool for an exporter wishing to *establish* his *corporate identity* on an unfamiliar overseas market. The franchisee benefits by the franchisor's established *high-profile image*, *promotional activities*, technical *back-up* and regular supplies of products *manufactured to set standards*. It is not unusual for a franchisor to take over the outlets once the franchise agreement has *expired*.

Another type of international strategic alliance is contracting, which can take two forms. In **contract manufacturing** the exporter *contracts* a local entrepreneur (the *contractor*) to produce goods, usually providing the requisite *technology transfer* and know-how, but at the same time normally retaining responsibility for marketing and distribution of the products either in the country of production or elsewhere. In other words it is a form of outsourcing (cf. page 326). It is of particular interest where a government requires goods to be manufactured locally and involves minimum *capital investment*, avoids *currency risks,* and enables the exporter to maintain control over marketing and the company's *brand image*.

back-up *(no pl.)*	*hier:* Unterstützung
brand image	Markenimage, Markenprofil
brand name	Markenname
capital investment *(usu. sing.)*	Investition
contract manufacturing *(no pl.)*	Lohnfertigung, Auftragsfertigung
contract, to ~ sb. to do sth.	jdn. vertraglich zu etw. verpflichten
NB to contract to do sth. = sich vertraglich zu etw. verpflichten	
contractor	Auftragnehmer
corporate identity, to establish a ~	ein Firmenprofil bekannt machen
currency risk	Währungsrisiko
damage *(no pl.)*	Schaden, Schäden
disposal, to put sth. at sb.'s. ~	jdm. etw. zur Verfügung stellen
domestic market	Binnenmarkt, Inlandsmarkt
NB Europäischer Binnenmarkt = European Single Market	
entrepreneur	Unternehmer
expertise *(no pl.)*	Fachwissen
expire *(vb)*	auslaufen
exploit *(vb)*	1. *hier:* verwerten 2. ausbeuten 3. abbauen *(z.B. Bodenschätze)*
flat fee, uniform fee	Pauschalgebühr
franchisee	Franchisenehmer
franchising *(no pl.)*	Franchisevergabe
franchisor	Franchisegeber
front-end, up-front	im Voraus
high-profile image	Renommee
intellectual property *(no pl.)*	geistiges Eigentum
key ingredient	zentraler Bestandteil
licence *(UK)*, license *(US)*	Lizenz
The verb is almost invariably written 'to license' in both the UK and the USA.	
licensing *(no pl.)*	Lizenzvergabe
licensee	Lizenznehmer
licensor	Lizenzgeber
manufactured to set standards	nach präzisen Vorgaben hergestellt
market, sell *(vb)*	absetzen, verkaufen, vertreiben
outlet	Verkaufsstelle, Outlet
promotional activity	verkaufsfördernde Maßnahme
retail trade *(no pl.)*	Einzelhandel
royalty, licence fee	*hier:* Lizenzgebühr
sales technique	Verkaufsmethode
staffing *(no pl.)*	Stellenbesetzung, Personalbesetzung
subsequently	nachfolgend
technology transfer *(no pl.)*	Technologie-Transfer
unit sales *(no sing.)*	abgesetzte Stückzahl

With ***management contracting*** it is the local investor who *puts up the money* to build a *facility* (hotel, factory, *tollroad* etc.) and *awards a contract* to the exporter to provide the requisite management skills to *put it into operation*, train *personnel* and so on.

A further option open to the *risk-averse* exporter is to *enter into a **joint venture***; strictly speaking, this is a specially created company in which two or more otherwise unrelated firms *join forces* either to *spread the* financial *risk* of a particular *venture* or project, or to take advantage of *complementary* skills. The term is, however, also used for looser types of collaboration. Exporters often find this type of cooperation with local companies invaluable as a *stepping-stone* for *acquiring experience* of the cultural complexities of the local market, and in fact there are some countries where collaboration with local partners is a *prerequisite* for entering the market at all. Some joint ventures are set up for an indefinite period of time; others are set up to *accomplish* the *execution* of a particular project, for example where a consortium of companies *wins a contract* to execute a *major construction project* such as a dam, pipeline or *highway* under the *leadership* of one of the members of the consortium. Often the partners continue to *operate* the facility after *completion* and share the profits of the *enterprise*.

accomplish *(vb)*	vollbringen, erfolgreich durchführen
award, to ~ a contract to sb.	einen Auftrag an jdn. vergeben
complementary	(sich) ergänzend
completion *(no pl.)*	Fertigstellung
construction project, major ~	größeres Bauvorhaben
enterprise	Unternehmen, Unternehmung
execution *(no pl.)*	Ausführung
experience *(no pl.)*, to acquire ~	Erfahrung(en) sammeln

NB experience (sing. & pl.) = Erlebnis

facility	*hier:* Objekt *(das ~)*

Facility is a very vague (and thus very useful!) term meaning some place, building, equipment, resource or service which permits a particular activity to be performed. A production facility can be anything from a piece of machinery to a workshop or full-scale factory. Banks offer credit facilities, hotels have sports facilities, communities build health care facilities, filling stations provide toilet facilities. In the present example facility refers to all 3 projects: the dam, the pipeline and the highway.

highway	Fernstrasse, Autobahn *(in den USA)*
join, to ~ forces *(no sing.)*	sich zusammentun
joint venture, to enter into a ~	ein Joint Venture bilden
leadership *(no pl.)*	1. *hier:* Federführung 2. Führung
management contracting *(no pl.)*	Management-Verträge
money, to put up ~	Mittel bereitstellen
operate *(vb)*	betreiben
operation, to put into ~	in Betrieb nehmen
personnel *(no sing.)*	Personal
prerequisite	Voraussetzung
risk-averse	risikoscheu
spread, to ~ the risk	das Risiko streuen
stepping-stone	Sprungbrett
tollroad	gebührenpflichtige Strasse, Mautstrasse
venture	Unternehmung, Unternehmen
win, to ~ a contract	den Zuschlag (bei der Auftragsvergabe) erhalten

1. Countable or uncountable?

Most nouns are countable, in other words they can be used in both the singular and the plural: *the/an exporter – many exporters*
However other nouns, known as uncountable or mass nouns, are regarded as collective terms and are only used in the singular:
rice, information, news, progress, know-how

Uncountable nouns

- **cannot be used in the plural**
- **cannot normally be used with a/an**

terms such as *a piece/portion/item of* etc. are used instead:
a portion of rice, a piece of information, an item of news, a degree of progress, an amount of know-how

Some types of noun, particularly verbal nouns (*manufacturing),* substances (*electricity*), abstracts (*competitiveness*), are uncountable in both English and German; however this chapter includes a number of common nouns

* which are normally uncountable in English but countable in German: *foreign exchange • turnover*
* which are normally only used in the plural in English, but are countable in German: *telecommunications • goods • proceeds • sales (= turnover)*
* which have both countable and uncountable forms, with different meanings:

noun	countable form	uncountable form
back-up	Back-up, Sicherungskopie	Unterstützung
business (cf. p. 253 ex.3)	1. Firma, Unternehmen 2. Geschäftsfeld, Sparte	Geschäft(e), Geschäftsabschluss/-abschlüsse
capital	Hauptstadt	Kapital
cost	1. Kosten 2. *(only pl.)* Gerichtskosten	Preis(e) auf Kosten von zum Selbstkostenpreis
damage	*(only pl.)* Schadensersatz	Schaden, Schäden
expense	*(usu. pl.)* Kosten, Spesen, Auslage, Unkosten, Ausgabe	Ausgaben, Aufwand auf Kosten/zu Lasten von
experience	Erlebnis	Erfahrung(en)
interest (cf. p. 367, ex.3)	1. Interesse 2. Beteiligung, Anteil(e)	Zins(en)
investment	1. Finanzanlage, Investment 2. Investition *(i.w.S.)*	Investition(en)
property	1. Immobilie 2. Eigenschaft	1. Eigentum *(allgemein)* 2. Grundbesitz, Immobilien
trade	1. Geschäftsabschluss 2. Handwerksberuf 3. Gewerbe, Branche 4. Tausch	1. Handel 2. Fachhandel

Translate the following sentences

(a)	Our present-day mobility is at the expense of the environment.
(b)	The exhibition is only open to the trade.
(c)	They've sold their interest in the business.
(d)	The cost of the flight went up, so we must claim higher travel expenses.
(e)	She was awarded damages but had to pay half the costs.
(f)	He wrote about his experiences as a vet in Africa.
(g)	Learning a trade is a good investment in your future.
(h)	The cost of repairing the storm damage is horrific.
(i)	The value of our investments, especially our properties, has soared.
(j)	I've had bad experience with this airline.
(k)	A second car is an expense we can do without.
(l)	Their promotional back-up is essential to the success of the project.
(m)	Capital investment is static as firms can't afford to pay such high interest.

2. Preposition problems

The preposition **bei** is very versatile in German and there is no standard translation for it: English **by** is almost never suitable and **bei** has to be rendered differently depending on the context.

(i) Insert the correct translation in the following common examples

(a) Wir übernachten **bei** meiner Cousine.
We're spending the night **......** my cousin's.

(b) Ich habe mir Rat **beim** Fachhändler geholt.
I got the advice **......** a specialist dealer.

(c) Er arbeitet **bei** der Stadt.
He works **......** the town council.

(d) Versailles liegt **bei** Paris.
Versailles is **......** Paris.

(e) **Bei** Regen werden wir zu Hause bleiben.
We will stay at home **......** it rains.

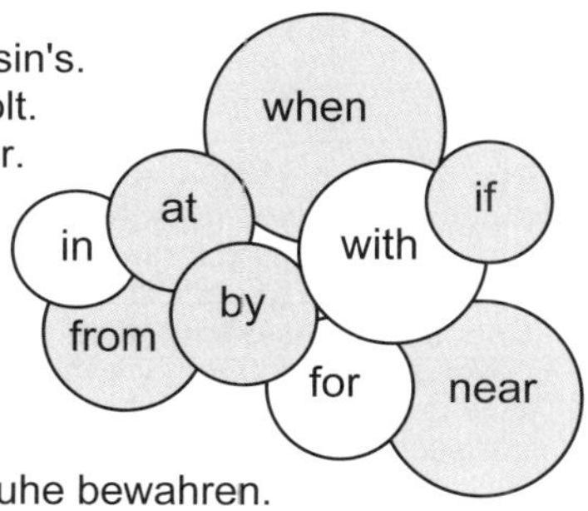

(f) **Bei** schwierigen Kunden muss man die Ruhe bewahren.
...... difficult customers you need to keep your cool.

(g) Wir sind **bei** strahlendem Sonnenschein angekommen.
We arrived **......** radiant sunshine.

(h) **Bei** der Ausstellung der Rechnung ist mir ein Fehler unterlaufen.
I made a mistake **......** I was making out the invoice.

(ii) Devise appropriate translations for the following extracts from this chapter's German text

(a)	Der Exporteur muss ... einen bestimmten Prozentsatz des Exporterlöses für einen Warenkauf *beim Importeur* verwenden.
(b)	*Beim Switch-Geschäft* sind drei oder mehr Handelspartner involviert.
(c)	Kompensationsgeschäfte sind oft die einzig praktikable Form des Handels *bei Exporten* in Entwicklungsländer.
(d)	Importeure in devisenarmen Staaten drängen *beim Abschluss von Einfuhrverträgen* auf Kompensationsgeschäfte.

1.

(a) Unsere heutige Mobilität geht auf Kosten der Umwelt.
(b) Die Ausstellung ist dem Fachhandel/-publikum vorbehalten.
(c) Sie haben ihre Anteile an der Firma verkauft.
(d) Der Flugpreis ist erhöht worden, so dass wir höhere Reisespesen geltend machen/in Rechnung stellen müssen.
(e) Ihr wurde zwar Schadensersatz zugesprochen, doch die Gerichtskosten musste sie zur Hälfte tragen.
(f) Er schrieb über seine Erlebnisse als Tierarzt in Afrika.
(g) Einen Handwerksberuf zu erlernen ist eine gute Investition in die Zukunft.
(h) Die Kosten für die Reparatur der Sturmschäden sind horrend.
(i) Der Wert unserer Investments, vor allem unserer Immobilien, ist in die Höhe geschossen./Unsere Investments ... sind kräftig im Wert gestiegen.
(j) Ich habe schlechte Erfahrungen mit dieser Fluglinie gemacht.
(k) Ein Zweitauto ist eine Ausgabe, auf die wir gut verzichten können.
(l) Ihre Unterstützung bei der Verkaufsförderung ist für den Erfolg des Projekts unerlässlich.
(m) Die Investitionen stagnieren, weil die Firmen nicht so hohe Zinsen zahlen können.

2. (i)

a) We're spending the night **at** my cousin's.
b) I got the advice **from** a specialist dealer.
c) He works **for** the town council.
d) Versailles is **near** Paris.
e) We will stay at home **if** it rains.
f) **With** difficult customers you need to keep your cool.
g) We arrived **in** radiant sunshine.
h) I made a mistake **when** I was making out the invoice.

2. (ii)

(a) The exporter has to spend a certain percentage of the export proceeds on purchasing goods from the importer.
(b) With switch trading three or more trading partners are involved./Switch trading involves three or more trading partners.
(c) Countertrade is often the only practicable way of trading when exporting to developing countries/for exports to developing countries.
(d) Importers in countries short of foreign exchange press for countertrade transactions when they conclude/when concluding import agreements.

6

Die rechtlichen Rahmenbedingungen im Außenhandel

Rechtliche Aspekte, die von Importeur und Exporteur bei Außenhandelstransaktionen zu beachten sind

Signed and Sealed

The sales contract

Die rechtlichen Rahmenbedingungen im Außenhandel

Bei Außenhandelsgeschäften werden unterschiedliche *Rechtsgebiete* mit *divergierenden Rechtsauffassungen tangiert,* die für die Außenhandelstransaktion koordiniert werden müssen. Entscheidend ist zwar in den meisten Staaten der Wille der *Vertragsparteien (Vertragsfreiheit)*, aber dennoch müssen Exporteur und Importeur beim *grenzüberschreitenden Leistungsaustausch* vielfältige Quellen des *Außenwirtschaftsrechts* und der *Handelspraktiken* sowohl im eigenen Land als auch im Land der Vertragspartei beachten:

- nationale Gesetze und *Vorschriften,*
- *Bestimmungen,* die sich aus *bilateralen oder multilateralen Handelsabkommen* sowie aus *Integrationsabkommen* ergeben,
- Auflagen, die aus der *Mitgliedschaft in einer* internationalen oder regionalen *Organisation* resultieren,
- internationale Rechtsvorschriften
- sowie eine Vielzahl von *Handelssitten.*

Nationale Gesetze und Vorschriften: In Deutschland ist das Außenwirtschaftsgesetz (AWG) die Basis für die Abwicklung des Wirtschaftsverkehrs mit dem Ausland. *Laut §1 AWG* ist der deutsche Wirtschaftsverkehr mit fremden Wirtschaftsgebieten grundsätzlich frei, falls das Gesetz keine *ausdrückliche Beschränkung* vorsieht.

Allgemeine Beschränkungen (§§5 – 7 AWG)	Spezielle Beschränkungen (§§8 – 10 AWG)
▪ zur Erfüllung zwischenstaatlicher Vereinbarungen ▪ zum *Schutz der Sicherheit und der auswärtigen Interessen* der BRD ▪ zur Abwehr schädigender Einwirkungen	▪ zur *Aufrechterhaltung der inländischen Versorgung* ▪ zur Verhinderung von Ausfuhrverträgen mit nicht *handelsüblichen Liefer- und Zahlungsbedingungen* ▪ zum *Schutz einzelner Branchen*

Die Bestimmungen zur konkreten *Umsetzung* des AWG sind in der Außenwirtschaftsverordnung (AWV) zusammengefasst. Diese enthält wiederum Einfuhr- und Ausfuhrlisten, in denen Waren aufgeführt sind, die beim Export bzw. Import einem *Genehmigungsvorbehalt unterliegen*. Länderlisten weisen bestimmte Staaten aus, an die Genehmigungs- und Meldepflichten bei Warenlieferungen geknüpft sind. Außerdem *reglementiert* die AWV das konkrete Einfuhr- und Ausfuhrverfahren. Die Rahmenbedingungen im Außenhandel umfassen ferner *Zollvorschriften, Steuerrecht, Wettbewerbsgesetze, Verbraucher- und Umweltschutzgesetze* sowie gewerbliche Gesetze, die von Exporteur und Importeur zu berücksichtigen sind.

In allen **bilateralen oder multilateralen Handelsabkommen** werden handelspolitische Aspekte geregelt, von denen Exporteur und Importeur betroffen sind. Eine spezielle Form des Handelsabkommens ist z.B. das *Präferenzabkommen*, bei denen sich Staaten gegenseitige oder einseitige *Präferenzen* (*Zollvergünstigungen, Zollbefreiung* etc.) *einräumen*.

Aufrechterhaltung der inländischen Versorgung	maintaining domestic supplies
ausdrückliche Beschränkung	explicit restriction
Außenwirtschaftsrecht	foreign trade law *(no pl.)*
Recht = law (no pl.), legislation; Gesetz = law (sing. & pl.), act	
Bestimmung	provision
bilaterales Handelsabkommen	bilateral trade agreement
divergierende Rechtsauffassungen	diverging/differing legal perceptions/ approaches
Genehmigungsvorbehalt unterliegen	to be subject to approval
grenzüberschreitend	cross-border
Handelssitten, Handelspraktiken, Handelsbräuche, Handelsgebräuche, Usancen	trade usage, trade practices, commercial practices, law merchant, mercantile law *(no pl.)*
handelsüblich	standard
Integrationsabkommen	integration agreement
laut §1 AWG (*Außenwirtschafts-gesetz)*	according to §1 AWG (*German Foreign Trade Law/Act)*
Leistungsaustausch	exchange of goods or services
Liefer- und Zahlungsbedingungen	terms of delivery and payment
Mitgliedschaft in einer Organisation	membership of an organisation
multilateral	multilateral
Präferenzabkommen	preferential agreement
Präferenzen einräumen	to grant preferential treatment
Rechtsgebiet	branch/field of law
reglementieren	to regulate
Schutz der auswärtigen Interessen eines Landes	protection of a country's interests abroad
Schutz der Sicherheit	protection of security interests
Schutz einzelner Branchen	protection of certain industries
Steuerrecht	tax/fiscal law *(no pl.)*
tangieren, etw. ~	to affect sth.
Umsetzung	implementation
Umweltschutzgesetz	environmental protection law
Verbraucherschutzgesetz	consumer protection law
Vertragsfreiheit	freedom of contract
Vertragsparteien	parties to the contract
Vorschrift	rule, regulation
Wettbewerbsgesetz	competition law
Zollbefreiung	exemption from duties/tariffs/ customs *(no sing.)*
Zollvergünstigung	tariff preference treatment
Zollvorschrift	customs regulation

Viele Staaten haben *sich* zu multilateralen Wirtschaftsgemeinschaften *zusammengeschlossen*. Das in **Integrationsabkommen** vereinbarte Regelwerk als Basis solcher Kooperationen *wirkt sich* ebenfalls *nachhaltig* auf die Außenhandelsaktivitäten der Unternehmen *aus*.
Das deutsche Außenwirtschaftsrecht agiert beispielsweise nur noch im Rahmen der *EU-Auflagen*. Das *supranationale EU-Gemeinschaftsrecht hat* im Bereich der Außenwirtschaft *Vorrang vor* nationalem Recht; *es bricht nationales Recht*, sofern sich nationale und supranationale Auffassungen *widersprechen*. Nur falls es zu bestimmten außenwirtschaftlichen Sachverhalten kein Gemeinschaftsrecht gibt, wird nationales Recht herangezogen.

Ferner werden Exporteure und Importeure von Auflagen betroffen, die sich aus der **Mitgliedschaft in einer internationalen Organisation** wie z.B. der *WTO* oder dem *IWF* ergeben.

Beim Abschluss von Handelsgeschäften mit ausländischen Geschäftspartnern ist zu *prüfen*, ob **internationale *Kaufrechtsübereinkommen*** die *Rechtsgrundlage* für den *Kaufvertrag bilden* können.
Der bislang wichtigste *Ansatz* zur Schaffung eines *einheitlichen* und *verbindlichen Kaufvertragsrechts* im internationalen Handelsverkehr ist das Wiener ***UNCITRAL-Übereinkommen**,* das von der UN-Kommission für Internationales Handelsrecht mit Sitz in Wien (UNCITRAL, United Nations Commission on International Trade Law) 1980 verabschiedet wurde. Das Übereinkommen *trat* 1988 in der BRD *in Kraft*.

Das UN-Kaufrecht gilt
- für den Kauf von Waren (allerdings nicht für den privaten Gebrauch, sondern nur für kommerzielle Verwendungen) und für *Werklieferungsverträge*.
- wenn die Vertragspartner ihren Sitz in verschiedenen Staaten haben; reine *Inländerkäufe* unterliegen nicht dem Abkommen.
- wenn die Länder beider Vertragspartner *Vertragsstaaten des Abkommens* sind; ist dies nicht der Fall, können die Vertragsparteien vertraglich vereinbaren, dass die UNCITRAL-Regeln die Rechtsgrundlage bilden. Ferner ist es zulässig bei bestimmten Vertragsinhalten *einzelne UNCITRAL-Bestimmungen auszuschließen* und hierfür nationale Rechtsvorschriften greifen zu lassen.

Das UN-Kaufrecht gilt u.a. <u>nicht</u>
- für den *Kauf von Ware zum persönlichen Gebrauch*;
- für den Kauf von *elektrischer Energie,* Schiffen*, Luftfahrzeugen* und von Wertpapieren*;*
- wenn die Vertragsparteien dessen Anwendung ausdrücklich ausschließen.

Handelsbräuche (Handelssitten, Usancen) sind ungeschriebene oder geschriebene Regeln. Oft sind sie auf spezielle Handelsplätze oder Branchen zugeschnitten und von kaufmännischen Verbänden verfasst worden. Sie werden als allgemein anerkannte Praxis freiwillig akzeptiert und eingehalten.

Ansatz	*here:* attempt
ausschließen, einzelne UNCITRAL-Bestimmungen ~	to exclude individual UNCITRAL provisions
auswirken, sich nachhaltig auf etw. ~	to have a considerable impact on sth.
einheitlich	uniform
elektrische Energie	electricity
EU-Auflagen	EU conditions that must be complied with, binding EU conditions
EU-Gemeinschaftsrecht	EU Community law *(no pl.)*
EU-Recht bricht nationales Recht	EU law overrides national law
Inländerkäufe	purchases by the residents of a country, domestic transactions
IWF, Internationaler Währungsfonds	IMF, International Monetary Fund
Organisation zur Förderung des Welthandels, Überwachung des internationalen Finanzsystems, Unterstützung von hochverschuldeten Mitgliedsländern bei Zahlungsproblemen; Sitz: Washington/USA.	
Kauf von Ware zum persönlichen Gebrauch	purchase of goods for personal consumption
Kaufrechtsübereinkommen	convention(s) on the sale of goods
Kaufvertrag	sales contract, contract of sale
Kaufvertragsrecht	law *(no pl.)* on sales contracts
Kraft, in ~ treten	to take effect, to come into effect
Luftfahrzeug	aircraft *(sing. & pl.)*
prüfen	to examine, investigate, check
Rechtsgrundlage, die ~ für etw. bilden	to form the legal/statutory basis for sth.
supranational	supranational
UNCITRAL-Übereinkommen, UN-Kaufrecht, CISG	UNCITRAL Convention, Convention on Contracts for the International Sale of Goods, CISG
Es existieren weitere Synonyme für diesen Terminus: Wiener Kaufrecht, UNCITRAL-Kaufrecht, UN-Übereinkommen über Verträge über den internationalen Warenkauf, UN-Übereinkommen zum internationalen Warenkauf.	
verbindlich	binding
Vertragsstaaten eines Abkommens	signatories to an agreement
Vorrang haben vor etw./jdm.	to take precedence over sth./sb.
Werklieferungsvertrag	contract for work, labour and material
Vertrag über die Herstellung eines Werkes, wobei der Hersteller auch das Material liefert. (Vgl. Werkvertrag: Hier liefert der Besteller das Material.)	
widersprechen, sich ~	to be contradictory
WTO, Welthandelsorganisation	WTO, World Trade Organisation
Sonderorganisation der UNO zur Förderung und Überwachung des Welthandels; Sitz: Genf/Schweiz. *(siehe S. 14)*	
zusammenschließen, sich zu etw. ~	to combine to form sth.

Signed and Sealed

The Sales Contract

Under most legal systems a *sales contract* is considered to have been *concluded* if one party makes a precise *firm offer* and this has been *unconditionally* accepted by the *counterparty*; in other words, provided it is clear that the parties intend to be bound by their arrangement, the agreement can be *implied* rather than *expressly* formulated in a written sales contract. The offer (to buy or to sell) must contain precise details about the product, quantity, price, payment and delivery, and can originate from either side, e.g.

importer	exporter	importer	exporter
example 1		**OFFER**	**ACCEPTANCE**
enquiry ►	non-binding offer ► e.g. sales literature, price list	purchase order ►	*acknowledge-ment of order*
example 2	**OFFER**	**ACCEPTANCE**	
enquiry ►	*pro forma invoice*, *quotation* etc. ►	purchase order	

The offer and its unconditional acceptance are sufficient to constitute a contract of sale, particularly if accompanied by *general terms and conditions* in written form explicitly accepted by both parties. Fax, e-mail, SMS or text message exchanges can also constitute a binding agreement, so it is important to ensure that a valid contract is not concluded inadvertently. Occasionally parties will sign a *letter of intent* signifying their basic agreement with the terms of the transaction, *subject to* various points being cleared, e.g. granting of a bank loan, government approval. In this case it is important to *state specifically* that the offer or acceptance is not yet *binding*.

Some traders prefer the informality and mutual trust implied in an oral *gentleman's agreement*, and this is certainly permitted and enforceable under most *jurisdictions* and the *CISG*; should *disputes* arise, however, the lack of a written framework might lead to expensive *litigation* or *arbitration*. Clearest understanding of the parties' rights and *obligations* will be reached by *drawing up* and signing a written sales contract, prepared either on the basis of a *model contract*, e.g. as published by the *ICC*, or tailored by a lawyer to suit the particular transaction *in hand*.

Key clauses of a sales contract

- identification of the *contracting parties* and definition of terminology
- description of the goods and *scope* of the contract
- price and terms of payment; if prices or *exchange rates* are unstable or if the contract is long-term, an *escalation clause* will probably be included to allow *price revisions*.
- delivery terms: *delivery dates/periods*, mode of transport, *passage of risk*, insurance, *Incoterms*, *delays in delivery*, acceptance, *inspection* etc.

acknowledgement of order	Auftragsbestätigung
arbitration *(no pl.) (cf. page 112 ff.)*	Schiedsgerichtsverfahren
binding	bindend, verbindlich, verpflichtend
CISG, (UN) Convention on Contracts for the International Sale of Goods	UN-Kaufrecht (CISG) *(siehe Seite 88)*
contracting party	Vertragspartner, Vertragspartei
counterparty	Gegenpartei
delay in delivery	Lieferverzug
delivery date; delivery period	Liefertermin; Lieferfrist, Lieferzeit
dispute	Streitigkeit
draw up *(vb)*	ausfertigen
enquiry	Anfrage
escalation clause	Preisgleitklausel
exchange rate	Wechselkurs
expressly, explicitly	ausdrücklich
NB expressively = ausdrucksvoll	
firm offer	festes Angebot
general terms and conditions	allgemeine Geschäftsbedingungen
general terms and conditions of sale = allgemeine Lieferbedingungen	
general terms and conditions of purchase = allgemeine Einkaufsbedingungen	
gentleman's/gentlemen's agreement	Gentleman's/Gentlemen's Agreement
ICC, International Chamber of Commerce	Internationale Handelskammer, ICC
implied	stillschweigend, implizit
in hand	*hier:* jeweilig
Incoterms *(cf. Chapter 7)*	Incoterms
inspection	Abnahme
jurisdiction	*hier:* Gerichtsbarkeit, Rechtsprechung
letter of intent	Absichtserklärung
litigation *(no pl.)*	Rechtsstreit, Prozessführung
model contract	Mustervertrag
obligation	Verpflichtung
passage of risk *(no pl.)*	Gefahrenübergang
price revision	Preiskorrektur
pro forma invoice	Pro-forma-Rechnung
quotation	Angebot
A detailed offer made in response to a specific enquiry for goods or work.	
sales contract, to conclude a ~	einen Kaufvertrag abschließen
scope	Umfang
signed and sealed	unter Dach und Fach
state, to ~ specifically	ausdrücklich festhalten
subject to	*hier:* vorbehaltlich
unconditionally	vorbehaltlos, ohne Vorbehalt

- *transfer of title*: this is not regulated under the CISG and is therefore *subject to* the *provisions* of the *applicable domestic law*, which could mean that ownership passes to the buyer as soon as the goods are physically delivered. To avoid what could be a problematic situation, most contracts include a *retention of title (ROT) clause*, *stipulating* that the goods remain the seller's property until paid for.
- *warranties* and *complaints*, rights to *claim remedies* in the event of *non-compliance* with the provisions of the contract
- *force majeure*: *non-liability* if circumstances beyond the buyer's or seller's control have made non-*performance* of their obligations excusable
- *adaptation clause* stipulating the requisite procedure should clauses become *invalid* and the necessity for all *amendments* to be in written form
- applicable law, *place of performance* and *place of jurisdiction*, regulation of *infringements* and disputes, arbitration procedure. *The CISG* automatically *governs contracts* signed by traders in countries which are *signatories* to the Vienna Convention, unless it is expressly excluded or another law stipulated.

Remedies in the event of non-performance

Under the sales contract the seller has three main duties to perform: he has to deliver the goods, to *transfer ownership* in them, and to warrant their *conformity* with the *specifications* of the contract. The buyer undertakes to *take delivery of the goods* and to pay the purchase price.

Should either of the parties to the contract *fail to perform* his obligations, and he is *answerable* for this *default*, various remedies are available either under the contractual provisions or under the *law pertaining to the contract*. Remedies can take the form of

- financial *compensation* such as *damages*, *price reductions*
- *provision of substitute goods*
- the right to *rescind* or *terminate* the contract
- the right to demand *specific performance*, i.e. to *sue for* contractual obligations to be performed in full, if necessary through a *court order*.

If the terms of the contract have *substantially* been fulfilled, the *aggrieved party* will normally be entitled to a slight *price adjustment* as compensation, or to damages if, for example, he has lost business through late delivery or through being supplied with goods which do not entirely correspond to the product description. If there has been a *serious breach of contract*, the aggrieved party may be entitled to rescind or terminate the contract or in some cases to sue for specific performance, depending under which system of law the contract falls.

adaptation clause	Anpassungsklausel
aggrieved party	Geschädigter
amendment	1. Änderung 2. Ergänzung
answerable	rechenschaftspflichtig
applicable domestic law *(no pl.)*	geltendes inländisches Recht
breach of contract, serious ~	schwerwiegender Vertragsbruch
CISG governs the contract	für den Vertrag gilt das UN-Kaufrecht
compensation *(no pl.)*	Entschädigung
complaint	Beschwerde, Reklamation
comply with, to ~; non-compliance	etw. einhalten; Nichteinhaltung
conformity *(no pl.)*	Übereinstimmung
court order	gerichtliche Verfügung
damages *(no sing.)*	Schadensersatz
Under UK and US law damages are always monetary compensation.	
default *(no pl.)*	Nichterfüllung
delivery, to take ~ of/accept the goods	die Ware/Lieferung annehmen
fail, to ~ to do sth., to ~ to perform sth.	etw. unterlassen etw. nicht erfüllen
force majeure *(no pl.)*	höhere Gewalt
infringement of sth.	Verletzung, Verstoß gegen
invalid *(adj.)*	ungültig
law pertaining to the contract	auf den Vertrag anwendbares Recht
non-liability *(no pl.)*	Haftungsausschluss, Nichthaftung
perform *(vb)*; performance *(no pl.)*	*hier:* erfüllen; Erfüllung
place of jurisdiction	Gerichtsstand
place of performance	Erfüllungsort
price adjustment	Preisanpassung
price reduction	1. Preisnachlass 2. Preissenkung
provision	Bestimmung
remedy, to claim a ~	Rechtsbehelf in Anspruch nehmen
rescind, to ~ the contract	vom Vertrag zurücktreten
retention of title clause, ROT clause	Eigentumsvorbehaltsklausel
signatory country	Signatarstaat
specific performance *(no pl.)*	vertragsgemäße Erfüllung
specifications	Beschreibung, detaillierte Angaben
stipulate *(vb)*	vorschreiben, bestimmen
subject, to be ~ to sth.	*hier:* etw. unterliegen
substantially	im Wesentlichen
substitute goods, provision of ~	Lieferung von Ersatzwaren
sue, to ~ for sth.	etw. einklagen
terminate *(vb)*	kündigen
transfer of title *(no pl.)*	Eigentumsübergang
transfer, to ~ ownership	übereignen
warranty	Gewährleistung

1. Here you see a mind map for sales contract

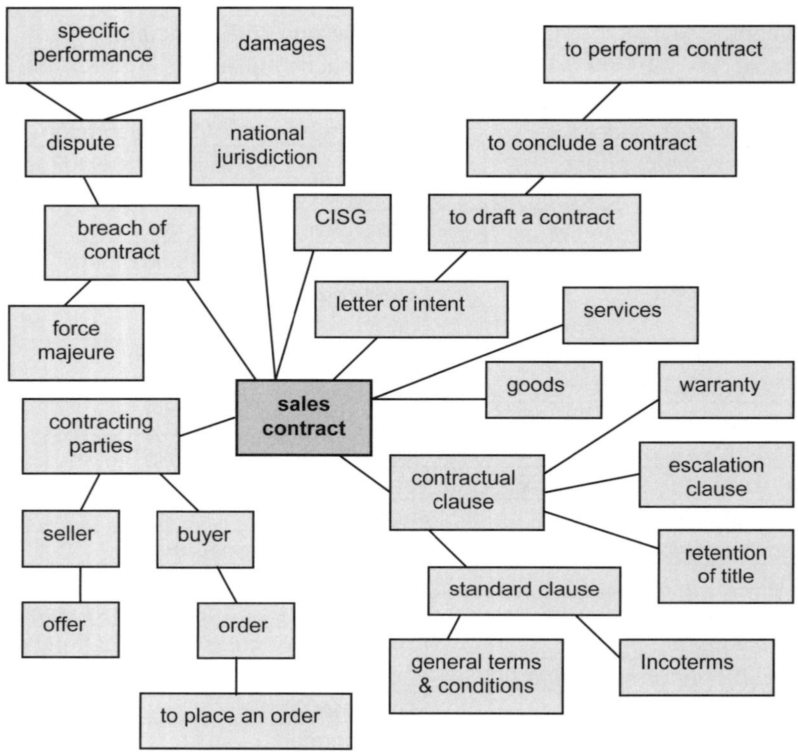

Read the preceding English text and find the 10 terms in the mind map which match the following 10 definitions

(a)	failure to fulfil the terms of a contract
(b)	stipulation that goods remain the seller's property until paid for
(c)	request to buy goods or services
(d)	uniform wording of a provision drawn up by a recognised authority and widely accepted
(e)	compensation paid for non-fulfilment of the terms of the contract
(f)	signatories to the contract
(g)	entitlement to claim satisfaction from the supplier if the goods supplied do not satisfy the terms of the contract
(h)	circumstances beyond the control of the parties to the contract
(i)	standardised rules governing international sales contracts drawn up under the aegis of the United Nations
(j)	document in which parties agree in principle to a contract, provided certain details are clarified

2. Contracts and agreements

accord Akkord
Formal agreement between organisations or countries etc.

agreement 1. Einvernehmen, Einigung 2. Abkommen 3. Absprache, Vereinbarung 4. Vertrag
A wide term referring to a negotiated arrangement, normally legally binding, which may or may not take formal written form.

contract Vertrag
Legally binding written or verbal agreement between two or more parties, usually in the fields of work, sales and tenancy.

convention Konvention, Übereinkunft
Formal agreement between two or more states on a topic of general concern.

pact Pakt
Formal agreement between individuals, groups and countries, usually agreeing to provide one another with assistance.

protocol Protokoll
Draft terms of a treaty agreed to and signed by the states involved. Also an addition or amendment to an existing treaty or convention.

treaty Staatsvertrag
Written agreement between two or more countries requiring ratification (approval and signing) by the heads of state before it can take effect.

(i) Complete the following phrases using one of the terms listed above
(ii) Outline what the proper names refer to and translate the other terms

* Kyoto ...	* gentleman's ...	* Basel ...	* ... of Maastricht
* Schengen ...	* ... of employment	* suicide ...	* non-aggression ...
* Geneva ...	* Stability and Growth ...	* Berne ...	* Bretton Woods ...
* building ...	* to reach ... about the sale of the house		* ... of Versailles

3. Note the different meanings of the phrase *subject to*

1. A letter of intent signifies basic agreement with the terms of the transaction, **subject to** various points **being cleared – vorbehaltlich der Klärung**
2. Transfer of title is **subject to the provisions** of the applicable domestic law – **unterliegt den Bestimmungen**
3. Due to adverse weather conditions **flights are subject to delay – ist mit** Verspätungen im Flugverkehr **zu rechnen**
4. She's **subject to** asthma attacks from pollen – **neigt zu Asthma-Anfällen**

Translate the following sentences using standard phrases where appropriate

(a)	This special discount is valid till Oct. 31, subject to availability.
(b)	My boss is subject to fits of rage if employees turn up late.
(c)	He was offered the job subject to his getting a first-class degree.
(d)	When you motor in the UK you are subject to British driving regulations.
(e)	Prices are subject to change without notice.
(f)	Northern Europeans are particularly subject to sunburn.
(g)	We inserted a clause stating that the contract was not subject to CISG.
(h)	Florida is subject to hurricanes in August and September.

1.

(a)	breach of contract	(f)	contracting parties
(b)	retention of title clause	(g)	warranty
(c)	order	(h)	force majeure
(d)	standard clause	(i)	CISG
(e)	damages	(j)	letter of intent

2. (i) & (ii)) NB Other answers (e.g. Basel Convention) are also possible, only the best-known terms are discussed here.

* Kyoto **Protocol** – commits participating countries to reducing greenhouse gas emissions. Forms part of the Kyoto Convention.
* Schengen **Treaty** (later replaced by the Schengen Convention) – agreement between European countries to abolish border checkpoints and controls and to harmonise external border controls (i.e. joint immigration policy).
* Geneva **Convention(s)** – international agreement(s) governing the status and treatment of captured and wounded combatants and of civilians in times of war.
* building **contract** – Bauvertrag
* gentleman's/gentlemen's **agreement** – Gentleman's/Gentlemen's Agreement, Vereinbarung auf Treu und Glauben
* **contract** of employment – Arbeitsvertrag
* Stability and Growth **Pact** – agreement between eurozone countries that member states must meet certain criteria before adopting the euro and also exercise ongoing fiscal discipline to maintain economic stability in the eurozone.
* to reach **agreement** about the sale of the house – Einigung über den Hausverkauf erzielen
* Basel **Accord** – international agreement governing bank lending risk, in particular setting down capital adequacy rules, i.e. the proportion of a loan which must be covered by a bank's own capital, which varies according to the borrower's creditworthiness.
* suicide **pact** – Selbstmordpakt
* Berne **Convention** – international agreement providing copyright protection throughout signatory countries.
* **Treaty** of Maastricht – agreement expanding and amending the Treaty of Rome to create the European Union and providing for closer economic and monetary cooperation plus greater alignment of foreign and security policies and justice and home affairs.
* non-aggression **pact** – Nichtangriffspakt
* Bretton Woods **Agreement** – international agreement signed at the end of World War 2 with the aim of promoting greater global economic stability and to this end setting up the World Bank and the International Monetary Fund.
* **Treaty** of Versailles – peace treaty signed between Germany and the Allies at the end of World War 1. Created the League of Nations, forerunner of the UN, and laid down conditions of the peace, including territorial changes, reparations payments etc.

3.

(a) Dieser Sonderrabatt gilt bis 31. Okt., solange der Vorrat reicht.
(b) Mein Chef neigt zu Wutausbrüchen, wenn Mitarbeiter mit Verspätung eintreffen/erscheinen.
(c) Ihm wurde die Stelle angeboten unter der Voraussetzung, dass er sein Studium mit der Note 1 absolviert.
(d) Wenn man im Vereinigten Königreich Auto fährt, unterliegt man der britischen Straßenverkehrsordnung.
(e) Preisänderungen vorbehalten.
(f) Nordeuropäer sind besonders sonnenbrandgefährdet.
(g) Wir fügten eine Klausel hinzu, die besagt, dass die Anwendung des UN-Kaufrechts (CISG) ausgeschlossen sei.
(h) In Florida ist im August und September mit Hurricanes zu rechnen.

7

Allgemeine Geschäftsbedingungen
Die verschiedenen Aspekte des Kleingedruckten im Kaufvertrag

Delivering the Goods
Terms of delivery, INCOTERMS

Allgemeine Geschäftsbedingungen

Im Wirtschaftsleben kommt es täglich zu vielen *Vertragsabschlüssen* zwischen Käufern und Verkäufern. Um nicht für jeden einzelnen Abschluss immer wieder von neuem Zeit auf die *Aushandlung* und *Formulierung* von *regelmäßig wiederkehrenden* Vertragsinhalten zu verwenden, wurden diese *Standardklauseln* in den sogenannten *Allgemeinen Geschäftsbedingungen (AGB) vereinheitlicht*. In fast jedem *Wirtschaftszweig* werden von den entsprechenden *Wirtschaftsverbänden branchenspezifische AGB* erarbeitet. Sie begegnen uns v.a. in Banken, bei Versicherungen, im Handel, bei *Reiseveranstaltern*, d.h. solchen *Industriezweigen*, in denen stets gleichartige *Verträge abgeschlossen* werden.

Allgemeine Geschäftsbedingungen

- sind für branchenspezifische Verträge *vorformulierte Vertragsbedingungen*.
- *erfassen* regelmäßig wiederkehrende Aspekte des Geschäftsverkehrs wie z.B. *Liefer- und Zahlungsbedingungen*, *Erfüllungsort* (Ort, an dem der Schuldner die Leistung *vertragsgemäß* zu erbringen hat), *Gerichtsstand* (Ort, an dem sich bei Leistungsstörungen ergebende Streitigkeiten ausgetragen werden), *Eigentumsvorbehalt* (der Käufer wird zwar zum *Besitzer* einer *beweglichen Sache*, doch der Verkäufer bleibt bis zur vollständigen Bezahlung der *Eigentümer*), *Mängelhaftung*, *Gefahrenübergang* etc.
- erscheinen meist in kleingedruckter Form auf der Rückseite von Angeboten ('*das Kleingedruckte*').
- sind in *Einheitsverträge* eingearbeitet oder aber liegen getrennt als selbstständige Bedingungen vor, auf die ausdrücklich zu verweisen ist.
- erfüllen eine *Rationalisierungsaufgabe*, denn sie reduzieren Zeit- und somit Kostenaufwand für die Geschäftspartner bei Vertragsabschluss.

Die Gefahren des Kleingedruckten

I.d.R. werden AGB dem Käufer bei Vertragsabschluss vom Verkäufer, dem sogenannten *Verwender*, vorgelegt. Folglich sind die AGB so konzipiert, dass sie das Risiko und die vertraglichen Pflichten des Verkäufers begrenzen und auf die andere *Vertragspartei überwälzen*. Die Stellung des Käufers wird durch AGB häufig eingeschränkt. Daher ist jeder Käufer angehalten, das Kleingedruckte genau zu lesen und auf Benachteiligungen hin zu prüfen. *Übersieht* der Käufer Vereinbarungen, die ihm später zum Nachteil gereichen, so muss er den entstandenen *Schaden selbst verantworten*.

Die gesetzliche Regelung der Allgemeinen Geschäftsbedingungen

Das Gesetz zur Regelung des Rechts der Allgemeinen Geschäftsbedingungen *(AGBG) trat* 1977 *in Kraft*, wurde 2002 als Einzelgesetz aufgehoben und fast inhaltsgleich in das *Bürgerliche Gesetzbuch* (§§ 305 - 310 *BGB*) integriert.

abschließen, einen Vertrag	to conclude a contract
Allgemeine Geschäftsbedingungen, AGB	general conditions, general terms and conditions of business
AGBG (außer Kraft), AGB-Gesetz, Gesetz zur Regelung des Rechts der Allgemeinen Geschäftsbedingungen	AGBG (no longer valid) (German Law governing general terms and conditions of business)
aushandeln, einen Vertrag ~	to negotiate a contract
Besitzer	possessor
bewegliche Sache	movable property *(no pl.)*, a piece of movable property
BGB, Bürgerliches Gesetzbuch	German Civil Code
branchenspezifische AGB	industry-specific general conditions
Eigentumsvorbehalt	retention of title
Eigentümer	owner, proprietor
Einheitsvertrag	standard contract
erfassen, einen bestimmten Aspekt ~	to cover a certain aspect
Erfüllungsort	place of execution/performance
formulieren, einen Vertrag ~	to draft/formulate a contract
Gefahrenübergang	transfer of risk, passage of risk
Gerichtsstand	place of jurisdiction
Industriezweig, Branche	industry, branch of industry
Kleingedrucktes	fine print, small print
Kraft, in ~ treten	to come into force
Liefer- und Zahlungsbedingungen	terms of delivery and payment
Mängelhaftung	liability for defects
Rationalisierungsaufgabe	rationalisation/streamlining function
regelmäßig wiederkehrend	regularly recurring
Reiseveranstalter	travel/tour operator
Schaden	damage *(no pl.)*
Standardklausel	standard/uniform/model clause
übersehen	to overlook, to miss
überwälzen, etw. auf jdn. ~	to pass sth. on to sb.
verantworten, etw. selbst ~	to assume responsibility for sth.
vereinheitlichen	to standardise, to unify
Vertragsabschluss	conclusion of a contract
Vertragsbedingungen	terms and conditions of a contract
vertragsgemäß	in accordance with the contract
Vertragspartei, Vertragspartner	party to the contract, contracting party
Verwender	user
vorformulierte (Klauseln)	standard/ pre-formulated (clauses)
Wirtschaftsverband	trade association
Wirtschaftszweig	economic sector

Es soll u.a. die *Benachteiligung von* wirtschaftlich Schwächeren verhindern, *Nicht-Kaufleute* schützen und grundsätzlich die *Stellung des Käufers* gegenüber dem Verkäufer stärken. Laut BGB *wird* das Kleingedruckte nur dann *Bestandteil eines Vertrages* zwischen dem Verwender und einem *Nicht-Kaufmann*, wenn folgende *Voraussetzungen erfüllt* sind:

1. Der Verkäufer muss *ausdrücklich* auf seine AGB *hinweisen*. Im Außenhandel gelten *verschärfte Bestimmungen*. Ein *bloßer Hinweis* auf die AGB in der *Auftragsbestätigung* genügt hier nicht. Es muss ausdrücklich eine Annahme der AGB durch den ausländischen Partner erfolgen. Im Außenhandelsgeschäft ist *Schweigen nicht automatisch gleich Zustimmung.*
2. Die AGB müssen für den Käufer *leicht erreichbar* und *mühelos lesbar* sein.
3. Der Käufer muss mit der Geltung der AGB einverstanden sein und diesen *zustimmen.*

Um den *Schutz des Verbrauchers* zu gewährleisten, können Klauseln, die so ungewöhnlich sind, dass der Vertragspartner des Verwenders nicht *mit* ihnen zu *rechnen* braucht (*überraschende Klauseln*) keine *rechtswirksamen* Vertragsbestandteile werden.
Ferner müssen AGB für den Vertragspartner klar verständlich sein *(Transparenzgebot),* bzw. er muss *zumutbare Möglichkeiten der Kenntnisnahme erhalten.*

Nach der *Generalklausel* sind AGB-Bestimmungen dann unwirksam, wenn sie den Verbraucher entgegen den Geboten von *Treu und Glauben* unangemessen benachteiligen, also einseitig und unberechtigt nur die Interessen des wirtschaftlich stärkeren Verwenders berücksichtigen. Dies gilt z.B. für *Knebelungsverträge*. Ein Knebelungsvertrag ist ein Standardkaufvertrag für Waren oder Dienstleistungen, dessen einzelne Bedingungen der Käufer nicht beeinflussen kann. Erklärt sich der Käufer nicht mit dem gesamten Vertrag einverstanden, so kann er die gewünschten Güter nicht erwerben. Knebelungsverträge sind *sittenwidrig*, sofern sie die wirtschaftliche Freiheit des Vertragspartners zu sehr beschränken.

Außerdem verbietet das Gesetz für *konkrete Fälle* einen Katalog von Klauseln, (z.B. den Ausschluss des *Schadensersatzes* beim Fehlen zugesicherter Eigenschaften; den Ausschluss von *Reklamationsrechten*), die stets *zur Unwirksamkeit* bei der Verwendung von AGB *führen.*

Auftragsbestätigung	confirmation of an order
ausdrücklich	explicit(ly)
Benachteiligung einer Person	discrimination against a person, discriminatory treatment of a person
Bestandteil eines Vertrages werden	to form part of a contract
bloßer Hinweis auf	mere reference to
Generalklausel	general clause
hinweisen auf	to draw sb.'s attention to sth.
Kenntnisnahme, Möglichkeiten der ~ erhalten	to be given opportunity to take notice/cognizance of sth.
Knebelungsvertrag	oppressive/adhesion contract
konkreter Fall	concrete case
leicht erreichbar	easily accessible
mühelos lesbar	easy to read
Nicht-Kaufmann *(Sing)*, Nicht-Kaufleute *(Pl.)*	those who are not merchants as defined in §1 of the HGB (German Commercial Code)
rechnen, mit etw. ~	to expect sth.
rechtswirksam	legally effective/valid
Reklamationsrecht	right to claim remedy
Schadensersatz	damages *(no sing.)*
Vgl. Schaden, Beschädigung = damage (no pl.)	
Schutz des Verbrauchers	consumer protection
Schweigen ist automatisch gleich Zustimmung, Schweigen bedeutet Annahme	silence implies consent, silence implies acceptance
sittenwidrig	unethical
Stellung des Käufers	the buyer's position
Transparenzgebot	transparency precept/requirement/ principle
Treu und Glauben, entgegen dem Gebot von ~	contravening the principles of good faith
überraschende Klausel	unexpected/unanticipated clause
Unwirksamkeit, zur ~ führen	to render invalid
verschärfte Bestimmungen	more stringent regulations/provisions
Voraussetzungen erfüllen	to fulfil/comply with the preconditions
zumutbare Möglichkeiten	reasonable opportunity
zustimmen, etw. ~	to agree/consent to sth.

Delivering the Goods

As a move towards standardising contractual terms and ensuring that their *interpretation* is uniform throughout the world, a great many contracts of sale include standard *trade terms* understood internationally as a sort of shorthand to *denote* the rights and obligations of the buyer and the seller. The most widely used trade terms are those relating to *delivery* published by the *International Chamber of Commerce (ICC)* in Paris. Known as the *Incoterms,* they stipulate the extent to which a seller is responsible for arranging and paying for *freight* and handling costs, transport insurance, customs duties etc. These terms were first standardised by the ICC in 1936 and have since been periodically *revised* to reflect changes in *modes of transport*, documentation etc. The latest version is Incoterms 2010, whose scope has now been extended to include national as well as international transport. A schematic outline of Incoterms 2010 can be seen below, the straight line denoting the extent to which the seller is responsible for *carriage*. This is also reflected in the division of the terms into groups E, F, C and D.

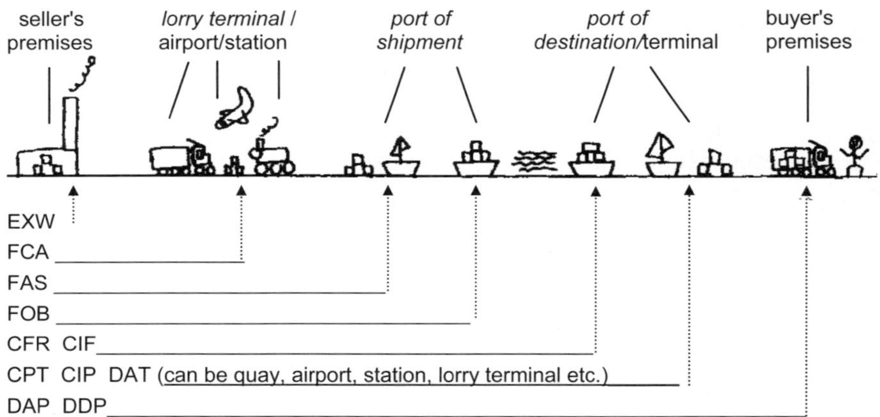

Incoterms also indicate to what extent the price includes various other costs and services connected with the delivery of goods, for example export and import *clearance*, insurance, *loading and unloading* costs, customs formalities. At one end of the scale EXW (Ex Works) denotes that the price includes none of these costs and the buyer must bear the total *expense* and responsibility for them. At the other extreme, DDP (Delivered Duty Paid), the price covers all transport costs and risks and is correspondingly higher. The remaining 9 terms *range* between these two extremes.

An Incoterm is meaningless unless it is followed by a precise indication of the *point of delivery* of the goods; the relevant Incoterm is therefore followed by the name of the port of shipment and/or the place of delivery, sometimes also the name of the *carrier* or ship, e.g. FCA London Heathrow *Freight Terminal;* CIF Sydney *MV* Ocean Princess (Incoterms 2010).

carriage *(no pl.)*	1. Verfrachtung, Beförderung 2. Verfrachtungs-/Beförderungskosten
carrier	Frachtführer
clearance *(no pl.)*	Abfertigung
deliver, to ~ the goods *(coll.)*	*hier:* etw. wie versprochen erledigen
delivery *(no pl.)*	1. Lieferung, Zustellung 2. Übergabe
denote *(vb)*	bezeichnen
expense *(no pl.)(cf page 82, ex. 1)*	Aufwand, Kosten
expenses (pl.) = costs incurred in a particular job or task (Spesen, Ausgaben)	
freight *(no pl.)*	1. *hier:* Fracht(kosten) 2. Fracht(gut)
freight terminal	Frachtterminal
Incoterms, International Commercial Terms	Incoterms
International Chamber of Commerce, ICC *(cf. page 107)*	Internationale Handelskammer, ICC
interpretation	Auslegung
loading and unloading *(no pl.)*	Be- und Entladen
lorry *(UK)*/truck *(US)* terminal	Lastkraftwagen-/Lkw-Bahnhof
mode of transport/conveyance	Beförderungsart, Transportart
MV, motor vessel	MS, Motorschiff
point of delivery	Übergabepunkt
port of destination	Bestimmungshafen
port of shipment	Verschiffungshafen
range, to ~ between	sich bewegen zwischen
NB rangieren = to rank; an erster Stelle rangieren = to rank first	
revise *(vb)*	revidieren, überarbeiten, anpassen
trade term	handelsübliche Klausel

Incoterms 2010 (effective as of January 2011)

EXW	Ex Works	EXW	ab Werk
FCA	Free Carrier	FCA	frei Frachtführer
FAS	Free Alongside Ship	FAS	frei Längsseite Schiff
FOB	Free On Board	FOB	frei an Bord
CFR	Cost & Freight	CFR	Kosten & Seefracht
CIF	Cost, Insurance, Freight	CIF	Kosten, Versicherung & Seefracht
CPT	Carriage Paid To	CPT	frachtfrei bis
CIP	Carriage & Insurance Paid To	CIP	frachtfrei & versichert bis
DAT	Delivered At Terminal	DAT	geliefert Terminal
DAP	Delivered At Place	DAP	geliefert benannter Ort
DDP	Delivered Duty Paid	DDP	geliefert verzollt

Although Incoterms are used and understood *widely* throughout the world, there is no guarantee that they will be *applied* unless the contract specifically says so. For example £100/*tonne* FOB Mumbai/Bombay might be interpreted in the light of the definition of FOB under *national law* rather than as it is understood under Incoterms; for this reason it is essential to be explicit and *state* £100/tonne FOB Mumbai/Bombay (Incoterms 2010).

For a precise definition of what is exactly covered by each Incoterm it is necessary to *consult the full text* of Incoterms 2010. In general it is important to note the following four points in particular:

1. Transfer of risk

Whereas an Incoterm might *provide for* the seller to take responsibility for carriage as far as the port of destination or other named destination in the buyer's country, *transfer of risk* and therefore the *passage of liability* for *missing* or damaged *goods* might take place at a far earlier point. The so-called "C" terms, for example, denote that risk is transferred in the seller's country, when the goods are handed over to the carrier, either at the port of shipment or the road/air/rail terminal. In other words a CFR price will, for example, include *freight costs* to the port of destination, but will *leave it up to* the buyer to arrange for insurance as from the port of shipment. "D" terms on the other hand stipulate that transfer of risk takes place in the port or country of destination, in other words the seller *bears liability* for the goods for the majority of the time they are *in transit*.

2. Insurance

Although Incoterms specify the point at which risk is transferred, they do not normally stipulate that either party must *take out insurance*. In other words apart from the CIF and CIP terms, insurance is *left to the discretion of* the party bearing the risk, who will of course under normal circumstances be sufficiently *prudent* as to take out insurance. The buyer and seller will very often agree in the *sales contract* or *general terms and conditions* that one party should *take care of warehouse to warehouse insurance* as this is normally more efficient and cheaper.

CIF and CIP provide for insurance of the goods by the seller as far as the port of destination or other named destination in the buyer's country, but *risk* in these cases *passes to* the buyer at an earlier stage, on delivery to the first carrier. Incoterms require the seller to take out only minimum *insurance cover* – 110% of the value of the goods (to cover loss of potential profit from the sale of goods) – and the risks covered are also limited, for example to loss or *damage* through fire or *collision*, and not through *theft*, *pilferage*, *clumsy handling*, strikes, *civil disturbance* etc. If the buyer would prefer *extra* cover to protect himself against such risks, he must take it out himself or *specifically* provide for the seller to do so in the contract (cf. Chapter 11).

apply *(vb)*	anwenden
bear, to ~ liability *(no pl.)*	haften
care, to take ~ of sth.	*hier:* etw. übernehmen, sich um etw. kümmern
civil disturbance *(usu. no pl.)*	Unruhen
clumsy handling *(no pl.)*	unsachgemäße Behandlung, unsachgemäßes Handling
collision	Kollision, Zusammenstoß
consult, to ~ the full text	den gesamten Text heranziehen
damage *(no pl.)*	Schaden, Beschädigung
NB damages (no sing.) = Schadensersatz	
discretion, to leave sth. to the ~ of sb.	etw. dem freien Ermessen von jdm. überlassen
extra *(adj.)*	zusätzlich
freight costs, freight	Frachtkosten, Fracht
general terms and conditions	allgemeine Geschäftsbedingungen
insurance, to take out ~	eine Versicherung abschließen
insurance cover *(no pl.)*	Versicherungsschutz, -deckung
leave, to ~ sth. up to sb.	jdm. etw. überlassen
missing goods *(no sing.)*	verlorengegangene Ware
national law	im Inland gültiges Recht, Landesrecht
passage of liability *(no pl.)*	Haftungsübergang
pilferage *(no pl.)*	Kleindiebstahl
provide, to ~ for sb. to do sth.	bestimmen/festlegen, dass jd. etw. tut
prudent	umsichtig, klug
risk passes to sb.	das Risiko geht auf jdn. über
sales contract	Kaufvertrag
specifically	ausdrücklich
state *(vb)*	angeben
theft *(usu. no pl.)*	Diebstahl
tonne, metric ton, freight ton, 1,000 kg	Tonne
NB 'ton' normally = long ton (1016.05 kg); there is also a short ton (907.19 kg)	
transfer of risk *(no pl.)*	Gefahr(en)übergang
transit, in ~	auf dem Transportweg, unterwegs
warehouse to warehouse insurance *(usu. no pl.)*	Versicherung von Haus zu Haus
widely	*hier:* überall

3. Mode of transport

The particular mode of transport used in a *transaction* is not *specified* in the Incoterms, although the terms themselves do *take into account* different forms of transport. The 2010 terms are divided into two categories, those which are applicable to all *modes of conveyance,* including *multimodal* transport (EXW, FCA, CPT, CIP, DAP, DAT, DDP), and those which are only appropriate where main carriage is by sea or *inland waterway (FAS, FOB, CFR, CIF).*

4. *Scope* of Incoterms

Incoterms are not *designed to be used* alone, but *in the context of* a sales contract *elaborating* the details of the transaction. The latest 2010 version explicitly puts electronic communications on a par with paper documentation. Although the terms place specific requirements on the buyer and seller as regards delivery, in particular

- *provision of carriage* and *apportionment* of freight costs
- loading and unloading responsibilities
- point of transfer of risk
- export and import clearance, including customs formalities and duties,

there are many aspects of an export transaction which Incoterms do not regulate, such as

- mode of transport, e.g. from the seller to the carrier; it might for example be necessary to stipulate in the contract that a *refrigerated lorry* be used
- type of packing
- *transfer of title* to the goods
- responsibility for insurance
- *inspections*
- *remedies* for *breach of contract* etc.

Such points need to be covered expressly in the contract of sale.

apportionment *(no pl.)*	Zuweisung, Aufteilung
breach of contract	Vertragsbruch
context, in the ~ of	im Rahmen von
designed, to be ~ to do sthg.	dafür konzipiert sein etw. zu tun
elaborate *(vb)*	genauer ausführen
inland waterway	Binnengewässer
inspection	Abnahme
mode of conveyance/transport	Beförderungsart, Transportart
multimodal	multimodal
provision of carriage *(no pl.)*	Abwicklung der Warenbeförderung
refrigerated lorry	(Tief-)Kühllastwagen
remedy	Rechtshilfe, Rechtsbehelf
scope	1. *hier:* Geltungsbereich 2. Umfang
specify *(vb)*	spezifizieren, genau angeben
take, to ~ sth. into account	etw. berücksichtigen
transaction	Geschäftsabschluss, Transaktion
transfer of title/ownership *(no pl.)*	Eigentumsübergang

International Chamber of Commerce (ICC)

The ICC is a non-governmental organisation founded in Atlantic City in 1919 by leaders of the international business community with the aim of furthering world business by promoting free trade and investment. Its international secretariat was soon established in Paris, which remains its headquarters today. Its members comprise thousands of companies and organisations from about 130 countries and it also incorporates the World Chambers Federation, the umbrella organisation of chambers of commerce throughout the world. In its constitution the ICC pledges *"to assure effective and consistent action in the economic and legal field in order to contribute to the harmonious growth and the freedom of international commerce"* ; to this end the ICC

- helps to oil the wheels of international trade by harmonising standards and procedures adopted voluntarily by the parties concerned. Working through numerous expert commissions, it has established internationally recognised terms and procedures in a number of fields, e.g. in contract and delivery clauses (Incoterms), payment (e.g. Uniform Customs and Practice for Documentary Credits) and dispute resolution (e.g. Amicable Dispute Resolution Rules, Rules of Arbitration). Its codes on marketing and advertising are frequently adopted in national legislation and industry standards.
- provides legal and advisory services to the business community, e.g. its International Court of Arbitration, numerous books and reference works etc.
- speaks on behalf of the business community in making representations to governments and intergovernmental organisations such as the WTO and UNCTAD, and in presenting the private sector's views to the media.

1. Word Family: liefern		
noun	Lieferant	supplier, seller
verb	liefern 1. zur Verfügung stellen, anbieten 2. zustellen	 1. to supply, to provide, to make sth. available 2. to deliver
noun	Liefervertrag	supply contract
noun	Lieferschein *	delivery note
noun	Lieferung 1. Zustellung 2. Bereitstellung 3. Sendung	 1. delivery 2. supply, provision 3. consignment
noun	Lieferungen, Nachschub	supplies
verb	die Ware annehmen/abnehmen	to take delivery of goods
noun	Lieferbarkeit, Verfügbarkeit	availability
adj.	lieferbar, auf Lager	available, in stock
adj.	nicht lieferbar	unavailable, out of stock
noun	Liefertermin	delivery date
noun	letzter Termin	deadline
verb	den Liefertermin einhalten	to meet the delivery date
noun	Lieferzeit, Lieferfrist	delivery period

* *Travels with the goods and is signed by the recipient to evidence that the consignment has been received in good order*

(i) Insert appropriate terms from the above word family to complete the following sentences
(ii) Translate the sentences into German

(a)	We guarantee next-day ... to any destination in Europe.
(b)	We will ... the necessary know-how.
(c)	When we ... of the order we found that the ... had been damaged en route and made a note to this effect on the ....
(d)	I think we can get the goods to you by your ..., but I'll just check ... to be on the safe side.
(e)	The distributor is responsible for the ... of the spare parts and will also on request handle ... to your premises.
(f)	Direct importing has the advantage that the buyer is in direct contact with the ....
(g)	There have been production holdups, but ... ought to be ... again at the end of this month.
(h)	They asked us to ... the machines to the factory and not to the office.
(i)	We are relying on you to meet our ... on 1 March as these are seasonal goods.
(j)	The ... is currently 3 weeks.
(k)	If the goods are still ... next week I'll have to look for a different ...

2. Word Family: supply		
noun	supplier	Lieferant, Anbieter
noun	(sub-) supplier	Zulieferer
noun	provider, supplier provider	Versorger Provider (von Kommunikations-diensten)
verb	to supply/provide sth. to supply/provide sb. with sth.	1. etw. liefern 2. etw. (zur Verfügung) stellen 3. jdn. mit etw. beliefern 4. jdn. mit etw. versorgen
noun	supply and demand	Angebot und Nachfrage
noun	supply-side economics	angebotsorientierte Wirtschaftspolitik
noun	supply of sth.	Angebot an etw.
verb	to be in short supply to be in plentiful supply	knapp/kaum vorhanden sein, Mangel-ware sein, es mangelt/fehlt an etw., reichlich vorhanden/vorrätig sein
noun.	supplies, stock(s)	1. Vorräte, Reserven 2. Nachschub, Lieferungen

Translate the following sentences

(a)	Nach dem Prinzip von Angebot und Nachfrage dürftest Du einen guten Preis für Dein Fahrrad erzielen.
(b)	Im letzten Spiel mangelte es an echten Torchancen.
(c)	Zu den Aufgaben des Direktexporteurs zählt die Abwicklung der Exportaufträge einschließlich der Warenlieferung.
(d)	Dieses Modell wird ab Jahresende nicht mehr lieferbar sein, weil unsere Zulieferer die nötigen Komponenten nicht mehr herstellen.
(e)	Die dritte Lieferung traf erst Ende des Monats ein.
(f)	Das Angebot an preisgünstigen Mietwohnungen entspricht nicht dem Bedarf der einheimischen Bevölkerung.
(g)	Wir ließen die Ware direkt in unsere Fabrik liefern, um sofort mit der Produktion zu beginnen und somit unseren Liefertermin einzuhalten.
(h)	Es ist momentan sehr schwierig einen preiswerten Anbieter zu finden, der echten schottischen Malzwhisky bis Weihnachten liefern kann.
(i)	Wir suchen einen Exporthändler, der uns mit erstklassigen Teesorten aus heimischem Anbau beliefern kann.
(j)	Es gibt zur Zeit ein reichliches Angebot an sonnengereiften Importtomaten.
(k)	Unsere Vorräte an Computerpapier gehen sehr schnell zur Neige; hoffentlich hat unser Lieferant genügend auf Lager.
(l)	Unser Telefonanbieter hat uns schon wieder ein Prospekt mit Billigangeboten zugeschickt.

1 (i) & (ii)

(a) We guarantee next-day **delivery** to any destination in Europe.
Wir garantieren europaweit Lieferung am nächsten Tag.

(b) We will **supply** the necessary know-how.
Wir werden das nötige Know-how/Knowhow liefern.

(c) When we **took delivery** of the order we found that the **consignment** had been damaged en route and made a note to this effect on the **delivery note**.
Als wir die Bestellung abnahmen, stellten wir fest, dass die Lieferung unterwegs beschädigt worden war und vermerkten dies entsprechend auf dem Lieferschein.

(d) I think we can get the goods to you by your **deadline/delivery date**, but I'll just check **availability** to be on the safe side.
Ich glaube, wir können dafür sorgen, dass Ihnen die Ware bis zum genannten Liefertermin zugestellt wird; ich kontrolliere aber vorsichtshalber schnell, ob die Artikel verfügbar sind.

(e) The distributor is responsible for the **supply** of the spare parts and will also on request handle **delivery** to your premises.
Der Vertragshändler ist für die Lieferung der Ersatzteile zuständig und wird auf Wunsch auch die Zustellung übernehmen.

(f) Direct importing has the advantage that the buyer is in direct contact with the **supplier/seller**.
Aufgrund des unmittelbaren Kontakts des Käufers zum Lieferanten bietet der direkte Import Vorteile.

(g) There have been production hold-ups, but **supplies** ought to be **available/in stock** again at the end of this month.
Es gab einige Probleme bei der Produktion; aber ab Ende des Monats dürfte wieder Nachschub verfügbar sein.

(h) They asked us to **deliver** the machines to the factory and not to the office.
Sie baten uns, die Maschinen in die Fabrik und nicht ins Büro zu liefern.

(i) We are relying on you to **meet** our **deadline/delivery date** on 1 March as these are seasonal goods.
Wir möchten Sie bitten, den letzten Liefertermin zum 1. März unbedingt einzuhalten, da es sich um Saisonware handelt.

(j) The **delivery period** is currently 3 weeks.
Die Lieferzeit beträgt momentan 3 Wochen.

(k) If the goods are still **unavailable/out of stock** next week I'll have to look for a different **supplier**.
Wenn die Ware nächste Woche immer noch nicht lieferbar ist, werde ich einen anderen Lieferanten suchen müssen.

2.

(a) According to the principle of supply and demand you should get a good price for your bike.

(b) Good goal chances were in short supply in the last match.

(c) The direct exporter's tasks include completing the export orders, which involves handling delivery of the goods.

(d) This model will not be available after the end of this year as our suppliers no longer produce the components we need.

(e) The third consignment did not arrive until the end of the month.

(f) The supply of inexpensive rental accommodation does not meet the requirements of the local population.

(g) We had the goods delivered direct to our factory so that we could immediately begin production and therefore meet our delivery date.

(h) At the moment it is very difficult to find a supplier who can provide genuine Scottish malt whisky at a reasonable price before Christmas.

(i) We are looking for an export merchant who can supply us with top quality home-grown teas.

(j) Sun-ripened imported tomatoes are in plentiful supply at the moment.

(k) Our supplies of computer paper are dwindling fast; I hope our supplier has sufficient in stock/available.

(l) Our telephone provider has sent us yet another leaflet with cheap offers.

8

Konfliktmanagement mit Hilfe des Schiedsgerichtsverfahrens

Das Wesen der Schiedsgerichtsbarkeit und ihre Vorteile für Unternehmen

Keeping the Peace

Dispute resolution

Konfliktmanagement mit Hilfe des Schiedsgerichtsverfahrens

Im internationalen Handel einigen sich die *Vertragsparteien* bereits im Stadium der Vertragsverhandlungen über den konkreten Weg, der zur *Beilegung etwaiger Vertragsstreitigkeiten* beschritten wird. Das Konfliktmanagement wird somit zum festen Vertragsbestandteil. Eine *Lösung* potenzieller *Konflikte* kann entweder über *ordentliche staatliche Gerichte* oder *außergerichtlich* über *ADR (alternative Streitbeilegung*sverfahren*)* herbeigeführt werden. ADR ist der Oberbegriff für all die Konfliktlösungstechniken, die auf eine *gütliche Beilegung* zwischen den *streitenden Parteien* abzielen, ohne dabei die staatliche Justiz zu bemühen. Hierzu zählen u.a. Schlichtung, Mediation und das *Schiedsverfahren*, das auf internationaler Ebene große Akzeptanz findet.

Wird die *Schiedsgerichtsbarkeit (Arbitrage)* als *außergerichtliche* Regelung von den Vertragsparteien gewünscht, so bedeutet dies gleichzeitig den *Ausschluss* des *ordentlichen Rechtsweges*. Man verständigt sich auf eine *Schiedsklausel, die in den Vertrag aufgenommen wird.* Es gibt hierzu *Standardformulierungen*, die bei Bedarf modifiziert werden können. Die *ICC*-Schiedsklausel beginnt beispielsweise mit den folgenden Worten:

Deutsche Fassung:	Englische Fassung:
Alle aus oder in Zusammenhang mit dem gegenwärtigen Vertrag sich ergebenden Streitigkeiten werden nach der Schiedsgerichtsordnung der Internationalen Handelskammer von einem oder mehreren gemäß dieser Ordnung ernannten Schiedsrichtern endgültig entschieden.	All disputes arising out of or in connection with the present contract shall be finally settled under the Rules of Arbitration of the International Chamber of Commerce by one or more arbitrators appointed in accordance with the said Rules.

In der Schiedsklausel präzisieren die Vertragspartner ferner den Ort des Schiedsverfahrens (*Schiedsort*), die Art und Zusammensetzung des *Schiedsgerichts*, die Verteilung der Kosten, die anzuwendende *Schiedsordnung* etc.

Das Schiedsverfahren

Für das Schiedsverfahren wird entweder ein *Ad-hoc-Schiedsgericht* eingesetzt, das sich nach Abwicklung des Streitfalles wieder auflöst, oder aber man greift auch hier auf bereits etablierte Strukturen zurück und *ruft* einen der zahlreichen *ständigen Schiedsgerichtshöfe an.* Die *Schiedsverhandlung* findet immer *unter Ausschluss der Öffentlichkeit* statt. Auf diese Weise ist für die streitenden Parteien gewährleistet, dass ihr Fall *mit* größter *Diskretion behandelt wird.* Das Schiedsgericht besteht je nach Vereinbarung aus einem *Einzelrichter* oder aus einem *dreiköpfigen Schiedsrichtergremium.* Es ist möglich weitere *Sachverständige hinzuzuziehen.* Während der Verhandlung kann immer noch ein Vergleich durch *Klagerücknahme* angestrebt werden. Beim Schiedsverfahren *gibt es nur eine Instanz.* Der *Schiedsspruch* ist i.d.R.

(Ad-hoc-)Schiedsgericht	(ad hoc) arbitration court/tribunal
ADR, alternative Streitbeilegung	ADR, alternative dispute resolution
anrufen, ein Schiedsgericht ~	to submit a dispute to a court of arbitration, to go to arbitration
aufnehmen, in den Vertrag ~	to include in the contract
Ausschluss des ordentlichen Rechtsweges	exclusion of ordinary litigation
Ausschluss, unter ~ der Öffentlichkeit	in camera
außergerichtlich	out of court *(adv.)*, out-of-court *(adj.)*
Beilegung etwaiger Vertrags-streitigkeiten	the settlement of any dispute arising out of a contract
Diskretion, etw. mit größter ~ behandeln	to treat sth. as strictly confidential/in strict confidence/with the utmost discretion
dreiköpfiges Schiedsrichtergremium	panel of three arbitrators
Einzelrichter *(als Schiedsrichter)*	one sole/single arbitrator
gütliche/einvernehmliche Beilegung	amicable settlement
ICC, Internationale Handelskammer	ICC, International Chamber of Commerce
Instanz, es gibt nur eine ~	there is no higher instance to which the case/dispute can be referred
Klagerücknahme	voluntary discontinuance of proceedings
Lösung potenzieller Konflikte	resolution of potential disputes
ordentliches (staatliches) Gericht	court of law, court of general jurisdiction
Sachverständige hinzuziehen	to call in experts
Schiedsgerichtsbarkeit, Arbitrage	arbitration

NB 'Arbitrage' (Englisch: arbitrage) bezeichnet auch den Kauf- und anschließenden Verkauf eines Produktes auf verschiedenen Märkten (v.a. Börsen), um Preis- bzw. Kursunterschiede zur Erzielung eines Gewinns auszunutzen.

Schiedsklausel	arbitration clause
Schiedsordnung	arbitration rules
Schiedsort	place of arbitration
Schiedsspruch	(arbitration/arbitral) award
Schiedsverfahren, Schiedsgerichts-verfahren	arbitration, arbitration proceedings
Schiedsverhandlung	arbitration hearing/proceedings
Standardformulierung	standard/boilerplate clause
ständiger Schiedsgerichtshof	permanent court of arbitration
streitende Parteien	opposing parties
Vergleich	settlement
Vertragspartei, Vertragspartner	party to the contract, contracting party

ein *endgültiges* und für die Vertragsparteien *verbindliches Urteil*. Falls die *verlierende Partei* den Schiedsspruch nicht erfüllt, kann die *obsiegende Partei* die *Vollstreckung des Urteilsspruches* durch ein ordentliches Gericht beantragen. Ob im Ausland *gefällte* Schiedsgerichtsurteile in den Staaten der streitenden Parteien auch gerichtlich *vollstreckbar* sind, hängt davon ab, ob es zwischen diesen Staaten ein Abkommen über die *gegenseitige Anerkennung von* Schiedssprüchen gibt.

Internationale Schiedsgerichte

Institutionalisierte Schiedsgerichte haben internationale Schiedsordnungen ausgearbeitet, die als *Musterregelungen* für die verschiedenen Aspekte des Schiedsverfahrens verwendet werden, auf die sich die Vertragspartner bei der Formulierung der Schiedsklausel beziehen können. Als *Gegenstand des Schiedsverfahrens* kommen alle Teile des *Kaufvertrages* in Frage. Ständige Schiedsgerichte befinden sich u.a. bei den verschiedenen *Handelskammern*, bei Börsen sowie *Industrie- und Fachverbänden*. Einen international *guten Ruf genießen* z.B. der Schiedsgerichtshof der Internationalen Handelskammer (ICC) in Paris, die American Arbitration Association (AAA) in New York oder die Deutsche Institution für Schiedsgerichtswesen (DIS) in Bonn.

Vorteile der Schiedsgerichtsbarkeit

Bei den von internationalen Schiedsgerichten *bestimmten Schiedsrichtern* handelt es sich um *seriöse, erfahrene, branchenkundige* und unabhängige Sachverständige. Es entfällt daher die Notwendigkeit externe *Gutachter* hinzuzuziehen, wie dies bei ordentlichen Gerichtsverfahren der Fall wäre. Aufgrund der Einstufigkeit des Schiedsverfahrens, das keine zweite Instanz vorsieht, werden *Konfliktlösungen* vergleichsweise schneller *herbeigeführt*, so dass *die involvierten Unternehmen* von einer *Zeit- und Aufwandersparnis* profitieren können – nicht zuletzt auch deshalb, weil in den Unternehmen weniger *personelle Kapazitäten* durch den Verfahrensprozess *gebunden sind*. Dieser geringere Zeit- und Personalaufwand bedingt geringere Verwaltungs- und *Verfahrenskosten*. Ein Höchstmaß an Vertraulichkeit und Diskretion bei der Behandlung aller *Unternehmensinterna*, die bei den Verhandlungen zur Konfliktlösung zur Sprache kommen, ist *gewährleistet*. Während die *Ladung vor Gericht* von Spannungen und bisweilen *von Feindseligkeiten zwischen den Kontrahenden* geprägt ist, entfallen solche Schärfen bei der außergerichtlichen *Konfliktbewältigung;* die Betroffenen *verhandeln* vielmehr in einer Atmosphäre der Kooperation, die eine *Fortsetzung der Geschäftsbeziehungen* in Aussicht stellt. Der Verfahrensablauf ist durch weniger *Formalitäten* gekennzeichnet und bietet den Betroffenen größere Einflussnahme. Sie wirken aktiv an einer *interessengerechten* und konfliktnahen *Kompromissfindung* mit. Während der sachbezogenen Gespräche *steht der größtmögliche Nutzen* für beide Partner *im Vordergrund* und nicht die rigorose *Durchsetzung einer einzigen Position.*

bestimmen, ernennen	*here:* to appoint
branchenkundig	versed in a particular line of business
Durchsetzung einer einzigen Position	insisting on an individual point of view
endgültiges Urteil	final judgement/decision
erfahren	experienced
fällen, ein Schiedsgerichtsurteil ~	to give an award
Feindseligkeiten zwischen den Kontrahenden	hostility between the adversaries
Formalität	formality
Fortsetzung der Geschäfts-beziehungen	continuation of the business relationship
gegenseitige Anerkennung von etw.	mutual recognition of sth.
Gegenstand (eines Schiedsver-fahrens)	subject matter (of arbitration proceedings)
gewährleisten	to guarantee
Gutachter	expert
Handelskammer	chamber of commerce
Industrie- und Fachverband	trade association
institutionalisiertes Schiedsgericht	institutionalised arbitration court/ tribunal
interessengerechte Kompromiss-findung	finding a compromise which takes both parties' interests into account
Kapazitäten binden, personelle ~	to tie up staff/personnel
Kaufvertrag	sales contract
Konfliktbewältigung	settlement/resolution of disputes
Konfliktlösungen herbeiführen	to find solutions, to resolve conflicts
Ladung vor Gericht	summons *(sing.) (pl. summonses)*
Musterregelung	model rule
Nutzen, der größtmögliche ~	the maximum benefit
obsiegende Partei	prevailing/successful party
Ruf, einen guten ~ genießen	to have/ to enjoy a good reputation
Schiedsrichter	arbitrator
seriös	trustworthy, reliable
Unternehmen, die involvierten ~	the companies involved
Unternehmensinterna	internal company data
verbindliches Urteil	binding judgement/decision
Verfahrenskosten	cost(s) of the proceedings
verhandeln	to negotiate
verlierende Partei	losing/unsuccessful party
vollstreckbar	enforceable
Vollstreckung des Urteilsspruches	*here:* enforcement of the arbitral award
Vordergrund, im ~ stehen	the emphasis is on
Zeit- und Aufwandersparnis	saving on time and expense

Keeping the Peace

Avoidance of disputes

When drawing up a sales contract it is advisable to *make* specific *provision for* handling any future *disagreements* that might arise in connection with the contract. For example long-term *agreements* need to be flexible and should ideally contain *adaptation clauses* permitting the parties to adjust the terms to suit changing market conditions. Such clauses can take the form of

- *escalation clauses*, *linking* prices *to* a specified inflation index
- *substitution clauses*, enabling the supplier under certain circumstances to deliver goods *diverging* slightly from those originally specified in the contract
- *force majeure clauses*, *releasing* one or both the parties *from* their *obligation* to fulfil the contract as a result of war, strike, or *acts of God* such as earthquake, flood etc.
- *severability* clause, stating that if any provision should become *invalid* or *unenforceable*, this does not affect or impair the validity of the remainder of the contract

In addition it is usual to *incorporate* clauses specifying which *dispute mechanism(s)* should be applied, which law *governs the contract*, and which courts shall be responsible for *resolving disputes*.

Dispute resolution mechanisms

Should disputes nevertheless arise, they can be *settled* in a variety of ways:

- **waiver** The *aggrieved party* might *waive his right* to *performance*, especially if the *breach* is *minor*.
- ***litigation*** is perhaps the most obvious solution, but particularly in international trade, which involves different languages, legal systems, and court procedures, it can be extremely complex and it might not always be an easy matter to *enforce judgements given* by the court. In addition the parties have to agree on the *forum of jurisdiction*, that is the courts in which the *suit* should be *brought*, and on which law is applicable. To avoid conflict on this matter the sales contract should stipulate *from the outset* which courts have jurisdiction and which is the most appropriate law for the *contract in question*. Litigation tends to be expensive, time-consuming and confrontational, but on the other hand does offer the possibility of *appeal* against the court's decision, which is not normally possible with *arbitration*.
- ***alternative dispute resolution (ADR)* mechanisms**. This is a range of *extra-judicial* procedures which has developed over the centuries within the scope of the lex mercatoria, the *body of* international *law* which has gradually crystallised out of *customary practices* in international trade and commerce. These procedures have traditionally been applied by chambers of trade and commerce in important trading *hubs* such as London, Rotterdam, and Hamburg, which are accustomed to *hearing* and resolving

acts of God	Naturereignisse
adaptation clause	Anpassungsklausel
ADR, alternative dispute resolution	alternative Streitbeilegung, ADR

NB With the International Chamber of Commerce (cf. page 107), 'ADR' stands for 'amicable dispute resolution' (gütliche Streitbeilegung) and does not include arbitration.

aggrieved party	Geschädigter
agreement	*hier:* Vertrag
appeal	Berufung
arbitration *(no pl.)*, ~ proceedings	Schiedsverfahren, Arbitrage
body of law	Gesetzessammlung
breach	Verstoß, Verletzung
contract in question, the ~	der jeweilige Vertrag
customary practices	Usancen
disagreement	Meinungsverschiedenheit
dispute, to hear a ~	einen Streitfall anhören
disputes, to settle/resolve ~	Streitigkeiten beilegen/lösen
dispute mechanism	Konfliktbeilegungsmechanismus
diverge *(vb)*	abweichen
escalation clause	Preisgleitklausel
extra-judicial procedure	außergerichtliches Verfahren
force majeure *(no pl.)*	höhere Gewalt
forum of jurisdiction	Gerichtsstand
govern, to ~ the contract	auf den Vertrag anwendbar sein
hub	Drehscheibe, Dreh- und Angelpunkt
incorporate *(vb)*	einbinden
invalid	ungültig, unwirksam
judgement, to enforce a ~	ein Urteil vollstrecken
judgement, to give a ~	ein Urteil fällen
link, to ~ to sth.	an etw. koppeln
litigation *(no pl.)*	ordentliches Gerichtsverfahren
minor	geringfügig
outset, from the ~	von Anfang an
peace, to keep the ~	den Frieden/die öffentliche Ordnung wahren
performance	*hier:* (Vertrags-)Erfüllung
provision, to make ~ for sth.	*hier:* etw. berücksichtigen
release, to ~ from an obligation	von einer Verpflichtung entbinden
severability/saving(s) clause	salvatorische Klausel
substitution clause	Substitutionsklausel
suit, to bring a ~	ein Prozess führen
unenforceable	undurchführbar
waive, to ~ a right	auf ein Recht verzichten

disputes between merchants. ADR models have proliferated over the last few decades in all fields of the law, particularly in order to address the problem of delays and expense in overcrowded court systems. The most commonly used ADR mechanisms are

* **arbitration** (cf. page 112 ff.), usually arriving at a *binding decision*, known as an *award*, which is often more readily *enforceable* internationally than a *judicial decision*. For example over 100 countries have signed the *United Nations Convention on the Recognition and Enforcement of Foreign Arbitral Awards* (the New York Convention) which obliges signatories to enforce such awards.
* ***mediation***; process under which the parties request a *neutral third party*, the *mediator*, to help them reach an *amicable settlement* through *negotiation*. The mediator has no power to *impose* a solution *on* the parties; his role is to *facilitate* resolution of the conflict by assisting the disputants to themselves develop a mutually acceptable compromise.
* ***conciliation*** operates on similar lines to mediation except that here the *conciliator*, a neutral third party who is usually an expert in the subject-matter of the conflict, proposes a solution after hearing both sides; his recommendation is not normally binding, however.
* ***mini-trial*** This is more structured than mediation and involves each side instructing a lawyer to *present its* particular *case* to a panel consisting of high-level representatives of the parties involved in the dispute and usually also *a neutral*. After hearing the arguments the parties *negotiate* an amicable solution *under the guidance* of the neutral.
* ***recourse to experts*** for opinions on technical, commercial or legal questions. This is basically a *fact-finding procedure* and can be used as a factual basis for renegotiation or to assist with a *court case* where special *technical expertise* is required; it can also *amount to* a private judgement where, for example, a former judge is asked to *pronounce on* a *point of law*. As with conciliation and mini-trials, decisions reached are not binding on the parties, unless they specifically agree otherwise.

Facilitating organisations

Assistance in resolving disputes is provided by a variety of institutions, the best-known being the *ICC* in Paris and the *AAA* in the USA, both of which *administer* disputes, provide guidance on the various procedures, and have panels of *arbitrators*, neutrals, and other experts. They have also formulated sets of rules which can be *referred to* in the contract as the authority for governing disputes. The arbitration rules published by *UNCITRAL* have found particularly widespread acceptance in the developing world and are also applied by the other institutions if parties request them to do so. In an attempt to achieve greater uniformity in national arbitration laws, UNCITRAL has also drawn up a Model Laws on International Commercial Arbitration (1985, 2006) and on International Commercial Conciliation (2002), which it is hoped will *eventually* be incorporated in each country's national legislation.

AAA, American Arbitration Association	AAA, Amerikanischer Verband für Schiedsgerichtsbarkeit
administer *(vb)*	verwalten
amicable settlement	gütliche/einvernehmliche Einigung
amount to *(vb)*	1. *hier:* gleichkommen 2. betragen
arbitrator	Schiedsrichter
award	*hier:* Schiedsspruch
binding decision	bindendes/verbindliches Urteil
conciliation *(no pl.)*	Schlichtung
conciliator	Schlichter
court case	Gerichtsverhandlung
enforceable	*hier:* vollstreckbar
eventually	letztendlich
facilitate *(vb)*	erleichtern, unterstützen
fact-finding procedure	Tatsachenermittlung, Zusammentragen der Fakten
guidance, under the ~ of	unter der Leitung von
ICC, International Chamber of Commerce *(cf. page 107)*	ICC, Internationale Handelskammer
impose, to ~ sth. on sb.	jdm. etw. auferlegen
judicial decision	richterliches Urteil
mediation *(no pl.)*	Mediation
mediator	Mediator
mini-trial, minitrial	der/das Minitrial
negotiate *(vb)*	*hier:* aushandeln
negotiation	Verhandlung, Verhandeln
neutral *(noun),* neutral third party	neutraler/unparteiischer Dritter
point of law	Rechtsfrage
present, to ~ a case	einen Fall vortragen
pronounce, to ~ on sth.	zu etw. Stellung nehmen
recourse *(no pl.)* to experts	Hinzuziehung von Sachverständigen
refer, to ~ to sth.	*hier:* auf etw. verweisen
technical expertise *(no pl.)*	Fachwissen, Fachkenntnisse
UNCITRAL, United Nations Commission on International Trade Law	UNCITRAL, Kommission der Vereinten Nationen für internationales Handelsrecht
Established by the UN General Assembly in 1966 to harmonise international trade law.	
United Nations Convention on the Recognition and Enforcement of Foreign Arbitral Awards, New York Convention	UN-Konvention über die Anerkennung und Vollstreckung ausländischer Schiedssprüche

1. Mannomann!

Man is widely used in German to formulate generalisations or to create a sense of detachment between an action and the doer. There are numerous ways to express **man** in English, depending on the context.

One: considered formal and pompous; rarely used nowadays except perhaps
a) ironically *One's changed one's mind again, has one?*
or b) as a possessive adjective *It's easy to lose one's way in New York.*

You: considered informal and matey
You can relax and enjoy a drink at the bar before dinner.

I/we: if this fits in the context
I/we had the impression that he wasn't very well.

we is also often used as a less pompous alternative to **one** for general statements
We tend to assume nowadays that weather conditions are deteriorating.

People/everyone/everybody/they (provided it is clear who "they" refers to): often used for generalisations
In many countries people have to live on a fraction of what they live on here.
In many German firms they have Friday afternoon off.
In summer everyone wears sandals.

Subject supplied from the context, including neutral "it"
Pro-lifers maintain that human life is sacrosanct.
It is important to decide in good time.

Passive form – probably the most useful and widely-used option
Breton is hardly spoken any more in Brittany.
Olive oil has been found to benefit your health.

(i) Translate the above examples in italics using "man"
(ii) Translate the following sentences

(a)	Vielleicht wird das Wetter morgen schön; man kann es nie wissen.
(b)	Man hat Haie in der Nähe des Badestrands gesichtet.
(c)	Man tut was man kann!
(d)	In Studentenkreisen hofft man auf verbesserte Studieneinrichtungen.
(e)	Vom Hauptbahnhof gelangt man schnell in die Innenstadt.
(f)	Man isst nicht mit den Fingern!
(g)	Was trägt man bei einem James Bond-Abend?
(h)	Man darf nicht vergessen, dass man in Spanien später zu Abend isst.
(i)	Man hat ihm den Rücktritt nahegelegt.
(j)	Unter Fortschritt versteht man üblicherweise eine allgemeine Verbesserung des Lebensstandards
(k)	Gestern behauptete man in den Radio-Nachrichten, dass mit einem Konjunkturaufschwung zu rechnen sei.
(l)	Man verständigt sich auf eine Schiedsklausel, die in den Vertrag aufgenommen wird.

2. Abstraction versus personalisation

These English equivalents for German **man** are altogether characteristic of a general tendency for English to use a concrete subject of a sentence where German would often use an abstract or impersonal subject such as *man, es,* or *the passive* (see also Chapter 17, ex.2).

In the light of this, translate the following extracts from the German text

- Für das Schiedsverfahren wird entweder ein Ad-hoc-Schiedsgericht eingesetzt ..., oder aber man greift auch hier auf bereits etablierte Strukturen zurück und ruft eine der zahlreichen ständigen Schiedsgerichtshöfe an.
- Auf diese Weise ist für die streitenden Parteien gewährleistet, dass ihr Fall mit größter Diskretion behandelt wird.
- Es können weitere Sachverständige hinzugezogen werden.
- Es entfällt daher die Notwendigkeit, externe Gutachter hinzuzuziehen.

3. How to formulate differences

✶ to differentiate between ✶ to tell the difference between ✶
✶ to distinguish sth.from sth. ✶ differing ✶ various ✶ different ✶
✶ to distinguish between ✶ to make/draw a distinction between ✶
✶ the difference is/lies in ✶ to be (totally) different ✶ to differ (from) ✶

Translate the following sentences using the phrases given above

(a)	Bei vertraglichen Streitigkeiten ist zwischen ADR-Lösungen und der Beilegung durch ordentliche Gerichte zu unterscheiden.
(b)	Mediation und Schiedsverfahren sind unterschiedliche Begriffe. Könnten Sie mir den Unterschied erklären?
(c)	Die Schiedsgerichtsverfahren der renommierten internationalen Schiedsgerichte unterscheiden sich kaum.
(d)	Man muss zwischen Mediations- und Schiedsverfahren unterscheiden, die grundverschiedene Verfahren zur Beilegung von Streitigkeiten sind.
(e)	Sie unterscheiden sich dadurch, dass Mediatoren Empfehlungen aussprechen und Schiedsgerichte verbindliche Schiedssprüche fällen.
(f)	Wir haben die verschiedenen Optionen zur Beilegung von Streitigkeiten ausführlich erörtert.
(g)	Der Unterschied besteht in der Verbindlichkeit der Ergebnisse beider Verfahren.
(h)	Das Unterscheidungsmerkmal zwischen Ad-hoc Schiedsgerichten und ständigen Schiedsgerichten ist der Zeitraum ihres Bestehens.

1. (i).

one	Man hat es sich wohl wieder anders überlegt. In New York kann man sich leicht verlaufen.
you	Man kann sich gemütlich mit einen Drink an der Bar auf das Abendessen einstimmen.
I/we	Man hatte den Eindruck, dass es ihm gesundheitlich nicht gut ging.
we	Heutzutage neigt man zu der Annahme, dass sich die Wetterbedingungen ständig verschlechtern.
people, they etc.	In vielen Ländern muss man von einem Bruchteil dessen leben, was man hierzulande hat. In vielen deutschen Firmen hat man Freitag Nachmittag frei. Im Sommer trägt man Sandalen.
it etc.	Bei der Pro-Leben-Bewegung behauptet man, dass das menschliche Leben unantastbar sei. Man muss sich rechtzeitig entscheiden können.
passive	In der Bretagne spricht man kaum noch Bretonisch. Man hat festgestellt, dass Olivenöl gut für die Gesundheit ist.

1. (ii)

(a) Perhaps the weather'll be nice tomorrow, you never know!
(b) Sharks have been sighted near the bathing beach.
(c) One does what one can!
(d) Students are hoping for better study facilities.
(e) It's not far from the main station to the city centre./You can quickly get ... /It's quick to get ...
(f) Don't eat with your fingers. One doesn't eat with one's fingers. People don't eat with their fingers.
(g) What do you wear for a James Bond evening?/What does one wear... ?
(h) You must remember/Don't forget that people/They have dinner later in Spain /Spaniards have dinner later.
(i) He was urged to resign.
(j) By progress we normally mean a general improvement in living standards.
(k) Yesterday the newsreader on the radio said/they said on the radio (news) that an economic upswing was on the way.
(l) Agreement is reached on an arbitration clause, which is then incorporated in the contract.

2.

- For the arbitration proceedings it is usual either to set up/appoint an ad hoc arbitration court or again to fall back on established structures and to submit the dispute to one of the numerous permanent courts of arbitration.
- In this way the opposing parties are guaranteed the utmost discretion in the handling of their case./The opposing parties can thus be certain that their case will be treated/handled with the utmost discretion.
- More/Further experts can be called in./It is also possible to call in more experts.
- There is therefore no need to call in/there is no need for external experts.

3.

(a) With contractual disputes a distinction has to be made between ADR solutions and settlement by litigation/court of law.
(b) Mediation and arbitration are different terms. Can you explain the difference to me?
(c) The arbitration proceedings followed by reputable international courts of arbitration differ very little./are almost identical.
(d) It is important to distinguish between mediation and arbitration, which are totally different procedures for settling disputes.
(e) They differ in that mediators make recommendations and courts of arbitration arrive at binding decisions.
(f) We have extensively discussed the various options for settling disputes.
(g) The difference lies in the extent to which the findings of the two procedures are binding.
(h) The main difference between ad hoc and permanent courts of arbitration is the length of time for which they exist.

9

Der Gütertransport
Die Vor- und Nachteile der verschiedenen Transportarten

All Shipshape and Bristol Fashion
Logistics and transport management

Der Gütertransport

Transport bezeichnet die *Beförderung* von Personen und Gütern *zu Land, zu Wasser* und *in der Luft* und zählt somit zu den *indirekten Dienstleistungen* im *tertiären Produktionssektor* einer Volkswirtschaft.
Zum Transport anstehende Güter bezeichnet man als *Frachtgüter*, die als *Massengüter* (unverpackte, flüssige oder *trockene Schüttgüter*) oder als *Stückgüter* (z.B. in Kisten, Ballen, als Paket verpackte Waren) versandt werden.

Man unterscheidet die folgenden *Gütertransport*arten:

- Straßengüterverkehr
- Eisenbahngüterverkehr
- Binnenschifffahrt
- Luftfrachtverkehr
- Seefrachtverkehr
- Rohrleitungen

Welche *Transportmittel* eignen sich nun am zweckmäßigsten für die Lieferung von bestimmten Gütern? Unternehmen werden bei Ihrer Wahl des *Transportmodus* u.a. die folgenden Kriterien beachten:

- Art und *Beschaffenheit des Frachtgutes (z.B. sperrig*, schwer, *kostbar,* zerbrechlich, *leicht verderblich, brennbar, giftig, kühle Lagerung erforderlich*)
- Dringlichkeit der zu liefernden Ware
- Menge der zu *transportierenden* Ware
- *Länge des Transportweges*, *Bestimmungsort und -land*
- Kosten für den Transport und für die *Transportversicherung*
- Sicherheit während des Transports

Straßengütertransport

Der Gütertransport zu Land wird in erster Linie über die Straße abgewickelt. Zu differenzieren ist zwischen *gewerblichem Güterkraftverkehr* (Speditionsfirmen) und *Werksverkehr* (eigener *Fuhrpark* der Unternehmen und Transport für eigene Zwecke). Außerdem wird unterschieden in *Güternahverkehr* (Transport innerhalb der Nahzone, d.h. im Umkreis von 75 km vom Kfz-Standort entfernt) und *Güterfernverkehr* (über diese Nahzone hinaus). Beim *multimodalen Transport* ist die Lkw-Beförderung als vor- bzw. nachgelagerte Transportart unerlässlich.

Vorteile	Eignung für *Haus-zu-Haus-Beförderung*; große Flexibilität bei Termin- und Routenvereinbarungen; Nutzung einer voll *flächendeckenden Straßeninfrastruktur* möglich; keine *Umladung* erforderlich.
Nachteile	relativ geringes Transportvolumen je Transporteinheit; hoher *Energieverbrauch*; starke *Umweltbelastung* durch *Schadstoffemission; Unfallgefahr;* Probleme bei *Verkehrsbehinderungen.*

Beförderung in der Luft	air transport *(UK)*/transportation *(US)*
Beförderung zu Land	ground/overland/surface transport
Beförderung zu Wasser	water transport
Beschaffenheit des Frachtgutes	characteristics/properties of the freight
Bestimmungsort bzw. -land	place or country of destination
brennbar	inflammable
Energieverbrauch	energy consumption
flächendeckende Straßeninfrastruktur	extensive road network/system
Frachtgut	freight *(no pl.)*, cargo *(usu. sing.)*
Fuhrpark	fleet of vehicles
gewerblicher Güterkraftverkehr	commercial freight transport
giftig	toxic, poisonous
Güterfernverkehr	long-distance/long-haul freight transport
Güternahverkehr	short-distance freight transport
Gütertransport	freight transport
Haus-zu-Haus-Beförderung	door-to-door transport
indirekte Dienstleistungen	indirect services
kostbar	valuable
kühle Lagerung erforderlich	cold storage required
Länge des Transportweges	length of transport route
leicht verderblich	perishable
Massengut	bulk goods *(no sing.)*
multimodaler Transport	multimodal transport
Die Beförderung von Fracht mit mehreren verschiedenen Verkehrsträgern.	
Schadstoffemission	harmful emissions
Schüttgut, trockenes ~	dry cargo *(usu. sing.)*
sperrig	bulky
Straßengütertransport	road transport, road haulage
Stückgut	general/mixed cargo
tertiärer Produktionssektor	tertiary production sector
Transport, Beförderung	transport *(UK)*, transportation *(US)*
transportieren/befördern, Waren ~	to ship/transport goods
Transportmittel, Verkehrsmittel	means of transport
Transportmodus, Transportart	mode of transport
Transportversicherung	transport(ation) insurance
Umladung, Umschlag	trans(h)ipment
Umweltbelastung	ecological damage, damage to the environment
Unfallgefahr	danger/risk of accidents
Verkehrsbehinderungen	traffic holdups
Werksverkehr	company fleet operations

Eisenbahngüterverkehr

Vorteile	Eignet sich für alle Güterarten, auch für *großvolumige* oder sperrige Güter, Massengüter oder *wertvolle Großsendungen*; Eignung bei langen Landtransporten; relativ sichere Transportabwicklung; unabhängig von hohem *Verkehrsaufkommen* und *Witterung*.
Nachteile	Abhängigkeit von *Fahrplänen*, *Schienennetz* und Bahnhofstandorten; meistens ist Umladung erforderlich; nur bei voller *Auslastung des Schienennetzes* sind Kostenvorteile möglich.

Binnenschifffahrt

Die Binnenschifffahrt vollzieht sich auf Seen, Flüssen oder *Kanälen* und ergänzt als Vor- und Nachtransport eine Beförderung zur See. Als Anbieter treten entweder *Schifffahrtsgesellschaften* (*Binnenreeder*) oder *Einzelschiffer* (*Partikulierschiffer*) auf.

Vorteile	Besonders geeignet für Massengüter v.a. für *Rohstofftransporte* (Kohle, *Erz,* Getreide *etc.).*
Nachteile	Geringer Umfang der *schiffbaren Wasserstraßen*; abhängig vom *Wasserstand*; relativ lange Transportzeiten.

Seefrachtverkehr

In der Seeschifffahrt, die sowohl *Küsten-* als auch *Hochseeschifffahrt* umfasst, unterscheidet man zwischen *Linienschiffsverkehr* und *Trampschiffsverkehr.*

Im Linienverkehr befahren Schiffe nach einem präzisen Terminplan *festgelegte Routen*. Es erfolgt der Einsatz von Schiffen mit guter Klassifizierung. *Linienreedereien* sind je nach den von ihnen befahrenen Routen in *Schifffahrtskonferenzen* organisiert (z.B. Ostasien-Konferenz). Ihre Aufgabe ist die Festsetzung einheitlicher *Frachttarife* (Conference Terms, c.t.) für die Mitglieder und eine gemeinsame Politik gegenüber den Nicht-Mitgliedern *(Außenseiter, Outsider)*, die u.U. versuchen diese *Raten zu unterbieten*. Auch Trampreeder sind in einer eigenen Schifffahrtskonferenz, die Baltic and International Maritime Conference (BIMCO), zusammengeschlossen. In der Trampschifffahrt übernehmen *Reeder je nach Bedarf* die Beförderung von Massentransporten in Form *ganzer Schiffsladungen (Vollcharter)* oder großer *Teilladungen (Teilcharter).* Seewege, das *Anlaufen* bestimmter *Häfen* und zeitliche Vorgaben lassen sich mit den Kunden individuell vereinbaren. Ihre Frachtraten sind nicht an c.t. gebunden, sondern ebenfalls frei verhandelbar. Problematisch ist möglicherweise die mangelnde *Bonität* von Schiff und Schiffseigner. An der Baltic Exchange in London wird Charter-*Schiffsraum* auf *Trampschiffen* börsenmäßig *angeboten* und *nachgefragt.*

anlaufen, einen Hafen ~	to call/put in at a port
Auslastung des Schienennetzes	full utilisation of the railway network
Außenseiter, Outsider	outsider
Bedarf, je nach ~	as required
Binnenreeder	inland waterways shipping operator/ company
Binnenschifffahrt	inland shipping/waterways transport
Bonität	financial standing
Einzelschiffer, Partikulierschiffer	independent barge owner
Eisenbahngüterverkehr	rail/railroad freight transport
Erz	ore
Fahrplan	timetable, schedule
festgelegte Routen	set routes
Frachttarife der Linienschifffahrt	conference terms, c.t.
großvolumig	high-volume
Hochseeschifffahrt	ocean shipping
Kanal	*here:* canal *(cf. page 136, ex.1)*
Küstenschifffahrt	coastal shipping
Linienreederei	shipping line
Linienschiffsverkehr	liner transport/shipping
Raten/Tarife unterbieten	to undercut rates/tariffs
Reeder, Reederei	shipowner, shipping company
Rohstofftransport	raw materials transport
Schienennetz	rail/railway *(UK)*/railroad *(US)* network
Schifffahrtsgesellschaft, Reederei	shipping company
schiffbar	navigable
Schifffahrtskonferenz	shipping conference
Schiffsladung, ganze ~	whole shipload
Schiffsraum	shipping space
Schiffsraum anbieten und nachfragen	to make offers and bids for shipping space
Seefrachtverkehr	sea transport
Teilcharter	partial charter
Teilladung	part load
Trampschiff	tramp
Trampschiffsverkehr	tramp shipping
Verkehrsaufkommen	volume of traffic
Vollcharter	full charter
Wasserstand	water level
Wasserstraße	waterway
wertvolle Großsendungen	large high-value consignment
Witterung	weather

Aus Kostengründen nehmen viele Reeder ein *Ausflaggen* vor, d.h. Schiffe werden in Ländern wie Liberia oder Panama registriert, die geringe Steuern erheben und geringe bzw. gar keine Anforderungen im Hinblick auf die Einhaltung von *Sozial-* oder *Sicherheitsstandards* stellen (*Billigflaggen*).

Vorteile	Seetransport ist im Regelfall günstiger als Lufttransport; *Abfertigung* großer, schwerer und sperriger Gütermengen möglich; geeignet für den *interkontinentalen Transport.*
Nachteile	Hohe Kapital- und Energiekosten; relativ lange *Transportzeiten;* Minderung der Qualität der Seefracht durch Kontakt mit *Salzwasser;* Risiko von *Bagatelldiebstählen*; Piraterie; meistens Umladung erforderlich außer bei *Ro-Ro-Verkehr.*

Luftfrachtverkehr

Auch im Luftverkehr unterscheidet man flugplanmäßige Liniendienste und Charterflüge, wobei der Charterverkehr jedoch zunehmend häufiger von *Tochterunternehmen* der *Liniengesellschaften* betrieben wird.

Vorteile	Geeignet für hochwertige, leicht verderbliche bzw. *transportempfindliche Güter*; kurze Transportzeiten und somit nur *kurzzeitige Kapitalbindung*; hohe Transportsicherheit; schnelle *Frachtabwicklung*; relativ niedrige Versicherungskosten.
Nachteile	Hoher Kapitalbedarf; hohe Transportkosten.

Rohrleitungen

Rohrleitungen oder Pipelines dienen z.B. der Beförderung von Erdgas*, Rohöl oder Mineralölprodukten*.

Abfertigung	handling
Ausflaggen	sailing under a foreign flag
Bagatelldiebstahl, Kleindiebstahl	pilferage
Billigflagge	flag of convenience
Frachtabwicklung	cargo-handling
interkontinentaler Transport	intercontinental transport
Kapitalbindung, kurzzeitige ~	capital tied up for a short period of time
Liniengesellschaft	*here:* airline (company)
Luftfrachtverkehr	air transport
Mineralölprodukt	(mineral) oil product
Rohöl	crude oil
Rohrleitungen	pipelines
Ro-Ro-Verkehr	roll-on roll-off transport, ro/ro transport
Modernes Lade- und Löschverfahren, wobei LKWs über Rampen an Heck und Bug direkt auf die Ladefläche des Schiffes fahren können.	
Salzwasser	seawater
Sicherheitsstandard	safety standard
Sozialstandard	social standard
Tochterunternehmen	subsidiary
transportempfindliche Güter	goods which do not travel well
Transportzeit	transit time

All Shipshape and Bristol Fashion

Logistics, originally a military term but now widely used in business, encompasses the detailed management and *scheduling* of all the activities involved in a complex *operation*. In the export trade it refers in particular to the coordination of all the activities involved in physically moving a product through the *supply chain* from the manufacturer or seller to the buyer. As such it is a *key factor* in the export process; it directly *impacts costing* and *pricing* and constitutes an important ingredient of the quality of service provided by the exporter. It encompasses:

- transport management, that is selecting and organising the most *efficient* and *cost-effective* route and *mode of transport*
- documentation, providing all the requisite documents in good order at the right place and time
- appropriate *packing* and *labelling*
- obtaining suitable *insurance cover.*

An efficient *in-house* logistics or *shipping department* can make a substantial contribution towards boosting a company's competitiveness by reducing costs and *enhancing* its image of efficiency and reliability. Small exporters, however, will have to *balance* the benefits of controlling their own shipping operations *against* the extra costs involved in running a *dedicated* logistics department and developing the necessary expertise; they may well find that it is more worthwhile to *outsource* these operations to a logistics firm or *freight forwarder*, despite the *charges* involved. Such specialist companies may in the end in fact achieve greater cost savings, in that they can obtain *bulk discounts* not normally available to the small-scale exporter by grouping a number of consignments from different exporters to maximise *load efficiency*. They usually offer the *entire logistics package* and will *take care of* packing, documentation and insurance as well as finding suitable *carriers*.

Transport management

In deciding on the most suitable transport operations for a certain *shipment*, the logistics department will have to take a number of factors into account:

- **cost** In the export trade transport costs can represent a high proportion of total costs per product and thus substantially affect prices. It is therefore essential to select the most cost-effective mode of transport for the *freight* in question; *freight charges* are not, however, the only criterion: although road and water transport are normally less expensive, air freight could well prove to be preferable because it is faster and represents less risk of damage to the *cargo*. *Volume discounts* are often available for large or regular shipments, and economies can also be achieved by *consolidating* several *consignments* into one large shipment or by collaborating with other shippers to form *groupage arrangements* which guarantee *full container loads (FCLs*).

all shipshape and Bristol fashion	alles in bester Ordnung
balance, to ~ A against B	A und B gegeneinander abwägen
bulk discount, volume discount	Mengenrabatt
cargo *(usu. sing.)*	(See-/Luft-)Fracht, Frachtgut
carrier; ocean carrier	Frachtführer; Verfrachter
charges	Kosten, Aufwendungen
consolidate, to ~ consignments	Lieferungen bündeln
cost-effective, cost-efficient	kostengünstig
costing *(no pl.)*	Kostenrechnung, Kalkulation
dedicated	*hier:* speziell eingerichtet
efficient	leistungsfähig, effizient
enhance, improve *(vb)*	verbessern
freight *(no pl.)*	1. *hier:* Frachtgut 2. Frachtkosten
freight charges, freight	Frachtkosten, Frachtgebühr
freight forwarder	Spediteur, Spedition
full container load, FCL	Voll-Container-Ladung
groupage arrangement, to form a ~	eine Transportgemeinschaft bilden
groupage consignment = Sammelgut, Sammelladung	
impact *(vb)*	sich auswirken auf, beeinflussen
in-house	unternehmensintern
insurance cover *(no pl.)*	Versicherungsschutz
key factor	Schlüsselfaktor, zentrales Element
labelling *(no pl.)*	1. *hier:* Beschriftung 2. Etikettierung
load efficiency	Auslastungsgrad
logistics *(sing.& pl.)*	Logistik
logistics package, entire ~	gesamtes Logistikpaket
mode of transport	Transportmodus
operation	Aktivität, Vorgang, Ablauf
outsource, to ~ sth. to sb. *(cf. page 326)*	etw. bei jdm. extern in Auftrag geben, outsourcen, auslagern
packing *(activity) (no pl.)*	*hier:* Verpackung
packing = Versandverpackung; packaging = Verkaufsverpackung (cf. p.136)	
pricing *(no pl.)*	Preisgestaltung
scheduling *(no pl.)*	Planung, Terminierung
shipment, consignment	1. *hier:* Sendung 2. Versand
NB Shipment, shipping, etc. do not necessarily denote transport by sea.	
shipping/dispatch department	Versandabteilung
supply chain	die Supply Chain, Warenflusskette
take care of, deal with *(vb)*	erledigen, ausführen, abwickeln
volume discount, bulk discount	Mengenrabatt

- **speed and reliability** Long *transit times* may *be detrimental to* certain products, and this consideration will affect the mode of transport selected. *Multimodal arrangements*, where consignments are *transshipped* several times and which often involve different *providers* (carriers), can be particularly *prone to* delay. *Intermodal schemes*, which coordinate the various legs of the journey and enable the consignment to move seamlessly from one mode of transport to another, go some way towards solving this problem. An important technological advance has been the development of *transponders* which are attached to the *packages* and make it possible to *track* the shipment's *progress* and to *pinpoint* its exact *location* at any given moment.
- **customer's requirements**, which may stipulate a particular form of transport.
- **local regulations and legislation** These can affect documentation, *inspections* and packing requirements. Some countries, to improve their *trade balance*, insist that the importer should arrange *delivery* at his end and use a *domestic* transport service.
- ***sequencing* and timing** Manufacturers can achieve large cost savings and take a major step towards achieving *lean production* by keeping stocks to a minimum. A prime illustration of *stock and inventory control* is the *just-in-time system (JIT)* originally invented in Japan but now widely adopted throughout the world. Here deliveries to a manufacturer are timed to coincide precisely with the time they are needed for production purposes. This requires the use of *sophisticated* transport control systems often based on *EDI (electronic data interchange)* networks, which permit standardised commercial messages to be exchanged between the computers of different companies. The *transmission* of such up-to-the-minute *business data* means that orders, for example, can be placed and shipped virtually instantaneously. The greater expense involved in shipping smaller consignments as and when required is *offset* by savings on *warehousing costs* and fewer *obsolete* components.

Packing and labelling

Apart from *orchestrating* transport operations and organising documentation, the shipping department or freight forwarder is also responsible for ensuring that goods are suitably packed to withstand the *rigours* of the journey, and that packages are labelled and marked in such a way as to *expedite* delivery and prevent *mishandling*. The physical characteristics of the goods (*fragile*, heavy, bulky, perishable etc.) and the mode of transport will *dictate* what type of packing will be needed. Freight exported in containers is ideally protected and, despite the fact that containerised transport is often multimodal, goods are not exposed to the risks normally involved in *transshipment* such as loss, damage, theft or *pilferage*. However containerisation is not normally feasible with small-scale exports unless they can be grouped together with other *LCLs (less-than-container loads)* to fill an entire container.

business data *(sing. & pl.)*	Geschäftsdaten

NB The plural of 'date' in the sense of German 'Datum, Termin' is 'dates'.

delivery	Lieferung
detrimental, to be ~ to sth.	etw. beeinträchtigen
dictate *(vb)*	bestimmen
domestic	inländisch
electronic data interchange, EDI *(no pl.)*	elektronischer Datenaustausch, EDI, Electronic Data Interchange
expedite *(vb)*	beschleunigen
fragile	zerbrechlich
inspection	Abnahme, Prüfung
intermodal scheme/transport	Kombiverkehr, kombinierter Verkehr
just-in-time system, JIT system	Just-in-time-System
lean production *(no pl.)*	Leanproduction, Lean Production

Production incurring the lowest possible costs.

LCL, less-than-container load	Teilladung, Stückgut
location	Standort
mishandling *(no pl.)*	unsachgemäßes Handling
multimodal arrangement	Vereinbarung über multimodalen Transport
obsolete	veraltet, überholt, obsolet
offset *(vb)*	ausgleichen, kompensieren
orchestrate *(vb)*	dirigieren, abstimmen
package	Kollo *(Pl. Kollos, Kolli)*, Frachtstück
pilferage *(no pl.)*	Bagatelldiebstahl, Kleindiebstahl
pinpoint *(vb)*	orten
prone, to be ~ to sth.	anfällig für etw. sein
provider	(Transport)dienstleister
rigours	Unbillen
sequencing *(no pl.)*	Abstimmung/Festlegung von Abläufen
sophisticated	hochentwickelt, ausgeklügelt
stock and inventory control *(no pl.)*	Lager(- und Bestands)wirtschaft
track, to ~ progress *(no pl.)*	den Verlauf verfolgen
trade balance	Handelsbilanz
transit time	Beförderungszeit
transmission *(usu. sing.)*	Übertragung, Übermittlung
transponder	Transponder

Device able to ***trans****mit and to res****pond*** *to signals.*

transship, tranship, trans-ship *(vb)*	umladen, umschlagen
transshipment, transhipment	Umladung, Umschlag
warehousing costs	Lagerkosten

The most common types of external package used are *fibreboard cartons*, wooden *cases* and *crates*, *drums* and *bales*. Packages are often *strapped* or *wired* to each other or to *pallets* and plastic-wrapped for extra protection, with reinforcement pieces added to *shield vulnerable* corners and edges. *Palletisation* is finding increasing popularity as it not only helps to protect the goods but also *facilitates* handling, especially with *forklift trucks*. It is also necessary to observe any relevant legal requirements concerning packing, for example many countries forbid the use of straw under their *quarantine regulations.*

It is vital that packages are correctly marked so that they can be *routed* and *identified* correctly. The *shipping mark* should indicate the *initials* of the *consignee*, the port of destination and *transit points* and also the package number:

The outside of the package should also be suitably labelled to indicate how it should be handled. Such *cautionary markings* will indicate which way up the package should be transported, whether the contents are fragile, *hazardous* etc., and often take the form of internationally recognised *pictorial markings* to avoid language and *literacy* problems.

bale	Ballen
case, chest	Kiste
cautionary/caution marking/mark	Vorsichtsmarkierung
consignee	Empfänger, Warenempfänger
crate	Lattenkiste
drum	Fass
facilitate *(vb)*	erleichtern
fibreboard carton	Kunstfaserkarton
forklift truck	Gabelstapler
hazardous	gefährlich
identify *(vb)*	erkennen
initial	Anfangsbuchstabe eines Namens
literacy *(no pl.)*	Fähigkeit lesen und schreiben zu können
no., No., number	Nr., No., Nummer
pallet	Palette
palletisation *(no pl.)*	Palettieren
pictorial marking/mark	Bildmarkierung
quarantine regulations	Quarantäne-Bestimmungen
route *(vb)*	leiten
shield *(vb)*	schützen, abschirmen
shipping mark	Versandmarkierung
strap *(vb)*	mit Umreifung versehen
transit point	Transitstelle, Durchgangsstelle
vulnerable	*hier:* stoßanfällig
wire *(vb)*	mit Draht festbinden

1. Pairs with problems – German words with two or more related, but different, English meanings

Hafen	**harbour – port – docks**
Hafen	1. **harbour** sheltered stretch of water along a coast where ships and boats can anchor, protection being either natural or man-made *The harbour walls need to be strengthened.*
Hafen Hafen(stadt)	2. **port** town or city with a harbour and usually loading and unloading facilities etc. *Big ports like Hamburg or Quebec have a long history.*
Hafen(anlage)	3. **docks** *(pl.; dock (sing.) = Dock)*, **port** area in a town or city where anchorage and loading/unloading facilities are provided *Let's go down to the docks/port and watch the ships unloading.*
Einfuhr-/Einreiseort	NB *Port of entry* is not necessarily a seaport.
Kanal	**channel – canal**
Kanal Kanal	1. **channel** a) natural navigable stretch of water, wider than a strait, separating two land masses or joining two bodies of water *English Channel, Mozambique Channel*
Rinne	b) open shallow passage for water to flow *drainage channel*
Kanal	2. **canal** artificial waterway especially dug to permit navigation *Suez Canal, Kiel Canal*
Verkehr	**traffic – transport**
Verkehr Verkehr	1. **transport** *(no pl.) (UK)*, **transportation** *(no pl.)(US)* a) abstract term referring to the whole field or system of carrying people and goods from one place to another *Ministry of Transport, Department of Transportation* *Air transport is now as competitive as sea transport.*
Transport, Beförderung	b) activity or business of carrying goods and people *Transport to the airport is not included in the price.*
Verkehr Verkehr, Verkehrsdichte, Verkehrsaufkommen	2. **traffic** *(no pl.)* a) actual vehicles, ships etc. in circulation *Sorry I'm late, I got stuck in the traffic.* *If the traffic's bad it's better to use public transport.*
Handel	b) illicit trade *drugs traffic, human traffic*
Verpackung	**packing - packaging**
(Um-)**Verpackung**, Verpackungsmaterial	1. **packing**, sometimes also packaging Material used to protect goods, esp. during transport *Poor quality packing is a false economy.*
Verpackung, Verkaufsverpackung	2. **packaging** Decorative wrapping intended to appeal to customers *I only bought the cheese because I liked the packaging.*

Translate the following sentences

(a)	Die Verkehrsdichte ist in Tokio so hoch, dass nur der, der einen Parkplatz nachweisen kann, zum Autokauf berechtigt ist.
(b)	Das 19. Jahrhundert war das goldene Zeitalter des Kanals im englischen Verkehrswesen.
(c)	Die Erfindung von Containern hat den Güterverkehr revolutioniert.
(d)	Es gibt mehrere Häfen am Ärmelkanal, die vom Fährverkehr leben.
(e)	Sie ist Verkehrspolizistin.
(f)	Das öffentliche Verkehrsnetz ist stark überholungsbedürftig.
(g)	Die EU versucht den Handel mit Wirtschaftsasylanten zu unterbinden.
(h)	Wir flohen vor dem Sturm and waren froh einen geschützten Hafen zu finden.
(i)	Der Verkehrslärm von der Autobahn wird allmählich unerträglich.
(j)	Die Verpackung hat mehr versprochen als der Inhalt bieten konnte.
(k)	Das Schiff sitzt wegen des Streiks seit mehreren Tagen im Hafen fest.

2. Currency matters

1. Symbols or abbreviations for currencies and numbers are always written directly attached to a number with no intervening space.
   - Symbols or abbreviations for currencies, but not their subdivisions, always appear *in front of* the number:
     €280.20 £68.60
   - Abbreviations for subdivisions of currencies and for numbers (m = million, bn = billion) appear directly *after* the number:
     20c (20 cents) 60p (60 pence) – AU$28m US$200bn
2. If the name of a currency is written out in full, it appears *after* the number and in the plural:
   6 million dollars 4 hundred pounds sixty cents forty pence
3. Names of currencies are not capitalised unless they incorporate a country's name:
   2,000 yen 800 rupees 297 Swiss francs
4. Unlike in German, hundred, million, thousand etc. are not used in the plural, whereas the following noun is:
   20 million pounds 60 billion pesos four hundred euros
   NB With some currencies the plural is the same as the singular:
   twenty thousand yen 600 rand
5. The British pound is often referred to as *sterling* (no definite article), the American dollar as the *greenback*, but not after figures:
   Sterling has hit a high against the greenback.
   Colloquial terms for the pound are *quid* (plural: quid) and for the dollar *buck* (plural: bucks)
   Can you lend me ten quid? The ticket cost four bucks.

Express the following in English

425 Mrd. $	61,6 Milliarden Pfund	¥150.000	5 Cent
80.000 Yen	30 australische Dollar	1,5 Mio €	50 Billionen Dollar
Wie viel Dollar hast du ihm gegeben?		Das englische Pfund ist gestiegen.	

3. Word Family: Prospect		
noun	prospect *(formal)*, view	Aussicht
noun	prospects *(often pl.)*, outlook *(no pl.)*	Chancen, Perspektiven, Aussicht(en) (auf Erfolg)
noun	prospect *(usu. sing.)*	Vorstellung, Idee
noun	prospect	Kaufinteressent
noun	prospect	(aussichtsreicher) Kandidat
adj.	prospective	voraussichtlich, künftig
verb	to prospect for sth.	nach *(z.B. Erdgas)* prospektieren
noun	prospector	Prospektor
noun	prospectus	Emissionsprospekt
noun	prospectus	Schul/Uni-Prospekt
noun	leaflet	Prospekt

Translate the following sentences in the light of the above word family

(a)	With direct marketing the names and addresses of prospects are normally obtained from bought databases.
(b)	Prospecting for oil is a very expensive business.
(c)	The prospectus describes the company's objectives and its track record to date, so that prospective investors can form a picture about its future prospects.
(d)	She was terrified at the very prospect of meeting her prospective parents-in-law.
(e)	The balcony commands a magnificent prospect of the Alps.
(f)	The economic prospects are dismal.
(g)	The prices are on the back of the leaflet.
(h)	I've written to the engineering college to ask for a prospectus.
(i)	There are good career prospects in that field.
(j)	The prospect of working in the USA for a year delighted her.

Writing Numbers

UK and US usage differs in some important respects from German:

1. In the UK/USA decimal numbers are separated by a point, not a comma:
   26,938 = 26.938 or 26·938 in UK/USA
2. In the UK/USA thousands, millions etc. are normally separated by a comma, not a point; occasionally in the UK a space is used as in German:
   4.629 = 4,629 or 4 629 in UK/USA
   893.622.986 = 893,622,986 in UK/USA
3. The USA and the UK follow a different system to continental Europe for denoting large numbers:

	Germany	USA/UK
10^6	Million (Mio./Mill.)	million (m)
10^9	Milliarde (Mrd.)	billion (bn)
10^{12}	Billion	trillion
10^{15}	Billiarde	quadrillion
10^{18}	Trillion	quintillion

4. Word Family: Umschlag		
noun	Umschlag, Umladung	trans(s)hipment *(usu. no pl.)*
noun	Umschlagplatz/-hafen	entrepôt, trans(s)hipment centre
noun	Entrepot, Zolllager	bonded warehouse
noun	Umschlagbahnhof	rail terminal
verb	von A nach B umschlagen *Syn.* umladen, verladen	to trans(s)ship/transfer from A to B
noun	Umsatz, Absatz	turnover *(no.pl.)*, sales
noun	Umschlag(geschwindigkeit)	turnover *(no pl.)*
noun	Personalwechsel	staff turnover
verb	Waren im Wert von ... umsetzen	to sell goods to a value of ...
verb	Umsatz erzielen	to sell, turn over
noun	Umschlag, Wandel	(sudden) change
verb	umschlagen	to (suddenly) change, to go off *(food)*
noun	Umschlag	wrapper
noun	Buchumschlag	(dust) jacket
noun	Briefumschlag	envelope
verb	umschlagen, einschlagen	to wrap

Translate the following sentences in the light of the above word family

(a)	Ladungen mit Bestimmung Nairobi werden in Mombasa umgeschlagen.
(b)	Wir schlugen eine Jutedecke um die Maschinenteile, damit sie auf dem Transportweg nicht rosten.
(c)	Bitte liefern Sie die Ware per Luftfracht, um etwaige Schäden bei einer Umladung im Hafen zu vermeiden.
(d)	Die Ware muss im Entrepot verbleiben, bis sie verzollt ist.
(e)	Duisburg gehört zu den größten Umschlaghäfen Deutschlands.
(f)	Der gewagte Umschlag seines neuesten Romans sorgte für einen reißenden Absatz.
(g)	Der Wetterumschlag hat eine Welle von Krankmeldungen ausgelöst.
(h)	Faxen Sie uns bitte die Adresse des nächsten Umschlagbahnhofs.
(i)	Die Stimmung an der Börse schlug plötzlich um und führte zu umfangreichen Gewinnmitnahmen.
(j)	Wenn Sie die Bücher ansprechender ausstellen, werden Sie den Absatz verdoppeln können.

Dates in British and American English

In the UK it is standard to write day/month/year: (*6 May 20xx*)
In the USA the month is written before the day: (*May 6, 20xx*).
This can lead to confusion if the date is reduced to numbers:
e.g. 9.11 represents 9 November in the UK but 11 September in the USA.
For this reason it is advisable always to write out the month as a word.
No comma is needed unless two numbers need to be separated, as for example with American dates.

1.

(a) Traffic density in Tokyo is so high that you can't buy a car unless you can prove you have a place to park it./you have a parking space.
(b) The 19th century was the golden age of canals in the British transport system.
(c) The invention of containers has revolutionised goods transport.
(d) There are several ports on the English Channel which live off ferry traffic.
(e) She's a traffic cop/policewoman.
(f) The public transport network is in sore need of repair.
(g) The EU is trying to crack down on traffic in economic migrants.
(h) We fled from the storm and were glad to find a sheltered harbour.
(i) The traffic noise from the motorway is gradually getting intolerable.
(j) The packaging promised greater things than/more than the contents could provide.
(k) The ship has been stuck in the docks/port for several days now because of the strike.

2.

$425bn	61.6 billion pounds	¥150,000	5 cents
80,000 yen	30 Australian dollars	€1.5m	50 trillion dollars
How many bucks/dollars did you give him?		Sterling/The pound has risen.	

3.

(a) Bei Direktmarketing bezieht man die Namen und Adressen von potenziellen Käufern normalerweise aus gekauften Datenbanken.
(b) Das Prospektieren/Das Suchen nach Öl ist mit hohen Kosten verbunden.
(c) Der Emissionsprospekt beschreibt die Unternehmensziele und die bisherige Erfolgsbilanz, damit interessierte Anleger sich ein Bild von den Erfolgschancen der Firma machen können.
(d) Allein die Vorstellung, ihre künftige Schwiegereltern kennen zu lernen, flößte ihr Angst ein.
(e) Vom Balkon hat man eine herrliche Aussicht auf die Alpen.
(f) Die Konjunkturperspektiven sind miserabel.
(g) Die Preise stehen auf der Rückseite des Prospekts.
(h) Ich habe die Technische Fachhochschule schriftlich um Zusendung eines Studienführers gebeten.
(i) In diesem Bereich gibt es gute Berufschancen/gute berufliche Perspektiven.
(j) Die Vorstellung, ein Jahr in den USA zu arbeiten, gefiel ihr sehr.

4.

(a) Consignments destined for Nairobi are transshipped in Mombasa.
(b) We wrapped the machine parts in a piece of jute to prevent them rusting in transit.
(c) Please deliver the goods by air freight to avoid any damage during transshipment in port/at the docks.
(d) The goods must stay in the bonded warehouse until they've been cleared through customs.
(e) Duisburg is one of Germany's largest entrepôts.
(f) The racy dust jacket on his latest novel made it sell like hot cakes.
(g) The change in the weather has triggered a wave of sickies/a wave of people staying off sick.
(h) Please fax us the address of the nearest rail terminal.
(i) Sentiment on the stock exchange suddenly changed and led to wide-scale profit-taking.
(j) If you display the books more attractively you'll be able to sell twice as many.

10

Versanddokumente im Außenhandel
Ein Überblick über Frachtbriefe, Konnossemente und Ladescheine

Getting the Paperwork Right
The main shipping documents

Versanddokumente im Außenhandel

Die im Außenhandel für den *Warentransport ausgestellten Versanddokumente* regeln die Lieferungs- und Zahlungssicherung sowie die Eigentumsübertragung und bieten Finanzierungsmöglichkeiten für den Absender (d.h. sie können Kreditinstituten als *Kreditsicherheit* vorgelegt werden).
Bei den Versanddokumenten unterscheidet man zwischen

- ***Traditionspapieren***, die die beförderten Waren repräsentieren und deren Vorlage zur Übergabe der Waren berechtigt und
- **Nachweispapieren**, die nur den Versand nachweisen und dokumentieren.

Je nach Transportmodus gibt es die folgenden Dokumente:

Seeschifffahrt	Konnossement
Binnenschifffahrt	Ladeschein
Bahnverkehr	Eisenbahnfrachtbrief, CIM-Frachtbrief
Straßenverkehr	Straßenfrachtbrief, CMR-Frachtbrief
Luftverkehr	Luftfrachtbrief
multimodaler Transport	Combined Transport B/L

Das Konnossement im Seefrachtverkehr

Das *Konnossement* ist das beim *Seetransport* maßgebliche Transportdokument. Es wird vom *Verfrachter (Reeder* oder Charterer*)* oder seinem Agenten direkt *auf* den Exporteur oder einen von ihm beauftragten *Ablader* (z.B. *Spediteur) ausgestellt.*

Das Konnossement dient als:

- *Empfangsbescheinigung* des Verfrachters, die genau bezeichneten Güter übernommen zu haben;
- *Beförderungsversprechen*, diese Waren auftragsgemäß zwischen Verschiffungs- und Bestimmungshafen zu transportieren;
- *Ablieferungsversprechen*, die Güter gegen Vorlage eines Konnossement-Originals an den genannten *rechtmäßigen Empfänger* gegen eine quittierte Konnossementsausfertigung *auszuhändigen.*

Üblicherweise wird dem Käufer der *volle Satz* Konnossemente bestehend aus drei Originalen ausgestellt, die das Recht auf die Ware verbriefen. Wird ein Original am *Bestimmungshafen* vom nachweislich *berechtigten Empfänger* vorgelegt, so wird die *Ware* ausgehändigt und die anderen Originale verlieren ihren Anspruchscharakter. Das Konnossement ist somit ein Traditionspapier.

Arten des Konnossements – je nach Art der Transportstrecke:

Durchkonnossement – wird für Transportware ausgestellt, die über zwei oder mehr Teilstrecken mit gleichartigen Transportmitteln zu befördern ist (z.B. *Seeschiff* und *Küstenschiff*). Es wird entweder von einem Hauptverfrachter über die gesamte Beförderung als einfaches Durchkonnossement oder von mehreren Verfrachtern *ausgefertigt.*

<table>
<tr><td>Ablader</td><td>shipper, forwarder, consignor</td></tr>
<tr><td colspan="2">Auch als 'Verlader' oder 'Verschiffer' bezeichnet; er liefert im Auftrag des Befrachters im eigenen Namen die Ware an das Schiff, Flugzeug etc. (z.B. ein Spediteur); Ablader kann auch der Exporteur selbst sein.</td></tr>
<tr><td>Ablieferungsversprechen</td><td>here: document evidencing an engagement to deliver</td></tr>
<tr><td>aushändigen/übergeben, die Ware ~</td><td>to hand over the goods</td></tr>
<tr><td colspan="2">NB die Dokumente aushändigen/übergeben = to release/surrender the documents</td></tr>
<tr><td>ausstellen/ausfertigen, Dokument ~</td><td>to issue a document</td></tr>
<tr><td colspan="2">NB ein Dokument auf jdn. ausstellen = to make out a document to sb.</td></tr>
<tr><td>Beförderungsversprechen</td><td>here: document evidencing the contract of carriage</td></tr>
<tr><td>berechtigter Empfänger</td><td>authorised consignee (of goods)</td></tr>
<tr><td>Bestimmungshafen</td><td>port of destination</td></tr>
<tr><td>Durchkonnossement</td><td>through bill of lading</td></tr>
<tr><td>Empfangsbescheinigung</td><td>here: document certifying the receipt of goods, certificate of receipt</td></tr>
<tr><td>Konnossement</td><td>bill of lading, B/L, BOL</td></tr>
<tr><td>Kreditsicherheit</td><td>collateral, security (no pl.)</td></tr>
<tr><td>Küstenschiff</td><td>coastal vessel, coaster</td></tr>
<tr><td>Luftverkehr</td><td>air transport</td></tr>
<tr><td>rechtmäßiger Empfänger</td><td>authorised consignee/recipient</td></tr>
<tr><td>Reeder, Reederei</td><td>shipowner, shipping company</td></tr>
<tr><td colspan="2">Eigentümer eines Schiffes, das er zu Erwerbszwecken in der Seefahrt einsetzt. Er ist stets als Verfrachter tätig und zählt nicht zu den Frachtführern.</td></tr>
<tr><td>Seeschifffahrt</td><td>ocean transport</td></tr>
<tr><td>Seetransport</td><td>carriage/transport by sea</td></tr>
<tr><td>Seeschiff</td><td>ocean-going vessel</td></tr>
<tr><td>Spediteur</td><td>(freight) forwarder</td></tr>
<tr><td colspan="2">Übernimmt es gewerbsmäßig, Güterlieferungen durch Frachtführer oder Verfrachter von Seeschiffen für Rechnung eines anderen (des Versenders) im eigenen Namen zu besorgen; er ist Transportmittler, kann jedoch die Beförderung als Frachtführer selbst ausführen.</td></tr>
<tr><td>Traditionspapier</td><td>document of title</td></tr>
<tr><td>Verfrachter</td><td>(ocean) carrier</td></tr>
<tr><td colspan="2">Führt die Beförderung von Gütern auf See bzw. in der Luft für andere aus oder vermietet Schiffs- bzw. Flugzeugraum an einen Befrachter. Dem Verfrachter im See- und Flugzeugtransport entspricht beim Transport zu Lande der Frachtführer (im Englischen in beiden Fällen 'carrier').</td></tr>
<tr><td>Versanddokumente</td><td>shipping documents</td></tr>
<tr><td>voller Satz</td><td>full set</td></tr>
<tr><td>Warentransport</td><td>carriage of goods</td></tr>
</table>

Combined Transport B/L – wird für Waren verwendet, die im *multimodalen Verkehr* mit verschiedenen *Transportmitteln* (z.B. Seeschiff und *LKW*) befördert werden. Der gesamte Transportweg wird mit diesem Dokument abgedeckt. Der hauptverantwortliche Verfrachter (Reeder oder ein von der *FIATA* autorisierter Spediteur) stellt dieses Dokument aus und übernimmt die Verantwortung für die gesamte Transportroute, auch wenn er selbst nur eine Teilstrecke ausführt.

Arten des Konnossements – je nach Austellungszeitpunkt:

Bord- oder Verladekonnossement – dokumentiert, dass die Ware vertragsgemäß an Bord des ausgewiesenen Schiffes am *Ladehafen* genommen wurde. *Es enthält den Vermerk* 'Shipped on Board'.

Empfangs- oder Übernahmekonnossement – beurkundet, dass die Ware zur Beförderung übernommen, aber noch nicht *an Bord des Schiffes* geladen wurde. Es enthält den Vermerk 'Received for Shipment'.

Arten des Konnossements – je nach Umfang der Übertragung:

Orderkonnossement – enthält die *Orderklausel 'an Order'.* Es kann mit Namensnennung versehen werden (z.B. *an die Order* des Empfängers oder einer Bank) oder lediglich 'an Order' ausgestellt werden. Dadurch ist eine Übertragung an einen Dritten durch *Indossament* möglich, und das Dokument wird zu einem *begebbaren Instrument.*

Namenskonnossement – enthält keine Orderklausel, sondern lautet auf den Namen des Empfängers, der somit ausschließlich zur Abnahme der Ware am Bestimmungshafen legitimiert ist.

Inhaberkonnossement – nennt den Empfänger nicht. Zur Abnahme der Ware im Bestimmungshafen genügt einzig die Vorlage des Konnossement-Originals.

Arten des Konnossements – je nach *Beschaffenheit der Ware*:

Reines Konnossement – enthält keinerlei negative Vermerke über die äußere Beschaffenheit von Ware oder Verpackung. Ihr *Zustand* wird somit als *einwandfrei* bescheinigt, und die Vollständigkeit der Lieferung wird bestätigt.

Unreines Konnossement – enthält Klauseln, die den Zustand der Ware oder der Verpackung als *mangelhaft* ausweisen oder bescheinigen, dass die Lieferung nicht vollständig ist. Mit der Eintragung solcher *Mängelvermerke* (z.B. 2 Kisten ausgebessert) schützt sich der Verfrachter gegen potenzielle *Schadenersatzansprüche* seitens des Empfängers.

Der *Ladeschein* in der *Binnenschifffahrt*

Der Ladeschein ist ein Traditionspapier, das in seiner Ausgestaltung und rechtlichen Bedeutung dem Konnossement entspricht. Es wird vom *Frachtführer* (Binnenschifffahrtsreeder oder dessen Agent) auf den Empfänger ausgestellt.

Der *Eisenbahnfrachtbrief*

Beim *Gütertransport per Bahn* muss der *Absender* (Exporteur) einen Frachtbrief auf den Frachtführer (*Eisenbahngesellschaft*) ausstellen. Es werden drei

<table>
<tr><td>Absender</td><td>consignor, sender</td></tr>
<tr><td>an Order; an die Order von ...</td><td>to order; to the order of ...</td></tr>
<tr><td>begebbares Instrument</td><td>negotiable instrument</td></tr>
<tr><td colspan="2">Ein durch Indossament übertragbares Instrument.</td></tr>
<tr><td>Beschaffenheit der Ware</td><td>characterictics/condition of the goods</td></tr>
<tr><td>Binnenschifffahrt</td><td>inland waterways transport</td></tr>
<tr><td>Bord, an ~ des Schiffes</td><td>on board the ship</td></tr>
<tr><td>Bordkonnossement, Verlade-konnossement</td><td>on-board bill of lading, shipped-on-board-B/L</td></tr>
<tr><td>Combined Transport B/L</td><td>combined transport B/L, multimodal transport B/L</td></tr>
<tr><td>einwandfreier Zustand</td><td>perfect condition</td></tr>
<tr><td>Eisenbahnfrachtbrief</td><td>rail consignment note, rail waybill</td></tr>
<tr><td>Eisenbahngesellschaft</td><td>rail(way) (UK)/railroad (US) company</td></tr>
<tr><td>Empfangskonnossement, Übernahmekonnossement</td><td>received-for-shipment B/L</td></tr>
<tr><td>FIATA, Internationale Föderation der Spediteurorganisationen</td><td>FIATA, International Federation of Freight Forwarders Associations</td></tr>
<tr><td colspan="2">Fédération Internationale des Associations de Transitaires et Assimilés</td></tr>
<tr><td>Frachtführer</td><td>carrier</td></tr>
<tr><td colspan="2">Übernimmt gewerbsmäßig den Transport von Gütern zu Lande, in der Luft oder auf Binnengewässern.</td></tr>
<tr><td>Gütertransport per Bahn</td><td>rail freight transport</td></tr>
<tr><td>Indossament</td><td>endorsement</td></tr>
<tr><td colspan="2">Eine auf einem Orderpapier verzeichnete Erklärung, aus der hervorgeht, dass der bisherige Inhaber das Eigentum auf einen Dritten, den Indossatar, überträgt. Dies geschieht durch Blanko-Indossament oder durch vollständige Nennung des neuen Eigentümers (Vollindossament).</td></tr>
<tr><td>Inhaberkonnossement</td><td>bearer B/L</td></tr>
<tr><td>Ladehafen</td><td>port of shipment</td></tr>
<tr><td>Ladeschein</td><td>inland waterways bill of lading</td></tr>
<tr><td>Lkw, Lastkraftwagen</td><td>lorry (UK), truck (US)</td></tr>
<tr><td>mangelhaft</td><td>defective</td></tr>
<tr><td>Mängelvermerk</td><td>notice of defects</td></tr>
<tr><td>multimodaler Verkehr</td><td>multimodal transport</td></tr>
<tr><td>Namenskonnossement</td><td>straight/non-negotiable bill of lading</td></tr>
<tr><td>Orderklausel</td><td>order clause</td></tr>
<tr><td>Orderkonnossement</td><td>order/negotiable bill of lading</td></tr>
<tr><td>reines Konnossement</td><td>clean bill of lading</td></tr>
<tr><td>Schadenersatzansprüche, ~ anmelden</td><td>to put in/file claims for damages</td></tr>
<tr><td>Transportmittel</td><td>means of transport</td></tr>
<tr><td>unreines Konnossement</td><td>claused/dirty/foul bill of lading</td></tr>
<tr><td>Vermerk, es enthält den ~ ...</td><td>it contains/bears the notation ...</td></tr>
</table>

Originale ausgefertigt (für den Absender und den Frachtführer; ein Original begleitet den Transport und wird dem Empfänger ausgehändigt).

Der von der Bahn *abgestempelte* Frachtbrief ist

- ein Beweisdokument für den *Abschluss des Frachtvertrages*, der mit der Annahme des Transportgutes durch die *Güterabfertigung der Bahn* erfolgt;
- ein *Warenbegleitpapier*, das die für den Transport notwendigen Angaben zur Lieferung der Ware vom *Versand-* bis zum *Bestimmungsbahnhof* enthält;
- kein Traditionspapier, d.h. der Empfänger muss seine Legitimation zur Übernahme der Waren nicht durch Vorlage einer Ausfertigung des Frachtbriefes nachweisen. Sie werden ihm *ohne weitere Formalitäten* ausgehändigt.

Im *internationalen Eisenbahnverkehr* ist der ***internationale Eisenbahnfrachtbrief (CIM-Frachtbrief)*** *in fünffacher Ausfertigung* auszufüllen, dem die Bestimmungen des *CIM* zugrundeliegen.

Der *Straßenfrachtbrief* im Straßengütertransport

Auch im *Straßengüterverkehr* werden *Frachtbriefe nach dem Muster* des Eisenbahnfrachtbriefes als Transportdokumente eingesetzt. Im *grenzüberschreitenden Frachtverkehr* gilt *der* ***internationale Frachtbrief (CMR-Frachtbrief)*** auf der Grundlage des *CMR.*

Der *Luftfrachtbrief*

Zur Beförderung von *Luftfracht* wird der im Rahmen der *IATA vereinheitlichte Luftfrachtbrief* verwendet und entspricht ebenfalls in rechtlicher und wirtschaftlicher Ausgestaltung dem Eisenbahnfrachtbrief.

Internationale Spediteurversanddokumente

Von der FIATA autorisierte Speditionen können auch *in eigenem Namen* und *für eigene Rechnung* die folgenden Transportdokumente im internationalen Güterverkehr ausstellen.

- **FCR** (Forwarders Certificate of Receipt)
- **FCT** (Forwarders Certificate of Transport)
- **FBL** (FIATA Combined Transport Bill of Lading)

	Empfangsbescheinigung	Beförderungsversprechen	Auslieferungsversprechen	Orderpapier	*Namenspapier*	bank- und kreditfähig
FCR	x	x			x	
FCT	x	x	x	x		
FBL	x	x	x	x		x

<table>
<tr><td>Abschluss des Frachtvertrages</td><td>conclusion of the contract of carriage</td></tr>
<tr><td>abstempeln</td><td>to stamp</td></tr>
<tr><td>Ausfertigung, etw. in fünffacher ~ ausfüllen</td><td>to complete five copies of sth./sth. in quintuplicate</td></tr>
<tr><td>Bestimmungsbahnhof</td><td>station of destination</td></tr>
<tr><td>CIM, Übereinkommen über die internationale Eisenbahnbeförderung von Gütern</td><td>CIM, Convention concerning the international carriage of goods by rail</td></tr>
<tr><td colspan="2">Convention concernant le transport international ferroviaire des marchandises; Abkommen, das die gesetzliche Grundlage für Frachtverträge im grenzüberschreitenden Eisenbahngüterverkehr bildet.</td></tr>
<tr><td>CMR, Übereinkommen über den internationalen Straßengüterverkehr</td><td>CMR, Convention on the international carriage of goods by road</td></tr>
<tr><td colspan="2">Convention relative au transport international de marchandises par route; Abkommen, das die gesetzliche Grundlage für Frachtverträge im grenzüberschreitenden Straßengüterverkehr bildet.</td></tr>
<tr><td>Formalitäten, ohne weitere ~</td><td>without further formality (no pl.)</td></tr>
<tr><td>Frachtbrief</td><td>consignment note, waybill</td></tr>
<tr><td>Frachtverkehr</td><td>freight transport</td></tr>
<tr><td>grenzüberschreitend</td><td>cross-border</td></tr>
<tr><td>Güterabfertigung der Bahn</td><td>cargo handling by the railway company</td></tr>
<tr><td>IATA, Internationaler Verband der Luftverkehrsunternehmen</td><td>IATA, International Air Transport Association</td></tr>
<tr><td colspan="2">Zusammenschluss der wichtigsten Linienluftfahrtgesellschaften.</td></tr>
<tr><td>internationaler Eisenbahnfrachtbrief, CIM-Frachtbrief</td><td>CIM (consignment) note</td></tr>
<tr><td>internationaler Frachtbrief, CMR-Frachtbrief</td><td>CMR (consignment) note</td></tr>
<tr><td>internationaler Eisenbahnverkehr</td><td>international rail transport</td></tr>
<tr><td>Luftfrachtbrief</td><td>air consignment note, air waybill, AWB</td></tr>
<tr><td>Luftfracht</td><td>air freight, air cargo</td></tr>
<tr><td>Muster, nach dem ~ von</td><td>on the same pattern as</td></tr>
<tr><td>Namen, in eigenem ~</td><td>in one's own name</td></tr>
<tr><td>Namenspapier</td><td>non-negotiable document</td></tr>
<tr><td>Rechnung, für eigene ~</td><td>for one's own account</td></tr>
<tr><td>Straßenfrachtbrief</td><td>road waybill</td></tr>
<tr><td>Straßengüterverkehr</td><td>road transport/haulage</td></tr>
<tr><td>vereinheitlichter Luftfrachtbrief</td><td>standardised air waybill</td></tr>
<tr><td>Versandbahnhof</td><td>station of departure</td></tr>
<tr><td>Warenbegleitpapier</td><td>accompanying document</td></tr>
</table>

Getting the Paperwork Right

An important aspect of any export transaction is ensuring that the correct documents are obtained and that the *particulars* given in them are accurate and *consistent*. Documents are needed not only for bookkeeping, *accounting*, insurance and *taxation purposes*, but also for accomplishing export and import formalities and sometimes for *claiming ownership* of the goods. Collectively often referred to as the *shipping documents*, they also frequently play a *pivotal role* in the payment procedure, *evidencing* that goods have been dispatched and thus *prompting* payment by the importer or his bank (cf. Chapter 12). Documentation requirements are very complex, they vary from country to country and are constantly changing; it is therefore vital to obtain reliable and *up-to-date* advice on the subject. The chief shipping documents can be summarised as follows:

Transport documents such as *bills of lading* and *consignment notes*, (cf. page 142 ff.); also documents proving that the goods are insured *during transit*.
Commercial documents such as *commercial invoices*.
Government and other official documents such as *export and import licences*, *consular invoices*, *foreign exchange permits*, *certificates of origin*, *inspection certificates*.
Banking and payment documents such as *bills of exchange*, *letters of credit* (cf. Chapter 12).
Miscellaneous documents such as health certificates, *packing lists*.

Invoices

The **commercial invoice** is essentially the *bill* sent to the customer requesting payment for the goods or services sold. It is important that it be *drawn up* with the utmost accuracy, especially in the export business where the particulars given in the invoice are used as the basis for *compiling* and *cross-checking* other documents, *assessing customs duties* and *insurance claims*, and obtaining official documents such as import licences and foreign exchange permits; any *errors* or *ambiguities* inevitably lead to time-consuming and costly delays, or even to *penalties*. A commercial invoice for an export transaction will normally contain the following key information:

- names and addresses of exporter and importer (and/or *consignor* and *consignee*)
- *invoice number* and date
- date and *reference number* of order
- description of the *merchandise* or service supplied, stating quantities
- shipping details: weight of the goods, quantity and type of *packages*, *shipping marks* and numbers
- terms of delivery and payment

accounting *(no pl.)*, for ~ purposes	zu Bilanzierungszwecken, für das Rechnungswesen
ambiguity	Unklarkeit, Doppeldeutigkeit
assess *(vb)*	1. *hier:* festsetzen 2. (ein)schätzen
bill of exchange, B/E	Wechsel
bill of lading, B/L, BOL	Konnossement
bill, invoice	Rechnung
certificate of origin	Ursprungszeugnis
claim, to ~ ownership *(no pl.)*	Eigentumsrechte geltend machen
commercial invoice	Handelsrechnung
compile *(vb)*	erstellen
consignee	*hier:* (Waren-)Empfänger
consignment note	Frachtbrief
consignor	*hier:* (Waren-)Absender
consistent	1. *hier:* konsistent 2. konsequent
consular invoice	Konsulatsfaktura, Konsularfaktur(a)
cross-check *(vb)*	überprüfen, Gegenprobe machen
customs duty	Zoll
draw up *(vb)*, make out *(vb)*	ausstellen, ausfertigen
error	Fehler
evidence, prove *(vb)*	beweisen, nachweisen, bescheinigen
export licence	Ausfuhrlizenz, Exportgenehmigung
foreign exchange permit	Devisengenehmigung
import licence	Einfuhrlizenz, Importgenehmigung
inspection certificate	Inspektionszertifikat
insurance claim	Versicherungsanspruch
invoice number	Rechnungsnummer
letter of credit	Akkreditiv
merchandise *(no pl.)*, goods *(no sing.)*	Ware(n)
package	Kollo, *(Pl. Kollos, Kolli)*, Frachtstück
packing list	Packliste
particulars *(no sing.)*	1. *hier:* Angaben 2. Personalien
penalty	Strafe
pivotal role	entscheidende/zentrale Rolle
prompt, trigger *(vb)*	veranlassen, in Gang setzen
reference number, ref. no.	1. *hier:* Auftragsnummer 2. Aktenzeichen
shipping document	Versanddokument, Versandpapier
shipping mark	Versandmarkierung
taxation *(no pl)*, for ~ purposes	zu Steuerzwecken
transit, during ~	auf dem Transportweg
up-to-date *NB actual = tatsächlich, eigentlich*	aktuell

- *unit price*, *total invoice amount*, that is the total *net sum payable* with an indication of any *discounts* and *deductions* granted on the *gross price*
- where relevant, number of import or export licence and of letter of credit, country of origin
- in some cases a *breakdown* of the price, with freight and insurance costs listed separately to facilitate assessment of customs duties. Some countries require a separate ***customs invoice***, but in most cases the commercial invoice is sufficient.

An importer might sometimes require evidence of the cost of the goods *ahead of* their *dispatch*, for example in order to *effect advance payment* if this has been agreed; an invoice will also be required to apply for an import licence, to open a letter of credit or to obtain a **foreign exchange permit** officially authorising the buyer to export the foreign exchange required to pay for the goods. In these cases the exporter will usually send a ***pro forma invoice****;* this is identical in most respects to the commercial invoice sent later with the goods, but is non-payable and clearly marked "pro forma". A pro forma invoice is also made out for customs purposes to accompany *samples*, goods *on approval* and *goods* sent to agents *on consignment*.

Authorities in some parts of the world, notably in the Middle East and some Latin American and African countries, require *presentation* of a **consular invoice** before the goods are allowed to enter their country. The exporter must *complete* this document in line with the regulations and have it certified by the nearest consulate of the importing country, which will *charge* a fee for the service. The purpose of this type of invoice is to enable importing countries to *monitor* prices in order to prevent

- *dumping* or avoidance of customs duties through deliberate underpricing
- *channelling* of capital abroad onto foreign bank accounts by importers through fraudulent prearranged overpricing of the goods.

The consular invoice also enables these countries to monitor and *control* the type and the volume of goods imported.

Proof of origin

Countries frequently require that the origin of the imported goods should be *declared*. This may take the form of a declaration on the commercial invoice or of a separate **certificate of origin** verified by a certifying authority, usually a *chamber of commerce*. *Local content rules* regarding labour and materials are normally applied to establish whether the merchandise has undergone sufficient transformation in a country for the goods to qualify for that *provenance*. There are various reasons why the origin of goods needs to be *ascertained*:

- to verify that goods – or their component parts – do not emanate from blacklisted countries or countries under *sanctions*.

advance payment, to effect ~	Vor-/Vorauskasse leisten
ahead of, before	vor
approval, on ~	zur Ansicht
ascertain *(vb)*	feststellen, ermitteln
authorities *(usu. pl.)*	Behörde(n)
breakdown	*hier:* Aufgliederung
chamber of commerce	Industrie- und Handelskammer, IHK
channelling *(no pl.)* of sth.	Weiterleitung von etw.
charge *(vb)*	berechnen, in Rechnung stellen
complete *(vb)*	*hier:* ausfüllen
control *(vb)*	steuern, regeln

Can also mean 'unter Kontrolle haben bzw. bringen'. It only has the same meaning as 'kontrollieren' (normally = to check) in the noun 'control', which means the place where something is checked or where commands are issued e.g. passport control, factory control, mission control.

customs invoice	Zollfaktur(a)
declare *(vb)*	*hier:* melden
deduction	Abzug
discount; cash discount	Rabatt, Nachlass; Skonto
dispatch, despatch *(no pl.)*	Versand
dumping *(no pl.)*	Dumping

Selling goods abroad at "less than fair value", i.e. at a price lower than on the home market or on another export market, or below the cost of production.

goods on consignment *(no sing.)*	Kommissions-/Konsignationsware

Goods sent by the exporter, the consignor (Konsignant), to an agent, the consignee (Konsignatar), on a sale or return basis. The exporter retains title to the goods until sold, paying the agent a commission on any sales.

gross price	Bruttopreis
local content rules	Local Content-Regeln/-Bestimmungen

Specify the proportion of materials, labour or value which must be provided by the domestic economy for a good to qualify as locally produced and thus not subject to restrictions such as import duties, broadcasting regulations etc.

monitor *(vb)*	überwachen, laufend kontrollieren
net sum payable	zahlbarer Betrag netto
presentation *(no pl.)*	*hier:* Vorlage
pro forma invoice	Pro-forma-Rechnung
provenance, origin	Herkunft, Provenienz
sample	Muster
sanction *(usu. pl.)*	Sanktion

1. *Here: measures officially imposed to force a country to obey international law, e.g. prohibition of imports and/or exports*
2. *official permission or approval*

total invoice amount	Gesamtrechnungsbetrag
unit price	Stückpreis

- to establish whether imports are entitled to *preferential tariffs* or *MFN (most-favoured-nation) treatment*. There are also other documents, such as the EUR 1 ***movement certificate*** for trade between the EU and certain non-EU countries, and the *GSP* form for imports from eligible developing countries, which perform the same function for exports and imports between countries governed by special *trade agreements*.
- to monitor an agreed system of *quotas*.
- to compile trade *statistics*.

Inspection documents

An importer may sometimes also request an inspection certificate, usually issued by a private independent inspection agency but sometimes by a *government agency* in the exporting country. These *certify* that the goods have been subjected to a *pre-shipment inspection* and verify their quality and *conformity with the contract* and/or with the *standards* of the importing country. These certificates run under a wide variety of names depending on their emphasis (*phytosanitary certificate*, *certificate of analysis*, etc.)

Packing lists

These give precise information about the number and type of packages, their *contents*, *dimensions*, net and gross weights, shipping marks and numbers, order and invoice numbers, names and addresses of the buyer and seller etc. As they usually *duplicate* the particulars given in the commercial invoice, apart from the prices, they are not always required as separate documents.

Standardisation of documents

The *plethora* and complexity of documents required in foreign trade, and the potential for *human error* in collecting, drawing up and exchanging documentation have triggered moves to standardise and simplify procedures. The *Single Administrative Document,* introduced in 1988 for trade between EU members and third countries, replaced innumerable export and import documents and *streamlined* customs procedures in the EU. The SAD has since been replaced by mandatory electronic declaration systems for exports and imports (*ECS/AES* and *ICS/AIS*), which generate the *Export/Import Accompanying Documents* in place of the SAD. These systems integrate EU import and export processes by enabling the exchange of data between customs offices, although countries still retain their individual customs procedures. This type of *Electronic Data Interchange (EDI),* which permits computer-to-computer exchange of standard trade documents, such as orders, invoices, bills of lading, in a standard data format, has greatly furthered the harmonisation of EU trade procedures. By using EDI instead of paper-based transactions, companies can *speed up* processes, *cut costs*, and *eliminate* the potential for mistakes, for example those which occur when information is transferred manually from one document to another. The most widely-used EDI standard is EDIFACT developed by the United Nations.

certificate of analysis	Analysenzertifikat
certify *(vb)*	bestätigen, beglaubigen
conformity *(no pl.)* with the contract	vertragsgemäße Lieferung
contents *(no sing.)*	1. *hier:* Inhalt 2. Inhaltsangabe
NB content (usu. sing.) = Fassungsvermögen	
cut, to ~ costs	Kosten senken
dimensions, measurements	Abmessungen, Maße
NB measure = Maßnahme.	
duplicate *(vb)*	1. *hier:* wiederholen 2. kopieren
ECS/AES(Export Control System/ Automated Export System) ICS/AIS (Import Control System/ Automated Import System)	The equivalent in Germany of these IT systems is ATLAS (Automatisiertes Tarif- und Lokales Zoll-Abwicklungs-System)
electronic data interchange, EDI *(no pl.)*	elektronischer Datenaustausch, EDI, Electronic Data Interchange
eliminate *(vb)*	ausschalten
Export Accompanying Document, EAD	Ausfuhrbegleitdokument, ABD
government agency	staatliche Behörde
GSP (Generalised System of Preferences)	APS, Allgemeines Präferenzsystem
human error *(no pl.)*	menschliches Versagen
Import Accompanying Document, IAD	Einfuhrbegleitdokument, EBD
MFN treatment, most-favoured-nation treatment *(no pl.)*	Meistbegünstigung
Non-discriminatory trading policy under which a country agrees to grant its most favourable trading conditions (lowest import tariffs) to another country. Obligatory amongst WTO members.	
movement certificate	Warenverkehrsbescheinigung
phytosanitary certificate	phytosanitäres Attest
Testifies that plant and agricultural products are free from pests and diseases.	
plethora *(no pl.)*	Fülle, Vielzahl
preferential tariff	Vorzugstarif
pre-shipment inspection	Prüfung/Abnahme vor dem Versand
NB 'Shipment' does not necessarily denote water or ocean transport.	
quota	Kontingent
Single Administrative Document, SAD, C88 *(UK)*	Einheitspapier, SAD
speed up *(vb)*	beschleunigen
standard	1. Norm, Richtlinie 2. Anforderung
statistics *(usu. pl.)*	Statistik
streamline *(vb)*	straffen, rationalisieren
trade agreement	Handelsabkommen

1. The many faces of lassen

This versatile German verb has to be rendered by a variety of different verbs in English according to the meaning, for example:

Lassen =	
erlauben	to let someone do sth., to allow sb. to do sth.
veranlassen	to arrange for sb. to do sth., to get sb. to do sth. *(coll.)*, to instruct sb. to do sth.
zwingen	to make sb. do sth., to force sb. to do sth.
machen lassen	to have sth. done by sb., to have sb. do sth. (**but note:** I had my car stolen yesterday = mir wurde gestern das Auto gestohlen)
übrig lassen, liegen lassen	to leave sth.
möglich sein	it is possible, you can, it is easy/quick etc. to do sth.
kommen lassen	to call

(i) Form sentences on the following pattern, using the past tense unless otherwise indicated

We — invoice — pay in euros — our customer's bank.
We had the invoice paid in euros by our customer's bank.

(a)	My secretary — consular invoice — certify — Brazilian consulate.
(b)	The importer — bill of lading — post — to his representative in Rio.
(c)	We — goods — clear through customs — forwarding company.
(d)	Please — make copies of all the documents.
(e)	The buyer had to — a pro forma invoice — send — exporter so that he could apply for a foreign exchange permit.

(ii) Now convert the above sentences into the past perfect where possible

e.g. We had had the invoice paid in euros by our customer's bank.

(iii) Which of these sentences could be restructured as follows?

We had our customer's bank pay the invoice in euros.

(iv) Translate the following sentences

(a)	Du musst diese chronischen Kopfschmerzen behandeln lassen.
(b)	Der Sturm ließ den Kapitän des Frachters zum Hafen zurückkehren.
(c)	Die neue Maschine lässt sich leicht bedienen.
(d)	Ihr Chef hatte sie erst nach Hause gehen lassen, als die gesamte Korrespondenz erledigt war.
(e)	Leider ließ ich den Kaufvertrag im Büro liegen; ich werde ihn von meiner Sekretärin herüberbringen lassen.
(f)	Uns wurden in letzter Zeit mehrere Sendungen unterwegs beschädigt.
(g)	Wir haben keine aktuellen Absatzzahlen, so dass sich noch nichts über den Erfolg dieses Produkts sagen lässt.
(h)	Wir müssen einen Arzt kommen lassen.
(i)	Lass mich in Ruhe!

2. Word Family: currency	
currency *(sing. & pl.)*	Währung, Devise, Valuta
(foreign) currency *(no pl.)*	(ausländisches) Bargeld
foreign notes and coins	Sorten, Valuta/Valuten, Devisen
paper currency, bank notes	Papiergeld, Scheine
foreign exchange *(no pl.)*, forex, fx *(bank balances, cheques, bills of exchange, NOT bank notes and coins)*	Devisen *(Pl.) (i.w.S. auch ausländische Münzen und Banknoten)*
legal tender	gesetzliches Zahlungsmittel
benchmark currency	Referenzwährung
exchange rate	Wechselkurs
cash rate	Sortenkurs
commercial exchange rate	Devisenkurs

Translate the following sentences

(a)	Wir müssen Devisenspekulationen eindämmen, wenn wir starke Wechselkursschwankungen vermeiden wollen.
(b)	Da der Euro fast den Status eines gesetzlichen Zahlungsmittels in Ägypten erreicht hat, ist es müßig ägyptisches Bargeld zu erwerben.
(c)	Viele Staaten binden die Landeswährung an den Dollar als Referenzwährung und lassen sie nur um eine bestimmte Marge um einen vorher festgelegten Wechselkurs gegenüber der US-amerikanischen Valuta schwanken.
(d)	Für den Kunden sind die Devisenkurse immer günstiger als die Sortenkurse.

3. Plurals

With compound nouns such as bill of lading it is the main word that takes the plural form regardless of its position:
bills of lading, mothers-in-law, toothbrushes
If there is no main word, the end of the compound is made plural:
forget-me-nots, pullovers, mouthfuls
Sometimes both sections are pluralised:
women doctors, menservants

(i) What are the plurals of the following?

will-o'-the-wisp	stepsister	letter of credit	passer-by	secretary-general
rooftop	love-in	do-gooder	bookshelf	woman politician
man-of-war	onlooker	runner-up	mothball	trade union

Note this difference in usage between English and German

Zehn Männer mit der Hand in der Tasche:
Ten men with **their** hand**s** in their pocket**s**

(ii) Translate: Fünf Unternehmen haben den Namen heute im Handelsregister (*commercial register*) eingetragen; sie haben alle den Sitz (*head/ registered office*) in München.

1. (i), (ii) & (iii)

(a) My secretary had the consular invoice certified by the Brazilian consulate.
My secretary had had the consular invoice certified by the Brazilian consulate.
My secretary had the Brazilian consulate certify the consular invoice.

(b) The importer had the bill of lading posted to his representative in Rio.
The importer had had the bill of lading posted to his representative in Rio.

(c) We had the goods cleared through customs by the forwarding company.
We had had the goods cleared through customs by the forwarding company.
We had the forwarding company clear the goods through customs.

(d) Please have copies made of all the documents.

(e) The buyer had to have a pro forma invoice sent by the exporter so that he could apply for a foreign exchange permit.
The buyer had had to have a pro forma invoice sent by the exporter so that he could apply for a foreign exchange permit.
The buyer had to have the exporter send him a pro forma invoice so that he could apply for a foreign exchange permit.

1. (iv)

(a) You must have your chronic headaches seen to/treated.
(b) The storm forced the captain of the freighter to return to port.
(c) The new machine is easy to operate.
(d) Her boss had not allowed her to go home until/had not let her go home until/had only allowed her to go home when all the correspondence had been finished.
(e) I'm afraid I left the sales contract in the office; I'll get my secretary/arrange for my secretary to bring it over.
(f) We have recently had several consignments damaged in transit.
(g) We haven't any up-to-date sales figures, so it's not yet possible to/so we can't yet draw any conclusions/say anything about the success of this product.
(h) We must call a doctor.
(i) Leave me in peace!

2.

(a) We must curb currency speculation if we want to avoid violent exchange rate fluctuations.
(b) As the euro has almost attained legal tender status in Egypt, it's pointless getting Egyptian currency.
(c) Many states peg their currencies to the dollar as a benchmark currency and only allow it to fluctuate by a certain margin around a set exchange rate against the US currency
(d) For the customer the commercial exchange rates are always more favourable than the cash rates.

3. (i)

will-o'-the-wisps	stepsisters	letters of credit	passers-by	secretaries-general
rooftops	love-ins	do-gooders	bookshelves	women politicians
men-of-war	onlookers	runners-up	mothballs	trade unions

3. (ii) Five companies have entered their names today in the commercial register; they all have their head offices in Munich.

11

Risikomanagement im Außenhandel
Außenhandelsrisiken und die Möglichkeiten ihrer Minimierung

Better Safe than Sorry
Cargo insurance

Risikomanagement im Außenhandel

Außenhandelsunternehmen *sind mit* besonderen *Risiken konfrontiert*, die aus der geografischen Entfernung sowie aus potenziellen politischen, juristischen, ökonomischen und nicht zuletzt sprachlichen Problemen resultieren können. Unter Risiken versteht man *Verlustgefahren*, die *infolge* ungewisser Entwicklungen in der Zukunft mit jeder wirtschaftlichen Transaktion verbunden sind und die den *Kapitaleinsatz* und die erwarteten *Exporterlöse* von Ausfuhrunternehmen *bedrohen*.
Grundsätzlich ist zwischen ökonomischen und politischen Ausfuhrrisiken zu unterscheiden. **Ökonomische Risiken** *beziehen sich auf* Probleme mit dem Importeur, dessen *mangelnde Seriosität, Zahlungsunwilligkeit* oder *-unfähigkeit*. **Politische Risiken** ergeben sich *aufgrund unvorhergesehener* staatlicher Maßnahmen oder innenpolitischer Ereignisse im Einfuhrland, die die Geschäfts- und *Zahlungsabwicklung* problematisch gestalten, wie z.B. das *Erlassen von Einfuhrrestriktionen*. Aufgabe des *Risikomanagements* ist die möglichst frühzeitige Erkennung der *Unsicherheitsfaktoren*, eine *Risikoanalyse* und das *Ergreifen geeigneter Maßnahmen* zur *Abwendung, Verringerung* oder *Überwälzung dieser Risiken*.

Ökonomische Risiken		**Politische Risiken**
Transportrisiko	Delkredererisiko	innenpolitisches Länderrisiko
Lieferrisiko	Kursrisiko	Zahlungsverbots- und Moratoriumsrisiko
Annahmerisiko		Konvertierungs- und Transferrisiko

Das ***Transportrisiko*** betrifft die *Beschädigung* oder den *Verlust der Ware auf dem Transportweg*.

Risikoabsicherung:
- Abschluss einer *Transportversicherung*
- Auswahl von *Lieferbedingungen*, die die *Haftung* während des Transports auf den Geschäftspartner *abwälzen*

Das ***Lieferrisiko*** besteht darin, dass Verkäufer *unpünktlich*, mangelhaft oder überhaupt nicht liefern. Ein ***Annahmerisiko*** ergibt sich bei Nichtabnahme der Ware bzw. bei nicht *fristgerechter* Abnahme durch den Käufer oder bei *Abgabe einer unberechtigten Mängelrüge*.

Risikoabsicherung:
- *Einholen von Auskünften* über die *Bonität des Geschäftspartners* bei *Auskunfteien*, Banken etc.
- geeignete Zahlungsbedingungen, z.B. Kasse gegen Dokumente

Unter einem ***Delkredererisiko*** subsumiert man *Zahlungsunfähigkeit, Zahlungsverzug* oder *Zahlungsunwilligkeit* des Käufers.

Abwendung von Risiken	averting risk(s)
Annahmerisiko	risk of non-acceptance of delivery
aufgrund	due to, as a result of
Auskunftei	credit enquiry agency
bedrohen, etw. ~	to jeopardise sth.
Beschädigung der Ware	damage *(no pl.)* to goods
beziehen, sich ~ auf	to refer to, to relate to
Bonität des Geschäftspartners	the business partner's credit standing/ creditworthiness/financial standing
Delkredererisiko	del credere risk
Einholen von Auskünften	making enquiries
Erlassen von Einfuhrrestriktionen	imposing import restrictions
Exporterlöse, Exporteinnahmen	export earnings
fristgerecht	within the period stipulated
Haftung auf jdn. abwälzen	to pass/shift liability to sb.
infolge, aufgrund	due to, as a result of
Kapitaleinsatz	capital invested/employed
Lieferbedingungen	terms of delivery
Lieferrisiko	delivery risk, risk involved in the delivery of goods
Mängelrüge, unberechtigte ~ abgeben	to lodge an unjustified complaint
Maßnahmen, geeignete ~ ergreifen	to take appropriate measures/steps
Risiken, mit ~ konfrontiert sein	to be confronted with risks
Risikoabsicherung	*here:* risk hedging options
Risikoanalyse	risk analysis
Risikomanagement	risk management
Seriosität, mangelnde ~	dubious reputation
Transportrisiko	transport risk
Transportversicherung	transport(ation)/marine insurance
Transportweg, auf dem ~	in transit
Überwälzung von Risiken	passing on risks
unpünktlich	unpunctual *(adj.)*; late *(adv.)*
Unsicherheitsfaktor	element of uncertainty
unvorhergesehen	unexpected
Verringerung von Risiken	reducing risks, risk reduction
Verlust der Ware	loss of goods
Verlustgefahr	danger of loss, exposure *(no pl.)* to loss(es)
Zahlungsabwicklung	payment
Zahlungsunfähigkeit	inability to pay, insolvency
Zahlungsunwilligkeit	unwillingness to pay
Zahlungsverzug	delay in payment

Risikoabsicherung:

- Vereinbarung von *Zahlungsbedingungen,* die das *Risiko* für den Exporteur *minimieren* (Vorauszahlung, D/P, D/A, Akkreditiv; siehe Kapitel 12)
- Abschluss einer Ausfuhrkreditversicherung
- *Exportfactoring:* Ein Finanzierungsinstitut (*Factor*) kauft dem Exporteur die *Gesamtheit der Forderungen aus seinem Exportgeschäft* ab und verpflichtet sich darüber hinaus für den Exporteur verschiedene Funktionen zu übernehmen, wie z.B. in begrenztem Umfang die Dienstleistungsfunktion (mit der Forderung zusammenhängende *Verwaltungsaufgaben*), die *Delkrederefunktion* (die Übernahme des Risikos der Zahlungsunfähigkeit des Importeurs) sowie die Finanzierungsfunktion (*Bevorschussung* der angekauften Forderungen mit 80 - 90 % des Rechnungsbetrages zugunsten des Exporteurs). Das Währungs- und Transferrisiko bleibt allerdings beim Exporteur.
- *Forderungsverkauf* durch *Forfaitierung:* Neben dem Factoring bietet die Forfaitierung eine zweite Möglichkeit der kurzfristigen *Fremdfinanzierung* für den Exporteur. Wie der Factor tätigt auch der Forfaiteur den *Ankauf von Forderungen* aus dem Ausfuhrgeschäft des Exporteurs. Er nimmt in vollem Umfang die Delkrederefunktion und die Dienstleistungsfunktion wahr, allerdings im Unterschied zum Factoring nicht für Forderungsgesamtheiten sondern nur im Hinblick auf *einzelne Forderungen*. Außerdem übernimmt er das volle Währungs- und Transferrisiko.

Kursrisiken resultieren aus Veränderungen des *Wechselkurses* zwischen der zu *fakturierenden* und der Landeswährung des Exporteurs im Zeitraum zwischen *Vertragsabschluss* und *Zahlungseingang*. Fakturiert der Exporteur in der Währung des Importlandes oder eines Drittlandes, so entsteht ein Kursrisiko

- für den Exporteur, wenn bis zum Zahlungseingang eine *Abwertung* bzw. *Wertminderung* der Fremdwährung gegenüber der eigenen erfolgt; der Exporteur erhält bei Bezahlung der Ware weniger *Inlandswährung* als dies zum Zeitpunkt des Vertragsabschlusses der Fall gewesen wäre;
- für den Importeur, wenn eine *Aufwertung* bzw. ein *Wertzuwachs* der *Fremdwährung*, in der er die Zahlung leisten muss, gegenüber der eigenen erfolgt.

Risikoabsicherung:

- Vereinbarung staatlicher Wechselkursgarantien oder -bürgschaften
- Geschäftsabschluss in einer stabilen Drittwährung
- *Hedging*-Transaktionen durch den Einsatz von *Derivaten*, z.B. *Devisentermin-* und *Devisenoptionsgeschäfte:*
  Angenommen ein deutscher Exporteur verkauft Ware über einen Rechnungsbetrag von $1 Million und die Bezahlung erfolgt 3 Monate nach Zustellung der Ware. Verliert in diesem Zeitraum der US-Dollar gegenüber dem Euro an Wert, so würde er geringere Erlöse als ursprünglich kalkuliert verbuchen. Zur Absicherung könnte er den sofortigen Abschluss eines

Abwertung (einer Währung)	devaluation
Ankauf von Forderungen	buying receivables
Aufwertung (einer Währung)	revaluation
Bevorschussung von etw.	paying an advance on sth.
Delkrederefunktion	del credere function
Derivate, derivative Finanzinstrumente	derivatives
Anlageinstrumente, deren Bewertung aus den Kursen bzw. Kurserwartungen eines zugrundeliegenden Basiswerts (z.B. Aktien, Anleihen, Devisen etc.) abgeleitet wird. Dazu zählen u.a. Optionen, Futures und Swaps.	
Devisenoptionsgeschäft	currency option
Devisentermingeschäft	forward exchange transaction
einzelne Forderungen	individual receivables
Exportfactoring	export factoring
Factor	factor
fakturieren	to invoice, bill, make out an invoice
Forderungen aus dem Exportgeschäft	export trade receivables
Anspruch eines Exporteurs an den Importeur auf die Bezahlung der gelieferten Güter im Rahmen der Exporttransaktion.	
Forderungsverkauf	sale of receivables
Forfaitierung	forfaiting
Fremdfinanzierung	borrowing, outside financing
Fremdwährung	foreign currency
Gesamtheit der Forderungen	total receivables
Hedging	hedging
Instrument der Risikopolitik zur teilweisen oder vollständigen Ausschaltung von Risiken durch Eingehen eines kompensatorischen Risikos. Die sich hierdurch ergebende Gesamtposition ist dann entsprechend teilweise oder ganz ausgeglichen. Hedging ist im Zusammenhang mit der Abdeckung von Zins-, Kurs- und Währungsrisiken relevant. Hedging-Instrumente umfassen die breite Palette von Derivaten, d.h. Termin-, Options- und Swap-Transaktionen.	
Inlandswährung, Landeswährung	domestic/local currency
Kursrisiko	transaction risk
minimieren, das Risiko ~	to minimise the risk
Vertragsabschluss	conclusion of a contract
Verwaltungsaufgaben	administrative tasks, administration
Wechselkurs	exchange rate
Wertminderung (einer Währung)	depreciation
Wertzuwachs (einer Währung)	appreciation
Zahlungsbedingungen	terms of payment
Zahlungseingang	receipt of payment

Devisenterminkontraktes wählen, der den Verkauf von $1 Million per Termin 3 Monate beinhaltet. Damit verpflichtet er sich, den Betrag nach Ablauf von 3 Monaten zu einem fest vereinbarten Kurs (*Terminkurs*) zur Verfügung zu stellen. Nach 3 Monaten *tauscht* der Exporteur somit $1 Million zum vereinbarten Terminkurs in Euro, unabhängig davon, ob der Dollar in der Zwischenzeit gegenüber dem Euro an Wert verloren hat. Der Exporteur erlangt durch den Abschluss des Devisenverkaufsgeschäftes die Sicherheit eines garantierten Umtauschkurses *ungeachtet* der tatsächlichen *Kursentwicklung* der Fremdwährung gegenüber der eigenen Währung.
Eine zweite Möglichkeit wäre der Abschluss eines Devisenoptionsgeschäftes. In diesem Fall erwirbt der deutsche Exporteur gegen Zahlung einer *Optionsprämie* eine *Option auf* den Verkauf von $1 Million mit einer Laufzeit von 3 Monaten zum vorab festgelegten Terminkurs. Entwickelt sich der Euro-Dollar-Wechselkurs *zum Nachteil* des Exporteurs, kann er seine *Option ausüben* und die *Kursverluste* aus seinem Exportgeschäft *kompensieren*. Verläuft die Kursentwicklung hingegen günstig, so lässt er die *Option verstreichen* (sein Verlust beschränkt sich auf die Bezahlung der Optionsprämie) und *realisiert einen Kursgewinn* aus dem Exportgeschäft.
- Devisenleihe: der Exporteur nimmt einen Kredit in Höhe des *Rechnungswertes* in der *fakturierten Fremdwährung* auf, verkauft diesen zum *Tageskurs* und zahlt ihn später aus den eingegangenen Exporterlösen zurück.

Innenpolitische *Länderrisiken* umfassen Kriege, innenpolitische Unruhen, Streiks, Boykotts im Land des *Vertragspartners* sowie unvorhersehbare *staatliche Sanktionen*, die die Transaktion direkt *betreffen* würden.

Risikoabsicherung:
- frühzeitige Analyse von *Länderratings*, die von *Rating-Agenturen* wie Moody's oder Standard & Poor's, von Banken etc. bezogen werden können
- Kreditversicherung, die auch Länderrisiken beinhaltet

Zahlungsverbots- und Moratoriumsrisiko (ZM-Risiko): Das Importland erlässt ein Zahlungsverbot oder schreibt seinen Importeuren *einen Zahlungsaufschub (Moratorium)* vor; es untersagt damit Zahlungen für bereits getätigte Einfuhren.

Risikoabsicherung:
- Vereinbarung von staatlichen ZM-*Ausfuhrgarantien* bzw. *-bürgschaften*.

Konvertierungs- und Transferrisiko (KT-Risiko): *Verbietet* oder *verzögert* das Importland infolge *Devisenmangels* den Umtausch der *Landeswährung* in die mit dem Exporteur vereinbarte Währung, so entstehen Konvertierungsrisiken. Bei Transferrisiken verbietet oder verzögert das Importland den Zahlungstransfer in das Ausland.

Risikoabsicherung:
- Vereinbarung von staatlichen KT-Ausfuhrgarantien bzw. -bürgschaften

betreffen	to affect
Devisenmangel	lack/shortage of foreign exchange
Devisenterminkontrakt	forward exchange contract, currency future
fakturierte Fremdwährung	currency featuring on the invoice, currency used for invoicing purposes
kompensieren	to offset
Konvertierungs- und Transferrisiko, KT-Risiko	conversion and transfer risk
Kursentwicklung	price/exchange rate development
Kursgewinn, einen ~ realisieren	to realise/take a price gain
Kursverluste	price losses
Länderrating	country rating
Länderrisiko	country risk
Moratorium, Zahlungsaufschub	deferment of payment, moratorium
Nachteil, zum ~ von jdm./etw.	to the detriment of sb./sth.
Option (auf)	option (on)
Option ausüben, eine ~	to exercise an option
Option, eine ~ verstreichen lassen	to abandon/ not to exercise an option
Optionsprämie, Optionspreis	option premium
Rating-Agentur	rating agency
Rechnungswert	invoice amount
staatliche Ausfuhrbürgschaften	government export credit guarantees
Staatliche Bürgschaft zur Deckung von Geldforderungen bei Geschäften deutscher Exporteure mit ausländischen Regierungen bzw. öffentlich-rechtlichen Körperschaften. Zuständige Stellen in Deutschland: Hermes, KfW; in Großbritannien: ECGD (Export Credits Guarantee Department); in den USA: Exim Bank (Export-Import Bank).	
staatliche Ausfuhrgarantien	government export credit guarantees
Staatliche Garantien zur Deckung von Geldforderungen bei Geschäften deutscher Exporteure mit privaten ausländischen Firmen. Zuständige Stellen wie bei staatlichen Ausfuhrbürgschaften.	
staatliche Sanktionen	government sanctions
Tageskurs	current price, market price
umtauschen, Dollar in Euro ~, Dollar in/gegen Euro tauschen	to change dollars into euros, to exchange dollars for euros
Terminkurs	forward rate
ungeachtet (einer Sache)	irrespective (of sth.)
verbieten, etw. ~	to ban sth.
Vertragspartner	party to the contract, contracting party
verzögern, etw. ~	to delay sth.
Zahlungsaufschub, Moratorium	deferment of payment, moratorium

Better Safe than Sorry

Prudent exporters and importers will protect their *venture* by *taking out marine* cargo *insurance*, which despite its name covers the *carriage* of goods by land, inland waterways, and air as well as by sea. Marine insurance is inseparable from the history of *mercantile shipping* and is the most ancient form of insurance, with evidence of its existence going back to the Romans. In Elizabethan times merchants were encouraged by law to *spread their risk* by insuring their *cargoes*:

> "by means of which policies of assurance it cometh to pass that upon the loss or perishing of any ship there followeth not the undoing of any man, but the loss lighteth rather easily upon many than heavily upon few, ... whereby all merchants, especially the younger sort, are allured to venture more willingly and more freely." (extract from Act of Parliament, 1601)

Why insure?

The exporter and importer normally have no duty to insure goods during transport unless CIF or CIP Incoterms have been agreed (cf. Chapter 7) or unless special *provision has been made* for insurance in the sales contract. However as the *carrier* of the goods can very rarely be *held responsible* for *loss or damage* to the *consignment*, and as the seller and the buyer both have an *insurable interest* in the goods, they will want to take out *insurance cover* as a matter of *commercial good sense*; in addition, evidence of insurance is often vital for obtaining export finance from the bank. Although theoretically each party only needs to insure the goods for that portion of the journey for which they assume the risk, normally as *stipulated* in the Incoterms, this *approach* raises certain problems:

- there might be some grey area as to which policy covers the goods at the *point where the risk is transferred*
- as loss or damage are often not *ascertained* until the goods have arrived, it will often be difficult to establish where they occurred and which insurer *assumes liability*
- two *insurance policies,* each covering part of the journey, often prove to be more expensive than one for the whole distance
- if the goods are being sold *on open account terms*, the seller will continue to have an insurable interest in the consignment until it has actually reached the buyer and been paid for. If the goods are damaged, lost or stolen before arrival, the buyer might refuse to pay for them and the seller therefore still *has exposure to* loss even though the goods have passed out of his *possession*.

In view of all this it is often more practicable for the buyer and seller to agree on taking out *warehouse-to-warehouse insurance* to cover the whole journey.

approach	Ansatz, Vorgehen(sweise)
ascertain *(vb)*	ermitteln, feststellen
better safe than sorry	Vorsicht ist besser als Nachsicht
cargo	(See-)fracht
carriage *(no pl.)*	Transport, Beförderung
carrier *(for any form of transport)*	Frachtführer, Verfrachter

A more specific translation of 'Verfrachter' would be 'ocean carrier'.

commercial good sense *(no pl.)*, to be/make ~	kaufmännisch sinnvoll sein, sich rentieren
consignment, shipment	1. *hier:* (Waren-)Sendung 2. Versand
exposure *(no pl.)*, to have ~ to sth.	die mit etw. verbundenen Risiken tragen
insurable interest	versicherbares Interesse

A fundamental principle of insurance, stating that at the time the claim occurs the insured must have a financial interest in the continuing existence of the insured property and will be harmed by its loss or damage even if he is not the owner of the property. For example an exporter will continue to have an insurable interest in goods until they are paid for, even after ownership has been transferred; similarly the importer has an insurable interest in the goods e.g. in the form of anticipated profit, even before the transfer of ownership.

insurance *(usu. sing.)*, to take out ~	eine Versicherung abschließen
insurance cover *(no pl.)*	Deckung, Versicherungsschutz
insurance policy	Versicherungspolice
liability *(no pl.)*, to assume/accept ~	die Haftung übernehmen, haften
loss or damage *(no pl.)*	Schaden

'Schaden' covers both concepts, so can be translated 'loss or damage' or simply either 'loss' or 'damage', depending on the context.
NB damage (no pl.) = Beschädigung; damages (no sing.) = Schadensersatz

marine insurance, transport insurance, transportation insurance *(US)*, *specifically*: ocean marine insurance	1. Transportversicherung 2. *(i.e.S.)* Seeversicherung

Covers 1) cargo insurance (Güter-/Cargoversicherung)
2) vehicle insurance (Kaskoversicherung)

mercantile shipping *(no pl.)*	Handelsschifffahrt
open account terms, on ~	mit offenem Zahlungsziel
point where the risk is transferred	Punkt/Stelle des Gefahrenübergangs
possession, to pass out of sb's ~	nicht mehr im Besitz von jdm. sein
provision *(no pl.)*, to make ~ for sth.	*hier:* etw. vorsehen
prudent	klug, umsichtig
responsible, to hold ~	belangen, verantwortlich machen
spread, to ~ the risk	das Risiko streuen/verteilen
stipulate *(vb)*	festlegen, bestimmen
venture	Unternehmung, Unternehmen
warehouse-to-warehouse insurance	Versicherung von Haus zu Haus

How much cover?

Coverage is normally 110% of the value of the goods to take into account *incidental costs* and the potential profit. However the *anticipated profit* might be much higher, or certain risks might not be covered by the standard policy, in which case it is often advisable to insure the consignment for a higher sum, or to *supplement* the basic policy with *contingency insurance* to take care of these *eventualities* – bearing in mind of course that this will raise the cost of the *premium*. The policy might include a *franchise clause*, setting out the percentage of the loss or damage below which the insurer does not *undertake* to pay any *compensation*, e.g. any *claim* amounting to less than 3% of the *insured value* of the goods; claims exceeding this limit are paid in full. Similarly the policy might specify an *excess*, or *deductible*, that is the portion of the compensation which must be borne by the *insured*.

There are three standard sets of clauses used in cargo insurance policies:

- ***Institute Cargo Clauses* (A):** this provides the widest insurance coverage against practically all risks, even piracy. However in common with Clauses (B) and (C), it does contain several *exclusions* such as war, strikes, delay, *civil strife*, insufficient or unsuitable packing, *inherent vice* of the goods etc.
- **Institute Cargo Clauses (B):** this covers fewer risks, but can be drawn up to include specific additional *perils*.
- **Institute Cargo Clauses (C):** this is the basic cover provided for in the Incoterms (cf. p.104); it gives the least cover but again can be upgraded.

All the clauses insure *general average;* this refers to loss or damage sustained deliberately in order to save the ship and cargo in an emergency, (for example when cargo is *jettisoned* in a storm). For reasons of fairness the expenses incurred are *levied* proportionately on all the parties with an interest in the ship and its cargo, even if they have not themselves suffered any loss; the general average provision enables them to reclaim these payments.

What type of policy?

The *shipper* will normally entrust conclusion of cargo insurance to a professional such as a *freight forwarder* or an *insurance broker*. *Ultimately* the consignment is frequently insured at Lloyd's (cf. p.168).

In addition to *one-off voyage policies*, exporters or forwarders who ship goods frequently will normally take out either

- an *open policy*, whereby the insured notifies the insurer about specific shipments as they occur and pays the premiums monthly or quarterly, or
- a *floating policy*, whereby the insured pays a *lump sum premium* in advance, the value of individual consignments being *deducted* from the overall insurance sum as and when they take place.

With both these types of *blanket insurance* an *insurance certificate* or special marine policy is issued for each shipment as proof of insurance; unlike the policy, the certificate is not always acceptable under *letter of credit* terms.

anticipated profit	erwarteter Gewinn
blanket insurance *(no pl.)*	laufende Versicherung
civil strife	zivile Unruhen
claim	*hier:* Anspruch
compensation	1. *hier:* Schaden(s)ersatz 2. *(i.w.S.)* Entschädigung
contingency insurance	Konditionsdifferenz-Versicherung
coverage, cover *(no. pl.)*	Deckung, Versicherungsumfang
deduct *(vb)*	abziehen
eventuality, contingency	Ausnahmefall, Eventualfall, Notfall
contingencies (no sing.) = Rückstellungen für unvorhersehbare Ausgaben	
excess, deductible	Selbstbeteiligung
exclusion	Ausschluss
floating policy	Abschreibepolice
franchise clause	Franchise-Klausel
freight forwarder	Spediteur
general average	große Havarie
incidental costs *(no sing.)*	Nebenkosten
inherent vice	Beschaffenkeitsschaden
Intrinsic defect(s) in the ship (or other conveyance) or the goods that are responsible for a loss.	
Institute Cargo Clauses	Institute Cargo Clauses
Standard contract clauses issued by the Institute of London Underwriters which are used and accepted throughout the world. The (A), (B) and (C) clauses were introduced in 1982 to replace the outdated 1906 classification and were revised and updated in 2009.	
insurance broker	Versicherungsmakler
insurance certificate	Versicherungszertifikat,-schein
insured, assured *(pl.insureds, assureds)*	Versicherter, Versicherungsnehmer
insured value	Versicherungswert
jettison *(vb)*	über Bord werfen
letter of credit	Akkreditiv
levy *(vb)*	*hier:* umlegen
lump sum premium	Pauschalprämie
one-off	einmalig
open policy	Generalpolice
peril	Gefahr
premium	Prämie
shipper, forwarder, consignor	Ablader, Versender
supplement *(vb)*	*1. hier:* aufstocken 2. ergänzen
ultimately	letztendlich
undertake *(vb)*	*hier:* sich verpflichten
voyage policy	Einzelpolice

Lloyd's of London

Lloyd's derives its name from Edward Lloyd, the owner of a London coffee-house which opened in 1688 and which was one of many such establishments where merchants, shipowners, insurance brokers and other traders used to meet to negotiate the shipping of goods and insurance. As there were no insurance companies and the value of ships and their cargoes was often too great for one individual to insure, brokers would normally circulate a policy amongst a number of merchants, who would each sign the policy individually to assume liability, i.e. meet insurance claims, for just a portion of the risk. As a result insurers are known as underwriters, and to underwrite means to guarantee or to insure a risk. Brokers would only approach wealthy individuals of high financial integrity who assumed unlimited personal financial liability for the portion of the risk they had underwritten. By having a risk underwritten by several insurers, Lloyd's was able to provide cover for particularly large and unusual risks which were beyond the scope of normal insurance providers. In time Lloyd's crystallised into the main marketplace for insurance, moving premises several times to cope with the growing volume of business.

Until recently business at Lloyd's followed this same pattern, with syndicates of wealthy individuals (known as members or names) providing the financial backing for the insurance business and assuming liability to the extent of their personal fortunes. Brokers act as middlemen between the underwriting syndicates representing the names and the clients looking for insurance. However the late 1980s and early 1990s saw an explosion in the number and volume of asbestos-related and pollution claims and natural catastrophes, and this in turn led to Lloyd's clocking up losses to the tune of $13 billion between 1987 and 1992 and teetering on the brink of ruin. Over 1,500 of the 34,000 names declared bankruptcy and Lloyd's was only able to survive by allowing corporates (for the most part insurance companies) to become members, in this case with limited liability; these now account for over 80% of Lloyd's capital base.

Present-day Lloyd's therefore consists mainly of insurance companies, rather than wealthy individuals, and as such is little different from any other insurance market. Competition has, however, become much fiercer and Lloyd's somewhat archaic business practices tended to aggravate the situation. Modernisation and reforms are neverthless paying off and its profits and reputation have made a remarkable recovery. Lloyd's still enjoys certain advantages over other insurance providers in that

- it can insure more exotic risks (such as footballers' legs or the risk of seeing a ghost) and also big-ticket risks which are beyond the scope of normal insurers
- it still has a wide network of agents throughout the world and can thus provide almost global one-stop insurance services to its clients, thus cutting their costs
- it provides a high degree of security through its mutual Central Fund, which enables members to back one another up financially in emergencies.

1. Read the text about Lloyd's on the opposite page and answer the following questions

(a) Why is Lloyd's referred to as an insurance market and not an insurance company?
(b) Why can Lloyd's insure bigger and more unusual risks than normal insurance providers?
(c) What part does a 'name' play in Lloyd's insurance business?
(d) Why did so many 'names' declare bankruptcy in the early 1990s?
(e) Pinpoint two changes Lloyd's has introduced to overcome this problem.

2. Formulating risks

risk of sth. (happening), exposure to sth. * residual risk
to do sth. at your own risk
to be risk-averse/risk-shy * to shun/avoid risk * to guard against risk
to hedge/cover a risk * to avert a risk * to transfer/pass on a risk
to limit/contain/reduce/minimise a risk/exposure *(no pl.)*
to be risk-tolerant/risk-happy
to take a risk/run a risk/take a chance/stick your neck out/play with fire
to risk/hazard sth.
risky * hazardous * chancy * dicey
high-risk * low-risk * risk-free
to spread risks * *(in general)* to hedge/spread your bets

Translate the following sentences using the terms given above

(a)	Aufgabe des Risikomanagements ist das Ergreifen geeigneter Maßnahmen zur Abwendung, Begrenzung oder Überwälzung von Risiken.
(b)	Aktienkäufer gelten als risikofreudige Investoren, während Inhaber von festverzinslichen Rententiteln eher das Risiko scheuen.
(c)	Dieses Anlageobjekt ist mir zu riskant. Sie können natürlich investieren, aber auf eigenes Risiko. Wenn Sie das Risiko schon eingehen wollen, sollten Sie sich jedoch gegen Kursverluste absichern.
(d)	Für den Warentransport durch das Krisengebiet müssen wir Ihnen leider einen hohen Risikozuschlag berechnen.
(e)	Ich habe mein Geld in Aktien, Anleihen und Immobilien angelegt, um das Risiko zu streuen. Doch ein gewisses Restrisiko bleibt immer.
(f)	Er befürchtete, dass er eventuell den gewünschten Studienplatz nicht bekommen würde, und weil er nicht alles auf eine Karte setzen wollte, bewarb er sich gleichzeitig um eine Lehrstelle.
(g)	Risikoreiche Geldanlagen waren schon immer potenziell viel lukrativer als risikofreie.

1.

(a) Lloyd's is referred to as an insurance market because it consists on the one hand of individual insurers (now mainly companies, but also names (private individuals)) and on the other hand of brokers, who negotiate insurance for clients.

(b) Lloyd's can insure bigger and more unusual risks than normal insurance providers because individual insurers often assume (underwrite) only part of a risk. In addition insurers have the financial backing of the Central Fund.

(c) A name guarantees the financial resources required to meet insurance claims; he/she doesn't actually conclude insurance policies, names are grouped in syndicates and brokers negotiate deals between syndicates and clients.

(d) A large number of names declared bankruptcy in the early nineties because there was a big influx of claims connected with asbestosis and environmental disasters; as their liability was unlimited, many names lost their entire assets when meeting these claims.

(e) Lloyd's has attempted to overcome this problem by limiting liability and by allowing companies to become members of the Lloyd's insurance market.

2.

(a) It is the task of risk management to take suitable measures to avert, contain/limit/reduce/minimise or transfer/pass on risks.

(b) Investors who buy shares are considered risk-tolerant/risk-happy, while those who hold bonds/fixed-interest securities tend to shun/avoid risk.

(c) This investment is too risky/chancy/dicey in my opinion. You can of course invest, but at your own risk. If you do want to take the risk/take a chance, however, you should cover yourself/hedge against price losses.

(d) Unfortunately we will have to charge you a lot extra/charge you a large supplement to cover the risk of transporting the goods through the crisis area.

(e) I've invested my money in shares, bonds and property/real estate in order to spread the risk/to hedge my bets. Nevertheless there is always a residual risk.

(f) He was afraid he might not get the university place he wanted, so he hedged his bets by applying for a traineeship at the same time.

(g) High-risk investments have always been potentially much more lucrative than those which are risk-free.

12

Zahlungsbedingungen im Außenhandel
Zahlungsbedingungen und -instrumente

Settling Up
Bill of exchange and letter of credit

Zahlungsbedingungen im Außenhandel

Bei der Vereinbarung der *Zahlungsbedingungen* im Außenhandel sind von den *Beteiligten* folgende *Faktoren* zu *berücksichtigen*:

- die politischen und wirtschaftlichen *Rahmenbedingungen* des Export- und Importlandes; potenzielle *Einfuhr- und Ausfuhrbeschränkungen*
- die *Zahlungsgewohnheiten der jeweiligen Branche*
- die *Dauer der Geschäftsbeziehung* und somit die *Vertrauens-* und *Kreditwürdigkeit* der *Geschäftspartner*
- die *Marktmacht* und *Finanzstärke* des Importeurs und Exporteurs, d.h. das *wirtschaftliche Kräfteverhältnis* zwischen den Beteiligten.

Die Zahlungsbedingungen im *Kaufvertrag* regeln den *Zahlungsort*, den *Zeitpunkt der Zahlung* (vor, bei oder nach der *Lieferung*), die *Zahlungsfrist* (z.B. bei *Zahlung nach Erhalt der Ware*) und die *Zahlweise*, d.h. die zu verwendenden *Zahlungsinstrumente* (*Scheck, Überweisung* etc.). Der Exporteur ist grundsätzlich an einer *frühestmöglichen Zahlung* interessiert, während der Importeur ein eher langes *Zahlungsziel* wünscht.

Zu unterscheiden ist zwischen *dokumentären Zahlungsbedingungen*, bei denen die Zahlung gegen *Vorlage* bestimmter *Versanddokumente* erfolgt und *nichtdokumentären Zahlungsbedingungen*, bei denen keine Dokumente verwendet werden.

kurzfristige Zahlungsbedingungen	langfristige Zahlungsbedingungen
nichtdokumentäre Zahlungsbedingungen:	Lieferantenkredit
Vorauszahlung oder Anzahlung Progress Payment	Gebundene Finanzierungskredite: • Bestellerkredit • Bank-zu-Bank-Kredit
Zahlung durch Nachnahme	
Zahlung gegen einfache Rechnung	
dokumentäre Zahlungsbedingungen:	
Zahlung mit Dokumenteninkasso: • Dokumente gegen Kasse • Dokumente gegen Akzept	
Dokumentenakkreditiv: • Dokumente gegen Zahlung auf Akkreditivbasis • Dokumente gegen Akzept auf Akkreditivbasis	

Vorauszahlung *(Vorauskasse, Zahlung bei Auftragserteilung)*
Die vollständige *Zahlung des vereinbarten Kaufpreises vor Lieferung der Ware* stellt für den Exporteur die *sicherste* und für den Importeur die *ungünstigste Zahlungsbedingung* dar. Sie ist durchsetzbar,

- wenn der Exporteur über eine starke *Marktposition* verfügt,

Beteiligte	the partners involved/concerned
Dauer der Geschäftsbeziehung	length of the business relationship
dokumentäre Zahlungsbedingungen	documentary terms of payment
Einfuhr- und Ausfuhrbeschränkungen	import and export restrictions
Faktoren berücksichtigen	to take certain factors into account
Finanzstärke	financial standing/muscle
frühestmögliche Zahlung	earliest possible payment, payment a.s.a.p. *(= as soon as possible)*
Geschäftspartner	business partner
Importeur	importer
Kaufvertrag	sales contract, contract of sale
Kreditwürdigkeit	creditworthiness, credit standing
Lieferung, vor ~ der Ware	before delivery of the goods
Marktmacht	market power
Marktposition	market position
nichtdokumentäre Zahlungsbedingungen	clean terms of payment
Rahmenbedingungen	framework, environment
Scheck	cheque *(UK)*, check *(US)*
sicherste Zahlungsbedingung	safest term of payment
Überweisung	transfer, credit transfer
ungünstigste Zahlungsbedingung	least favourable term of payment
Versanddokumente, Vorlage der ~	presentation of the shipping documents
Vertrauenswürdigkeit	integrity
Vorauszahlung, Vorauskasse	payment in advance, advance payment, cash before delivery, CBD
wirtschaftliches Kräfteverhältnis	relative economic strength/clout
Zahlung bei Auftragserteilung	payment with order
Zahlung des vereinbarten Kaufpreises	payment of the agreed purchase price
Zahlung nach Erhalt der Ware	payment after receipt of goods
Zahlungsbedingungen, Zahlungskonditionen	terms of payment, terms and conditions of payment
Zahlungsfrist	period allowed for payment
Zahlungsgewohnheiten der jeweiligen Branche	terms of payment usual in the industry in question
Zahlungsinstrumente	payment instruments, instruments of payment
Zahlungsort	place of payment
Zahlungsziel	credit period, period for payment
Zahlweise	method of payment
Zeitpunkt der Zahlung	*here:* stage at which payment is to be made

- bei Neukunden oder bei Kunden mit ungewisser *Zahlungsmoral*,
- beim Export von *Spezialanfertigungen* (z.B. im Spezialmaschinenbau) und
- wenn diese Form der Bezahlung *branchenüblich* ist, wie z.B. im *kapitalintensiven Anlagenbau* mit langen Herstellungszeiten, um das *Fabrikationsrisiko* des Exporteurs zu mindern.

Varianten der Vorauszahlung sind ***Anzahlungen*** oder ***Ratenzahlungen***, d.h. teilweise Voraus- oder *Zwischenzahlungen* auf den Kaufpreis, die während der Herstellungsphase geleistet werden. Die Zahlungsbedingung **Progress Payment** bedeutet, dass der Exporteur als Hersteller von *Investitionsgütern* während der Produktionsphase regelmäßig Zwischenzahlungen gemäß des *Produktionsfortschritts* oder nach erfolgten *Teillieferungen* erhält.

Zahlungsinstrumente: Zahlung durch Scheck oder Überweisung, als Dokumentenrate mittels *eines zu Gunsten des Exporteurs eröffneten Akkreditivs* oder durch *Wechsel.*

Zahlung durch Nachnahme

Im Außenhandel ist diese Kondition auf Luft- und Landtransporte beschränkt. Im *Frachtbrief* beauftragt der Exporteur den *Frachtführer* (*Spedition,* Transportunternehmen) nicht nur mit dem Transport der Ware sondern auch mit dem *Inkasso.* Es liegt eine *Zug-um-Zug-Abwicklung* vor, d.h. dem Importeur wird die Ware nur dann ausgehändigt, wenn *im Gegenzug* die Bezahlung geleistet wird (direktes Nachnahmeverfahren) oder wenn die bei einer Bank bereits erfolgte Zahlung nachgewiesen wird (Auslieferung der Ware gegen *Bankbestätigung*).

Zahlungsinstrumente: *Barzahlung*, Banküberweisung, *Debitkarte* oder Scheck

Zahlung nach Erhalt der Ware (gegen einfache Rechnung) [1]

Voraussetzung für die Einräumung dieser Kondition (Klausel*: 'Zahlung netto Kasse'*) ist die hohe Vertrauenswürdigkeit des Importeurs. Der Importeur leistet erst nach der Zustellung der Ware die Zahlung aufgrund der gestellten *Rechnung.* Der Exporteur fordert ihn entweder zur *unverzüglichen Zahlung* auf oder räumt ihm explizit ein Zahlungsziel, d.h. eine längere Zahlungsfrist (z.B. *'2 Monate Ziel', 'zahlbar innerhalb 30 Tagen nach Rechnungsdatum' oder 'zahlbar innerhalb 30 Tagen netto'*) ein. Die Gewährung eines Zahlungsziels entspricht einem Lieferantenkredit für den Importeur. Er erfolgt entweder in Form eines *offenen Ziels* (ungedeckter Warenkredit) oder eines *Akzeptkredits* (Exporteur erhält das Wechselakzept des Importeurs, d.h. das Zahlungsversprechen des *Akzeptanten*, wenn das Zahlungsziel in einen Wechsel *eingebettet* wird).

[1] In der Literatur wird der Begriff 'Zahlung gegen einfache Rechnung' uneinheitlich verwendet. I.d.R. gilt er - wie hier beschrieben - als Oberbegriff. Gelegentlich unterscheidet man allerdings zwischen 'Zahlung gegen einfache Rechnung' (= Aufforderung zur sofortigen Zahlung) und 'offenes Zahlungsziel' (= längere Zahlungsfrist).

'2 Monate Ziel'	'2 months' credit'
Akkreditiv, ein zu Gunsten des Exporteurs eröffnetes ~	a letter of credit opened in favour of the exporter
Akzeptant	acceptor
Akzeptkredit	acceptance credit
Anlagenbau	plant engineering and construction
Anzahlung, Abschlagszahlung	deposit, down payment, payment on account
Bankbestätigung	bank confirmation (of receipt) of payment
Barzahlung	cash, in cash
branchenüblich	*here:* standard in this sector
Debitkarte	debit card
eingebettet	incorporated
Fabrikationsrisiko	production risk
Frachtbrief	consignment note
Frachtführer	carrier
Gegenzug, im ~	in return
Inkasso *(Pl. Inkassi)*	collection
Einziehen des Rechnungsbetrages für die gelieferte Ware.	
Investitionsgüter	investment/capital/production goods
kapitalintensiv	capital-intensive
offenes Ziel	open account terms
Produktionsfortschritt	production progress
Ratenzahlung, Teilzahlung	instalment (payment), part payment
Rechnung	invoice, bill
Spedition	(freight) forwarder
Spezialanfertigungen	goods made to specification
Teillieferung	*hier:* partial delivery/shipment
unverzügliche Zahlung	immediate payment
Wechsel	bill of exchange, B/E, draft, bill
'zahlbar innerhalb 30 Tagen nach Rechnungsdatum'	'payable within 30 days from date of invoice'
'zahlbar innerhalb 30 Tagen netto'	'payable 30 days net'
Zahlung durch/gegen Nachnahme, Zahlung bei Lieferung	cash on delivery, COD, payment on delivery
'Zahlung netto Kasse'	'payment net cash'
Zahlungsmoral	payment record, payment morale
Zug-um-Zug-Abwicklung	transaction effected on a reciprocal basis
Zwischenzahlung	interim payment *(UK)*, progress payment *(US)*

Die *Gewährung* von *Skonto* (z.B.*'zahlbar innerhalb 30 Tagen mit 3 % Skonto', '30 Tage Ziel, 2 % Skonto bei Bezahlung innerhalb 14 Tagen'*) soll den Importeur zur *Nichtausschöpfung des Zahlungsziels* und zu prompterer Zahlung animieren.

Zahlungsinstrumente: Überweisung, Scheck, Wechsel

Zahlung mit *Dokumenteninkasso*:
Der Exporteur übergibt seiner Bank die relevanten *Dokumente mit der Auflage,* sie unter *Einschaltung der Importeurbank* nur dann dem Importeur *auszuhändigen*, wenn dieser im Gegenzug

- unverzüglich die Zahlung leistet *(**Dokumente gegen Kasse**)* oder
- einen *Wechsel akzeptiert (**Dokumente gegen Akzept**)* und somit ein wechselgesichertes längeres Zahlungsziel erhält.

Die Aushändigung der Dokumente *berechtigt* den Importeur dann zur *Übernahme der Waren.*

Zahlung mit *Dokumentenakkreditiv*:
Das Dokumentenakkreditiv wird vom Importeur (*Akkreditivauftraggeber*) zugunsten des Exporteurs (*Begünstigter*) eröffnet. Es ist eine Vereinbarung, der zufolge die Importeurbank (eröffnende Bank, *Akkreditivbank*) im Auftrag des Importeurs

- unverzüglich eine Zahlung an den Exporteur zu leisten hat, sobald er die erforderlichen Dokumente vorlegt (***Dokumente gegen Zahlung auf Akkreditivbasis***) oder
- ein Wechselakzept vornimmt (d.h. eine *Tratte* in Höhe des Kaufpreises akzeptiert), wobei auch hier der Exporteur zunächst die akkreditivgerechten Dokumente vorlegen muss (***Dokumente gegen Akzept auf Akkreditivbasis***).

Der Exporteur erhält somit vor dem Versand der Ware im ersten Fall eine *Zahlungszusage* eines *Kreditinstituts* und im zweiten Fall ein Akzeptzusage der Bank des Importeurs.

Lieferantenkredite werden vom Exporteur gewährt, wenn dem Importeur ein längerfristiges Zahlungsziel eingeräumt wird.

Gebundene Finanzierungskredite sind Kredite von Banken – üblicherweise im *Land des Exporteurs* –, die

- dem Importeur gewährt werden *(**Bestellerkredite**)* oder
- an die Importeurbank (***Bank-zu-Bank-Kredite***) vergeben werden, welche wiederum mit dem Importeur einen *Kreditvertrag abschließt.*

Die direkte Auszahlung des gebundenen Finanzkredits erfolgt jedoch nicht an den Importeur oder die Importeurbank, sondern an den Exporteur *auf der Basis erfolgter Lieferungen.*

'30 Tage Ziel, 2 % Skonto bei Bezahlung innerhalb 14 Tagen'	'30 days' credit, 2% cash discount for payment within 14 days'
Akkreditivauftraggeber	applicant (for a letter of credit)
Akkreditivbank	opening/issuing bank
Auflage, mit der ~	stipulating that
aushändigen, Dokumente ~	to surrender/release documents
Bank-zu-Bank-Kredit	interbank credit, bank-to-bank-credit
Begünstigter	beneficiary
berechtigen, jdn. zu etw. ~	to entitle sb. to sth.
Bestellerkredit	buyer credit
Dokumente gegen Akzept	documents against acceptance, D/A
Dokumente gegen Akzept auf Akkreditivbasis	documents against acceptance based on L/C, documentary usance credit
Dokumente gegen Kasse, Dokumente gegen Zahlung, Kasse gegen Dokumente	documents against payment, D/P, cash against documents, CAD
Dokumente gegen Zahlung auf Akkreditivbasis	documents against payment based on L/C, documentary sight credit
Dokumentenakkreditiv	documentary credit
Dokumenteninkasso	documentary collection
Einschaltung der Importeurbank	through/via the importer's bank
Lieferungen, auf der Basis erfolgter ~	when delivery has been completed/ made/effected
gebundener Finanzierungskredit	tied credit
gewähren	to grant
Kreditinstitut	bank, financial insititution
Kreditvertrag, einen ~ abschließen	to conclude a loan agreement
Land des Exporteurs	the exporter's country
Lieferantenkredit	supplier credit
Nichtausschöpfung des Zahlungsziels	not to use/take advantage of the entire period allowed for payment
Skonto *(Pl. Skontos, Skonti)*	cash discount
Tratte	bill of exchange, bill, draft
Gezogener, aber noch nicht akzeptierter Wechsel.	
Übernahme, ~ der Waren	to take possession of the goods
Wechsel, einen ~ akzeptieren	to accept a bill (of exchange)
'zahlbar innerhalb 30 Tagen mit 3 % Skonto'	'payable within 30 days with 3% cash discount'
Zahlungszusage	promise to pay

Settling Up

As *open account payment* and *payment in advance* both represent a certain amount of risk in foreign trade – in the first case to the seller and in the second to the buyer – the exporter and the importer very often agree on a *documentary method of payment*. This means that the exporter receives payment or a promise of payment for the goods *on presentation* of the *shipping documents* evidencing that the goods have been dispatched. *Conversely* it also means that the importer *receives title to* the goods in the form of the shipping documents on paying or *undertaking* to pay for them. In this way the risk is taken out of the venture for both parties. In most cases banks act as *intermediaries* in *collecting* the money owed and *releasing* the documents. *Payments effected* without the exchange of documents, irrespective of whether *remittance* is made by *credit transfer,* cheque, *bank draft,* credit card or *international money order*, are known as *clean payments* and represent less *security* for the buyer.

Two instruments play a very important role in documentary payment:

1. *Bill of Exchange (B/E)*

The bill of exchange or *draft* is a document in which the *issuer* (*drawer*) instructs a second party (*drawee*) to pay a certain amount of money to a specified *payee* (often the drawer) either on presentation or *on demand* or *at a specified time in the future.* The layout varies, but the information is always the same.

In the export trade this typically means that the exporter *draws a bill of exchange on* the importer for the invoice amount, and that the importer either pays immediately or promises to pay this sum on demand or on a specified future date by *accepting* the bill of exchange, that is by writing or *stamping* "accepted", across the *face* of the bill and adding the date and his *signature*.

BILL OF EXCHANGE	No. **D 476**
Place of Drawing **Bangkok, Thailand**	Date **January 16, 20xx**
At **90 days** sight of this first bill of exchange (second unpaid)	
Pay to the Order of **Ourselves**	U.S. DOLLARS
THIRTY-EIGHT THOUSAND FOUR HUNDRED FIFTY U.S.DOLLARS	**38,450.00**
Value received and charge same to account of **Gladrags Inc., Fresno, CA**	
To **Gladrags Inc.**	**Fabsilk Co., Ltd.**
Drawee	Drawer
At **Fresno, CA, USA**	
	Authorised Signature

Bill of Exchange payable by Gladrags to Fabsilk 90 days after presentation for acceptance

accept *(vb)*	*hier:* akzeptieren
bank draft, bankers/bankers'/banker's draft	Bankscheck
A check drawn by a bank against funds it maintains with another bank. Can be bought from a bank by a debtor as a reliable instrument of payment.	
bill 1. invoice 2. bill of exchange, B/E, draft	1. Rechnung 2.1 Wechsel 2.2 Tratte
The terms 'bill' (of exchange) and 'draft' are used interchangeably, unlike 'Wechsel' and 'Tratte' (a bill which has been drawn but not yet accepted).	
clean payment(s)	nichtdokumentärer Zahlungsverkehr
Clean collection, for example, involves presenting a demand for payment (Zahlungsaufforderung) such as a bill of exchange without furnishing further documents.	
collect *(vb)*	einziehen, das Inkasso wahrnehmen
conversely	umgekehrt
credit transfer, transfer	(Bank)überweisung
demand, on ~	*hier:* bei Aufforderung
documentary method of payment	dokumentäre Zahlungsmethode
draft, bill, bill of exchange, B/E	1. Wechsel 2. Tratte *(siehe 'bill')*
draw, to ~ a B/E on sb.	einen Wechsel auf jdn. ziehen
drawee	Bezogener
effect, to ~ payment	Zahlung tätigen
face	*hier:* Vorderseite
intermediary	Mittler
international money order	internationale Zahlungsanweisung
issuer, drawer	Aussteller
open account payment	Zahlung auf offene Rechnung
payee	Remittent, Zahlungsempfänger
payment in advance	Vorauskasse, Vorauszahlung
presentation, on ~	bei Vorlage
release, surrender *(vb)*	freigeben, übergeben, aushändigen
remittance	Überweisung *(i.S.v. Übersendung)*
security *(no pl.)*	*hier:* Sicherheit
settle up *(vb)*	bezahlen, abrechnen
shipping documents	Versanddokumente, Versandpapiere
e.g. bill of lading (Konnossement), commercial invoice (Handelsrechnung), certificate of origin (Ursprungszeugnis), cf. Chapter 10	
signature	Unterschrift
specified time in the future, at a ~	zu einem festgelegten späteren Zeitpunkt
stamp *(vb)*	stempeln
title *(no pl.)*, to receive ~ to sth.	Eigentumsrecht an etw. erhalten
undertake *(vb)*	*hier:* sich verpflichten

An accepted draft is known as an *acceptance*, often being specified as a *trade acceptance* if it is accepted by a businessman. If the exporter is unsure about the *creditworthiness* of the importer, he or she might *specify* that the bill be accepted by a bank *on the importer's behalf*, the accepted draft being subsequently referred to as a *bank acceptance*. Alternatively the bill can be *avalised*, that is the importer's acceptance is *endorsed* by his bank, which unconditionally *guarantees payment*. Should the importer *dishonour* the bill, that is either fail to accept or to *pay* it, it must be *protested* through a lawyer before *the matter can be taken to court*.

The bill might *instruct* the drawee to pay immediately or on demand (*sight bill*) or at a specified future date (*time bill*). This date might be either a specified number of days after the bill has been drawn (*after-date bill*) or after sight, i.e. after presentation of the bill for acceptance (*after-sight bill*). By stating a future date of payment on the bill, the exporter *grants* the importer *a period of credit*, but can if necessary *cash* the acceptance before *maturity*. He can do this

- by *endorsing* the bill, that is making by the bill payable to a new *holder* (*endorsee*) by signing it on the back. In this way a bill will quite often pass through the hands of several holders before it *falls due* (unless it is clearly stated to be *non-negotiable*). The endorsee will either pay the *endorser* in cash or take the bill in payment *for goods or services rendered*.
- by selling the bill to a bank. The bank will *discount* the bill, that is pay the holder the *face value,* less a certain percentage for providing the sum in advance of the date of maturity. Bank acceptances, also known as *prime bills* on account of their reliability, will of course find greater favour than trade bills for this type of transaction.

If *D/P (documents against payment)* or *CAD (cash against documents)* have been agreed as terms, the importer receives the shipping documents in return for immediate cash payment of the invoice; with *D/A (documents against acceptance)* the documents are released against acceptance of the draft.

2. *Letter of Credit (L/C)*

In foreign trade a letter of credit is a notification sent to the exporter by a bank, promising on behalf of the importer to pay the amount specified in the letter of credit, provided the exporter fulfils in exact detail the conditions laid down in the L/C. They normally take the form of *documentary letters of credit* because these conditions usually *set out* a list of shipping documents to be *furnished* by the exporter together with instructions on how to obtain payment; this is normally effected by means of a draft drawn on the exporter's bank and payable either immediately or at a future date. In other words the exporter is guaranteed payment, provided that he furnishes proof that the goods have been shipped and that he enables the buyer or his representative to *take title to* the goods. This procedure therefore provides a high level of security both for the buyer and the seller.

acceptance	*hier:* Akzept
after-date bill	Datowechsel
after-sight bill	Nachsichtwechsel
avalise *(vb)*	avalisieren, avalieren
bank/banker's acceptance	Bankakzept
behalf, on the importer's ~	(stellvertretend) für den Importeur, anstelle des Importeurs
bill of exchange, to pay/cash a ~	einen Wechsel einlösen

From the payee's point of view, 'einlösen' is always 'to cash'.

CAD, cash against documents	Kasse gegen Dokumente
cash *(vb)*	einlösen
court, to take a matter to ~	gerichtlich vorgehen
creditworthiness *(no pl.)*	Kreditwürdigkeit, Bonität
D/A, documents against acceptance	Dokumente gegen Akkept
D/P, documents against payment	Dokumente gegen Zahlung
discount *(vb)*	*hier:* diskontieren
dishonour, to ~ a bill	einen Wechsel nicht honorieren
documentary letter of credit	Dokumentenakkreditiv
due, to fall ~	zur Zahlung fällig werden
endorse *(vb)*	*hier:* indossieren
endorsee	Indossatar
endorser	Indossant
face value *(no pl.)*	Nennwert
furnish, provide, supply *(vb)*	liefern
goods or services rendered	erfolgte Lieferungen und Leistungen
guarantee, to ~ payment	für die Zahlung bürgen
holder	Inhaber
instruct, to ~ sb. to do sth.	jdn. beauftragen etw. zu tun
letter of credit, L/C, credit	Akkreditiv
maturity	Fälligkeit
non-negotiable	nicht übertragbar, nicht begebbar
period of credit, to grant a ~	ein Zahlungsziel gewähren
prime/fine bill	erstklassiger Wechsel

NB Primawechsel = first of exchange, i.e. the first in a set of identical bills; the drawee accepts the first of the set to reach him and the rest become invalid.

protest, to ~ a bill (vb)	Wechselprotest einlegen
set out *(vb)*	*hier:* vorgeben
sight bill	Sichtwechsel
specify *(vb)*	vorgeben, zur Auflage machen
time/term/usance bill	Zeitwechsel, Usowechsel
title *(no pl.)*, to take ~ to sth.	das Eigentumsrecht geltend machen
trade acceptance	Handelsakzept

Once payment by L/C has been agreed, the importer (*applicant*) instructs his bank (the *opening* or *issuing* bank) to *open a documentary credit in favour of* the exporter (the *beneficiary*) provided certain terms and *conditions* are *met*. The issuing bank *advises* the exporter either direct, or more often through its *correspondent bank* in the exporter's country or the exporter's own bank (the *advising bank*), that credit has been made available and under what terms. With this guarantee that the invoice amount will be paid, the exporter dispatches the goods, *submits* the shipping documents to the advising bank, and draws a draft on the advising bank to obtain payment. To avoid the difficulties which frequently occur upon presentation of the documents and the draft, it is essential that exporters ensure that the letter of credit conforms exactly to the terms agreed in the sales contract and that there are no *inaccuracies* or *discrepancies*. If the paperwork is correct, the advising bank *debits the sum from the* issuing bank's *account* and *forwards* the documents to the issuing bank; in turn the issuing bank *surrenders* the shipping documents to the importer against payment of the *credit sum in question*.

Types of letter of credit:

Revocable/Irrevocable L/C
Letters of credit are normally irrevocable: a revocable L/C has to state that it is such. It offers little security in that it can always be *amended* or *cancelled* and neither the issuing nor the advising bank *makes any commitment* to pay.
Confirmed L/C
A bank in the exporter's own country (usually the advising bank) adds its own irrevocable *undertaking* to that always given by the issuing bank that the credit will be paid; it thus *assumes* the political and currency *risks*.
Revolving L/C
Here the credit is automatically renewed at regular intervals. It is used to save time and paperwork where there is frequent business between the parties.
Transferable L/C
The rights from the L/C are transferred in their entirety or in part by the original beneficiary (usually a middleman) to the *ultimate* supplier.
Red Clause L/C
Originally typed in red, this clause allows *funds to be advanced* to the exporter prior to shipment against presentation of certain preliminary documents; it presupposes a sound and longstanding business relationship.
Back-to-Back L/C
Here a first L/C is used as *collateral* for opening a second one, usually by a middleman to pay the ultimate supplier without revealing this fact to the importer (who has to specifically apply for a transferable credit).
Standby L/C
Acts as security for the transaction rather than as a payment mechanism and is only used if the importer *defaults on* his obligations. Commonly in use in the USA, it has basically the same function as a *bank guarantee*.

advise, notify *(vb)*	*hier:* avisieren, in Kenntnis setzen
advising bank	avisierende Bank
amend *(vb)*	abändern
applicant	Auftraggeber
assume, to ~ a risk	ein Risiko übernehmen
back-to-back L/C	Gegenakkreditiv
bank guarantee	Bankbürgschaft
Contract between a bank as guarantor and a beneficiary that the bank will pay a certain sum if a third party defaults on a debt. Formerly rarely allowed in the USA and still not common there, which has led to the widespread use of standby L/Cs.	
beneficiary	Begünstigter
cancel *(vb)*	stornieren, annullieren
collateral *(no pl.)*, security *(no pl.)*	Sicherkeit
NB security (sing. & pl.) = Wertpapier	
commitment, to make a ~	sich verpflichten
confirmed L/C	bestätigtes Akkreditiv
correspondent bank	Korrespondenzbank
A bank, usually in another country, which regularly does business on behalf of another bank on a reciprocal basis.	
credit sum in question	der jeweilige Akkreditivbetrag
debit, to ~ a sum from an account	ein Konto mit einem Betrag belasten
default, to ~ on an obligation	einer Verpflichtung nicht nachkommen
discrepancy	Diskrepanz
favour, in ~ of	zugunsten von
forward *(vb)*	weiterleiten
funds, to advance ~ to sb.	jdn. bevorschussen
inaccuracy	Ungenauigkeit
irrevocable L/C	unwiderrufliches Akkreditiv
meet, to ~ conditions	Bedingungen erfüllen
open, to ~ a documentary credit	ein Dokumentenakkreditiv eröffnen
opening/issuing bank	Akkreditivbank, eröffnende Bank
red clause L/C	Red-Clause-Akkreditiv, Vorschussakkreditiv
revocable L/C	widerrufliches Akkreditiv
revolving L/C	revolvierendes -/Dauerakkreditiv
standby L/C	Garantieakkreditiv
submit *(vb)*	vorlegen, einreichen
surrender, release *(vb)*	aushändigen
transferable L/C	übertragbares Akkreditiv
ultimate	endgültig, letztendlich
undertaking	*hier:* Verpflichtung, Engagement

Specimen Documentary Credit (All names are fictitious)

HONG KONG TRADERS BANK Ltd.

IRREVOCABLE DOCUMENTARY LETTER OF CREDIT NO: **OX/4/6842** To be quoted on all drafts and correspondence Date of issue: **26th March, 20xx**	Applicant **Sewell Motor Accessories Ltd** **68 Darling Terrace** **London SE1 2BN**
Advising Bank **Hong Kong Traders Bank Ltd.** **Kowloon Branch** **2 Respite Avenue, Hong Kong**	Beneficiary **KoolKar Shades Ltd.** **23 Aspex Road** **Kowloon, Hong Kong**

Dear Sir or Madam,

In accordance with instructions received from **Milford International Bank** we hereby issue in your favour a Documentary Credit for **HK$68,400** (in words) **Sixty-eight thousand, four hundred Hong Kong dollars** available by your draft(s) drawn on **us** **at sight** for the **100% c.i.f.** invoice value, against presentation of the documents detailed below:

1. **Commercial invoice in triplicate**
2. **Insurance policy or certificate in duplicate, covering marine and war risks up to buyer's warehouse, for 110% of invoice value**
3. **Full set of clean on board shipping company's bills of lading made out to order and blank endorsed, marked "freight paid" and "notify clearing agent, Speedport Freight Services Ltd., Channings House, Morville Road, London SE1 6FA"**
4. **Certificate of origin issued by a chamber of commerce**

Covering the following merchandise:

4,000 roll-down car window shades

To be shipped from **Hong Kong** to **London c.i.f.**
not later than **10th April 20xx**
Part-shipment **not permitted** Transhipment **not permitted**

This credit is valid for **presentation to us** until **31st April 20xx**.
Documents to be presented within 21 days of shipment

Drafts drawn hereunder must be marked "Drawn under Hong Kong Traders Bank Ltd., 2 Respite Avenue, Hong Kong, Credit number **OX/4/6842**".

We undertake that drafts and documents drawn under and in strict conformity with the terms of this credit will be honoured upon presentation.

Yours faithfully,

....
Authorised countersignature Authorised signature

1. Look at the specimen letter of credit on the opposite page and answer the following questions

(a) Identify the exporter * the importer * the exporter's bank * the importer's bank * the goods involved in the transaction * the invoice value
(b) What step must the exporter take to obtain payment of the invoice?
(c) What conditions must he fulfil in order to receive payment?
(d) From whom will he receive payment? Can he be sure of this?
(e) What is the difference between an insurance policy and an insurance certificate and why do the instructions specify that insurance must cover 110% of the invoice value? (cf. Chapter 11)
(f) What is a clean on board bill of lading?
(g) What function do Speedport Freight Services Ltd. play in the transaction?

2. Note the following terms and phrases relating to prices

abzocken *(ugs.)*/schröpfen, jdn. ~	to fleece sb., to rip sb. off *(coll.)*
billig	cheap, low-price, value-for-money
Billig- *(z.B. Billigflug)*	cut-price, low-cost, economy, discount
Billiglohnland	low-wage country
erschwinglich	affordable
Geldbeutel, kein Loch in den ~ reissen	to be easy on the pocket
günstig, angemessen	reasonable
halsabschneiderisch	exorbitant
kostbar	precious, valuable
kostengünstig, preisgünstig	inexpensive
kostenintensiv	costly
kostspielig	pricey
Nepp, das ist (der reinste) ~	that's (a real/a perfect) rip-off
Preis-Leistungs-Verhältnis; das ~ stimmt bzw. stimmt nicht	price-performance ratio; it's good or bad value for money
preiswert	low-price, value-for-money
Schleuderpreis, Dumpingpreis	knock-down price
Schnäppchen	bargain
Sonderangebot	special offer
spottbillig	dirt cheap *(coll.)*
teuer	expensive, dear
Tiefstpreis	rockbottom price
überteuert	overpriced
unerschwinglich	prohibitive
Vermögen, ein ~ kosten	to cost an arm and a leg
Wucherpreis	extortionate price ►

◄Translate the following sentences using the terminology on the previous page

(a)	Nach der Einführung des Euro waren viele Produkte im Einzelhandel überteuert. Besonders für Güter des täglichen Bedarfs wurden vielfach halsabschneiderische Preise verlangt.
(b)	Viele Agrarprodukte, deren Produktion in EU-Ländern hoch subventioniert wird, werden in Drittländern zu Schleuderpreisen verkauft; sie verdrängen dadurch Produkte aus Entwicklungsländern vom Markt, die preiswerter produzieren, aber nicht mit diesen Dumpingpreisen konkurrieren können.
(c)	Die Billigflieger bieten heutzutage Flüge zu erstaunlich günstigen Preisen an; man kann nur hoffen, dass dies nicht auf Kosten der Sicherheit geschieht.
(d)	Diese Turnschuhe sind zwar preiswert, aber der Discounter hat bessere Schnäppchen.
(e)	Viele Unternehmen verlagern ihren Produktionsstandort in Billiglohnländer. Sie können dort kostengünstiger produzieren und anschließend die Ware spottbillig im eigenen Land anbieten.
(f)	Heute sind Äpfel im Sonderangebot. Sie sind um die Hälfte billiger als sonst.
(g)	Du sollst Deine kostbare Zeit nicht damit vergeuden, preiswerte Quellen für ansonsten unerschwingliches PC-Zubehör ausfindig zu machen.
(h)	Viele Touristenzentren sind der reinste Nepp; sie bieten mittelmäßige Leistungen zu Wucherpreisen an und wundern sich, wenn die Besucher behaupten, dass das Preis-Leistungs-Verhältnis nicht stimme.

3. Overdoing things

exceed / be in excess of / top / pass *(numerically)*	surpass / transcend / top *(qualitative achievement)*	overshoot *(exceed a desired target)*
fall below / be lower than *(numerically)*	undershoot *(fail to reach a set target)*	

Supply the most suitable verbs from the boxes above to fill the gaps in the following sentences.

(a)	Profits which ... this figure are liable for tax.
(b)	Turnover ... the HK$6m mark, thus ... all our wildest expectations.
(c)	If income from goods produced under the licence ... US$ 3,000 per quarter, the licensee shall be obliged to pay a minimum royalty of US$600.
(d)	Germany's jobless figure has ... 4m this year, thus hitting a ten-year high.
(e)	Tax revenue was disappointing and ... the anticipated figure by several billion.
(f)	The money supply is growing fast and is expected to ... the 4% target.
(g)	She was fined for ... the speed limit in a residential area.
(h)	That meal ... anything you've ever cooked before, although I've ... my permitted calorie intake by several thousand.

4. The Subjunctive

"The exporter might specify that the bill **be** accepted by a bank." (Page 180)
This unusual form of the verb *to be* is the subjunctive, whose use is relatively rare in English and often goes unnoticed because its form is almost identical to the normal indicative. The present subjunctive is, however, required after certain verbs and adjectives, but is often replaced by *should* (see below).

Form of the present subjunctive: same as the infinitive in every person, in other words exactly like the normal indicative, apart from losing the -s ending in the 3rd person singular; it is most noticeable with *to be* and the passive.
We suggested (that) she ***visit*** *us during her stay in London.*
The consultant recommended that she/they ***be*** *informed immediately.*
It is important that the bottle ***be*** *emptied before disposal.*
Although it is the present tense, it is used to express both present and past.
We suggest he **leave** immediately. – We suggested he **leave** immediately.

Use of the present subjunctive: after verbs and adjectives expressing a suggestion, command or arrangement and followed by *that*:

propose	suggest	recommend*	advise*	insist	demand
command*	order*	urge*	implore*	request*	specify
stipulate	arrange	agree	decide	settle	determine
necessary essential advisable vital urgent better important					
* infinitive construction also possible (less formal) except in passive					

Negative sentences are formed by adding *not* before the verb.
We insisted that she ***not go*** *before the rain had stopped.*
However *should not* is almost invariably used in negative sentences and *should* also very often replaces the subjunctive in positive sentences, too.
We insisted that she ***should go*** *soon.*
We insisted that she ***should not go*** *before the rain had stopped.*

Translate the following sentences
(i) using the subjunctive construction
(ii) using the should construction

(a)	Wir haben ausgemacht, dass er die Hälfte der Miete zahlt. *(agree)*
(b)	Er soll dringend zu Hause anrufen. *(urgent)*
(c)	Die Bedingungen machen es dem Kunden zur Auflage, die Rechnung umgehend zu begleichen. *(stipulate)*
(d)	Der Arzt schlug ihm vor, nicht so schwer zu arbeiten. *(suggest)*
(e)	Der Vorsitzende schlug vor die Sitzung zu vertagen. *(propose)* *NB 'The minister proposed to adjourn the meeting so that he could have lunch with his secretary.' means 'Der Vorsitzende hatte vor ....'*
(f)	Sie redeten auf den Minister ein, seine Meinung zu überdenken. *(urge)*
(g)	Es ist besser für sie, dass man ihr nicht die Wahrheit sagt. *(better)*
(h)	Die Aktionäre bestanden auf seinen Rücktritt. *(insist)*
(i)	Die Eltern baten darum, dass die Schüler eine Englandreise machen dürften. *(request)*

1.
(a) the exporter: Koolkar Shades Ltd. * the importer: Sewell Motor Accessories Ltd.* the exporter's bank: Hong Kong Traders Bank Ltd. * the importer's bank: Milford International Bank * the goods involved in the transaction: 4,000 roll-down car window shades * the invoice value: HK$68,400
(b) He must draw a draft (bill of exchange) on the Hong Kong Traders Bank.
(c) He must ship the goods before 10th April and supply the shipping documents listed within 21 days/before 31st April.
(d) From the Hong Kong Traders Bank, which has added its confirmation at the end of the letter.
(e) An insurance policy can be issued for an individual voyage, but if an exporter ships goods frequently, he will usually take out blanket insurance with an open policy or a floating policy to cover several voyages and be issued a certificate of insurance for each separate trip. Insurance normally covers at least 110% of the value of the goods, to allow for factors such as loss of profit income, loss of customers etc.
(f) It is a bill of lading stating that goods have been received on board the ship with none of the consignment missing or damaged.
(g) Speedport Freight Services Ltd. will collect the goods and clear them through customs for Sewell Motor Accessories Ltd.

2.
(a) After the introduction of the euro many retail goods were overpriced. Often exorbitant prices were charged, especially for basic necessities.
(b) A great deal of agricultural produce which is highly subsidised in EU countries is sold outside the EU at knock-down prices; as a result it shuts produce from developing countries out of the market, who can produce more cheaply but cannot compete with these knock-down prices.
(c) Low-cost airlines offer flights at amazingly reasonable prices nowadays; you can only hope it isn't at the expense of safety.
(d) These trainers may be value for money, but the discounter has better bargains.
(e) Many firms are moving their production locations to low-wage countries. They can produce there at lower cost/more inexpensively and then offer/sell the goods dirt cheap in their own home countries.
(f) Apples are on special offer today. They are half as expensive as usual/half the price they usually are.
(g) You shouldn't waste your precious time looking for low-price sources of otherwise prohibitively expensive PC accessories
(h) Many tourist centres are a real/a perfect rip-off: they offer mediocre services at extortionate prices and are surprised when visitors say that they're bad/poor value for money.

3.
(a) exceed/are in excess of (These are more neutral terms than *top* and *pass.*)
(b) topped/exceeded/passed surpassing/transcending
(c) falls below/is lower than
(d) topped/exceeded/passed
(e) undershot
(f) overshoot
(g) exceeding
(h) surpasses/transcends/tops – exceeded/overshot

4. (i) & (ii)
(a) We have agreed that he pay/he should pay half the rent.
(b) It is urgent that he ring/he should ring home.
(c) The terms stipulate that the customer pay/should pay the invoice immediately.
(d) The doctor suggested that he not work/should not work so hard.
(e) The chairman proposed that the meeting be adjourned/should be adjourned.
(f) They urged that the minister reconsider/should reconsider his opinion.
(g) It is better that she not be told/she should not be told the truth.
(h) The shareholders insisted that he resign/he should resign.
(i) The parents requested that the pupils be allowed/that the pupils should be allowed to go on a trip to England.

13

E-Commerce – zwischen Euphorie und Ernüchterung
Moderne elektronische Handelsplattformen

Pile it High, Sell it Cheap
The retail trade – yesterday, today and tomorrow

E-Commerce – zwischen Euphorie und Ernüchterung

In den letzten Jahren des 20. Jahrhunderts hatte der Begriff der *New Economy* Hochkonjunktur. In Erwartung eines neuen ökonomischen Zeitalters *setzten* viele Unternehmen ausschließlich *auf eine virtuelle Präsenz* und *taten* den herkömmlichen physischen Handel *als veraltet* ab. Doch *nach dem Platzen der Blase* und dem Scheitern etlicher *Dotcoms* zu Beginn des neuen Millenniums wich der *Überschwang* einer *nüchternen Sichtweise*.

Ungeachtet all der *überzogenen Erwartungen* der New Economy-Bewegung bewirkte diese dennoch, dass neben klassischen Größen wie Gewinn, *Marktanteile* oder *Shareholder Value* zunehmend auch glaubwürdige und realistische E-Business-Aktivitäten und -Strategien zum *Erfolgs- und Wettbewerbsfaktor* für Unternehmen wurden.

E-Business umfasst die gesamte elektronische Geschäftsabwicklung sowohl innerhalb eines Unternehmens bei *internen Abläufen* zwischen den Mitarbeitern als auch die *externen Geschaftsbeziehungen zu* Kunden, Lieferanten, anderen Unternehmen oder öffentlichen Stellen. E-Business erstreckt sich somit über die *Supply Chain*, d.h. über die gesamte Versorgungs-, Liefer- und *Wertschöpfungskette*, die sich aus vielen einzelnen Geschäftsprozessen zusammensetzt, die zur Erstellung und Lieferung von Waren, Dienst- sowie Serviceleistungen notwendig sind. An der Supply Chain sind Hersteller, Lieferanten, *Groß- und Einzelhändler* sowie Kunden beteiligt.

E-Commerce *im engeren Sinne* ist ein Teilbereich des E-Business. Er betrifft lediglich den elektronischen Handel und somit die Vorgänge, die beim Kauf und Verkauf von Gütern über elektronischen Medien (Electronic Shopping, Online Shopping) abgewickelt werden.

- Die hierbei genutzen elektronischen Medien sind private und öffentliche Netzwerke – das Internet, *proprietäre* Online-Dienste sowie das *digitale Fernsehen*. Angestrebt wird die interaktive, möglichst vollelektronische *Handelstransaktion* ohne *Medienbrüche.*
- Die am E-Commerce-Prozess partizipierenden Käufer und Verkäufer sind Unternehmen, private Haushalte, Behörden und öffentliche Einrichtungen, die miteinander *Handelsgeschäfte* bzw. andere Transaktionen abwickeln.

Die beiden Termini E-Commerce und E-Business werden mittlerweile vielfach als Synonyme verwendet.

Die E-Commerce-Transaktion

Bei E-Commerce mit *physischen Waren* wird zumindest die Bestellung und/oder die Bezahlung elektronisch durchgeführt, die *Auslieferung der Waren* erfolgt natürlich *auf konventionellem Wege*. Nur *im Handel mit digitalen Gütern* (z.B. Software) ist auch die *elektronische Verschickung* aufgrund von Downloading-Möglichkeiten und somit die *vollautomatisierte* Geschäftsabwicklung möglich.

<table>
<tr><td>Auslieferung der Waren</td><td>delivery of goods</td></tr>
<tr><td>Blase, nach dem Platzen der ~</td><td>when the bubble burst</td></tr>
<tr><td>digitale Güter</td><td>digital goods</td></tr>
<tr><td>digitales Fernsehen</td><td>digital television</td></tr>
<tr><td>Dotcom, Dotcom-Unternehmen</td><td>dot-com</td></tr>
<tr><td colspan="2">Internet-Firmen bzw. Internet-basierte Unternehmen, die mit Hilfe modernster IT-Konzepte neue Wege der Unternehmenspolitk beschreiten wollen.</td></tr>
<tr><td>E-Business</td><td>e-business</td></tr>
<tr><td>E-Commerce</td><td>e-commerce</td></tr>
<tr><td>Einzelhändler</td><td>retailer</td></tr>
<tr><td>elektronische Verschickung</td><td>sending goods electronically</td></tr>
<tr><td>Erfolgs- und Wettbewerbsfaktor</td><td>factor contributing to a company's success and competitive position</td></tr>
<tr><td>Euphorie</td><td>euphoria</td></tr>
<tr><td>externe Geschaftsbeziehungen zu</td><td>external business relations with</td></tr>
<tr><td>Großhändler</td><td>wholesaler</td></tr>
<tr><td>Handel, im ~ mit etw.</td><td>when trading in sth.,for trade in sth.</td></tr>
<tr><td>Handelstransaktion, Handelsgeschäft</td><td>business transaction</td></tr>
<tr><td>interne Abläufe</td><td>internal processes</td></tr>
<tr><td>konventionell, auf ~em Wege</td><td>here: via/by conventional channels</td></tr>
<tr><td>Marktanteil</td><td>market share</td></tr>
<tr><td>Medienbruch</td><td>the use of different types of media</td></tr>
<tr><td>New Economy</td><td>new economy (the ~)</td></tr>
<tr><td>nüchterne Sichtweise</td><td>down-to-earth/realistic attitude</td></tr>
<tr><td>physische Waren</td><td>physical goods, real goods</td></tr>
<tr><td>Präsenz, auf eine virtuelle ~ setzen</td><td>to pin one's hopes on maintaining a virtual presence</td></tr>
<tr><td>proprietär</td><td>proprietary</td></tr>
<tr><td colspan="2">Eine Technik, ein System, ein Online-Dienst, ein Verfahren etc. ist hersteller- oder verbundsspezifisch und stellt insofern eine geschlossene und geschützte Einheit dar.</td></tr>
<tr><td>Sinne, im engeren ~, i.e.S.</td><td>in the narrow sense (of the term)</td></tr>
<tr><td>Shareholder-Value, Shareholdervalue</td><td>shareholder value (cf. page 322)</td></tr>
<tr><td colspan="2">1. Unternehmenspolitik, die das Interesse der Aktionäre (= shareholders), v.a. der Großaktionäre, in den Vordergrund stellt und sich somit auf die Erhöhung der Aktienkurse und der Rendite für die Shareholder konzentriert.
2. Marktwert des sich auf die Aktionäre aufteilenden Eigenkapitals eines Unternehmens</td></tr>
<tr><td>Supply Chain, Warenflusskette</td><td>supply chain</td></tr>
<tr><td>Überschwang</td><td>exuberance</td></tr>
<tr><td>überzogene Erwartungen</td><td>exaggerated expectations</td></tr>
<tr><td>veraltet, als ~ abtun</td><td>to decry as outdated/obsolete</td></tr>
<tr><td>vollautomatisiert</td><td>fully automated</td></tr>
<tr><td>Wertschöpfungskette</td><td>value chain</td></tr>
</table>

Der *Anbieter* präsentiert sein Leistungsangebot und entsprechende Preislisten in seinem *Internetauftritt*. Mit Hilfe *geeigneter, zielgruppengerechter* Online-Marketing*maßnahmen lenkt* er *die Aufmerksamkeit* der Verbraucher *auf* seine Site und versucht *Kunden zu akquirieren*. Über *Online-Produktkataloge* und *Datenbankabfragen* (z.B. zur *Lagerbestandssituation*) wird dem Kunden ein elektronischer *Selbstbedienungsservice* angeboten. In dieser Pre-Sales-Phase findet die Information und *Beratung des Kunden* statt. Trifft dieser die Kaufentscheidung, so *füllt* er *ein* Online-*Bestellformular aus*, das automatisch dem Verkäufer zugeht und nun bearbeitet werden kann.
Falls der Verkäufer zur vollständigen *Auftragsabwicklung die Dienste* von Herstellern, *Zulieferern* oder Distributoren *benötigt*, so sollten die Beteiligten im Idealfall *ein gemeinsames Supply Chain Management (SCM) betreiben*, d.h. miteinander innerhalb eines Informationsnetzwerkes mit *einheitlicher Datenbasis* verbunden sein, so dass sie *im Interesse der Kunden* ihre *Prozesse aufeinander abstimmen* und Auftrags- bzw. *Lieferdaten* gemeinsam nutzen können.

Nach der Belieferung des Kunden erfolgt der After-Sales-Service. *Bedienungsanleitungen, Handbücher* und *Zusatzinformationen* zu den bezogenen Leistungen werden auf der Website *bereitgestellt*. In virtuellen *Kunden-Communities*, z.B. *Diskussionsforen*, werden die Kunden zu einem *gegenseitigen Meinungs-* und *Erfahrungsaustausch angeregt*.

Varianten des E-Commerce

Je nach den Beteiligten unterscheidet man zwischen den folgenden *Einsatzfeldern*:

	Langform:	*geschäftliche Transaktionen bzw. Kommunikation zwischen:*
a2b, g2b	administration/government to business	Behörden und Unternehmen
a2c, g2c	administration/government to consumer	Behörden und privaten Haushalten
b2b	business to business	Unternehmen und Unternehmen
b2c	business to consumer	Unternehmen und Verbrauchern
c2c	consumer to consumer	Verbrauchern und Verbrauchern
e2b	employee to business	Mitarbeitern und ihrem Unternehmen
d2d	device to device, silent commerce, s-Commerce	Rechner und Rechner (der elektronische *Terminkalender* bucht z.B. automatisch Flüge; der Kühlschrank eines *Gastronomiebetriebes* ordert *eigenständig Nachschub*)

abstimmen, Prozesse aufeinander ~	to coordinate processes
Anbieter	supplier
anregen	to encourage, to stimulate
Aufmerksamkeit, die ~ auf etw. lenken	to draw sb.'s attention to sth.
Auftragsabwicklung	execution/completion of the order
ausfüllen, ein Formular ~	to fill in *(UK)*/fill out *(US)* a form, to complete a form
Bedienungsanleitung	operating instructions
Beratung des Kunden	customer advice
bereitstellen, Informationen ~	to provide information *(no pl.)*
Bestellformular	order form
Beteiligte, je nach den ~n	depending on the participating parties
Datenbankabfragen	database/databank inquiries
Dienste, die ~ von jdm. benötigen	to require the services of sb.
Diskussionsforum *(Pl. -foren)*	discussion forum *(pl. -s)*
eigenständig	*here:* of its own accord, spontaneously
einheitliche Datenbasis	uniform database, data pool
Einsatzfeld	segment
Erfahrungsaustausch vornehmen	to swap experiences
Gastronomiebetrieb	catering business
geeignete Maßnahmen	suitable/appropriate measures
gegenseitig	reciprocal, mutual
gemeinsam, ein ~es SCM betreiben	to conduct joint SCM
Handbuch	handbook, manual
Interesse, im ~ der Kunden	in the interests of customers
Internetauftritt (eines Unternehmens)	(a company's) website
Kunden akquirieren	to acquire/attract customers
Kunden-Community	customer community
Lagerbestandssituation	inventory/stock situation
Lieferdaten	*here:* supply/delivery data
Nicht zu verwechseln mit Lieferdaten im Sinne von Liefertermine (= delivery dates).	
Meinungsaustausch	exchange of views
Nachschub ordern	to order fresh supplies
Online-Produktkatalog	online product catalogue
Selbstbedienungsservice	self-service facility
Supply Chain Management, SCM	supply chain management, SCM
Terminkalender	diary
unterscheidet, man ~ zwischen	a distinction is made between
zielgruppengerecht	tailored to the needs of specific target groups
Zulieferer	supplier
Zusatzinformationen	additional information *(no pl.)*

E-Commerce-Plattformen

Der Online-Verkauf ermöglicht Herstellern und Händlern den *kostengünstigen* elektronischen *Direktvertrieb* ihrer Leistungen und somit den Abbau von *Zwischenhandelsstufen* (Disintermediation). Der *Absatz* kann entweder ausschließlich über elektronische *Vertriebskanäle* erfolgen oder im Rahmen einer *Multichannelling-Strategie als Ergänzung zu herkömmlichen physischen Distributionsstrukturen.*

Online-Shop: Ein Online-Shop ist eine *virtuelle Verkaufsstelle*, die sich im Hinblick auf Angebot und Kundenservice möglichst nicht von einem realen Geschäft unterscheiden sollte. Gute Online-Shops bieten effiziente *Warenkorb*systeme, die ein *komfortables Auswählen* und Bezahlen der zu bestellenden Waren ermöglichen. Der Online-Shop besteht aus dem Front End (Front Office) – dem nach außen auf der Website sichtbaren Teil – und dem Back End (Back Office) – das nicht nach außen sichtbare, im Unternehmen installierte *Lagerhaltungs-* und *Fakturierungssystem zur Abwicklung von Bestellungen.*

Electronic Mall: Eine E-Mall ist ein virtuelles *Einkaufszentrum*, das aus mehreren Shops besteht. Unter einer *Bedieneroberfläche* präsentieren viele Anbieter ein *heterogenes Produktspektrum.*

Elektronischer Marktplatz: Der elektronische Marktplatz ist ein virtuelles *Handelszentrum*, der Käufern und Verkäufern bestimmter Produkte *als Treffpunkt dient.*

Auktionen (Auctions): In Auktionen bieten Verkäufer den Käufern ihre Produkte oder Dienstleistungen zum Kauf an; Grundlage ist ein strukturierter *Auktionsprozess* zur *Preisfestsetzung.*
Bei einer ***Reverse Auction*** *(Umkehrauktion*) fordert hingegen ein Käufer unterschiedliche Anbieter zur *Abgabe eines Angebots* auf. Der günstigste Anbieter *erhält* vom Kunden *den Zuschlag.* Reverse Auctions finden vor allem beim E-Procurement (elektronische Beschaffung) von *Investitionsgütern* oder großen *Auftragsvolumen* statt.

Co-Shopping (Co-Shopping, Community Shopping, Containershopping, Teamshopping): Auf speziellen Powershopping-Internetseiten werden Foren bereitgestellt, in denen Kunden nach Personen/Firmen mit den gleichen *Kaufinteressen* suchen können. So lassen sich elektronisch Online-Kaufinteressen von *Nachfragern bündeln.* Über ihren gemeinsamen umfangreicheren Bedarf können *Bestkonditionen* erzielt und folglich *Best-Price-Käufe* getätigt werden.

<table>
<tr><td>Absatz</td><td>1. here: selling, marketing
2. sales</td></tr>
<tr><td>Abwicklung von Bestellungen, zur ~</td><td>for the processing of orders, for processing orders</td></tr>
<tr><td>Angebot abgeben</td><td>here: to place a bid</td></tr>
<tr><td>Auftragsvolumen</td><td>order size, order volume</td></tr>
<tr><td>Auktionsprozess</td><td>auction process</td></tr>
<tr><td>Bedieneroberfläche</td><td>user interface</td></tr>
<tr><td>Bestkonditionen</td><td>optimum conditions, the most favourable conditions</td></tr>
<tr><td>Best-Price-Käufe tätigen</td><td>to effect best-price purchases</td></tr>
<tr><td>bündeln</td><td>to pool, to aggregate</td></tr>
<tr><td>Direktvertrieb</td><td>direct selling</td></tr>
<tr><td>E-Commerce-Plattformen</td><td>e-commerce platforms</td></tr>
<tr><td>Einkaufszentrum</td><td>shopping mall (US)/centre (UK)</td></tr>
<tr><td>Ergänzung, als ~ zu</td><td>in addition to sth., as an add-on to sth., to complement/supplement sth.</td></tr>
<tr><td>Fakturierungssystem</td><td>invoice system, invoicing system</td></tr>
<tr><td>Handelszentrum</td><td>trade centre</td></tr>
<tr><td>herkömmlich</td><td>traditional, conventional</td></tr>
<tr><td>heterogenes Produktspektrum</td><td>eclectic product range, diverse range of products</td></tr>
<tr><td>Investitionsgüter</td><td>capital/investment goods</td></tr>
<tr><td>Kaufinteressen</td><td>buying interests</td></tr>
<tr><td>komfortables Auswählen (von Waren)</td><td>a convenient way of shopping for/ selecting goods</td></tr>
<tr><td>kostengünstig</td><td>inexpensive, low-cost</td></tr>
<tr><td>Lagerhaltungssystem</td><td>inventory system</td></tr>
<tr><td>Multichannelling-Strategie</td><td>multichannelling strategy</td></tr>
<tr><td colspan="2">Die Existenz mehrerer Absatz- und Kommunikationskanäle (physische und elektronische) eines Unternehmens für die Interaktion mit dem Kunden und den Verkauf seiner Produkte.</td></tr>
<tr><td>Nachfrager</td><td>(potential) customer</td></tr>
<tr><td>physische Distributionsstrukturen</td><td>physical distribution systems</td></tr>
<tr><td>Preisfestsetzung, zur ~</td><td>to find a price, for price discovery</td></tr>
<tr><td>Reverse Auction, Umkehrauktion</td><td>reverse auction</td></tr>
<tr><td>Treffpunkt, als ~ für jdn. dienen</td><td>to serve as a forum for sb.</td></tr>
<tr><td>Vertriebskanal</td><td>distribution channel</td></tr>
<tr><td>virtuelle Verkaufsstelle</td><td>virtual shop/outlet/point of sale</td></tr>
<tr><td>Warenkorb</td><td>shopping basket</td></tr>
<tr><td>Zuschlag, den ~ erhalten</td><td>to be awarded the contract/business</td></tr>
<tr><td>Zwischenhandelsstufen</td><td>intermediate stages of commerce</td></tr>
</table>

Pile it High, Sell it Cheap

From third-world *traders squatting* behind *meticulously* displayed mini-pyramids of home-grown produce in the marketplace to the sophisticated shopping *emporia* of the world's major cities, *retailing* is surely mankind's most *ubiquitous* economic activity. Starting from *itinerant* and *street traders*, markets and small shops, *selling outlets* developed with the rise in manufacturing to *unit shops* in high streets offering either a general range of food and household goods or specialist wares, such as the butcher's, the *haberdasher's* or the ironmonger's. Shopkeepers knew their clients personally, and were familiar with their financial circumstances, their buying habits and their preferences. As consumers became wealthier and more *discriminating*, *merchants* set up department stores in town and city centres offering a wide variety of *merchandise*. In addition *mail-order firms* were established, to cater in particular for the requirements of rural populations.

The rise in *personal disposable income* and the greater mobility *afforded* by private cars during the later decades of the 20th century revolutionised this retailing pattern. Thanks to the construction of shopping centres or malls on (inexpensive) out-of-town *greenfield sites* with *ample parking space*, shopping tended to move out of the high street and to become a leisure pastime. *Pedestrianised* town-centre *shopping precincts* aim to provide the same level of "retail therapy", but high rents and lack of space make it difficult for them to compete on price and *amenities*. *Symbiotic gains* have to some extent been achieved by *specialist chains* leasing space within department stores as "shops-in-shops". At the same time *corner shops* still cater for local emergency needs on a personal face-to-face (F2F) basis, although their *role* has to some extent been *usurped* by *convenience stores*, often incorporated in 24-hour filling stations.

Everyday food requirements are normally covered by local supermarket chains and also giant edge-of-town superstores and *hypermarkets,* the latter featuring an extensive range of non-food *items* as well. *Economies of scale* and the sale of *own-brand* (in-house label) *merchandise* enable them to keep their prices competitive and to *drive footfall*. They are, however, increasingly being challenged by *no-frills discounters stocking* a limited range of goods – including some non-food promotions - in *austere* surroundings *at rockbottom prices* on the "pile it high, sell it cheap" principle. Situated locally, they can afford to *pare prices to the bone* by achieving fast turnover with a minimum of *capital outlay*, service and staff. Factory outlets, where manufacturers sell off *discontinued lines*, serve a similar purpose in the non-food sector but are normally *sited* out of town. Warehouse clubs selling a particularly wide selection of goods *in bulk* at heavily discounted prices are open only to members, who pay an *annual subscription*. They have yet to gain a wide following outside the USA.

afford, provide *(vb)*	*hier:* mit sich bringen
amenities *(usu. pl.)*	Annehmlichkeiten
ample parking space *(no pl.)*	reichlich Parkmöglichkeiten/-raum
parking space/bay (sing. & pl.) = Parkplatz, Abstellplatz	
annual subscription	Jahresabo(nnement)/-beitrag
austere	karg
bulk, in ~	en gros, in Großpackungen
capital outlay	Investitionsaufwand, Kapitalaufwand
convenience store	Convenience Shop
corner shop (*UK*), mom & pop store (*US*)	Tante-Emma-/Nachbarschaftsladen
discontinued line	Auslaufmodell
discriminating	wählerisch, anspruchsvoll
diskriminierend (z.B. ~e Bemerkung) = discriminatory (~ remark)	
economies of scale *(no sing.)*	Größenvorteile, Skaleneffekte
emporium (*pl.* emporia)	traditionsreiches Warenhaus
footfall, to drive ~	die Kundenfrequenz ankurbeln
greenfield sites, on ~	an neu erschlossenen Standorten
haberdasher	Kurzwarenhändler
hypermarket	Verbrauchermarkt
item	1. *hier:* Artikel 2. Posten
itinerant trader *(e.g. hawker)*	ambulanter Händler *(z.B. Hausierer)*
mail-order firm	Versandhaus, Versandfirma
merchandise *(no pl.)*; own-brand ~	Ware(n); Hausmarke, Eigenmarke
merchant	Kaufmann (*Pl. Kaufleute)*
meticulous	sorgfältig
no-frills discounter	Einfach-Discounter
outlet, selling outlet, retail outlet	Verkaufsstelle
pare, to ~ to the bone *(coll.)*	aufs Äußerste reduzieren
pedestrianised shopping precinct	Fußgänger(einkaufs)zone
personal disposable income	persönlich verfügbares Einkommen
retailing *(no pl)*	Einzelhandel
rockbottom, at ~ prices	zu Niedrigstpreisen
site, locate *(vb)*	ansiedeln
specialist/specialty *(US)* chain, multiple	Kette von Fachgeschäften
squat *(vb)*	kauern
stock *(vb)*	*hier:* führen
street trader	fliegender Händler
symbiotic gains	symbiotische/gegenseitige Nutzeffekte
trader	Händler
ubiquitous	allgegenwärtig
unit shop	Einzelladen
usurp, to ~ sb.'s role	die Rolle von jdm. übernehmen

Technological advance in recent years has opened up still further retailing innovations. Armchair shopping is *a good case in point.* As with mail-order shopping, customers can order goods, including food, from the comfort of their own homes and have them delivered to their own front door. Conventional TV shopping has been around for some time, where dedicated *channels* display and demonstrate goods which can then be ordered by phone or mail. Interactive TV shopping is newer and more *versatile*, but requires *access* to *digital transmission technology*. Here catalogues and offers can be selected and viewed via the TV screen, and items ordered either by phone or interactively, normally by means of a *set-top box.* E-commerce has expanded rapidly in recent years, enabling customers to view offers, place orders and pay for merchandise via the internet (see page 190 ff.). In certain respects the *wheel has turned full circle* in that internet retailers are increasingly *employing mass customisation* techniques, for example with items such as computers or *trainers*, to enable their customers to order goods tailor-made to suit their personal requirements and preferences and at the same time to benefit by *home delivery*.

While early outlets often expanded in the course of time to form chains operating on a regional or sometimes even a *nationwide* basis, this process has intensified in recent years with most big retail chains, both food and non-food, aiming to establish a *global presence.* These multinationals can maintain low prices through their *sophisticated logistics systems* and through *sourcing* many of their *products locally,* and are most successful where they *localise*, that is adapt their ranges to local tastes and circumstances.

The application of new technologies (*EPOS systems*) at the *checkout* or *cash desk* has benefited both sellers and buyers. Payment is facilitated by the use of *debit* or credit *cards* (*EFTPOS*), especially for larger bills, and it is envisaged that in future payment by *stored value cards* and *mobiles* will *virtually* replace the need for cash. At the same time EPOS systems using a laser scanner to read the *bar code* on a product ensure that the correct price (including any discounts) is *charged*, and enable the retailer to *monitor inventories* and re-order goods as required. With chains, re-ordering is often performed automatically via computer links between individual stores and central *warehouses* or *distribution centres.* This considerably eases supply chain management, especially when used in combination with EDI (Electronic Data Interchange) systems linking retailers to their suppliers and ensuring *just-in-time replenishment* of *stocks*. Logistics have also been *enhanced* by the development of delivery lorries to effect composite distribution, that is to transport perishable items at different temperatures in different *compartments*; this means that one full load can replace several part loads, thereby reducing transport costs and also facilitating delivery to *congested* high street locations.

access to *(no pl.)*	Zugang zu, Zugriff auf
bar code	Strichcode, Strichkode
case in point, a good ~	Paradebeispiel
cash desk, till point	Kasse
The actual 'cash register' or 'till' is also called 'Kasse' in German.	
channel	*hier:* Sender, Fernsehstation
charge *(vb)*	in Rechnung stellen, berechnen
checkout *(usu. in supermarket)*	Kasse, Ladenkasse
compartment	Abteilung
congested	verkehrsreich
debit card	girocard, Debit-Karte, *früher* ec-Karte
digital transmission technology	digitale Übertragungstechnik/-technologie
distribution centre	Vertriebszentrum
EFTPOS, electronic funds transfer at the point of sale	POS-Zahlung *(mit PIN, garantiert)* POZ-Zahlung *(nur Unterschrift, nicht garantiert)*
employ *(vb)*	*hier:* anwenden
enhance *(vb)*	aufwerten, verbessern
EPOS/electronic point-of-sale system	EPOS-System
global presence	globale Präsenz
home delivery *(usu. sing.)*	Lieferung ins Haus
inventories *(usu. US)*, stock(s) *(UK)*	Lagerbestände
just-in-time replenishment of stocks	Just-in-time-/zeitlich abgestimmte Auffüllung der Lagerbestände
localise *(vb)*	lokalisieren
mass customisation *(no pl.)*	Mass Customisation
mobile *(UK)*, cellphone *(US)*	Handy
monitor *(vb)*	laufend überwachen/kontrollieren
nationwide	landesweit
set-top box	Set-Top-Box, Settop-Box
Type of decoding device connecting a TV to e.g. a communications satellite.	
sophisticated logistics system	hochentwickeltes Logistiksystem
source, to ~ products locally	Produkte vor Ort beziehen
stock(s) *(UK)*, inventories *(usu. US)*	Lagerbestände
stored value card, electronic purse	Geldkarte, elektronische Geldbörse
Smart card with chip which can be loaded from a bank account and be used to effect payment wherever the appropriate technology is available.	
trainers *(UK)*, sneakers *(US)*	Turnschuhe
versatile	vielseitig
virtually	praktisch, nahezu
warehouse	Lager
wheel, the ~ has turned full circle	der Kreis hat sich geschlossen

EPOS systems also enable retailers to build up databases about individual sales they have effected and in the foreseeable future digital *receipts* and guarantees are likely to replace paper ones. Systematic *mining* of this *data* provides a detailed picture of *sales patterns* and of a shop's *clientele*, together with customer preferences and buying habits. While raising fears about the *invasion of customer privacy*, this does permit retailers to *stock their stores* more effectively and also to use *direct marketing* techniques to target individual customers with offers in line with their personal buying habits, especially those with *charge cards*; in other words technology and database marketing now enable the retailer to treat customers as individuals and to *revert to* more personal, *customised* service.

The actual shopping process is also likely to become more *hassle-free*, with laser scanners *recording* the items shoppers put into their *trolleys* as they move round the shop and permitting them via displays to monitor their purchases and to pay without long waits at the checkout. There are also schemes to introduce *portable till points*, which would achieve similar benefits. A further *refinement* currently under development is the use of scanners, mobiles, *PDAs,* smartphones etc. to enable shoppers to order items they require as they wander through the *aisles* and then *retire* for a cup of coffee while their order is put together and packed.

Legislative changes in recent years have also enhanced the shopping experience. *Restrictions on trading hours* have been *relaxed* almost everywhere, with the result that it is virtually possible to buy anything you want 24/7 (24 hours a day, 7 days a week). Longer shopping hours have also *enlivened* city centres and to some extent *evened out* traffic and public transport flows. At the same time the *lifting* of *resale price maintenance* and restrictions on discounts has worked to the shopper's, if not always to the manufacturer's, advantage.

<table>
<tr><td>aisle</td><td>Gang</td></tr>
<tr><td>charge card</td><td>Kundenkarte</td></tr>
<tr><td>clientele</td><td>Kundschaft</td></tr>
<tr><td>customised</td><td>hier: kundenorientiert</td></tr>
<tr><td>database, data pool</td><td>Datenbank, Datenbasis</td></tr>
<tr><td colspan="2">A databank is a particularly large database.</td></tr>
<tr><td>direct marketing (no pl.)</td><td>Direktmarketing</td></tr>
<tr><td colspan="2">Contacting potential customers direct, usually by mail but also by telephone.</td></tr>
<tr><td>enliven (vb)</td><td>beleben</td></tr>
<tr><td>even out (vb)</td><td>glätten</td></tr>
<tr><td>hassle-free</td><td>stressfrei</td></tr>
<tr><td>invasion of customer privacy (no pl.)</td><td>Verletzung der Privatsphäre des Kunden</td></tr>
<tr><td>legislative change</td><td>Gesetzesänderung</td></tr>
<tr><td>lifting</td><td>hier: Aufhebung</td></tr>
<tr><td>mine, to ~ data (sing. & pl.)</td><td>Datamining/Data-Mining betreiben</td></tr>
<tr><td colspan="2">To use existing databases to generate new information.</td></tr>
<tr><td>PDA, personal digital assistant, handheld, smartphone</td><td>der Handheld, PDA</td></tr>
<tr><td colspan="2">A handheld personal computer normally using pen technology.</td></tr>
<tr><td>portable till point</td><td>mobiles Kassenterminal</td></tr>
<tr><td>receipt</td><td>Quittung</td></tr>
<tr><td>record (vb)</td><td>erfassen</td></tr>
<tr><td>refinement</td><td>Verfeinerung</td></tr>
<tr><td>relax (vb)</td><td>hier: lockern</td></tr>
<tr><td>restrictions on trading hours</td><td>Einschränkung der Geschäftszeiten</td></tr>
<tr><td>resale price maintenance, RPM</td><td>Preisbindung</td></tr>
<tr><td>retire (vb)</td><td>hier: sich zurückziehen</td></tr>
<tr><td>revert to (vb)</td><td>sich (zurück)besinnen auf</td></tr>
<tr><td>sales pattern</td><td>Absatzstruktur</td></tr>
<tr><td>stock, to ~ a store</td><td>für einen Laden einkaufen</td></tr>
<tr><td>trolley</td><td>Einkaufswagen</td></tr>
</table>

1. How to formulate examples

Beispiel für etw.	example of sth.
Muster-/Paradebeispiel für etw.	a classic example of sth., a good case in point of sth.
sich an jdm. ein Beispiel nehmen	to follow sb.'s example, to take a leaf out of sb.'s book
mit gutem Beispiel vorangehen	to set a good example
beispielhaft	exemplary
wie, wie beispielsweise, wie z.B.	such as, like *(coll.)*
zum Beispiel, z.B., beispielsweise	for example, for instance, e.g. *(usually placed at beginning of clause)*
beispiellos	unprecedented, unparalleled
ein erschreckendes Beispiel	a dire warning, a terrible example

Translate the following

(a)	... unit shops offering specialist wares, such as the butcher's, the haberdasher's or the ironmonger's.
(b)	...internet retailers are employing mass customisation techniques, for example with items such as computers or trainers.
(c)	... neben klassischen Größen wie Gewinn oder Marktanteile ...
(d)	Ein Beispiel für Silent Commerce ist der elektronische Terminkalender, der automatisch Flüge bucht oder der Kühlschrank eines Catering-Betriebs, der z.B. eigenständig Getränke ordert, wenn eine festgesetzte Mindestmenge unterschritten wird.
(e)	Die Spendenbereitschaft der Bevölkerung war beispiellos.
(f)	Ärmere Länder wie z.B. Indien können es sich nicht leisten, ein Mindestgehalt einzuführen.
(g)	Nimm Dir ein Beispiel an Deinem Bruder: Schau mehr Fernsehen, dann bist Du bestens informiert.
(h)	Seine Firma ist ein Paradebeispiel für Missmanagement und sollte ein erschreckendes Beispiel für andere Kleinfirmen sein.
(i)	Eltern sollten mit gutem Beispiel vorangehen; sie sollten z.B. immer die Wahrheit sagen.
(j)	Ihr beispielhaftes Benehmen kam völlig überraschend.

2. Preposition problems

Note these terms which are followed by *of* in English but *für* in German

It is **characteristic**		our team to take defeat lightly.
Their red faces were **evidence**	O	their bad consciences.
The article is a typical **example**		of muckraking modern journalism.
His drinking is an **indication**		deeper psychological problems.
Give me an **instance**	F	his managerial ability.
If you want **proof**		the arrangement, ask for a copy.
Their behaviour is **typical**		teenagers.

Translate the above examples

3. Word Family: stock / store		
noun	stock(s), inventories *(usu.pl.)(US)*	Lagerbestand, Inventar, Vorräte
noun	stock *(esp. US)*, share *(UK)*	Aktie *(v.a. Stammaktie)*
noun	stock *(UK)*	Rentenpapier *(v.a. Staatsanleihe)*
noun	stock, store, supply (of sth.)	Vorrat (an etw.)
noun	stock	geführte Waren
noun	stocktaking	Inventur
verb	to take stock to take stock of sth.	1. Inventur machen 2. Bilanz ziehen
adj.	in stock	vorrätig, auf Lager
adj.	out of stock	nicht vorrätig
verb	to stock goods	Waren führen
verb	to stock a shop	Laden mit Waren ausstatten
verb	to lie in store for sb.	jdn. erwarten
noun	stockroom, storeroom	Lagerraum
noun	store, shop	Laden, Geschäft
verb	to store	lagern, speichern
noun	warehouse	Lager
noun	department store	Warenhaus Kaufhaus
noun	lager	Helles *(Bier)*

Translate the following sentences in the light of the above word family

(a)	The department store didn't stock clothes for very tall women so we had to go to a specialist store.
(b)	Closed for stocktaking!
(c)	Our mom and pop store didn't have a single bottle of lager left in stock because of the hot weather.
(d)	We'll have to take stock of our financial situation before booking any holiday.
(e)	The marketing manager has just had a look in the warehouse and says our stocks are so low that we'll have to place a rush order.
(f)	I'm pretty sure we have that size in stock, I'll go and have a look in the storeroom.
(g)	Their stock is expensive, but always top quality.
(h)	The grocery chain's stocks have soared since word got round about its upcoming takeover.
(i)	The Pilgrim Fathers had no idea what lay in store for them in the New World.
(j)	It's all stored up there in your brain.
(k)	She likes to store plenty of ready-cooked meals in the freezer in case she can't get out of the house.

1.

(a) ... Einzelläden, die ein spezielles Warenangebot führen, wie z.B. die Metzgerei, der Kurzwarenhändler oder der Eisenwarenhändler.
(b) ... Einzelhändler im Internet verwenden die Technik der Mass Customisation z.B. bei Waren wie Computer oder Turnschuhe.
(c) … in addition to classical factors such as profits and market share …
(d) One example of silent commerce is the electronic diary, which books flights automatically, or a catering firm's fridge, which for example orders drinks of its own accord when stocks fall below a certain minimum level.
(e) The willingness of the population to donate money was unprecedented.
(f) Poorer countries such as/like India cannot afford to introduce a minimum wage.
(g) Take a leaf out of your brother's book: watch more TV and you'll be extremely well informed.
(h) His firm is a classic example of mismanagement and should be a dire warning to other small companies.
(i) Parents should set a good example, for instance they should always tell the truth.
(j) Her exemplary behaviour came as a complete surprise.

2.

Es ist kennzeichnend für unsere Mannschaft, dass sie Niederlagen leicht wegsteckt.
Ihre roten Gesichter bewiesen, dass sie ein schlechtes Gewissen hatten.
Dieser Artikel ist ein typisches Beispiel für den sensationslüsternen modernen Journalismus.
Seine Trinkerei ist ein Zeichen für tiefer gehende, psychische Probleme.
Gib mir ein Beispiel für seine Führungsqualitäten.
Wenn Du einen Beleg für die getroffene Absprache brauchst, verlange eine Kopie.
Ihr Benehmen ist typisch für Teenager.

3.

(a) Das Warenhaus/Kaufhaus führte keine Kleidung für sehr große Frauen und wir mussten in ein Fachgeschäft gehen.
(b) Wegen Inventur geschlossen.
(c) Unser Nachbarschaftsladen/Tante-Emma-Laden hatte infolge der Hitze keine einzige Flasche helles Bier mehr auf Lager.
(d) Wir werden hinsichtlich unserer finanziellen Lage Bilanz ziehen müssen/unsere finanzielle Lage genau überprüfen müssen, ehe wir einen Urlaub buchen.
(e) Der Vertriebsleiter hat gerade im Lager nachgeschaut; er sagt, dass die Bestände so niedrig seien, dass wir eine Eilbestellung aufgeben müssen.
(f) Ich bin fast sicher, dass wir diese Größe vorrätig haben; ich schaue schnell im Lager nach.
(g) Ihre Waren sind teuer, aber immer von bester Qualität.
(h) Seitdem sich die Nachricht über die bevorstehende Übernahme überall verbreitete, sind die Aktien der Lebensmittelkette in die Höhe geschossen.
(i) Die Pilgerväter ahnten nicht, was sie in der neuen Welt erwartete.
(j) Es ist alles im Hirn gespeichert.
(k) Sie hat gerne eine Menge Fertiggerichte im Gefrierschrank auf Lager, für den Fall, dass sie ans Haus gebunden ist.

14

Das Bankensystem in Deutschland
Deutsche Banken im Überblick

Banking on Banks
Survey of the American and British banking systems

Das Bankensystem in Deutschland

Banken spielen in jeder Volkswirtschaft eine besondere Rolle. *Sie nehmen Kapital* von *Anlegern* bzw. *Einlegern entgegen*, geben Gelder an *Kapitalnehmer* weiter und *sorgen* somit *für einen Ausgleich* von *Kapitalangebot und Kapitalnachfrage*. Darüber hinaus *schaffen* sie *die Voraussetzungen für* einen geordneten *Zahlungsverkehr* für Unternehmen, die im *Handel mit Waren und Dienstleistungen* tätig sind.

Das *Bankengewerbe* ist von dynamischen Entwicklungen und einem großen *Anpassungsdruck* aufgrund veränderter Marktbedingungen *geprägt*:

- Einbindung neuer *Informationstechnologien;*
- Schaffung moderner *Vertriebssysteme* (Direktbanking, Online-Banking);
- harter Wettbewerb bedingt durch das *Vorstoßen* internationaler Konkurrenz und *branchenfremder Anbieter* in den bislang traditionellen *Geschäftsbereich* der Banken;
- steter Innovationsdruck und massive Konkurrenz v.a. von Seiten der Kapitalmärkte zwingen zur *Ausweitung der Bankproduktpalette* (*Versicherungen, Immobilien*) und zur Transformation in *Allfinanz-Institute;*
- Vielzahl von *Fusionen* (teilweise grenzüberschreitend), die zu permanenten Verschiebungen der *Branchenstruktur* führen.

Systematisierung des deutschen Bankensektors

Klassifizierung der Banken in Deutschland je nach Geschäftstätigkeit*:*

- ***Universalbanken***
- ***Spezialbanken***

Universalbanken bieten alle *Bankgeschäfte aus einer Hand* an, während sich Spezialbanken auf bestimmte Bereiche konzentrieren. Dieser klassische Unterschied wird jedoch zunehmens verwischt, denn *Großbanken* beauftragen zunehmend ihre eigenen *Tochtergesellschaften* mit Spezialgeschäften.

Klassifizierung der Banken in Deutschland je nach *Rechtsform*:

- ***Privatbanken***
- ***genossenschaftliche Banken***
- ***öffentlich-rechtliche Banken***

Privatbanken sind privatrechtlich organisiert, und ihre *wirtschaftliche Zielsetzung* ist *gewinnorientiert*.

Genossenschaftliche Banken (Genossenschaftsbanken) sind Banken in der Rechtsform der Genossenschaft, die keine rein erwerbswirtschaftliche Zielsetzung haben, sondern die *Förderung ihrer Mitglieder* anstreben.

Öffentlich-rechtliche Banken sind Anstalten oder Körperschaften des öffentlichen Rechts bzw. Banken, die zwar eine privatrechtliche Rechtsform haben, deren Anteile aber von öffentlich-rechtlichen Körperschaften entweder ganz oder teilweise gehalten werden. Träger können der *Bund*, ein *Bundesland*

Allfinanz-Institut, Allfinanzinstitut | financial supermarket

Kreditinstitut mit einem umfassenden Angebot an vielfältigen modernen Finanzdienstleistungen aus einer Hand, das über die traditionelle Service-Palette einer Bank hinausgeht.

Anleger	investor
Anpassungsdruck	pressure to adjust
Ausgleich, für einen ~ sorgen	to ensure that sth. balances
Ausweitung der Produktpalette	extending the product range
Bankengewerbe, Bankgewerbe	banking industry/sector
Bankgeschäfte aus einer Hand	one-stop banking
branchenfremder Anbieter	supplier from a different sector/line of business
Branchenstruktur	industry structure
Bund	the German government
Bundesland	German Land/state
Einleger	depositor
Förderung der Mitglieder	promotion of their members' interests
Fusion	merger
genossenschaftliche Bank	cooperative bank, credit union
geprägt sein von etw.	to be marked/characterised by sth.
gewinnorientiert	profit-oriented, profit-orientated
Großbank	leading bank, major bank, mega-bank
Handel mit Waren und Dienst-leistungen	trade in goods and services
Immobilien	property, real estate *(no pl.)*
Informationstechnologie, IT	information technology, IT
Kapital entgegennehmen	to accept/take money/deposits
Kapitalangebot und Kapitalnachfrage	supply and demand for capital
Kapitalnehmer	borrower
öffentlich-rechtliche Bank	public-sector bank
Privatbank	private-sector bank
Rechtsform (einer Bank)	(a bank's) legal status/form
Spezialbank	specialised bank, specialty bank *(US)*
Tochtergesellschaft	subsidiary
Universalbank	universal bank, full-service bank
Versicherung	insurance
Vertriebssystem	*here:* service network
Voraussetzungen schaffen für etw.	*here:* to provide the framework/ facilities for sth.
vorstoßen, in einen Bereich ~	to make inroads into/penetrate an area
wirtschaftliche Zielsetzung	economic goal/aim/objective
Zahlungsverkehr	payment transactions

eine *Gemeinde* und sonstige *juristische Personen des öffentlichen Rechts* sein. Diese Banken *stehen* oft mit den übrigen Bereichen der Bankwirtschaft *in Konkurrenz*, teilweise *erfüllen* sie eher *Aufgaben im gesamtwirtschaftlichen Interesse*. Ihr *Hauptziel* ist nicht die *Gewinnmaximierung*, obwohl sie von wenigen abgesehen unter *erwerbswirtschaftlichen Zielen* geführt werden. Sie *haben einen öffentlichen Auftrag* und *orientieren sich an gemeinnützigen* Motiven.

Die Universalbanken in Deutschland

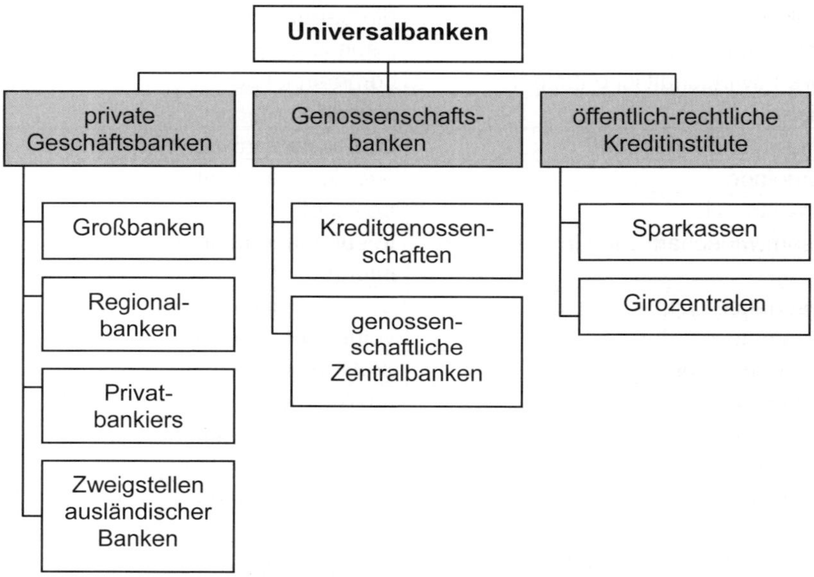

Private *Geschäftsbanken*

Die *international ausgerichteten* **Großbanken,** die vornehmlich als *Aktiengesellschaften* geführt werden, bieten alle Bankgeschäfte aus einer Hand an und verzeichnen ein hohes *Geschäftsvolumen*. Sie verfügen über ein großes *Zweigstellennetz* sowie *Direktbanking-Kanäle*. Großbanken *konkurrieren mit* anderen Global Playern im *internationalen Bankgewerbe* um eine gute *Positionierung* im lukrativen *Emissions- und Firmenkundengeschäft*.

Regionalbanken, die *historisch bedingt* regional begrenzt operierten, sind inzwischen vielfach auch *bundesweit tätig* und betreiben ebenfalls das Allfinanz-Geschäft.

Privatbankiers (Privatbankierfirmen) sind *traditionsreiche* und *alteingesessene Bankbetriebe*. Sie werden als *OHG* oder *KG* geführt, verfügen über keine oder wenige *Filialen* und betreuen traditionell *vermögende Einzelpersonen* und Unternehmen.

Aktiengesellschaft	public (limited) company, stock corporation
alteingesessen	old-established, long-established
Aufgaben erfüllen	to perform tasks
Auftrag, einen öffentlichen ~ haben	to operate in the service of the community
Bankbetrieb	bank
Bankgewerbe, internationales ~	international banking
bundesweit tätig sein	to operate nationwide
Direktbanking-Kanäle	direct-banking channels
Emissionsgeschäft	issue/issuance business
erwerbswirtschaftliche Ziele	commercial goals
Filiale	branch
Firmenkundengeschäft	corporate banking
Gemeinde	*hier:* local authority
gemeinnützig	non-profit, not-for-profit
gesamtwirtschaftlichen Interesse, im ~	to suit macroeconomic ends, in the interests of the economy as a whole
Geschäftsbank	commercial bank
Geschäftsvolumen	volume of business
Gewinnmaximierung	profit maximisation
Hauptziel	main target/aim/objective/object
historisch bedingt	for historical reasons
international ausgerichtet	globally oriented/orientated
juristische Person des öffentlichen Rechts	public corporation
KG, Kommanditgesellschaft	limited partnership
Konkurrenz, in ~ mit jdm. stehen, mit jdm. konkurrieren	to compete with sb.
OHG, offene Handelsgesellschaft	ordinary *(UK)*/general *(US)* partnership
orientieren, sich an etw. ~	to be oriented/orientated towards sth.
Positionierung	positioning
Privatbankier, Privatbankier(s)firma	private bank
Regionalbank	regional bank
traditionsreich	with a long tradition
vermögende Einzelperson	high net worth customer, wealthy/affluent individual
Zweigstellennetz	branch network

Genossenschaftliche Kreditinstitute

Kreditgenossenschaften bilden die örtliche Basis des Genossenschaftswesens und bestehen u.a. aus Volks- und Raiffeisenbanken. Die **Volksbanken**, ursprünglich für *Handwerksbetriebe im städtischen Raum zuständig,* während **Raiffeisenbanken** für *ländliche Gebiete* und die *Agrarwirtschaft* entwickelt wurden, offerieren heutzutage wie auch alle anderen Kreditgenossenschaften die gesamte *Palette an Bankdienstleistungen* und unterhalten ein großes Filialnetz.
Genossenschaftliche Zentralbanken *fungieren als Clearingstelle* für die einzelnen Kreditgenossenschaften.

Öffentlich-rechtliche Kreditinstitute

Sparkassen sind Universalkreditinstitute, die alle üblichen *Bankgeschäfte betreiben*, landesweit operieren, aber in bestimmten Regionen traditionell eine starke Präsenz aufweisen. Ihr *Kernbereich* ist das *Einlagengeschäft,* insbesondere die *Förderung des Sparens*, *die Kreditversorgung* und die Abwicklung des *bargeldlosen Zahlungsverkehrs*.
Die zwölf ***Girozentralen*** sind die *Clearingbanken* für Sparkassen und gleichzeitig *Hausbanken* der Bundesländer oder Kommunen.

Die *'Bankenmacht'* in Deutschland

Dieses Schlagwort aus der deutschen Finanzwelt bezeichnet die einflussreiche und von Kritikern vielfach als zu mächtig erachtete Stellung der Banken in der bundesdeutschen Wirtschaft. Diese Macht der Banken resultiert aus der Konzentration folgender Einflussmöglichkeiten:

1. *Aktienbeteiligung* an den *namhaften Industriekonzernen*

2. Verflechtung von Unternehmens- und Bankeninteressen durch gegenseitige Wahrnehmung vieler *Aufsichtsrats- und Beiratsmandate*

Kritiker bemängeln, dass die sich im Zuge der *Ämterhäufung* ergebende Überlastung manchen Bank- bzw. Unternehmensmanagern zu wenig Zeit für die Ausübung ihrer Aufsichtsfunktion in den jeweiligen Gremien lasse oder dass sie Unternehmensentscheidungen *zu sehr am* Bankeninteresse *auszurichten* versuchen und vice versa.

3. *Ausübung des Depotstimmrechts*

Per Gesetz dürfen *Kleinaktionäre ihr Stimmrecht* für die Hauptversammlung einer Bank *übertragen*; i.d.R. handelt es sich um die Bank, die ihr Aktiendepot verwaltet. Die Wahrnehmung dieses Depotstimmrechts ist eine Dienstleistung der Bank vor allem für die Kleinkunden, die an der Hauptversammlung einer AG, deren Teilhaber sie sind, nicht teilnehmen können. Die Übertragung des Stimmrechts erfolgt über eine *Vollmacht*. Die Bank ersucht den Kunden um Weisungen für die *Ausübung des Stimmrechts*. Erteilt dieser keine Instruktionen, übt die Bank das Stimmrecht nach eigenen Vorstellungen aus. Gemeinsam mit den Stimmrechten aus bankeigenen Aktien verschaffen sich Banken über diese Bündelung einiges an Gewicht.

Agrarwirtschaft	agriculture
Aktienbeteiligung an etw.	shareholding in sth.
Ämterhäufung	acquisition of a plurality of offices, pluralism
Aufsichtsratsmandat	seat on the supervisory board
ausrichten, etw. zu sehr an etw. ~	to align too closely with sth.
Ausübung des Stimmrechts	exercise of voting rights
Bankdienstleistungen, Palette an ~	range of banking products/services
Bankenmacht	power of the banks
Bankgeschäfte betreiben	to conduct banking business/activities
bargeldloser Zahlungsverkehr	cashless payment transactions
Beiratsmandat	seat on the advisory board
Clearingbank	clearing bank
Clearingstelle	clearing house/centre

Stelle, die das geregelte, gegenseitige Verrechnen von Forderungen und Verbindlichkeiten der Clearing-Teilnehmer abwickelt, so dass nur die Salden zu Gunsten bzw. zu Lasten eines Teilnehmers gutgeschrieben bzw. in Rechnung gestellt werden.

Depotstimmrecht	proxy vote (derived from safe custody service)
Einlagengeschäft, Passivgeschäft	deposit-taking activities
Förderung des Sparens	promoting saving
fungieren, als etw. ~	to act as
genossenschaftliches Kreditinstitut	cooperative bank/banking institution
genossenschaftliche Zentralbank	central cooperative bank
Girozentrale	central savings bank
Handwerksbetriebe	companies engaged in crafts and trades
Hausbank	principal bank
Industriekonzern	industrial group
Kernbereich	core business
Kleinaktionär	retail/small investor
Kreditgenossenschaft	cooperative bank, credit union
Kreditversorgung	provision of credit
ländliches Gebiet	rural area
namhaft	famous
öffentlich-rechtliches Kreditinstitut	public-sector bank/banking institution
Sparkasse	Sparkasse, public-sector savings bank in Germany
städtischer Raum	urban area(s)
Stimmrecht, das ~ übertragen	to transfer voting rights, appoint a proxy
Vollmacht	*here:* form of proxy
zuständig für etw.	*here:* created to serve sth.

Banking on Banks

The general structure of the banking sector in the USA and the UK can be summarised as follows; there are, however, few direct equivalents between institutions in the two countries for historical, cultural and legislative reasons.

Type of Bank	USA	UK
central bank	Federal Reserve System	Bank of England
commercial banking:		
1) private-sector banks	multi-state banks	high street banks
	unit banks	
2) mutual institutions	savings & loans, thrifts	building societies
	credit unions	credit unions
investment banking	investment banks	investment banks
		merchant banks
nonbank banks, near-banks	limited service banks owned by industrial companies, insurances, retailers etc.	

CENTRAL BANKING

In the USA central banking and *monetary policy* are governed by the *Federal Reserve System*, an *independent government agency* consisting of 12 regional Federal Reserve Banks. Most, but not all, *commercial banks* are members of the Fed. Monetary policy is coordinated by the *Federal Reserve Board* under its *Chairman* in Washington and by the *Federal Open Market Committee* in New York. The *key interest rates* are:

- the *federal funds (target) rate* (the rate charged between member banks for overnight lending to one another of surplus funds on their Fed accounts)
- the *discount rate* (the rate paid by member banks for direct borrowing from the Fed)
- the *prime rate* (the lending rate charged by commercial banks to their best customers)

The UK's *central bank* is the *Bank of England*, which did not become largely independent of the *Treasury* in the conduct of monetary policy until the late 1990s. Headed by the *Governor*, its main *policy organ* is the *Monetary Policy Committee*. The key interest rate is

- the *official bank rate,* also known as the Bank of England *base rate*, that is the rate paid by banks for borrowing from the Bank; base rate also means the lending rate charged by commercial banks to their best customers.

COMMERCIAL BANKING

In both Britain and America there has traditionally been a strict *demarcation* between commercial banking and *investment banking*, whereas for example in Germany *universal banking* has been the norm, with banks providing every type of banking service under one roof. With commercial banking the emphasis is on *taking deposits*, lending money and conducting *payment transactions* for *retail customers* – the general public and small businesses –

** It is often advisable not to translate these terms, but to leave them in English and possibly add a German explanation, e.g. das Federal Reserve Board, das oberste Gremium der US-Notenbank.*

Bank of England	*, die britische Zentral-/Notenbank
bank, to ~ on sth./sb., to rely on sth./sb.	sich auf etw./jdn. verlassen
bank rate, official ~	Diskontsatz
base rate	Basiszins(satz), Eckzins(satz)
central bank	Zentralbank, Notenbank
Chairman of the Fed, the Fed chief	*, Fed-Vorsitzender, Chef der Fed

One of 7 Federal Reserve Board governors; term of office 4 years, renewable.

commercial bank	Geschäftsbank
demarcation	Abgrenzung, Trennung
discount rate	Diskontsatz
federal funds (target) rate	*, Fed-Zielsatz für Tagesgeldzinsen
Federal Open Market Committee, FOMC	*, Fed-Offenmarktausschuss

12 members: 7 governors of the Fed. Board + the president of the New York Federal Reserve Bank + 4 other Federal Reserve Bank presidents in rotation.

Federal Reserve Board, Board of Governors	* , oberstes Gremium der US-Notenbank

7 governors appointed in rotation for 14 years, term non-renewable.

Federal Reserve System, the Fed	*, die Fed, die US-Notenbank
Governor	*, Gouverneur der Bank of England
independent government agency	autonome staatliche Behörde (in den USA)

Organ of the US federal executive which is less closely influenced by the President than the Departments (Ministerien) and therefore has greater independence and authority (e.g. NASA, CIA etc.).

investment banking *(no pl.)*	Investmentbanking
key interest rate	Leitzins
monetary policy, money policy	Geldpolitik, Geld- und Kreditpolitik
Monetary Policy Committee	*, geldpolitischer Ausschuss in Großbritannien

5 members of the Bank of England plus 4 experts appointed by the Treasury.

payment transactions	Zahlungsverkehr
policy organ	beschlussfassendes Organ
prime rate	* , Ausleihsatz an erste Adressen
retail customer	Kleinkunde, Privatkunde
taking deposits, deposit-taking	Einlagengeschäft, Passivgeschäft
Treasury	*, britisches Schatzamt

The 'Treasury' in the USA is usually translated 'amerikanisches Finanz-ministerium'.

universal/full-service banking *(no pl.)*	Universalbankensystem

(*retail banking*), and also for *wholesale customers* such as *corporates* and institutions (*wholesale banking*). A particularly lucrative area is the provision of private banking services to *high net worth customers*, traditionally the *preserve* of *private banks* and investment banks. Investment banks focus on specialist services for companies and other institutions, in particular helping them raise finance, and also on investment advice and trading.

In the USA the Glass-Steagall *Act* was passed in 1933 to prevent a repetition of the Wall Street Crash (1929), which was *allegedly compounded* by the fact that many banks invested customers' deposits unwisely because there were conflicts of interest between their investment banking and their commercial banking activities. The law strictly demarcated the *services* banks could *perform*. They could either *accept deposits* (commercial banks) or *underwrite securities* (investment banks). Neither were allowed to *underwrite insurance*. Over the years Glass-Steagall was gradually undermined, until eventually in 1999 it was replaced by a new law allowing commercial banks, investment banks, insurance companies and securities houses to *merge* and to become universal banks. It has been asserted that the 2008 *financial meltdown* was at least partly attributable to the frenzy of investing that followed, with investment instruments becoming increasingly *arcane* and high-risk as competition between universal and investment banks hotted up. As a result there have been calls for the banking sector to be split up again.

The banking scene in America has also been *moulded* by *legislation* limiting the activities of banks to their home states or even towns. This regulation was undermined over the years by the creation of *bank holding companies*, which through *affiliates* and *subsidiaries* are able to *operate on a multi-state basis.* There was also a rapid rise in the number of *nonbank banks* and *near-banks*; these are financial institutions set up by industrial companies, insurances and *retailers* etc, which initially provided only limited banking services, e.g. taking *demand deposits* but not making *commercial loans*, and were thus often able to operate without geographic restrictions. Legislation *deregulating* interstate banking was passed in 1994; this triggered numerous *mega-mergers* and saw the emergence of giant, highly profitable, multi-state and even *nationwide* banks. Although over 90% of US banks are still small local *unit banks,* roughly half of total *assets* are held by the 10 largest banks.

The *mutuals*, that is financial institutions owned by their members, play an important role on the American banking scene alongside the *incorporated banks*. They usually take the form of

- *savings and loan associations* or *thrifts*, savings banks which originally specialised in providing *affordable mortgages* for small savers and now provide a complete range of banking services
- *credit unions, cooperatives* set up to serve members with a *"common bond"*, such as people working for the same company or with the same interests, e.g. farmers. The tax privileges of their *non-profit-making* status enable them to lend cheaply and grant higher interest rates on deposits.

accept, , to ~ deposits	Einlagen entgegennehmen
act, law	Gesetz
affiliate	Schwestergesellschaft
allegedly	angeblich
arcane	obskur, undurchsichtig
assets	Aktiva, Vermögenswerte
bank holding company	Bankholding
Holding, when it stands alone in English, means interest or stake (Beteiligung).	
commercial loan	Geschäftskredit, Firmenkredit
common bond	Gemeinsamkeit, gemeinsame Basis
compound *(vb)*	verschlimmern, zusätzlich erschweren
cooperative	Genossenschaft
corporate, large company, group	Großunternehmen
credit union	* , US-Kreditgenossenschaft
demand deposits	Sichteinlagen
deregulate *(vb)*	deregulieren, liberalisieren
To remove central, esp. government, control and regulations.	
financial meltdown	Finanzkrise
high net worth customer	vermögender Privatkunde
incorporated bank	Bank in der Rechtsform einer AG
legislation *(no pl.)*	Gesetzgebung, Gesetze
mega-merger	Elefantenhochzeit
merge *(vb)*	fusionieren
mortgage, affordable	erschwingliche Hypothek
mould, to ~ sth.	etw. prägen, formen
multi-state, to operate on a ~ basis	in mehreren Bundesstaaten operieren
mutual, mutual bank	*, eine Bank auf Gegenseitigkeit
nationwide	1. *hier:* bundesweit 2. landesweit
nonbank bank, limited service bank	Nonbank, Nichtbanken-Finanzinstitut
A near-bank (Near-/Quasibank) similarly provides limited banking services, but is already a financial institution in its own right, e.g. an insurance company.	
non-profit(-making), not-for-profit	gemeinnützig
preserve *(no pl.)*	Domäne, Terrain
private bank	Privatbankier, Privatbankhaus
retail banking, personal banking	Kleinkunden-/Privatkundengeschäft
retailer	Einzelhändler
savings & loan association, S&L, thrift	* , US-Spar- und Darlehenskasse
service, to perform a ~	eine Dienstleistung erbringen
subsidiary	Tochtergesellschaft
underwrite *(vb)* 1. to ~ securities 2. to ~ insurance	1. Neuemissionen übernehmen 2. versichern, Versicherungen zeichnen
unit bank	Einzelbank
wholesale banking; ~ customer	Großkundengeschäft; Großkunde

In the UK the commercial banking sector has traditionally been dominated by the leading *private-sector banks*, known as the *high street banks* because they have *branches* on every major shopping street. Their *pre-eminence* has, however, increasingly been *whittled away* by newcomers to the market such as large *building societies* which have *converted to bank status* by *going public*. Banks are also facing increasingly stiff competition because *deregulation* has allowed their traditional market to be penetrated by limited-service banks operated by retailers, insurances, manufacturers etc., usually in alliance with a *major bank*, and offering savings products, insurance, credit cards and loans. These nonbank banks now pose a greater threat, in that they are planning to *capitalise on* the public's disillusionment with traditional banks to move into full-service banking with *current accounts* and branches.

Building societies, like the S&Ls and thrifts in the USA, were traditionally set up to provide low-cost mortgages *on a mutual basis* (i.e. they are owned by their members) and they are still the major providers of *home loans* in the UK. However legislation has been amended over the years to allow them to diversify their range of products and services and they now provide virtually the same products as commercial banks. Many have found they need a wider *capital base* to perform these operations, and in order to achieve this several have gone public, i.e. they have *issued shares* and allotted them to their existing members: in other words they have *demutualised* and become standard private-sector commercial banks. Alternatively they have merged or been *acquired* by private-sector banks. Credit unions are also finding increasing popularity.

INVESTMENT BANKING

Investment banks basically specialise in *raising capital* and managing assets for companies and institutions, their chief products and services being

- *IPOs (*launching companies on the stock exchange); *underwriting new* share and *bond issues*; privatisations
- mergers and acquisitions
- project finance and *corporate loans*, arranging *syndicated loans*
- *asset management* for *wholesale investors* such as corporates, insurance companies, *pension funds*, *mutual funds*; *securities trading* in *money market* instruments, shares, bonds etc., both on behalf of clients and for the bank's own account (*proprietary trading)*
- *treasury management*, including money market operations, *hedging* and *risk management.*

In addition to the many overseas investment banks which maintain a substantial presence in the *City of London*, there are also the *merchant banks*, the traditional British equivalent of investment banks; these are usually old-established (originally family) banks with global connections and *expertise* and with strong links to the corporate sector. They therefore specialise in investment banking activities and overseas trade services.

acquire *(vb)*	1. *hier:* übernehmen 2. erwerben
asset management *(no pl.)*	Vermögensverwaltung
bond issue	Begebung/Emission einer Anleihe
branch	Filiale, (Zweig-)Niederlassung
building society	*, britische Bausparkasse, die auch reguläre Bankprodukte anbietet
capital base *(usu. sing.)*	(Eigen-)Kapitalbasis
capitalise, to ~ on sth.	Nutzen aus etw. ziehen
City (of London)	*, Finanzviertel von London

Used in the UK as a metonym for the financial community: the City welcomed the rate cut; the City/city (i.e. financial) editor on a newspaper or magazine.

convert, to ~ to bank status	Bankstatus annehmen
corporate loan	Unternehmenskredit
current *(UK)*/checking *(US)* account	Girokonto, Kontokorrentkonto
demutualise *(vb)*	demutualisieren

To convert from a mutual company to a publicly traded company.

deregulation *(no pl.) (cf. page 215)*	Deregulierung, Liberalisierung
expertise *(no pl.)*	Fachwissen
hedging *(no pl.)*	Hedging, Absicherungsgeschäfte
high street bank, clearing bank	britische Großbank
home loan	Baudarlehen
IPO, initial public offering	Börsengang
major bank, leading bank	Großbank
merchant bank	*, britische Investmentbank
money market	Geldmarkt

Market for short-term securities such as Treasury bills, commercial paper.

mutual fund	(offener) Investmentfonds
mutual, on a ~ basis	auf Gegenseitigkeit
pension fund	Pensionsfonds, Pensionskasse
pre-eminence *(no pl.)*	Vorrangstellung
private-sector bank	Privatbank, private Bank
proprietary/prop trading *(no pl.)*	Eigenhandel
public, to go ~	an die Börse gehen
raise, to ~ capital	*hier:* Kapital beschaffen
risk management *(no pl.)*	Risikomanagement
securities trading *(no pl.)*	Wertpapierhandel
share; to issue shares	Aktie; Aktien emittieren/begeben
syndicated loan	Konsortialkredit
treasury management *(no pl.)*	*, Finanzdisposition
underwrite, to ~ a new issue	*hier:* eine Neuemission übernehmen und platzieren
whittle, to ~ away	nach und nach abbauen
wholesale investor	Großanleger

1. See if you can match the following banking terms with the definitions given below and suggest their German equivalents

* private banking	* building society	* nonbank bank
* high street bank	* commercial bank	* retail banking
* wholesale banking	* investment bank	* merchant bank
* thrift / S&L	* credit union	* central bank

(a)	Financial institution which provides standard bank products and services (deposit-taking, lending, payment systems) both to individuals and to companies. Does not provide investment banking services.
(b)	A bank entrusted with implementing monetary policy to safeguard the value of the domestic currency. Its activities mainly relate to regulating the money supply by adjusting the note issue, setting interest rates, intervening on foreign exchange markets etc. Often also involved in supervising the domestic banking system.
(c)	Provision of commercial banking services to large companies and financial institutions.
(d)	Bank which advises and assists wholesale customers, especially industrial companies, on raising capital, for example through share and bond issues (which it frequently underwrites) and syndicated loans, and on asset management, mergers and acquisitions etc.
(e)	Leading UK commercial bank which participates in the clearing system and maintains a large network of branches for retail customers.
(f)	General name given to a savings bank in the USA, which usually takes the form of a mutual organisation, i.e. is owned by members who have votes and take part in decision-making. Traditionally specialising in home loans, these banks have over the years come to provide a full range of retail banking products and services.
(g)	UK version of an investment bank. Many are descended from old-established family trading houses with global connections and therefore offer expertise on exporting and overseas markets.
(h)	Provision of banking services to high net worth individuals.
(i)	Institution which has expanded its original activities, such as retailing or manufacturing, to include banking services. In the USA these originally offered *either* deposit-taking *or* lending services in order to circumvent US banking legislation and to operate on a nationwide scale, but following the relaxation of these laws they now increasingly offer a full range of financial services.
(j)	A type of cooperative bank, typically providing banking services for a group of customers with a common bond such as the same profession or the same employer. In the USA their cooperative status gives them tax privileges which enable them to provide very competitive rates of interest. Originating from the Raiffeisen principle in Germany, they are spreading from the USA all over the world.

(k)	Provision of commercial banking services to indivicuals and small companies.
(l)	A UK financial institution which traditionally specialises in taking deposits and granting mortgages. They take the form of mutual organisations, and customers are members with voting rights. Thanks to deregulation, most nowadays offer a complete range of banking services. Many have abandoned their mutual status and gone public in recent years in order to give themselves a broader capital base.

2. Small but meaningful

The little word **je** is very versatile in German and has to be translated differently depending on the context.

(i) Insert the correct equivalent of je in the following common examples

(ii) Translate the sentences into German, taking particular note of the difference in word order.

(a) These bananas cost 20 cents ... .
(b) Bring all your friends, ... more ... merrier!
(c) Car hire costs £30 ... day or part thereof.
(d) He gave them all €15 ... to spend at the fair.
(e) The group were asked to enter the lift six ... .
(f) Insert 3 drops in ... eye every 4 hours.
(g) The pressure to perform is greater ... since they sacked so many employees.
(h) The students were divided up ... their native languages.
(i) ... longer you take over the meal, ... less time you will have to reach the theatre on time.
(j) Productivity sagged by 1% in ... February and March.
(k) They slept in the open or in youth hostels ... the weather.

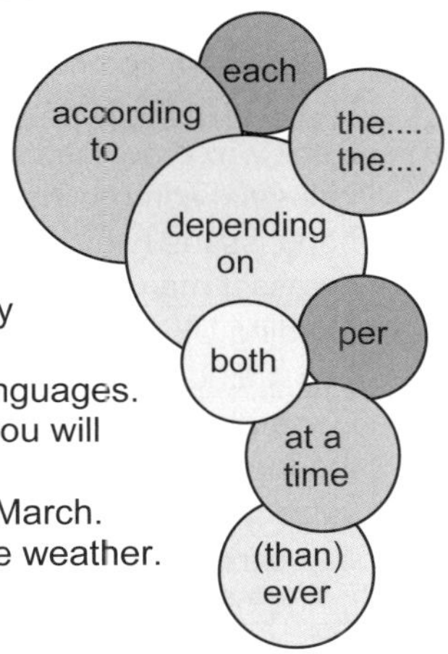

(iii) Translate the following sentences

(a)	Klassifizierung der Banken in Deutschland je nach Geschäftstätigkeit.
(b)	Wir senden Ihnen gern je ein Exemplar unserer neuesten Veröffentlichungen kostenlos zu. *(2 possibilities)*
(c)	Im 2. und im 3. Quartal nahm das Bruttoinlandsprodukt um je einen halben Prozentpunkt ab.
(d)	Der Tee kostet €950 je Kiste zu je 200 einzeln verpackten 250g-Tüten.
(e)	Man muss ein Minimum von je 4000 Werbebriefen bei der Post aufgeben, um den Sondertarif zu erhalten.
(f)	Uns geht der Sekt aus; wir können jedes Glas nur je zur Hälfte füllen.
(g)	Es werden zwischen 4 und 6 Gruppen gebildet, je nach Anmeldezahl.
(h)	Er hat sich völlig erholt und schreibt für meine Begriffe besser denn je.
(i)	Wir zahlen €15 je angefangene Stunde.
(j)	Je länger wir warten, desto größer ist die Wahrscheinlichkeit, dass die Preise fallen.
(k)	Hast Du sie je sprechen gehört?

1.

(a) commercial bank – Geschäftsbank
(b) central bank – Zentral-/Notenbank
(c) wholesale banking – Großkunden-/Firmenkundengeschäft
(d) investment bank – Investmentbank
(e) high street bank – britische Großbank, eine führende britische Geschäftsbank
(f) thrift/savings and loan association – Savings and Loan Association, eine amerikanische Spar- und Darlehenskasse
(g) merchant bank – Merchant Bank, eine britische Investmentbank
(h) private banking – Private Banking, das Geschäft mit vermögenden Privatkunden
(i) non-bank – Nonbank/Nichtbanken-Finanzinstitut
(j) credit union – Credit Union, eine amerikanische Kreditgenossenschaft(sbank)
(k) retail banking – Kleinkunden-/Privatkundengeschäft
(l) building society – Building Society, eine britische Bausparkasse, die auch reguläre Bankdienstleistungen anbietet

2. (i) & (ii)

(a) each – Diese Bananen kosten je 20 Cent.
(b) the ... the ... – Bringe alle Deine Freunde mit, je mehr kommen, desto lustiger wird es.
(c) per – Die Automiete kostet £30 je angefangenen Tag.
(d) each – Er schenkte allen je €15 für das Volksfest.
(e) at a time – Die Gruppe wurde gebeten zu je(weils) sechst den Aufzug zu betreten.
(f) each – Je drei Tropfen alle 4 Stunden in die Augen einträufeln.
(g) than ever – Seitdem sie so viele Mitarbeiter entlassen haben, ist der Leistungsdruck größer denn je.
(h) according to – Die Studenten wurden je nach Muttersprache aufgeteilt.
(i) the... the ... – Je länger Du fürs Essen brauchst, desto weniger Zeit hast Du um rechtzeitig ins Theater zu kommen.
(j) both – Die Produktivität ist im Februar und im März um je 1 % zurückgegangen.
(k) depending on – Sie schliefen je nach Wetterlage entweder im Freien oder in der Jugendherberge.

2. (iii)

(a) Classification of German banks according to their operations.
(b) We would be glad to send you a free copy of each of our latest publications.
OR We would be glad to send each of you a free copy of our latest publications.
(c) Gross Domestic Product declined by half a percentage point in both the 2nd and the 3rd quarters.
(d) The tea costs €950 per chest, each containing 200 individually wrapped 250g packets.
(e) You have to hand in a minimum of 4,000 mailshots to the post office at a time in order to get the special rate./to qualify for the special rate.
(f) We're running out of sparkling wine and can only fill each glass half full.
(g) Between 4 and 6 groups will be formed depending on the number of registrations.
(h) He has made a complete recovery and to my mind is writing better than ever.
(i) We pay €15 per hour or part thereof.
(j) The longer we wait, the greater the likelihood that prices will fall.
(k) Have you ever heard her speak?

15

Die klassischen Bankdienstleistungen
Das klassische Leistungsangebot der Banken im Kleinkundengeschäft

All Change!
Recent developments in banking

Die klassischen Bankdienstleistungen

Banken fungieren als *Mittler* bei Transaktionen im Geldkreislauf einer Volkswirtschaft. Ihr traditionelles Aufgabengebiet umfasst

- die *Abwicklung des Zahlungsverkehrs*,
- die Bereitstellung von Möglichkeiten zur *Geldanlage* sowie
- Leistungen zur *Deckung des Finanzierungsbedarfs* ihrer Kunden.

Als *Dienstleistungsbetriebe* offerieren sie anderen Wirtschaftsteilnehmern ein breites Spektrum an *Bankleistungen*, die traditionell über ein *Filialnetz* sowie zunehmend im Rahmen des Online-Banking angeboten werden.

Je nach *Kundenzielgruppe* unterscheidet man zwischen dem Kleinkunden- und dem Großkundengeschäft. Das ***Kleinkundengeschäft*** – auch als *Massenkunden-* oder *Retailgeschäft* bezeichnet – umfasst standardisierte Bankleistungen für *private Haushalte* und kleinere Firmenkunden. Im Rahmen des **Großkundengeschäfts** werden Großunternehmen sowie *finanzstarke Einzelpersonen* betreut. Hinzu kommt das ***Private Banking (Privatkundengeschäft)***, ein Begriff, der uneinheitlich verwendet wird. Es scheint sich jedoch zunehmens die Definition *'Anlageberatung* und *Vermögensverwaltung* für gehobene *Privatkunden* sowie *institutionelle Anleger* aus dem In- und Ausland' durchzusetzen. Zu diesen wohlhabenden Privatkunden zählen z.B. *Führungskräfte*, junge *Professionals* mit hohem Einkommen, d.h. Kunden, die die klassischen Retailleistungen in Anspruch nehmen, aber aufgrund ihrer *Vermögensverhältnisse* auch *performanceorientierte* Vermögensverwaltung und professionelle Anlageberatung fordern.

Man unterscheidet die folgenden Kategorien von Bankleistungen:

• **Einlagengeschäft**	• **Kreditgeschäft**
• **Dienstleistungsgeschäft** Zahlungsverkehr Garantiegeschäft	• **Vermögensverwaltung** • **Wertpapiergeschäft für Kunden**

Das *Einlagengeschäft*

Einlagen sind Guthaben, die vom Kunden auf *Konten* bei einem Kreditinstitut gehalten werden. Sie entstehen durch *Einzahlung von Bargeld, Überweisungen* oder *Einreichung eines Schecks* bei der Bank. Man *unterscheidet* Sicht, Termin- und Spareinlagen.

Sichteinlagen sind

- Einlagen auf einem ***Girokonto*** (Konto, über das der *Kontoinhaber* seinen Zahlungsverkehr in Form von *Barabhebung,* Überweisung*, Scheck, Dauerauftrag* bzw. *Lastschriftverfahren* abwickelt);
- *Bankguthaben*, über die der *Einleger* jederzeit verfügen kann – und somit täglich fällige Gelder;
- nicht bzw. sehr gering *verzinst*.

Abwicklung des Zahlungsverkehrs	effecting payment transactions
Anlageberatung	investment advice *(no pl.)*
Bank(dienst)leistungen	banking services, banking products
Bankguthaben	credit balance
Barabhebung	cash withdrawal
Dauerauftrag	standing order
Deckung des Finanzierungsbedarfs	to cover financing/borrowing/funding requirements
Dienstleistungsbetrieb	service company
Einlage	deposit
Einlagengeschäft, Passivgeschäft	deposit-taking facilities/services
Einleger	depositor
Einreichung eines Schecks	paying in a cheque *(UK)*/check *(US)*
Einzahlung von Bargeld	depositing/paying in cash
Filialnetz	branch network
finanzstarke Einzelperson	high net worth individual
Führungskraft	company executive
Geldanlage	*here:* investing money
Girokonto	current account *(UK)*, checking account *(US)*
Großkundengeschäft	wholesale banking
institutioneller Anleger	institutional investor
Kleinkunden-/Retail-/Massenkunden-/ Privatkundengeschäft	retail banking, personal banking
Privatkundengeschäft hat zwei Bedeutungen; siehe Privatkunde.	
Konto	account, a/c
Kontoinhaber	account holder, depositor
Kundenzielgruppe	customer target group
Lastschriftverfahren	direct debit (transfer), DDT
Mittler	*here:* intermediary
performanceorientiert	performance-oriented/-driven
private Haushalte	private households
Private Banking, Privatkundengeschäft	private banking
Privatkunde *1. gehobener Kunde 2. Kleinkunde*	1. private customer 2. retail customer
Professionals	professionals
Scheck	cheque *(UK)*, check *(US)*
Sichteinlagen	demand/sight deposits
Überweisung	bank/credit transfer
unterscheidet, man ~ (zwischen) ...	... are classified into/as follows
Vermögensverhältnisse	financial situation, means
Vermögensverwaltung	asset management
verzinst, ~ sein	to bear interest

Termineinlagen sind

- Einlagen auf einem ***Terminkonto***, die für einen bestimmten Zeitraum in höheren Beträgen angelegt werden.
- Der Kunde erhält für längere Überlassung des Geldbetrages eine *attraktive Festverzinsung* über die gesamte *Laufzeit*.
- Man unterscheidet zwischen ***Festgeld*** (der *Rückzahlungstermin* ist im Voraus bestimmt) und ***Kündigungsgeld*** (die Auszahlung bedarf der vorherigen *Kündigung*).

Spareinlagen sind

- Einlagen auf einem *Sparkonto*, über das eine Urkunde, das *Sparbuch*, ausgestellt wird.
- Bei Spareinlagen wird eine *Kündigungsfrist* vereinbart: Ohne Kündigung darf nur bis zu einem bestimmten Betrag *abgehoben* werden; darüber hinaus gehende Beträge müssen nach *vorgeschriebenen Fristen* gekündigt werden.

***Dienstleistungsgeschäft*: der Zahlungsverkehr**

Zur Abwicklung des *baren Zahlungsverkehrs* mit *Banknoten* und *Münzen* sowie des *bargeldlosen Zahlungsverkehrs* mit *Buchgeld* stehen dem Bankkunden *u.a.* die folgenden Instrumente zur Verfügung:

Überweisungen: Buchgeld wird übertragen, indem *das Konto* des *Zahlungspflichtigen belastet* und der Betrag dem Konto des *Zahlungsempfängers gutgeschrieben* wird.

Daueraufträge: *Regelmäßig wiederkehrende Zahlungsverpflichtungen* an denselben Empfänger und über den gleichen Betrag werden im Rahmen eines *erteilten Dauerauftrags* als Dauerüberweisung ausgeführt.

Lastschriftverfahren: Dieses Instrument wird für periodisch wiederkehrende Zahlungen in wechselnder Höhe (*Strom-, Telefonrechnungen*) genutzt. Die *Lastschrift* ist ein vom Zahlungsempfänger ausgestelltes Einzugspapier, mit dem bei der Bank des Zahlungspflichtigen Forderungen durch Buchgeldübertragung eingezogen werden, sofern der *Schuldner* diesem Verfahren zugestimmt hat. Man unterscheidet zwei Verfahrensarten:

- Der Zahlungspflichtige erteilt dem Empfänger die *Einzugsermächtigung*, den fälligen Betrag vom Konto einziehen zu lassen. (Widerspruch ist möglich.)
- Der Zahlungspflichtige erteilt seiner Bank einen *Abbuchungsauftrag* zugunsten des Zahlungsempfängers. (Widerspruch ist nicht möglich.)

Schecks: Mit der *Ausstellung eines Schecks weist* der Kontoinhaber *seine Bank an*, z.B. *gegen Vorlage* des Schecks einem Dritten einen bestimmten Geldbetrag auf dessen Konto gutzuschreiben (*Verrechnungsscheck*).

Kartengestützte Zahlungssysteme ermöglichen Zahlungsverfahren, bei denen an ein Kundenkonto gebundene Karten als Instrument eingesetzt werden.

Abbuchungsauftrag	direct debit authorisation
Im Englischen wird zwischen Abbuchungsauftrag und Einzugsermächtigung nicht unterschieden.	
abheben, Geld vom Konto ~	to withdraw money from one's account
anweisen, die Bank ~ etw. zu tun	to instruct the bank to do sth.
attraktive Festverzinsung	attractive fixed interest rate
ausstellen, einen Scheck ~	to write/draw/make out a cheque
Banknote	bank note
barer Zahlungsverkehr	cash payments
bargeldloser Zahlungsverkehr	cashless/non-cash payments
belasten, ein Konto ~	to debit an account
Buchgeld	bank/deposit money
Dienstleistungsgeschäft	transaction services
Einzugsermächtigung, dem Zahlungsempfänger die ~ erteilen den Betrag vom Konto einzuziehen	to authorise the payee to withdraw the sum by direct debit transfer
erteilen, einen Dauerauftrag ~	to set up a standing order
Festgeld	time deposit
gutschreiben, einem Konto ~	to credit to an account
kartengestütztes Zahlungssystem	card-based payment system
Kündigung, etw. bedarf der ~	(advance) notice must be given of sth.
Kündigungsfrist, vorgeschriebene ~	statutory period of notice
Kündigungsgeld	deposit requiring notice of withdrawal
Lastschrift	direct debit slip
Laufzeit	term, life (of the investment)
Münzen	coins
Rückzahlungstermin	repayment date
Schuldner	debtor
Sparbuch	passbook, savings book
Spareinlagen	savings deposits
Sparkonto	savings account
Stromrechnung	electricity bill
Telefonrechnung	telephone bill
Termineinlagen	term deposit
Terminkonto	deposit account
u.a., unter anderen/anderem	*here:* amongst other things *(cf. ex.2)*
Verrechnungsscheck	crossed cheque
Vorlage, gegen ~	on presentation
Zahlungsempfänger	payee, beneficiary
Zahlungspflichtiger	debtor
Zahlungsverpflichtungen, regelmäßig wiederkehrende ~	regularly recurring payments

Man unterscheidet:

- Zahlungen mit der **girocard**, die im Electronic Cash-System (POS-System, Point-of-Sale-System), d.h. bei Eingabe der *persönlichen Geheimzahl* (PIN) oder im POZ-System (Point of Sale ohne Zahlungsgarantie), d.h. ohne Einsatz der PIN durch Leistung der Unterschrift getätigt werden; die girocard ermöglicht die *bargeldlose Bezahlung* im Handel sowie *Bargeldabhebungen* an *Geldautomaten*;
- Zahlungen mit ***Geldkarte*** (elektronische Geldbörse), bei der es sich um vorausbezahlte und *auf dem Kartenchip gespeicherte Geldbeträge* handelt; an speziell ausgerüsteten Terminals können hiermit vor allem kleinere Geldbeträge (z.B. für Fahrkarten) gezahlt werden;
- Zahlungen mit **Kreditkarte**, die von Banken und *Kreditkartengesellschaften* bereitgestellt werden; sie ermöglicht das Bezahlen von Waren und Dienstleistungen sowie die Bargeldbeschaffung an Geldautomaten.

Dienstleistungsgeschäft: das *Garantiegeschäft*

Im Mittelpunkt des Garantiegeschafts steht die ***Kreditleihe***. Hier stellt die Bank im Unterschied zur *Geldleihe* (d.h. Kreditvergabe) keine liquiden Mittel, sondern ihren guten Namen, d.h. ihre eigene Kreditwürdigkeit, die sie bei Dritten genießt, als *Bürgschaft* oder *Garantie* zur Verfügung.

Kreditgeschäft

Im Rahmen eines *Kredits* gewährt die Bank als *Kreditgeber* einem *Kreditnehmer* über eine festgelegte Laufzeit gegen eine vereinbarte Verzinsung Geldmittel. Die *Kreditvergabe* erfolgt i.d.R. gegen *Stellung von Sicherheiten.*

Kreditarten je nach Kreditnehmer:	
Verbraucherkredite: • *Überziehungskredit* • *Dispositionskredit* • *Ratenkredit*	*Unternehmenskredite:* • Kontokorrentkredit • *Investitionskredit*

Vermögensverwaltung

Der Kunde überträgt die Überwachung und die Disposition seines Portfolios an Vermögenswerten auf die Bank und überlässt dieser die Anlageentscheidungen, nachdem zuvor Anlagestrategien vereinbart wurden.

Wertpapiergeschäft für Kunden

Banken führen im Auftrag ihrer Klein- und Großkunden den Kauf und Verkauf von Wertpapieren (z.B. Anleihen, Aktien, Investmentzertifikate) durch und übernehmen die Verwaltung der *Wertpapierdepots*. Sie leiten *Depotauszüge* sowie alle relevanten Mitteilungen (z.B. Einberufung zur Hauptversammlung für Aktionäre) an den Kunden weiter. Für Unternehmenskunden übernehmen die Banken die Emission von Wertpapieren am Primärmarkt sowie die Betreuung während des Börsengangs.

<table>
<tr><td>Bargeldabhebung</td><td>cash withdrawal</td></tr>
<tr><td>bargeldlose Bezahlung</td><td>cashless/non-cash payment</td></tr>
<tr><td>Bürgschaft</td><td>surety(ship)</td></tr>
<tr><td colspan="2">Vertrag, durch den sich der Bürge gegenüber dem Gläubiger eines Dritten verpflichtet, für gewisse Verbindlichkeiten dieses Dritten einzustehen, wenn er seinen Verpflichtungen nicht nachkommt.</td></tr>
<tr><td>Depotauszug</td><td>statement of account</td></tr>
<tr><td>Dispositionskredit</td><td>personal line of credit</td></tr>
<tr><td>Garantie, Bankgarantie</td><td>bank guaranty (US)/guarantee (UK)</td></tr>
<tr><td colspan="2">Vertrag, in dem sich die Bank als Garant verpflichtet, für einen zukünftigen Erfolg einzustehen bzw. für einen potenziellen Schaden das Risiko zu übernehmen.</td></tr>
<tr><td>Garantiegeschäft</td><td>guarantee facilities</td></tr>
<tr><td>Geldautomat, Geldausgabeautomat, GAA</td><td>cash dispenser, cashpoint, automated teller machine, ATM, hole in the wall (coll.)</td></tr>
<tr><td>Geldkarte, elektronische Geldbörse</td><td>electronic purse</td></tr>
<tr><td>Geldleihe</td><td>cash loan/lending</td></tr>
<tr><td>gespeicherte Geldbeträge, auf dem Kartenchip ~</td><td>sums of money stored on the microchip</td></tr>
<tr><td>girocard</td><td>girocard, debit card</td></tr>
<tr><td>Investitionskredit</td><td>capital investment loan</td></tr>
<tr><td colspan="2">Kredit mit langer Laufzeit zur Finanzierung das Kaufes von Investitionsgütern.</td></tr>
<tr><td>Kontokorrentkredit</td><td>authorised overdraft</td></tr>
<tr><td>Kredit</td><td>loan, credit (usu. sing.)</td></tr>
<tr><td>Kreditgeber</td><td>lender</td></tr>
<tr><td>Kreditgeschäft</td><td>credit/lending facilities</td></tr>
<tr><td>Kreditkartengesellschaft</td><td>credit card company</td></tr>
<tr><td>Kreditleihe</td><td>guaranty (US)/guarantee (UK) lending</td></tr>
<tr><td>Kreditnehmer</td><td>borrower</td></tr>
<tr><td>Kreditvergabe</td><td>lending</td></tr>
<tr><td>persönliche Geheimzahl, PIN</td><td>personal identification number, PIN</td></tr>
<tr><td>Ratenkredit</td><td>instalment credit/loan</td></tr>
<tr><td colspan="2">Wird Kreditnehmern in einer Summe ausgezahlt und in gleichbleibenden Monatsraten getilgt (to redeem/repay a loan).</td></tr>
<tr><td>Sicherheit, Stellung von ~en</td><td>provision of collateral (no pl.)</td></tr>
<tr><td>Überziehungskredit (nicht genehmigt)</td><td>overdraft</td></tr>
<tr><td>Unternehmenskredit, Produktivkredit</td><td>corporate loan</td></tr>
<tr><td>Verbraucherkredit, Konsumentenkredit, Konsumptivkredit</td><td>consumer credit, personal loan</td></tr>
<tr><td>Vermögensverwaltung</td><td>asset management</td></tr>
<tr><td>Wertpapierdepot</td><td>portfolio account, custody account</td></tr>
<tr><td>Wertpapiergeschäft</td><td>securities services</td></tr>
</table>

All Change!

Traditionally a *bastion* of conservatism and *dignified respectability*, the banking sector has everywhere been undergoing a massive *shakeup* since about 1980. *Deregulation* has *released a torrent* of *rival institutions* onto a market *unused to* competition, and this development, combined with technological advance, has meant that only the *fittest* institutions with the ability to adapt to fast-moving market changes have been able to survive. This has placed increasing *demands* and *strains on banking regulation* and *supervision*, which *are in a state of flux*, particularly in the USA, where the multiplicity of different types of *depository institution* had already led to a complex *tangle* of supervisory authorities and legislation. Banking crises have *rocked* the financial world; first there was the *failure* of innumerable *thrifts* in the USA in the 80s, when the repeal of legislation *capping interest rates* had encouraged them to offer overly generous interest rates to win new customers. Later came the collapse of whole banking sectors, first in Asia, and then in the USA and Europe - primarily as a result of *ill-advised lending activities* and risky investment strategies.

Banks now have to compete with a flood of rival institutions, for example

- depository institutions such as thrifts and *building societies* (cf. page 216), which have traditionally specialized in *home loans*, and which as a result of deregulation are now allowed to provide full banking services
- *nonbank banks* or *near-banks*, such as retailers (e.g. supermarket chains and department stores), manufacturers (e.g. carmakers) and insurers; these provide a limited, specialised range of services such as credit cards, loans, investment plans, insurance, etc., but as yet rarely offer *current accounts* and *payment facilities* except within the scope of joint ventures with traditional banks
- branchless *direct banks* and purely virtual institutions such as *stand-alone* internet banks, *online brokers*, or special e-payments systems such as PayPal, which have been developed to facilitate e-commerce.

These rival providers often ultimately involve clients having current accounts with traditional banks in physical locations, but *branch banking* is precisely the area which generates the highest costs and is thus least profitable for banks.

In order to survive, banks are resorting to 3 main strategies:

1. **consolidation** There has been a *spate of mergers and acquisitions* in the banking sector, partly as a result of bank failures, partly to achieve *economies of scale* or to expand the range of products and services on offer. Commercial banks have, for instance, acquired investment banking *arms*, insurance operations etc. Customers complain that banks have become too big and impersonal as a result of centralising their operations, and that customer service tends to *take a back seat* in the interests of rationalisation, cost-cutting and *profit maximisation*.

all change!	Alles umsteigen!
arm	1. Geschäftsbereich 2. Tochter
banking regulation *(no pl.)*	Bankenregulierung
banking supervision *(no pl.)*	Bankenaufsicht
bastion	Bastion, Bollwerk
branch banking	Filialbankensystem
building society *(UK)*	Building Society, britische Bausparkasse, die auch reguläre Bankdienstleistungen anbietet
cap *(vb)*	plafondieren, nach oben begrenzen
current account *(UK)*, checking ~ *(US)*	Giro-/Kontokorrentkonto
demand on sb./sth.	Forderung/Anforderung an jdn./etw.
depository institution	Kreditinstitut
deregulation *(no pl.)*	Deregulierung, Liberalisierung
Removal of central, especially government control and regulations.	
dignified	getragen, gediegen, würdevoll
direct bank	Direktbank
Bank with no physical premises and accessible by internet, fax or phone.	
economies of scale	Skaleneffekte, Größenvorteile
failure	1. *hier:* Insolvenz 2. *(i.w.S.)* Scheitern
fittest, the ~ institutions	*hier:* die stärksten Institute
home loan	Baudarlehen
ill-advised lending activities	nicht ratsame Kreditvergabe
interest rate	Zins(satz)
NB interest (no pl.) = Zinsbetrag, Zinsen	
near-bank *(cf. page 214)*	Nearbank
nonbank bank *(cf. page 214)*	Nonbank, Nichtbanken-Finanzinstitut
online broker	Online-Broker
payment facility	*hier:* Zahlungsverkehrsdienstleistung
profit maximisation	Gewinnmaximierung/-optimierung
release, to ~ a torrent	eine Lawine lostreten
respectability *(no pl.)*	Korrektheit
rival institution	Konkurrenzinstitut
rock *(vb)*	erschüttern
shakeup	Umbruch, Umstrukturierung
spate of mergers and acquisitions	Flut von Fusionen und Übernahmen
stand-alone	eigenständig
state of flux, to be in a ~	stetem Wandel unterliegen
strain	Belastung
take, to ~ a back seat	in den Hintergrund treten
tangle *(usu. sing.)*	Wirrwarr, Gewirr
thrift *(US)*	Thrift, US-Spar- und Darlehenskasse
unused, to be ~ to sth.	etw. nicht gewöhnt sein

2. *upgrading* and *enhancement* of products and services

- As a result of mergers and expansion, banks are now in a position to offer a wider range of products, including investment opportunities, insurance, *property*, and travel, and hope to take advantage of their existing *customer base* to *cross-sell* these other products. Because of their wide product range, big banks are now often known as *money center institutions* or *financial supermarkets* and the borrowed terms Allfinanz and bancassurance are often used to denote this phenomenon.
- Many banks have taken advantage of the globalisation of financial markets and the increasing numbers of (high-earning) *expatriate employees* to expand their offshore activities. *Offshore banks* provide standard banking services to *non-residents* using globally recognised *debit cards* for *withdrawals* and communicating chiefly by telephone or the internet. As accounts are normally held in currencies other than the local one, they are not subject to the restrictions or control of the relevant central bank, which means that offshore banks are able to offer better conditions to their clients, although possibly not always the same level of protection. Normally *subsidiaries* of *leading commercial banks*, they are located in large international *financial centres* such as London or New York, or more frequently in *tax havens* such as the Caymans or Luxembourg, where clients have the additional advantage of *tax breaks*.
- In order to remain competitive and turn a profit, banks have often resorted to *sub-prime lending*, that is granting loans to less creditworthy clients, especially in the property sector. To transfer risk and generate more funds for lending, banks can sell on such loans as *mortgage-backed securities* backed by the revenue from the loan. At first highly profitable investments, these increasingly complex securities turned toxic as from 2007 as more and more borrowers became unable to repay their loans. Finally the whole structure collapsed, with *dire repercussions* for many top banks and other institutional investors. Many required state *bailouts*, transfer of their *non-performing debts* to *bad banks*, or takeovers by other institutions. The *Basel II,* and later *Basel III* rules have taken steps to address this problem by setting limits to banks' lending in relation to their capital.
- To boost their *customer appeal*, many banks have followed a policy of upgrading their *premises* to make them more attractive *venues,* often abandoning desks and *counters* in favour of a friendly *open-plan design*. Many have introduced more convenient and longer opening hours.
- In a number of countries banks have introduced initiatives to draw in the many "unbanked" in the population, frequently with government backing, in the hope of boosting future business. These schemes usually take the form of free *payroll accounts* into which employers pay salaries direct; rather than in cash. These facilities are of particular interest to migrant communities as they provide a relatively cheap and riskless channel for *remitting* money back to their home countries.

bad bank	Bad Bank, Abwicklungsbank
A bank set up to buy bad loans from a troubled bank in crisis, thus enabling it to take problem assets off its books and focus on its primary business.	
bailout	Rettungsaktion
Basel II; Basel III	Basel 2, Basel II; Basel 3, Basel III
Capital adequacy rules drawn up by the Bank for International Settlements (Bank für Internationalen Zahlungsausgleich), the "central bank of the central banks", in Basel. The rules seek to protect banks by regulating the amount of capital banks must set aside to cover their loans, which varies according to the risk, and also the proportion of borrowed capital they are allowed to raise.	
counter	1. *hier:* Schalter 2. Ladentisch, Tresen
cross-sell *(vb)*	Cross-Selling praktizieren/betreiben
Market or sell a complementary product or service to an existing customer.	
customer appeal *(no pl.)*	Kundenakzeptanz
customer base	Kundenstamm
debit card	Debit-Karte, Girocard, girocard
enhancement	Verbesserung, Ausbau
expatriate employee, expat(riate)	ins Ausland entsandter Mitarbeiter, Expat(riate)
financial centre	Finanzplatz, Finanzzentrum
financial supermarket	Finanzsupermarkt, Allfinanzinstitut
leading commercial bank	Großbank, führende Geschäftsbank
money center institution *(US)*	US-Großbank, US-Allfinanzinstitut
mortgage-backed security, MBS	Mortgage-Backed Security, MBS
Type of asset-backed security (cf. p. 380), in this case secured by income from property loans.	
non-performing debt	notleidender Kredit
non-resident	Gebietsfremder
offshore bank	Offshorebank, Offshorezentrum
open-plan design	Großraumgestaltung
payroll account	Gehaltskonto
premises *(no sing.)*	Geschäftsräume
property *(usu. sing)*, real estate *(no pl.)*	*hier:* Immobilien, Grundbesitz
remit *(vb)*	übersenden, überweisen
repercussion, dire ~	verheerende Auswirkung
subprime lending *(no pl.)*	Subprime-Kreditvergabe, Kreditvergabe an Kunden mit geringer Bonität
subsidiary	Tochtergesellschaft
tax break	Steuervergünstigung/-erleichterung
tax haven	Steueroase, Steuerparadies
upgrading	*hier:* Aufwertung
venue	Treffpunkt
withdrawal	Abhebung

- Sometimes banks have established an individual niche to attract *custom*, e.g. ethical banking, environmental issues, *microloans* and so on. Large banks with international operations are increasingly offering *Shariah-compliant* banking products, which observe Islam's prohibition against receiving or paying interest, in order to cater for the needs of Muslim clients both in Islamic countries and in their own home markets.

3. ***cost-cutting*** To remain competitive it has become essential for banks to *pare costs*, with *staff* and premises being the most popular target.

- *Bricks 'n mortar* branches, which are usually in *prime* retail sites, are felt to be expensive but *expendable* assets in the light of present-day home banking alternatives. Many banks have therefore been carefully *pruning* their branch networks, or at least trying to put their premises to better use by *revamping* them to attract more customers (see above); alternatively they might lease part of their premises to coffee-shops etc., share branches with similar institutions, or run the branch as a franchise. In this case the manager as *franchisee* is paid according to *sales volume* and is therefore not only particularly motivated to boost sales, but is often in a better position to do so as he has better understanding of neighbourhood conditions and customer needs.

  Branch closures have *hit* some *customers hard*, and to ensure that the *credit needs* of people living in lower-income areas are still met, the US has, for example, passed legislation requiring banks to re-invest deposits and provide banking services in such areas; *community banks* in the USA have always catered to local needs in this way and stressed relationship banking. Moreover many banks have come to realise that customer-focused branch banking provides their most stable source of income and offers greater opportunities for selling more products, so there has also been a reverse trend towards opening more branches again.

- Day-to-day transactions performed personally in the bank are expensive both on staff and premises; to reduce these costs, banks are making every effort to persuade customers to go in for *branchless banking*, using *ATMs*, kiosks and/or some kind of home banking alternative (telephone, internet etc.); at the same time they are *hiking transaction fees* for *personal transactions* as a *disincentive*.

- Banks are also boosting new technologies to promote *cashless* transactions such as *stored-value cards*, also known as the *electronic purse*; these are *smart cards* onto which customers can *load* cash from their bank accounts and use them to make small payments at suitably equipped *retail outlets*, *slot machines* etc.; this requires the appropriate infrastructure, which is why the card has so far tended only to *find* real *application* within strictly defined areas such as university campuses, the Olympic Village, or countries where the authorities have made a particular effort to promote its use.

application, to find ~ *(no pl.)*	anwendbar sein, Anwendungsbereich haben
ATM, automated teller machine, hole in the wall, cash machine, cashpoint	(Bar-)Geldautomat, Geldausgabeautomat, GAA
branch closure	Schließung von Filialen
branchless banking	filialloses Bankwesen
bricks 'n mortar, brick(s) and mortar *(opp: clicks 'n bricks)*	mit physischer Präsenz *(Ant.: mit virtueller Präsenz)*
cashless	bargeldlos
community bank *(US)*	Lokalbank (in den USA)
Locally owned and operated full-service commercial bank in the USA.	
cost-cutting *(no pl.)*	Kostensenkung, -einsparung
credit needs/requirements *(usu. pl.)*	Kreditbedarf
custom *(no pl.)*, customers, clients	Kundschaft, Kunden
disincentive	Abschreckung, negativer Anreiz
expendable	entbehrlich, überflüssig
franchisee	Franchisenehmer
hike *(vb)*	*hier:* anheben
hit, to ~ customers hard	Kunden einen schweren Schlag versetzen
load *(vb)*	aufladen
microloan	Kleinstkredit, Microloan
Very small business loan, frequently used to encourage business in developing countries, frequently to women and often with slightly better conditions than normal bank loans.	
pare, to ~ costs	Kosten stark reduzieren
personal transaction	persönliche Transaktion
prime	erstklassig
prune *(vb)*	zurechtschneiden, zurechtstutzen
retail outlet	Verkaufsstelle
revamp *(vb)*	umgestalten, aufmöbeln *(ugs.)*
sales volume	Absatz, Umsatz
Shariah-compliant	schariakonform, islamkonform
The Shariah is the body of Islamic law used as the basis for prescribing religious and secular conduct in all areas of daily life.	
slot machine	Automat
smart card, chip card	intelligente Karte, Chipkarte, Smart Card
staff *(no pl.)*, personnel *(no pl.)*	Personal
stored-value card, electronic purse	Geldkarte, elektronische Geldbörse
transaction fee	Transaktionsgebühr

1. Common English abbreviations			
English			**German**
c/ca.	*circa*	about/approx./approximately	**ca.** circa
normally only used with dates and amounts: *William the Conqueror invaded Britain c.1050. Take ca. 200g flour.*			
cf.	*confer*	compare with	**vgl.** vergleiche
Brandt, cf. post-war German chancellors, was a native of Lübeck.			
e.g.	*exempli gratia*	for example	**z.B.** zum Beispiel
for example can be placed before or after the word/phrase it modifies, but **e.g**. can only be placed in front: *Longstanding pop idols, e.g./for example David Bowie ...* *Longstanding pop idols, David Bowie for example, ...* **wie z.B**. can only be translated **such as** or **like** (coll.): *Longstanding pop idols such as/like David Bowie ...*			
etc.	*et cetera*	and so on/and so forth/and others	**usw.** und so weiter **u.ä.** und ähnlich
Children love to keep household pets such as dogs, cats, goldfish etc.			
ff.		and the following pages/lines	**ff.** folgende (Seiten)
Instructions about using your new cooker can to be found on page 10 ff.			
i.e.	*id est*	that is to say/in other words	**d.h.** das heißt
He was "economical with the truth", i.e. he lied.			
p.p. *per procurationem*		for	**i.A.** im Auftrag **i.V.** in Vertretung
in English usually inserted in front of the name of the absent signatory: *Rosemary Phipps, p.p. Harold Clarke (Managing Director)*			
q.v.	*quod vide*	"which see"	**s.d.** siehe dies/dort
stands after the word or phrase it modifies: *We recommend investing in mutual funds (q.v.) as being the most stable.*			
sic (*Latin: thus, so)*			**sic**
written after word or phrase to indicate that the information/spelling is most likely wrong although the original has been translated or quoted accurately: *The British president (sic) 7 billion Londoners (sic) it's (sic) name is*			
viz.	*videlicet*	namely	**näml.** nämlich
We came to a unanimous conclusion, viz. that we'd had enough.			

Translate the following sentences (one requires the use of sic)

(a)	Zahlungen mit der Debitkarte, die im girocard-System, d.h. bei Eingabe der persönlichen Geheimzahl (PIN) ... getätigt werden ...
(b)	Neue wissenschaftliche Errungenschaften, wie z.B. die Zeugung von Designer-Babies für medizinische Zwecke (vgl. Stammzellen, Präimplantationsdiagnostik (PID) S.432 ff.), sind vielfach umstritten.
(c)	Schon im Radius von einer Autostunde leben rund um diesen führenden Messeplatz, näml. Köln, 20 Milliarden kaufkräftige Bundesbürger.
(d)	Banken führen den Kauf und Verkauf von Wertpapieren (z.B. Anleihen, Aktien usw.) durch.

<table>
<tr><th colspan="2">2. Common German abbreviations not shortened in English</th></tr>
<tr><td>bez., bzgl. bezüglich</td><td>regarding sth./concerning sth./about sth.</td></tr>
<tr><td colspan="2">Der Brief bez. meines Vorstellungsgesprächs ist verloren gegangen.
The letter about my interview has gone missing.</td></tr>
<tr><td>bzw. beziehungsweise</td><td>a) and, or, and/or
often it is clear from the context whether it should be and or or; if it is not clear use and/or:</td></tr>
<tr><td colspan="2">Ich gebe Dir durch Peter bzw. seine Schwester Bescheid.
I'll let you know via Peter and/or his sister.</td></tr>
<tr><td></td><td>b) respectively (only with lists)
used <u>in end position</u> to create correct links between lists or series:</td></tr>
<tr><td colspan="2">Die Arbeitslosigkeit ist im April und Mai um 0,2 % bzw. 0,25 % gefallen.
In April and May unemployment fell by 0.2% and 0.25% respectively</td></tr>
<tr><td>evtl. eventuell</td><td>possibly, perhaps
eventually means in the end (schließlich):</td></tr>
<tr><td colspan="2">Die Ware trifft evtl. morgen ein. = The goods will perhaps come tomorrow.
The goods will arrive eventually. = Irgendwann trifft die Ware bestimmt ein.</td></tr>
<tr><td>u.a. unter anderem
unter anderen</td><td>among(st) others/other things
others always refers to people:</td></tr>
<tr><td colspan="2">Ich habe es u.a. Angie erzählt. – I've told Angie amongst others.
U.a. gefällt mir Deine Einstellung. – Amongst other things I like your attitude.</td></tr>
<tr><td>z.T. zum Teil</td><td>a) with singular = partly/some</td></tr>
<tr><td colspan="2">Die Strasse ist z.T. abgesperrt.
The road has partly been.../Some of the road has been cordoned off.</td></tr>
<tr><td></td><td>b) with plural = some</td></tr>
<tr><td colspan="2">Die neuen Vorschriften sind z.T. hirnverbrannt.
Some of the new regulations are crazy.</td></tr>
<tr><td>z.Z. zur Zeit</td><td>currently/at the moment</td></tr>
<tr><td colspan="2">die z.Z. gültige Preisliste – the currently valid price list/ the current price list</td></tr>
</table>

Translate the following sentences

(a)	Sichteinlagen sind nicht bzw. sehr gering verzinst.
(b)	Zur Abwicklung des baren Zahlungsverkehrs stehen dem Bankkunden u.a. die folgenden Instrumente zur Verfügung.
(c)	Die Miete für das Büro in München bzw. in Dresden, die z.Z. monatlich ca. €20 000 beträgt, ist schon berücksichtigt.
(d)	Der Vorstand ist z.T. verreist.
(e)	Alle Anfragen bez. der Stellenausschreibung bitte per E-Mail schicken.
(f)	Die Tarifverträge, die z.T. bis Ende nächsten Jahres gelten sollten, wurden mit sofortiger Wirkung gekündigt.
(g)	Der Umsatz belief sich im 1. und 2. Quartal auf ca. €23 bzw. €26 Mio., könnte aber evtl. durch Kosteneinsparungen weiter gesteigert werden.

3. Word Family: Economy		
noun	economy *(no pl.)*	Sparsamkeit, Wirtschaftlichkeit
adj.	economical	sparsam, wirtschaftlich
verb	to economise (on sth.)	(bei etw.) sparen
• *The harsh living conditions have taught the Scots to practise economy.*		
noun	economy *(sing. & pl.)*	Wirtschaft, Volkswirtschaft, Konjunktur
adj.	economic	wirtschaftlich, konjunkturell
• *The cut in interest rates was necessary to counteract the economic turndown.* • *Rich nations should do more to boost the ailing economies of the third world.*		
noun	economy *(sing.&pl.)*	Sparmaßnahme, Einsparung
adj.	economy	Spar-, Billig-
verb	to economise (on sth.)	(bei etw.) sparen
• *The government is trying to cut the deficit by introducing economies in health care and social security (by economising on ...)* • *The merger should produce economies of scale.* • *Cancelling your insurance is one economy I wouldn't recommend.* • *Could you find me an economy flight to Manchester next Tuesday, please?*		
noun	economics *(no pl.)*	Wirtschaftswissenschaften, *(i.e.S.)* Volkswirtschaftslehre, VWL
noun	economist	Ökonom, Wirtschaftswissenschaftler
adj.	economics, also economic	Wirtschafts-
• *Economics textbooks tend to be very bulky.* • *Economics is a much more interesting degree subject than I first thought.*		
noun	economics *(no sing.)*	die wirtschaftlichen Aspekte/Faktoren
• *It's an excellent project, but the economics just don't work out.*		

(i) Translate the English examples given in the above word family

Note that Wirtschaft has some meanings which economy doesn't have:

- Nach vielen Jahren im Staatsdienst zieht es ihn wieder zurück in die **Wirtschaft**.
  *After working in the civil service for 10 years, the idea of going back into **industry** appeals to him.*
- Die Abfall**wirtschaft** ist in Deutschland relativ weit entwickelt.
  *The waste **industry** is relatively advanced in Germany.*
- Wie wär's mit einem kleinen Umtrunk in der **Wirtschaft?**
  *What would you say to a little celebration in the **pub**?*

(ii) How would you translate the terms in italics below?

(a)	Laut den *Wirtschaftsforschungsinstituten* hat die *gesamtwirtschaftliche Produktion* zugenommen.
(b)	In einigen *Wirtschaftsbereichen* wie vor allem in der *Bauwirtschaft* hat sich die *konjunkturelle Lage* erkennbar verschlechtert. ►

(c)	Die Senkung der Sozialabgaben wurde von der *Wirtschaft* begrüßt.
(d)	Es ist sicher sinnvoll *Sparpackungen* zu kaufen; nur denkt man oft nicht daran, sie vor dem Verfalldatum aufzubrauchen.
(e)	Die *Konjunktur* schwächelt nun schon seit einigen Jahren.
(f)	Laut der Organisation für *wirtschaftliche* Zusammenarbeit und Entwicklung (OECD) dürfte das *träge Wirtschaftswachstum* in den *Volkswirtschaften* der Euro-Zone weiterhin Probleme bereiten.

Main Differences between British and American Spelling

<table>
<tr><th colspan="2">British English</th><th colspan="2">American English</th></tr>
<tr><td>–our</td><td>colour, favour, labour</td><td>–or</td><td>color, favor, labor</td></tr>
<tr><td>–re</td><td>centre, fibre, theatre</td><td>–er</td><td>center, fiber, theater</td></tr>
<tr><td>–gue</td><td>catalogue, dialogue</td><td>–og</td><td>catalog, dialog</td></tr>
<tr><td>ae/oe</td><td>anaesthetic, manoeuvre</td><td>e</td><td>anesthetic, maneuvre</td></tr>
<tr><td rowspan="2">ll/l</td><td colspan="3">British and American English often differ as to the doubling of the letter l:</td></tr>
<tr><td>travel ⇨ travelled, travelling
to fulfil, fulfilment; skilful</td><td></td><td>travel ⇨ traveled, traveling
to fulfill, fulfillment; skillful</td></tr>
<tr><td>–ce</td><td>the nouns licence*, defence, offence, pretence</td><td>–se</td><td>the nouns license, defense, offense, pretense</td></tr>
<tr><td colspan="4">NB * the corresponding verb is to license
Apart from these 4 nouns most verbs and nouns ending –ce/se are the same in both British and American.</td></tr>
<tr><td>–eable</td><td>likeable, knowledgeable</td><td>-able</td><td>likable, knowledgable</td></tr>
<tr><td colspan="4">Both forms are, however, used interchangeably in both British and American.</td></tr>
<tr><td>–ise</td><td>summarise, organisation</td><td>-ize</td><td>summarize, organization</td></tr>
<tr><td colspan="4">Both forms are, however used interchangeably in both British and American.
NB Some verbs, and their corresponding nouns, must always be written with –ise (e.g. to advertise, advertisement – see list below), in other words it is probably simpler always to use –ise.</td></tr>
</table>

Verbs always written –ise:

advertise	demise	incise
advise (but the noun is advi<u>ce</u>	despise	merchandise,
apprise	devise (but the noun is devi<u>ce</u>)	premise
arise	disguise	revise
chastise	excise	supervise
circumcise	exercise	surmise
comprise	franchise	surprise
compromise	improvise	televise

1.

(a) Payments by debit card using the girocard electronic cash system, i.e. where the personal identification number (PIN) has to be keyed in ...
(b) New scientific achievements such as creating designer babies for medical purposes (cf. stem cells, pre-implantation diagnostics (PID), p.432 ff.), are often controversial.
(c) There are 20 billion (sic) well-heeled Germans living within a radius of an hour's drive from this leading trade fair venue, viz. Cologne.
(d) Banks handle the purchase and sale of securities (e.g. bonds, shares etc.).

2.

(a) Demand deposits bear little or no interest.
(b) Depositors can use the following instruments amongst other things to effect cash payments.
(c) The rent for the offices in Munich and Dresden, which currently amounts to approx. €20,000 per month, has already been taken into account.
(d) Some of the board are away on business.
(e) Please e-mail any enquiries about the job we have advertised.
(f) The pay agreements, some of which were to be valid until the end of next year, were terminated with immediate effect.
(g) Turnover in the 1st and 2nd quarters amounted to €23 and €26 m respectively, but could possibly be increased still further by cost-cutting.

3. (i)

- Die harten Lebensbedingungen haben die Schotten gelehrt sparsam zu leben.
- Die Zinssenkung war notwendig um dem Konjunkturabschwung entgegen zu wirken.
- Die reichen Länder sollten in stärkerem Maße versuchen die kränkelnden Volkswirtschaften der Dritten Welt anzukurbeln.
- Die Regierung versucht das Defizit zu reduzieren, indem sie Sparmaßnahmen im Gesundheitswesen und im Sozialbereich einführt.
- Die Fusion dürfte wohl Skalenvorteile mit sich bringen.
- Die Kündigung der Versicherung würde ich als Sparmaßnahme definitiv nicht empfehlen.
- Könnten Sie mir bitte einen Billigflug für nächsten Dienstag nach Manchester heraussuchen?
- Volkswirtschaftliche Lehrbücher sind oft sehr voluminös/sperrig.
- Volkswirtschaftslehre ist als Studienfach viel interessanter als ich zunächst dachte.
- Das Projekt ist ausgezeichnet; aber vom wirtschaftlichen Standpunkt aus betrachtet funktioniert es nicht.

3. (ii)

(a)	economic(s) research institutes – overall/total economic output
(b)	sectors of the economy/branches of industry – construction industry – economic situation
(c)	industry
(d)	economy packs
(e)	economy
(f)	economic – low economic growth – economies

16

Unternehmensformen – Personengesellschaften im Fokus
Von OHGs, KGs, GbRs und anderen Unternehmensformen

The Body Corporate
Types of corporation

Unternehmensformen: Personengesellschaften im Fokus

Eine *Klassifizierung von Unternehmungen* lässt sich anhand unterschiedlicher Kriterien vornehmen – Größe bzw. *Zahl der Beschäftigten (Groß-, Klein- und mittelständische Unternehmen*), Zugehörigkeit zum Produktionssektor (z.B. Industrie-, *Handels-, Dienstleistungsunternehmen), Branchenzugehörigkeit (Automobil-,* Stahl-, Transportunternehmen etc.), Zugehörigkeit zum Wirtschaftssektor (*private* und *öffentliche Unternehmen*) und *Rechtsform* der Unternehmung.

Die Rechtsform von Unternehmen

Die Bezeichnung ‘Rechtsform’ umfasst alle rechtlichen Regelungen, die ein Unternehmen über seine Eigenschaft als *Wirtschaftseinheit* hinaus auch zu einer *rechtlich fassbaren* Einheit machen. Die Rechtsform ist eine Grundstruktur eines Unternehmens, die das *Außenverhältnis* (Rechtsbeziehungen zu *Dritten*) und das *Innenverhältnis* (*Rechte und Pflichten* der *Gesellschafter* untereinander) gesetzlich fixiert. Es ist gleichsam ‘das juristische Kleid’ der Wirtschaftseinheit.
Dem *privatrechtlichen* sowie dem *öffentlich-rechtlichen Unternehmensgründer* stehen eine Vielfalt und Vielzahl an Rechtsformen zur Auswahl, die sich in den wesentlichen Punkten des folgenden *Merkmalskatalogs* unterscheiden:

- *gesetzliche Grundlage* (z.B. BGB, HGB)
- *Benennung der Eigentümer* (z.B. Gesellschafter, Komplementäre)
- *Gründung* (z.B. vorgeschriebene *Anzahl von Gründungsmitgliedern)*
- *Kapitaleinlage* bzw. vorgeschriebene Mindesteinlage
- *Haftung* (z.B. als Vollhafter, Teilhafter)
- *Leitungsbefugnis*
- *Firma*

Privatrechtliche Unternehmensformen

Unternehmensformen des privaten Rechts lassen sich in das folgende *vereinfachte Schema* einteilen:

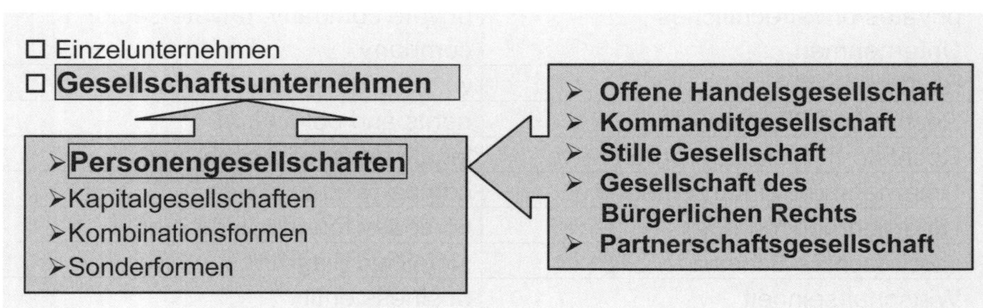

Anzahl von Gründungsmitgliedern	number of founding members
Außenverhältnis	external relationship(s)
Automobilunternehmen	car company *(UK)*, auto(mobile)/ auto(motive) company *(US)*
Benennung der Eigentümer	*here:* the designation of the owners
Branchenzugehörigkeit eines Unternehmens	the sector to which a company belongs
Dienstleistungsunternehmen	service company
Dritter *(Pl. Dritte)*	third party *(pl. third parties)*
Firma 1. *als Unternehmen* 2. *als Firmenname*	1. firm 2. *here:* name of a company
firmieren = to trade under the name of …	
Gesellschafter 1. ~ einer Kapitalgesellschaft 2. ~ einer Personengesellschaft 3. ~ einer Genossenschaft	*here:* owner 1. shareholder *(of a joint-stock co.)* 2. partner *(of a partnership)* 3. member *(of a cooperative society)*
gesetzliche Grundlage	legal basis
Großunternehmen	major company
Gründung	formation
Haftung	liability
Handelsunternehmen	commercial company
Innenverhältnis	internal relationship(s)
Kapitaleinlage	capital contribution
Klassifizierung von Unternehmungen	classification of enterprises
Klein- und mittelständische Unternehmen, KMUs	small and medium-sized enterprises, SMEs
Für die Fachwendung 'mittelständische Unternehmen in Deutschland' wird im Englischen auch der Terminus 'the German Mittelstand' verwendet.	
Leitungsbefugnis	decision-making authority
Merkmalskatalog	list of distinguishing features/ characteristics
öffentliches/öffentlich-rechtliches Unternehmen	public-sector company
privates/privatrechtliches Unternehmen	private company, private-sector company
rechtlich fassbar	with a proper legal framework
Rechte und Pflichten	rights and obligations
Rechtsform (eines Unternehmens)	legal status (of a company)
Unternehmen, Unternehmung	company, enterprise
Unternehmensgründer	company founder/promoter
vereinfachtes Schema	simplified diagram
Wirtschaftseinheit	business entity
Zahl der Beschäftigten	number of employees

Personengesellschaften

Offene Handelsgesellschaft (OHG)

Gemäß *HGB* ist die OHG eine *Personengesellschaft*, die von mindestens zwei Personen zum Betrieb eines *Handelsgewerbes* (d.h. ein dem Handelsrecht unterliegendes Gewerbe) gegründet wird. Sie schließen einen *Gesellschaftsvertrag* ab, in dem u.a. vereinbart wird, welche Einlagen (auch *Sachwerte*) diese Personen in das gemeinsame Unternehmen einzubringen haben. Der *Gesetzgeber* schreibt keine *Mindesteinlage* vor. Als *gleichberechtigte Gesellschafter haften* alle *unmittelbar* (jeder kann zur *Begleichung von Geschäftsschulden* direkt herangezogen werden), *unbeschränkt* (mit dem gesamten *Betriebs- und Privatvermögen)* und *solidarisch* (jeder *steht* für alle *Verbindlichkeiten der Gesellschaft ein*). Diese Bereitschaft zu persönlicher Haftung schlägt sich in einer hohen *Bonität* dieser Gesellschaften nieder. Die Firma lautet auf den Namen mindestens eines Gesellschafters mit einem Zusatz, der das Gesellschaftsverhältnis andeutet, z.B. S. Schmitt OHG, S. Schmitt & Co. oder S. Schmitt & Sohn.

Kommanditgesellschaft (KG)

Auch hier handelt es sich laut HGB um einen Zusammenschluss von mindestens zwei Gesellschaftern unter einer gemeinschaftlichen Firma für den Betrieb eines Handelsgewerbes. In der KG gibt es zwei Arten von Gesellschaftern. *Komplementäre* sind *Vollhafter*, die mit ihrem gesamten Privatvermögen unbeschränkt für die Schulden der Unternehmung haften. *Kommanditisten* sind *Teilhafter,* die nur bis zur Höhe ihrer Kapitaleinlagen *(Kommanditeinlage)* haften. Die Komplementäre behalten in der Regel das alleinige *Entscheidungsrecht* und *nehmen* Geschäftsführung und *Vertretungsmacht wahr.* Die Firmenbezeichnung enthält den Namen mindestens eines Komplementärs mit Zusatz, der das Gesellschaftsverhältnis andeutet.

Stille Gesellschaft

Bei dieser Form der Personengesellschaft gibt es einen oder mehrere *stille Gesellschafter (stille Teilhaber),* die sich mit einer Vermögenseinlage am Unternehmen beteiligen und dafür eine *Gewinnbeteiligung* erhalten. Diese Einlage geht in das Gesellschaftsvermögen und nicht in das Eigentum des Geschäftsinhabers über und wird in der *Bilanz* gesondert ausgewiesen. Die Haftung des stillen Gesellschafters beschränkt sich entsprechend auf die Höhe seiner Einlagen. Er tritt nicht nach außen in Erscheinung und ist grundsätzlich von Geschäftsführung und Vertretung des Unternehmens ausgeschlossen.

Gesellschaft des Bürgerlichen Rechts (GBR, BGB-Gesellschaft)

Die gesetzliche Grundlage bildet nicht das Handelsrecht, sondern das *BGB.* Geschäftspartnerschaften im weitesten Sinne – *Sozietäten von Anwälten oder Ärzten*, Praxisgemeinschaften anderer *freier Berufe,* Arbeitsgemeinschaften, aber auch *Lotto-Wettgemeinschaften* – können die Form einer GBR anneh-. men. Oft handelt es sich um zeitlich begrenzte Gelegenheitsgesellschaften.

** Unternehmensformen in Deutschland, Großbritannien und den USA sind weitestgehend nicht äquivalent und bestenfalls vergleichbar; sie sollten daher unübersetzt bleiben und evt. mit einer Zusatzerklärung versehen werden.*

Begleichung von Geschäftsschulden	payment of business debts
Betriebs- und Privatvermögen	corporate and personal assets
BGB, Bürgerliches Gesetzbuch	BGB, German Civil Code
Bilanz (eines Unternehmens)	balance sheet
Bonität	credit standing, financial standing
Entscheidungsrecht	decision-making authority
freie Berufe	the professions

Berufe, die in freiberuflicher Tätigkeit ausgeübt werden können (z.B. Ärzte, Therapeuten, Rechtsanwälte, Notare, Architekten, Dolmetscher, Journalisten)

Gesellschaft des Bürgerlichen Rechts, GBR, BGB-Gesellschaft	*, GBR, a partnership constituted under German Civil Law
Gesellschaftsvertrag	*here:* partnership agreement
Gesetzgeber	*here:* the law
Gewinnbeteiligung	profit-sharing, a share of the profits
gleichberechtigte Gesellschafter	*here:* partners with equal rights
Handelsgewerbe	commercial enterprise
HGB, Handelsgesetzbuch	HGB, German Commercial Code
Kommanditeinlage	capital put up by the limited partners
Kommanditgesellschaft, KG	*, limited partnership
Kommanditist	limited partner
Komplementär	general/ordinary partner
Lotto-Wettgemeinschaft	lottery syndicate
Mindesteinlage	minimum capital contribution
Offene Handelsgesellschaft, OHG	*, general partnership *(US)*, ordinary partnership *(UK)*
Personengesellschaft	partnership
Sachwerte	material assets
solidarische Haftung, Solidarhaftung	joint and several liability
Sozietäten von Anwälten oder Ärzten	law firms or communal doctors' practices
stille Gesellschaft	*, sleeping partnership
stille Gesellschafter, stille Teilhaber	dormant/sleeping/silent partner
Teilhafter sein	to bear limited liability
unbeschränkte Haftung	unlimited liability
unmittelbar haften	to bear direct liability
Verbindlichkeiten der Gesellschaft, für die ~ einstehen	to vouch for the company's liabilities
Vertretungsmacht wahrnehmen	to assume the power of representation
Vollhafter sein	to bear unlimited liability

Eine gesetzlich vorgeschriebene Mindesteinlage gibt es nicht. Alle Gesellschafter verpflichten sich *Geschäfte auf gemeinsame Rechnung durchzuführen*. Sie haften unbeschränkt mit ihrem gesamten Vermögen für die Verbindlichkeiten der Gesellschaft.

Partnerschaftsgesellschaft
Seit dem 1.7.1995 gibt es eine neue Rechtsform für Angehörige der freien Berufe, zu denen laut PartGG u.a. auch *Ingenieure, Steuerberater, Sachverständige* oder *Journalisten* zählen. Sie können ihre Dienstleistungen im Rahmen der Partnerschaftsgesellschaft gemeinschaftlich anbieten. *Voraussetzung für* die Gründung ist die Abfassung eines *schriftlichen Gesellschaftsvertrages* und für die *Erlangung der Rechtsfähigkeit* die *Eintragung in das Partnerschaftsregister*. Für Verbindlichkeiten haftet das Vermögen der Gesellschaft und der Gesellschafter (Partner). Die *Beschränkung der persönlichen Haftung* auf einzelne Partner ist jedoch möglich. Der Firmenname enthält mindestens den Namen eines Gesellschafters, den auf die Partnerschaft hinweisenden Zusatz und die *Berufsbezeichnungen* aller in der Gesellschaft vertretenen *Berufe* (z.B. Schmitt & Partner, Steuerberater, *Wirtschaftsprüfer*).

Die Benennungen der wichtigsten Unternehmensformen in Deutschland, den USA und Großbritannien mit ihren ungefähren Entsprechungen im jeweils anderen Land:

<table>
<tr><th colspan="2">Deutschland</th><th colspan="2">USA</th><th colspan="2">Großbritannien</th></tr>
<tr><td colspan="2">Einzelunternehmung</td><td colspan="2">sole proprietorship</td><td colspan="2">sole proprietorship</td></tr>
<tr><td colspan="2">Personengesellschaft</td><td colspan="2">partnership</td><td colspan="2">partnership</td></tr>
<tr><td>OHG
Offene Handels-gesellschaft</td><td>KG
Kommandit-gesellschaft</td><td>general partnership</td><td>limited partnership</td><td>ordinary partnership</td><td>limited partnership</td></tr>
<tr><td colspan="2">Kapitalgesellschaft</td><td colspan="2">corporation</td><td colspan="2">joint-stock company</td></tr>
<tr><td>GmbH
Gesellschaft mit beschränkter Haftung</td><td>AG
Aktien-gesellschaft</td><td>close(d) corporation</td><td>open corporation</td><td>private limited company</td><td>public limited company</td></tr>
</table>

Beruf	occupation, profession
Berufsbezeichnung	professional title
Beschränkung der persönlichen Haftung	limitation of personal liability
Eintragung in das Partnerschafts-register	registration of a partnership
Erlangung der Rechtsfähigkeit	attainment of legal capacity
Geschäfte auf gemeinsame Rechnung durchführen	to conduct business for their joint account
Ingenieur	engineer
Journalist	journalist
Partnerschaftsgesellschaft, PartnG	*, professional limited liability company, partnership company
Sachverständiger	official expert
schriftlicher Gesellschaftsvertrag	*here:* written company agreement
Steuerberater	tax consultant
Vorraussetzung für etw. ist ...	*here:* in order to do sth. it is necessary to ...
Wirtschaftsprüfer	auditor

The Body Corporate

Up to the middle of the 19th century companies, unless created by the state or Crown, were normally either *sole traders* or *partnerships*; entrepreneurs and investors personally assumed the full risk of a company's activities, often ending up in the *debtors' jail* or *penury* if the enterprise went bankrupt. However the rapid growth *engendered* by the Industrial Revolution meant that entrepreneurs needed to expand their *capital base* and to attract investors by offering the prospect of good returns with minimum risk. In 1855 the British Parliament *sanctioned* the idea of *pooling* capital in a *corporation* where each member only *bore liability* to the extent of the capital he had paid in, a form of company which had been banned for over a century following excessive speculation and spectacular corporate collapses.

What is a Corporation?

A corporation can be defined as a *separate legal entity* formed by a group of people or possibly just one person, and having rights and duties separate from those of the individual members. For example it can in its own right make contracts, *sue* and be sued etc. In the UK its use is not limited to a business context: the *governing body* of a *municipality* frequently takes the form of a corporation, state-owned enterprises are often *incorporated*, e.g. the BBC (British Broadcasting Corporation), a bishop, even the Queen or King is one.

In a business context the main attributes of a corporation are as follows:

- it possesses *limited liability*: owners (i.e. *shareholders* or members) are not personally liable for a firm's debts, only for the value of their *holdings*.
- it has *perpetual life* and continues to exist until it is *wound up by law*, even if an owner sells his holding or dies.
- it has to be *registered in its own jurisdiction* and submit a *memorandum of association* setting down the company's *external relationship* (name, *registered office*, *objects of the firm*, *authorised capital* etc.) and usually also submit *articles of association* laying down the formal rules of *internal governance*. The company's name must indicate that liability is limited. In the USA, company law varies from state to state and companies can only be registered in an individual state (Delaware offers the most advantages and posts the highest number of registrations).
- it is a separate *taxable entity*: it pays taxes itself and additionally owners can be *liable for double taxation* if they have to pay taxes on dividends.
- management of the company is invested in directors (major strategy decisions and supervision of management) and *managers* (day-to-day running); directors and managers may, but need not, be shareholders.
- its shares can be transferred.
- it has to observe certain legal formalities, which vary according to the jurisdiction, such as creating a *board of directors*, appointing managers or officers, holding *AGM*s and observing strict *reporting requirements*.

AGM, Annual General Meeting	(Jahres-)Hauptversammlung, HV
articles of association *(UK)*, bylaws/bye-laws *(US)*	Satzung, Statuten
Regulate the internal relationships in a company.	
authorised capital *(no pl.)*	autorisiertes Aktienkapital
Not identical with 'genehmigtes Kapital' (= additional capital approved by shareholders) although this is also called 'authorised capital' in English.	
board of directors *(cf. page 342 ff.)*	Board, Verwaltungsrat
body corporate, corporation *(general)*	Körperschaft, juristische Person
capital base *(usu. sing.)*	(Eigen-)Kapitalbasis, Kapitaldecke
corporation, body corporate *(general)*	Körperschaft, juristische Person
debtors' jail	Schuldnergefängnis
engender *(vb)*	hervorrufen
external relationship/relations	Außenverhältnis
governing body	Verwaltungsorgan
holding, participation, stake, interest	Beteiligung
NB German 'holding' is always called a 'holding company' in English.	
incorporated, to be ~	als Körperschaft gegründet sein
internal governance *(no pl.)*/relations	Innenverhältnis
jurisdiction, in its own ~	beim zuständigen Gerichtsstand
liability, to bear ~ *(no pl.)*	Haftung übernehmen, haften
liable, to be ~ for double taxation	der Doppelbesteuerung unterliegen
limited liability *(no pl.)*	beschränkte Haftung
manager, officer *(US)*	Manager, Führungskraft
memorandum of association *(UK)*, articles of incorporation *(US)*	Satzung, Gründungsurkunde
Regulate(s) a company's external relationship.	
municipality	Stadt, Kommune
objects of the company	Ziele des Unternehmens
partnership	Personengesellschaft
penury	große Armut
perpetual life *(no pl.)*	ständige Rechtsnachfolge
pool *(vb)*	zusammenlegen, zusammenführen
register *(vb)*	(als Kapitalgesellschaft) eintragen
registered office	Geschäftssitz, Firmensitz
reporting requirements	*hier:* Bilanzierungsvorschriften
sanction *(vb)*	1. *hier:* zustimmen 2. sanktionieren
separate legal entity	eigene Rechtspersönlichkeit
shareholder, stockholder *(US)*	Aktionär
sole trader/proprietorship	Einzelunternehmen
sue sb.*(vb)*	jdn. verklagen
taxable entity	steuerpflichtige rechtliche Einheit
wind up, to ~ by law	rechtmäßig liquidieren/abwickeln

Types of Corporation

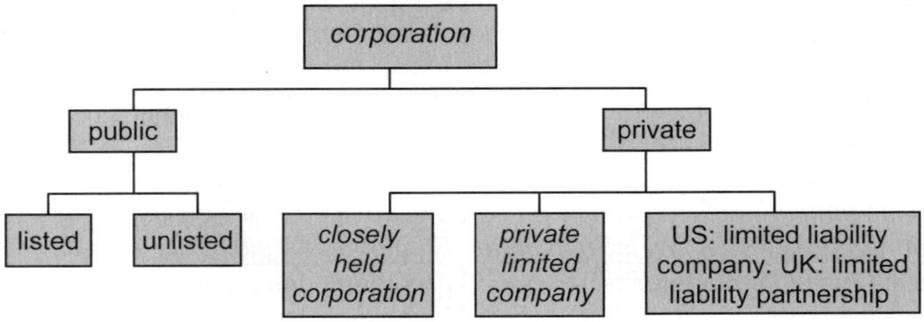

Public Companies (Recognisable in the UK by the extension plc (*public limited company*) in their names or by Inc./Corp. (Incorporated/Corporation) in the USA.) – Their shares are freely transferable and they can invite the public to *subscribe for their shares,* which are not necessarily *listed* and *traded on a stock exchange*; in the interests of investor protection they are subject to strict registration, *disclosure* and *accountability requirements*. Must meet minimum *capital requirements*.

Private Companies (In the UK recognisable by Co. Ltd (Company Limited) after their names, in the USA designated Inc./Corp. as with public companies) – These do not invite the general public to subscribe for their shares, transfer of ownership having to be approved by the directors. The number of shareholders is limited by law to about 50, depending on the jurisdiction. *Regulatory requirements* are less strict than with public companies.

Closely Held Corporations (Inc./Corp)) – A term used particularly in America, these are normally private companies with relatively few shareholders, all or most of whom are directors and/or managers, in other words usually family businesses.

Limited Liability Companies (LLC) – A *hybrid entity* introduced in America as a combination between a corporation and partnership. Such corporate partnerships provide limited liability for all *partners* (in this case called members) but have more organisational flexibility and the tax status of a partnership, that is members bear tax liability on their personal *tax returns* and there is no double taxation. The UK also has a very similar type of company, known as a Limited Liability Partnership (LLP).

Many American states also allow a special form of LLC known as a ***Professional Limited Liability Company*** (PLLC) or ***Limited Liability Partnership*** (LLP) for *professional firms* such as *lawyers* and *accountants*, which are usually denied the opportunity to *incorporate*. This option, also known as a partnership company, *relieve*s the *general partners* of some *of* their *personal liability*: they *are liable for* their own obligations and *partnership obligations*, but not for *negligence* on the part of the other partners.

Although the concepts underlying different types of company are similar in Germany and the Anglo-Saxon countries, regulations and details differ widely. Any attempt to translate company titles is therefore ultimately misleading and unsatisfactory: they should always be left in the original, e.g. Gaga Inc. or Gaga Co.Ltd. should be left as such, not transposed into Gaga GmbH.

accountability *(no pl.)* requirement	Rechenschaftspflicht
accountant	*etwa* Bilanzbuchhalter

A wide term in English normally rendered more specifically as appropriate in German (Buchhalter, Wirtschaftsprüfer, Steuerberater etc.).

capital *(no pl.)* requirements	Anforderungen an die Eigenkapitalausstattung
closely held/close/closed corporation, CC *(US)*, privately held company	*etwa* Familien-AG, GmbH
corporation, joint stock company *(UK)*	*hier:* Kapitalgesellschaft
disclosure *(no pl.)* requirement	Offenlegungspflicht
general partner	Komplementär
hybrid entity	hybride Gesellschaftsform
incorporate *(vb)*	sich als Körperschaft eintragen lassen
lawyer, attorney *(US)*	Rechtsanwalt
liable for, to be ~	für etw. haften
limited liability company, LLC *(US)*, limited liability partnership, LLP *(UK)*, corporate partnership	*etwa* GmbH & Co. KG, Limited/Ltd. & Co. KG
listed on a stock exchange	börsennotiert
negligence *(no pl.)*	Fahrlässigkeit
partner	*hier:* Gesellschafter
partnership obligation	gesellschaftsbezogene Verpflichtung
Professional Limited Liability Company, PLLC *(US)*, Limited Liability Partnership, LLP *(US)*, partnership company	*etwa* Partnerschaftsgesellschaft, Partnergesellschaft, PartnG
private company	personenbezogene Kapitalgesellschaft
private limited company	*etwa* GmbH
professional firm	Unternehmen von Personen, die zur Gruppe der freien Berufe gehören
public company/corporation	Publikumsgesellschaft

Sometimes also understood as a public-sector, e.g. state-owned, enterprise.

public limited company, plc *(UK)* (stock) corporation *(US)*	*etwa* Aktiengesellschaft, AG
regulatory requirement	aufsichtsbehördliche Bestimmung
relieve, to ~ of personal liability	von persönlicher Haftung befreien
subscribe, to ~ to/for shares	Aktien zeichnen
tax return	(Einkommens-)Steuererklärung
traded, to be ~ on a stock exchange	an einer Börse gehandelt werden

Societas Europeae (SE) – Following the *passage* of an EU *regulation* applicable in all member states, European entrepreneurs have since 2004 had the option of setting up a pan-European type of corporation registered in any EU country of their choice. The *formation*, *dissolution*, reporting requirements and *management* of the SE are dictated by the *European Company Statute;* otherwise companies *are subject to the national laws* of the member state in which they choose to be registered and have their registered office, or where they are operating, whichever is appropriate for example regarding taxation, *intellectual property*, capital requirements, *employment contracts* etc. *Employee participation* is *governed* by an EU *directive translated* into individual member state law.

SE companies are likely to benefit from the improved efficiency and *administrative savings afforded* by operating with a single system throughout the EU via *branches*, cutting out the need for complex *networks of subsidiaries* all subject to differing national legislation. Setting up an SE simplifies *cross-border mergers and acquisitions* within the EU and also enables companies to be more flexible in their choice of organisational form; for example it permits German firms to adopt the Anglo-American *board system* (cf. Chapter 22), rather than the *two-tier structure* normally required. A number of German and Czech companies have already changed to SE status or are seriously considering this option *in the light of* these benefits. Other companies are hesitating because of the legal uncertainties involved.

On the other hand many German companies currently find it even simpler to *adopt British limited liability status* by registering their firms in the UK. Setting up a *limited company* in this way can be *accomplished* within a very much shorter space of time (overnight or same day if necessary) than setting up a GmbH, and entails far lower *registration costs* and a minimum *start-up capital* of only *one pound sterling*.

accomplish *(vb)*	verwirklichen, bewerkstelligen
administrative savings	Verwaltungsabbau
afford, provide *(vb)*	*hier*: resultieren aus, einhergehen mit
board system	Board-Modell, Ein-Stufen-System
branch	Filiale, (Zweig-)Niederlassung
cross-border mergers & acquisitions	grenzüberschreitende Fusionen und Übernahmen
directive	Richtlinie
EU legislation which has to be implemented in national law in all member states.	
dissolution	Liquidation, Auflösung
employee participation	Arbeitnehmermitbestimmung
employment contract	Arbeitsvertrag
European Company Statute	Statut der Europäischen Aktiengesellschaft
formation	Gründung
govern *(vb)*	*hier:* regeln
intellectual property	geistiges Eigentum
light, in the ~ of	angesichts
limited company	*hier:* ein Limited-Unternehmen, eine Limited *(Pl. Limiteds)*, Ltd. *(Pl. Ltds)*
limited liability status, to adopt British ~	die Gesellschaftsform eines britischen Limited-Unternehmens annehmen, eine britische Limited gründen
management *(no pl.)*	*hier:* Führung eines Unternehmens
Management can also mean the team of managers (die Geschäftsführung).	
network of subsidiaries	Netz von Tochtergesellschaften
one pound sterling	ein britisches Pfund, ein Pfund Sterling
passage *(usu. sing.)*	*hier:* Verabschiedung
registration costs	Anmeldekosten
regulation *(EU term)*	Verordnung *(EU-Terminus)*
EU legislation which is directly applicable in all member states.	
Societas Europeae, SE, SE company, European company *Also spelt Europea, Europaea*	Societas Europeae, SE, SE-Gesellschaft, europäische Aktiengesellschaft
start-up capital	Gründungskapital, Startkapital
subject to national laws, to be ~	der innerstaatlichen Rechtsordnung unterliegen
translate (vb)	*hier:* umsetzen
two-tier structure	zweistufige/duale Struktur

1. Bis

The word *bis* can be rendered in a variety of ways in English:

1) **by** = not later than (bis spätestens)

*I'll be in London **by** six o'clock.*

now |————↓————| 6 o'clock

NB If no specific time is mentioned, "by the time" must be used:
By the time you've finished your meal the TV programme will be over.

2) **until*** *or* **up to/up until** (+ noun) = continuous action finishing at stated time

*I'll be in London **until** 6 o'clock.*

now |————————→| 6 o'clock

A corporation exists until it is wound up by law.
Up to the middle of the 19th century companies were sole traders.

* till / til / 'til are also possible but are not normally used to start a sentence.

3) **as far as / up to /(up) until** = geographical or other limit
Our garden stretches as far as/ up to those trees.
I've only read as far as /up to/ until page 30.

4) **up to** = upper mathematical limit (only maximum figure given)
I'll pay up to €150 for the flight, but no more.

5) **to** = figures/names etc. at both extremes of a range or scale are given
Bookings are 20 to 40% higher this year.

Insert the correct translation of *bis* in the following sentences

(a)	The goods must reach us ..... the end of the month.
(b)	She lived at home ..... she found the job in Hamburg.
(c)	The course is continuing ..... 12 o'clock, but I will have left ..... then.
(d)	I'm just going out, but I'll be back ..... teatime.
(e)	I won't book the theatre tickets ..... I've read the reviews.
(f)	We must insist that you pay our invoice ..... 18th September.
(g)	I'll accompany you ..... the end of the road.
(h)	He thought his English was good ..... he asked his way in Glasgow.
(i)	There were ..... fifteen e-mails waiting for me ..... I got back to the office.
(j)	Surgery hours are Monday ..... Friday, 9 am ..... 12 am.
(k)	We could see ..... the mountains.
(l)	Your snowboard will be out of fashion ..... you've learnt how to use it.

2. Rankings

Skala, Rangordnung, Hierarchie	scoreboard, rankings, league, table, ratings
die Spitzen(reiter)position einnehmen, an führender Stelle sein	to be the frontrunner/ to take pole position/lead the field/top the league
an erster/zweiter Stelle sein, den ersten/zweiten Platz belegen, den ersten Rang einnehmen	to rank*/to slot in first/second, to be in/to post first position, to hold the number one position/top ranking
den hintersten Platz einnehmen/ belegen, am unteren Ende der Skala rangieren*	to come at the bottom of the league/table, to rank* last

den Rang behaupten	to hold your own in the ratings
vor/hinter jdm. rangieren*, hinter/vor jdm. den 2. Platz belegen	to precede/to follow sb. in the ratings/in second position/place
jdn. stürzen; jdn. verdrängen	to topple sb.; to oust sb.
eine Stelle/auf Platz 3 abrutschen	to slip one notch/spot/ to third place

** to rank means to take a certain place in a hierarchy; to range means to move between two extremes, e.g. prices range between €5 and €50 per m².*

Use the above vocabulary to make statements about the world export rankings of the countries listed in the following tables.

Rank 2008	Country	Exports of goods 2008 US$ bn	%
1	Germany	1462	9.1
2	China	1428	8.9
3	U.S.A.	1287	8.0
4	Japan	782	4.9
5	Netherlands	633	3.9
6	France	605	3.8
7	Italy	538	3.3
8	Belgium	476	3.0
9	Russian Fed.	472	2.9
10	UK	459	2.9

Rank 2009	Country	Exports of goods 2009 US$ bn	%
1	China	1202	9.6
2	Germany	1126	9.0
3	U.S.A.	1056	8.5
4	Japan	581	4.6
5	Netherlands	498	4.0
6	France	485	3.9
7	Italy	406	3.2
8	Belgium	370	3.0
9	Korea Rep.	364	2.9
10	U.K.	352	2.8

Source: WTO

3. Business

This is one of those common commercial terms which have both countable and uncountable meanings (see also page 82, ex.1 and page 367, ex.3):

noun	countable form	uncountable form
business	1. Firma, Unternehmen, Betrieb → company, firm 2. Geschäftsbereich/-feld, Sparte → segment, division	Geschäft(e), Geschäftsabschluss/-abschlüsse → deal, transaction

Translate the following sentences using the correct form of *business*

(a)	Alle Gesellschafter verpflichten sich, Geschäfte auf gemeinsame Rechnung durchzuführen.
(b)	Closely held corporations sind normalerweise Familienbetriebe.
(c)	Im Zuge der Rationalisierung müssen mehrere Geschäftsbereiche outgesourct werden.
(d)	Laufen die Geschäfte gut?
(e)	Die Regierung hat Maßnahmen ergriffen, um Kleinfirmen zu fördern.
(f)	Wir konnten unsere Kernbereiche um das Exportgeschäft erweitern.
(g)	Viele Einzelhandelsbetriebe klagen über schlechte Umsätze.
(h)	Dank einiger Großgeschäfte konnte das Unternehmen insgesamt ein positives Ergebnis verzeichnen.

1.

(a)	by	(g)	as far as/upto/until/up till
(b)	until	(h)	until
(c)	until – by	(i)	up to – by the time
(d)	by	(j)	to – to (US: thru – thru)
(e)	until	(k)	as far as
(f)	by	(l)	by the time

2.

Sample sentences:

- Germany exported goods to a value of US$1462bn in 2008 and thus topped the world scoreboard.
- While Germany was the frontrunner for goods exports in 2008, China took pole position in the 2009 rankings.
- The USA slotted in third in the world export league in both 2008 and 2009, while Japan ranked fourth both times.
- The UK came at the bottom of the table of the 10 leading exporters in both 2008 and 2009.
- The Netherlands succeeded in holding their own at fifth position in the ratings.
- The percentage of goods exported by fourth-ranked Japan was 0.3% down, while China saw a 0.7 percentage point increase.
- In 2009 the Korean Republic ousted the Russian Federation from ninth position in the world export league.
- In 2009 China toppled Germany, which slipped one notch to number two position.
- All the 2008 top ten exporting nations saw a decline in the value of their exports in 2009.
- The value of goods exported by the top ten countries in the 2008 world export league ranged from US$1462 to US$459bn.

3.

(a) All the owners undertake to conduct business for their joint account.
(b) Closely held corporations are normally family businesses.
(c) Several businesses have to be outsourced within the scope of rationalisation operations.
(d) How's business?/Is business doing well?
(e) The government has taken measures to promote small businesses.
(f) We have expanded our core businesses to include exporting/export operations.
(g) Many retail businesses are complaining about poor turnover.
(h) Thanks to a few large-volume pieces of business the company was able to register positive results overall.

17

Unternehmenszusammenschlüsse: Kooperation oder Konzentration

Firmenzusammenschlüsse und andere Verbindungen

What's It Worth?

Company evaluation

Unternehmenszusammenschlüsse: Kooperation oder Konzentration

Der stets größere *Wettbewerbsdruck*, dem Unternehmen auf nationalen und internationalen Märkten ausgesetzt sind, *veranlasst* die Akteure zu *Unternehmenszusammenschlüssen*, die im Zuge der Globalisierung immer häufiger *grenzüberschreitender* Natur sind. Ein solcher Zusammenschluss gestaltet sich entweder als

- ***Kooperation*** (*vertragliche Verpflichtung* zu einer bestimmten Form der Zusammenarbeit – i.d.R. unter Beibehaltung der *rechtlichen* und der *wirtschaftlichen Selbständigkeit* der kooperierenden Partner) oder als
- ***Konzentration*** (*Aufgabe der* wirtschaftlichen und/oder der rechtlichen *Selbständigkeit* der Partner im Rahmen einer *Fusion).*

Neben einer *Vielzahl* rein *wettbewerbsorientierter* Unternehmenszusammenschlüsse gibt es *Verbindungen*, die vornehmlich zum Zwecke der *Vertretung gemeinsamer Interessen* von Unternehmen gegenüber der *Öffentlichkeit* oder dem Staat *eingegangen* werden (z.B. *Kammern* oder *Fachverbände).*

Gründe für wettbewerbsorientierte Zusammenschlüsse

Das Bestreben der sich zusammenschließenden Unternehmen ist in allen Fällen die Verbesserung der *Wettbewerbsfähigkeit*, größere *Marktmacht,* eine Steigerung der *Leistungsfähigkeit*, des *Umsatzes* und der Gewinne sowie die Nutzung von *Kosteneinsparpotenzialen. Diesen Vorteilen steht* allerdings der volkswirtschaftliche *Nachteil* der erhöhten Machtkonzentration *gegenüber*, der im Extremfall zu einer *Marktbeherrschung* weniger Unternehmen innerhalb einer *Branche* führen kann.

Wettbewerbsorientierte Unternehmenszusammenschlüsse

Kooperation*

- Interessengemeinschaft
- Arbeitsgemeinschaft
- Konsortium
- strategische Allianz
- Joint Venture
- Kartell

Konzentration

- Konzern
  - Unterordnungskonzern
  - Gleichordnungskonzern
- Trust

* Die Abgrenzung der verschiedenen Erscheinungsformen der Kooperation gestaltet sich inzwischen als sehr schwierig und in der Praxis als uneinheitlich.

- ***Interessengemeinschaft***

Zweck dieser Gemeinschaft ist häufig eine *steuergünstige Gewinnpoolung* mit anschließender *vertragsgemäßer Gewinnverteilung* an ihre Mitglieder (Gewinngemeinschaft) oder die Bildung eines Versicherungspools, bei dem mehrere Versicherer besondere Risiken gemeinsam tragen.

Aufgabe der Selbständigkeit	sacrifice of one's independence
Branche	industry, sector
Fachverband	trade federation/association
Fusion	merger

Der Begriff 'Fusion' wird ebenso wie das englische 'merger' in zwei Bedeutungen verwendet:
1. Fusion (i.e.S.): Zusammenschluss von Unternehmen durch Neugründung
2. Fusion (als Oberbegriff; seltenere Verwendung): Zusammenschluss von Unternehmen nach Übernahme <u>oder</u> durch Neugründung

gegenüberstehen: diesen Vorteilen steht der Nachteil gegenüber	these advantages are offset by the disadvantage
Gewinnpoolung	pooling of profits
Gewinnverteilung	distribution of profits
grenzüberschreitend	cross-border
Interessengemeinschaft, IG	pool
Kammer	*here:* professional association
Konzentration	concentration
Kooperation	cooperation, collaboration
Kosteneinsparpotenziale	cost-cutting potential *(no pl.)*
Leistungsfähigkeit	(economic) performance
Marktbeherrschung	dominant market position, market dominance
Marktmacht	market power
Öffentlichkeit	general public
rechtliche Selbständigkeit	legal independence
steuergünstig	tax-efficient
Umsatz	sales, turnover *(UK)*
Unternehmenszusammenschluss	business combination
veranlassen, jdn. zu etw. ~	to cause/prompt sb. to do sth.
Verbindung, eine ~ eingehen	*here:* to form/enter into an alliance
vertragliche Verpflichtung	contractual obligation
vertragsgemäß	as stipulated in the contract
Vertretung gemeinsamer Interessen	representing joint/mutual interests
Vielzahl	multiplicity, wide variety
Wettbewerbsdruck	competitive pressure
Wettbewerbsfähigkeit	competitiveness
wettbewerbsorientiert	competition-driven
wirtschaftliche Selbständigkeit	economic independence

- ***Arbeitsgemeinschaft***

Hier erfolgt i.d.R. eine zeitlich begrenzte Abwicklung gemeinsamer Arbeitsaufgaben (z.B. in *Forschung und Entwicklung*) bzw. die *gemeinsame Nutzung von Rechten* (z.B. *Patentverwertung).*

- **Konsortium**

Unternehmen schließen sich zu *Konsortien* als *Gelegenheitsgesellschaften* zusammen, um anstehende Großvorhaben gemeinsam durchzuführen, wobei die *Verteilung der Risiken* im Vordergrund steht. Üblich sind beispielsweise *Bankenkonsortien* bei der *Unterbringung von* umfangreichen *Wertpapieremissionen* oder bei der *Vergabe von Großkrediten*, ebenso wie Versicherungskonsortien, die sich nach Beendigung des *Vorhabens* wieder auflösen.

- **strategische Allianz**

Im Rahmen einer *strategischen Allianz* erfolgt die *freiwillige* Zusammenarbeit zweier oder mehrerer selbständiger Unternehmen in einem klar definierten und vereinbarten *Kooperationsbereich*. Das potenzielle Kooperationsfeld erstreckt sich auf vielfältige unternehmerische Tätigkeiten – gemeinsame *Werbung,* Zusammenarbeit bei Forschung und Entwickung, bei *Einkauf,* Vertrieb etc. Oft erfolgt eine Spezialisierung bzw. *Arbeitsteilung* unter den kooperierenden Partnern. Ihre rechtliche und wirtschaftlichen Eigenständigkeit bleibt in allen Fällen erhalten. Die Allianz ist vielfach eine Alternative zur oder aber die *Vorstufe einer Fusion*.

- **Joint Venture**

Ein *Joint Venture* ist i.d.R. ein grenzüberschreitender, auf *Kapitalbeteiligung* beruhender Zusammenschluss von mindestens zwei Unternehmen für die Dauer der Durchführung eines oder mehrerer gemeinsamer Projekte (z.B. gemeinsamer *Aufbau einer Produktions-* oder *Vertriebsstätte*). Die rechtliche und wirtschaftliche Selbständigkeit der Beteiligten bleibt unangetastet. Jeder Partner *bringt* etwas *ein*, das der andere nicht hat*: technologisches Knowhow, qualifizierte Arbeitskräfte,* Kenntnis bestimmter Märkte*, Zugang zu Ressourcen,* Kontakte zu Behörden oder Lieferanten etc. Die Zusammenarbeit wird *vertraglich geregelt.*

- **Kartell**

Kartelle sind vornehmlich *horizontale Zusammenschlüsse*, die zwischen Unternehmen derselben Branche erfolgen, wobei nicht die rechtliche und organisatorische, wohl aber die wirtschaftliche Selbständigkeit der *Kartellmitglieder* in bestimmtem Umfang beschränkt werden kann. Ein Kartell entsteht aufgrund eines *Kartellvertrages* oder einer mündlichen Vereinbarung *(Frühstückskartell). Das Ziel ist die gemeinsame Absprache* zur *Verbesserung der* eigenen *Marktchancen,* zur *Ausschaltung* der *Konkurrenz* in der Branche sowie die Koordinierung einer gemeinsamen *Preis- und Absatzpolitik.* Hierbei

Absprache, das Ziel ist die gemeinsame ~	their aim is to come to an informal agreement/to take concerted action
Arbeitsgemeinschaft	working party
Arbeitsteilung	division of labour
Aufbau einer Produktionstätte	setting up a production plant
Bankenkonsortium	banking syndicate/consortium
einbringen, etw. ~	to put sth. in, to contribute sth.
Einkauf	buying, purchasing
Forschung und Entwickung, F&E	research and development, R&D
freiwillig	voluntary
Frühstückskartell	gentleman's/gentlemen's agreement
Gelegenheitsgesellschaft	ad hoc partnership
gemeinsame Nutzung von Rechten	joint use of rights
horizontaler Zusammenschluss	horizontal (business) combination
Joint Venture	joint venture, JV
Kapitalbeteiligung	*here:* financial participation
Kartell	cartel
Kartellmitglieder	members of the cartel
Kartellvertrag	cartel agreement
Konkurrenz, Ausschaltung der ~	elimination of competition
Der Begriff 'Konkurrenz' wird auch i.S.v. 'competitors' verwendet, z.B. die Konkurrenz hat eine Aktion gestartet = our competitors have launched a campaign.	
Konsortium *(Pl. Konsortien)*	consortium, syndicate
Kooperationsbereich	area of cooperation
Patentverwertung	patent utilisation/exploitation
Preis- und Absatzpolitik	price and sales policy, pricing and marketing policy
qualifizierte Arbeitskräfte	qualified/skilled workers/employees
regeln, vertraglich ~	to lay down by contract
strategische Allianz	strategic alliance, SA
technologisches Knowhow	technological know-how
Unterbringung von Wertpapier-emissionen	placement of securities issues
Verbesserung der Marktchancen	improving market potential/prospects
Vergabe von Großkrediten	large-scale lending
Verteilung der Risiken	spreading risk(s)
Vertriebsstätte	distribution outlet
Vorhaben	venture, project
Vorstufe einer Fusion	preliminary stage of a merger, stage preceding a merger
Werbung	advertising
Zugang zu Ressourcen	access to resources

handelt es sich beispielsweise um die Festsetzung vereinbarter Preise für Produkte der Kartellmitglieder (*Preiskartell*) oder um die Begrenzung der Produktionsmengen *(Mengen- oder Quotenkartell),* wodurch eine *künstliche Verknappung des Angebotes* und folglich ein hohes oder sogar *überhöhtes Preisniveau durchgesetzt* wird. Kartelle sind *bis auf wenige Ausnahmen*, die *der ausdrücklichen Genehmigung bedürfen*, verboten. *Kartellbehörden überwachen die Einhaltung der Wettbewerbs- und Kartellgesetze* und *ahnden Verstöße* mit *Geldbußen* bzw. in den USA sogar mit *strafrechtlichen Maßnahmen* gegen die *'Kartellsünder'.*

Die Praxis zeigt, dass Kartelle nur dann *funktionsfähig* sind, wenn

- die beteiligten Unternehmen über eine große Marktmacht verfügen,
- die getroffenen *Absprachen* auch wirklich von allen Kartellpartnern *eingehalten* werden und
- wenn möglichst viele Anbieter der Branche dem Kartell angehören, so dass keine *Außenseiter* die hohen *Kartellpreise unterbieten* können.

- **Konzern**

Bei einem *Konzern* schließen sich Unternehmen zu einem Verbund zusammen, wobei sie rechtlich eigenständig bleiben, doch ihre wirtschaftliche Unabhängigkeit zugunsten einer einheitlichen Leitung gänzlich aufgeben.
Man unterscheidet zwei Arten von Konzernen:

- Der ***Unterordnungskonzern*** schafft ein Abhängigkeitsverhaltnis zwischen einem (be)herrschenden Unternehmen *(Muttergesellschaft)* und den abhängigen Unternehmen *(Tochtergesellschaften).*
  Im Rahmen dieser *einseitigen Beherrschung* nimmt entweder die Konzernmutter die Konzernleitung des Gesamtverbunds wahr – sie erwirbt hierzu i.d.R. *Kapitalbeteiligungen* von mehr als 50 % an allen abhängigen Konzerntöchtern – oder aber man gründet eine *Holding-Gesellschaft*, die *kapitalmäßig an* den Unternehmen *beteiligt* und mit der Konzernverwaltung betraut wird, ohne dabei in das *operative Geschäft* einzugreifen.
- Bei einem ***Gleichordnungskonzern*** sind die einzelnen unabhängigen Unternehmen *(Schwestergesellschaften)* durch ausgewogene wechselseitige *Kapitalverflechtung* an einander beteiligt, so dass eine gleichgewichtige Einflussnahme aller Verbundspartner gegeben ist. Die Konzernleitung wird durch gegenseitige Abstimmung wahrgenommen.

- **Trust**

  Fusionieren Unternehmen zu einem neuen Unternehmen mit dem Ziel, einen Markt zu dominieren, so bezeichnet man dieses Unternehmen als *Trust*.

Absprachen einhalten	to adhere to informal agreements
Ausnahmen, bis auf wenige ~	apart from/with very few exceptions
Außenseiter	outsider(s)
einseitige Beherrschung (eines Unternehmens)	one-sided control over a company
funktionsfähig	workable, viable
Geldbuße	fine
Genehmigung, der ausdrücklichen ~ bedürfen	to require explicit permission/approval
Geschäft, das operative ~	the operating (side of the) business
Gleichordnungskonzern	group of affiliated companies, horizontally-integrated group
Holding-Gesellschaft, Holding	holding company
Kapitalbeteiligung	*here:* stake, holding, participation, (financial) interest
kapitalmäßig an etw. beteiligt sein	to hold a financial interest in sth., to have a stake in sth.
Kapitalverflechtung	cross-holdings
Kartellbehörde, Wettbewerbshüter *(ugs.)*	cartel agency, antitrust agency *(US),* trustbuster *(US coll.)*
'Kartellsünder'	contraveners of cartel law, cartel law-breakers
Konzern	group
Mengenkartell, Quotenkartell	quantity-fixing/quota-fixing cartel
Muttergesellschaft	parent company
Preiskartell	price/price-fixing cartel
Schwestergesellschaft	(co-)affiliate, sister company
strafrechtliche Maßnahmen	penal measures
Tochtergesellschaft	subsidiary
Trust	trust
überhöhtes Preisniveau	excessively high prices
überwachen, die Einhaltung der Gesetze ~	to monitor/supervise compliance with the laws
unterbieten, Kartellpreise ~	to undercut cartel prices
Unterordnungskonzern	group of subordinated affiliates, vertically-integrated group
Verknappung, eine künstliche ~ des Angebotes durchsetzen	to create an artificial shortage
Verstöße ahnden	to punish infringements/violations
Wettbewerbs- und Kartellgesetzgebung	competition law, antitrust legislation *(US)*

What's it Worth?

Evaluating a company takes different forms, depending on the information required and the purpose to which it is to be put. Common evaluations include

- **Ratings**

Lenders to a company, e.g. banks or prospective *bondholders*, want to know the degree of risk involved and the likelihood of the company *defaulting on* its *obligations*. Here they are helped by *rating agencies* (chiefly Moody's, Standard and Poor's, and Fitch), which publish ratings *assessing* the *creditworthiness* of companies after *scrutinising* their *accounts* and additional financial information. Gradings *range from* AAA down *to* a C or even D rating (depending on the agency), *investment-grade* being BBB upwards.

- ***Price-earnings ratios***

Potential *shareholders* want to know how *profitable* their investment is likely to be and the P/E ratio (quoted in the business press) is a useful *guide* to the market's expectations about a company's *earnings potential*: the price investors are prepared to pay for shares reveals their assumptions about a company's *future performance* and anticipated *dividend streams*. The P/E ratio is the *market price* of a share divided by company *earnings per share, (*either the latest published figures or the *earnings forecasts* for the current year). A share for which the market price is 30 times higher than the company's earnings on that share is obviously inspiring higher expectations than one where the price is only 4 times higher; on the other hand it is a more speculative investment and is not necessarily a reliable guide to a company's real value. It is particularly useful to compare a company's P/E with that of similar firms in the same sector.

- **Specific *valuations***

In certain situations a precise *value* has to be *placed on* a company, for example before *embarking on* a *merger or acquisition* or when a company is *going into liquidation*. Again valuations differ:

Going concern value will for example be applied for mergers or acquisitions and reflects the fact that a company is expected to *continue trading*; the price paid by an *acquirer* will normally be higher than the value of the target company's assets less liabilities (*net worth*) because it will take into account the fact that the company has built up a *customer base*, established a good reputation etc. The *premium* paid above net worth is known as *goodwill*.

Breakup value on the other hand will be applied if a company is going into liquidation and its *assets* have to be *realised* to pay off *creditors*. Having to be sold off quickly, assets will normally *fetch* less than their *balance-sheet value* and there will be normally be no goodwill unless individual units of the company are *spun off*.

accounts *(no sing.)*	*hier:* Abschluss, Jahresabschluss
acquirer	Übernahmeunternehmen
assess *(vb)*	einschätzen, werten, bewerten
assets, to realise ~ *(vb)*	Vermögenswerte verkaufen
balance-sheet value	Bilanzwert
bondholder	Inhaber einer Anleihe
breakup/gone concern value	Liquidationswert
continue, to ~ trading *(no pl.)*	die Geschäftstätigkeit fortsetzen
creditor	Gläubiger
creditworthiness *(no pl.)*	Kreditwürdigkeit, Bonität
customer base *(usu. sing.)*	Kundenstamm
default, to ~ on obligations	Verpflichtungen nicht erfüllen
dividend stream	Dividenden(zahlungen)
earnings *(no sing.)* per share	Jahresüberschuss/Gewinn pro Aktie
earnings potential *(no pl.)*; ~ forecast	Gewinnpotenzial; Gewinnprognose
embark on sth. *(vb)*	etw. in Angriff nehmen
evaluate *(vb)*	*hier:* beurteilen, begutachten
fetch *(vb)*	*hier:* erzielen, einbringen
future performance *(usu. sing.)*	künftiger Erfolg, künftiges Ergebnis
going concern value *(usu. sing.)*	Unternehmenswert
goodwill *(no pl.)*	Firmenwert, Geschäftswert
guide to sth.	Anhaltspunkt für etw.
investment-grade *(adj.)*	erstklassig
liquidation, to go into ~	in die Liquidation gehen
market price, current market price	Börsenkurs, Marktpreis, Tageskurs
merger or acquisition	Fusion oder Übernahme
net worth *(no pl.)*, net assets	Substanzwert, Nettowert, Rein-/Nettovermögen

Total value of assets less money owed, i.e. in the case of a company = shareholders' funds (UK), stockholder's equity (US); Summe der Vermögenswerte abzügl. Schulden = Eigenkapital (einer Firma).

place, to ~ a value on sth.	etw. einen Wert zuordnen/beimessen
premium *(opp. discount)*	Aufschlag, Aufpreis (*Ant. Abschlag)*
price-earnings ratio/multiple, P/E, PER	Kurs-Gewinn-Verhältnis, KGV
profitable	rentabel, ertragreich
range, to ~ from ... to ...	sich zwischen ... und ... bewegen

NB auf Platz 7 rangieren = to rank seventh/number 7

rating agency *(cf. page 380)*	Rating-Agentur
scrutinise *(vb)*	unter die Lupe nehmen
shareholder *(UK)*, stockholder *(US)*	Aktionär
spin off *(vb)*	ausgliedern
valuation	Bewertung
what's it worth?	Wieviel ist es Dir/Ihnen wert?

There are two main approaches to valuing a company, often used jointly to complement one another:

The **market-based approach** looks, for example, at a company's value on the stock exchange, that is its *market capitalisation*, and can therefore only be applied for *listed companies*. Market capitalisation is calculated by multiplying the total number of *outstanding shares* by their current market price.

The **accounts-based approach** is based on the figures reported in a company's *financial statements* (cf. Chapter 18), which normally consist of:

1. The ***profit and loss account***
2. The ***balance sheet***
3. The ***cash flow statement***, which is possibly the most reliable indication of a firm's financial situation because cash *figures* are difficult to manipulate or *fudge*. It is possible to achieve high sales and *register a profit* on paper but still be in *serious financial straits* if customers do not pay their bills, for example, or if loans are difficult or expensive to obtain.

When examining a company's figures it is also essential to ensure they have been certified by an *auditor* and to read the *notes to the accounts* explaining the company's *accounting policies* and principles. These are important because accounting rules were initiated in the days of the industrial economy and thus emphasise *physical assets*, which are easily *quantifiable*; less easily quantifiable information, such as *provision for risk*, certain *intangible assets* (such as *brands*, patents, employee know-how and skills), on which our present *knowledge-driven economy* relies, has tended to appear only in the footnotes. The *non-inclusion* of these intangibles as assets is one reason why the *market value* of a company is often so much higher than its *book value*.

Conclusions drawn from the financial statements will also be more reliable if

- a comparison is made of the company's figures for at least the last 3 years
- the company's performance is compared with that of *industry peers*
- it can be ensured that there are no discrepancies between the data under analysis, i.e. that like is really being compared with like.

Reading Between the Lines

Comparisons are not, however, as *straightforward* as it might first appear, and earnings figures can differ widely depending on the local *GAAP*. *Accounting standards* tend to vary on numerous points, e.g. regarding the valuation of *stock,* the *amortisation* of goodwill, or whether to *capitalise or expense* advertising costs. However the 2005 introduction of the International Financial Reporting Standards (IFRS), which are being adopted by a growing number of countries worldwide, and the progressive convergence between IFRS and US GAAP are creating greater uniformity and may even see US adoption of IFRS.

Accounting procedures also vary, e.g. it is important to note whether assets are *valued* at their original purchase price/*at cost (historical cost accounting)*, or at replacement cost *(current cost accounting).* At the moment there is a shift towards *fair-value accounting*, where financial assets and liabilities are

accounting policies	Bilanzierungsgrundsätze
accounting procedure	Rechnungslegungsverfahren
accounting standards	Rechnungslegungsstandards
amortisation, writing down	Amortisierung
auditor	Wirtschaftsprüfer
balance sheet	Unternehmensbilanz, Bilanz
book value *(usu. sing.)*	Buchwert
brand	Marke
capitalise *(vb)*	aktivieren *(als Vermögen ausweisen)*
cash flow statement	Kapitalfluss-/Cash-Flow-Rechnung
cost, at ~	zum Anschaffungs-/Einstandspreis
current cost accounting *(no pl.)*	Istkostenrechnung
expense *(vb)*	passivieren *(als Aufwand verbuchen)*
fair-value accounting *(no pl.)*	Fair Value Accounting, zeitnahe Bilanzierung, Zeitwertbilanzierung
financial statement(s), accounts	Abschluss, Jahresabschluss
financial straits *(no sing.)*, serious ~	stark angespannte Finanzlage
fudge, to ~ figures, to cook the books	*hier:* Zahlen frisieren/verschleiern
GAAP, Generally Accepted Accounting Principles	GAAP, allgemein akzeptierte Bilanzierungsgrundsätze
Accounting rules applied in a particular jurisdiction (e.g. US GAAP, UK GAAP).	
historic(al) cost accounting *(no pl.)*	Anschaffungskostenrechnung
industry peer	vergleichbares Unternehmen derselben Branche
intangible assets, intangibles	immaterielle Vermögenswerte
knowledge-driven economy *(no pl.)*	wissensgetriebene Wirtschaft
liabilities	Verbindlichkeiten
listed/quoted company	börsennotiertes Unternehmen
market capitalisation/value	Marktwert, Börsenkapitalisierung
non-inclusion	Nichtberücksichtigung
notes to the accounts	Erläuterungen, Anhang
outstanding/issued shares	umlaufende/emittierte Aktien
physical/tangible assets, tangibles	materielle Vermögenswerte, Sachanlagen, Sachwerte
profit and loss account *(UK)*, income statement *(US)*	Gewinn- und Verlustrechnung, G&V-Rechnung, Ergebnisrechnung
provision *(usu. sing.)* for risk	Risikovorsorge
quantifiable	messbar, quantifizierbar
register, to ~/post/record a profit	einen Gewinn verzeichnen/verbuchen
stock *(UK)*, inventories *(usu. pl.) (US)*	Lagerbestand
NB Stock (UK: share) is the usual US term for 'Aktie'.	
straightforward	einfach
value *(vb)*	bewerten

marked to market. This is felt to paint a truer picture of company finances, but can also distort them if asset values fluctuate wildly in line with market trends.

Individual firms also interpret individual *items* differently, which means there is always a certain scope for *window-dressing:*

- Opinions differ, for example, as regards the date on which a sale should be recognised as *revenue*: when the order is booked, when it is executed, when payment is received, or when ownership passes to the customer.
- *Stock options*, a favourite means of boosting employee *pay,* now have to be *disclosed* as a *remuneration expense* almost everywhere, thus causing companies to *post* lower *earnings*. However ideas vary on how to calculate the value of these and other financial instruments such as *derivatives*, and rules are fairly elastic, which means that figures are not always comparable.

The accounts-based approach therefore looks at a company's book value. While this is an important *guide to* the value of a company, especially when examined in conjunction with its market capitalisation, it often has the disadvantage that accounts mainly look at past performance and provide little idea about a company's underlying strength and future expectations.

Two developments illustrate how companies are trying – with certain justification – to *tackle this shortcoming*:

1. Some companies capitalise certain *expenditures* such as *research and development*, advertising, or *customer cultivation*, that is *class* them as assets rather than as *expenses*, arguing that the resulting enhancement of profits is a realistic reflection of the future benefits of investing in *R&D* etc.
2. Present accounting rules often provide a static picture of a company's earnings because they prescribe the inclusion of many special *non-recurring expenses* in the accounts (e.g. restructuring costs, *litigation settlements* etc.), thus reducing earnings. Companies try to present a more realistic picture of their *core business activities* by excluding such *one-off items* and *quoting* the new (usually higher) net income figure as *pro forma earnings*, published prior to their official GAAP accounts. There has, however, often been a *yawning disparity* between pro forma and actual earnings, and this has led standards boards to improve standardisation of this non-GAAP earnings measure in the interests of greater transparency.

Aggressive *creative accounting* techniques have on several recent occasions brought *financial reporting* into *disrepute* and *accountants* are having to work hard to re-establish the sector's *credibility*. The *competent boards* are constantly revising the standards to *close loopholes* and to present a company's financial position more accurately. However, as shown above, many of the figures presented in financial statements can only be *estimates* rather than facts, and regulation cannot take care of this. In the end the "true and fair view" required by law still ultimately depends on the individual integrity of a firm and its accountants.

accountant	*etwa* Bilanzbuchhalter

A wide term in English normally rendered more specifically as appropriate in German (Buchhalter, Wirtschaftsprüfer, Steuerberater usw.).

class *(vb)*	einstufen
competent board	*hier:* zuständiges Gremium
core business (activity)	Kerngeschäft
creative accounting *(no pl.)*	kreative Buchführung, Zahlenakrobatik
credibility *(no pl.)*	Glaubwürdigkeit
customer cultivation *(no pl.)*	Kundenpflege
derivative *(cf. page 395)*	Derivat, derivatives Finanzinstrument
disclose *(vb)*	offen legen
disrepute *(no pl.)*	Verruf
earnings *(no sing.)*	*hier:* Gewinn

Company's total profit for the year. In the UK it usually implies after-tax profits, in the USA it could also be pre-tax.

estimate	*hier:* Schätzung
expenditures *(usu. sing. in UK)*	Ausgaben
expenses	*hier:* Aufwand, Aufwendung
financial reporting *(no pl.)*	Bilanzierung, Finanzberichterstattung
guide to	Anhaltspunkt/Referenzwert für
item	1. *hier:* Posten 2. Artikel, Produkt
litigation settlement	Vereinbarung aus einem Rechtsstreit
loopholes, to close ~	Lücken schließen
mark, to ~ to market	zum Zeit-/Verkehrswert ansetzen
non-recurring expense	außerordentliche Aufwendung
one-off item	einmaliger Posten
pay *(no pl.)*	Entgelt, Bezüge, Vergütung
post, register, record *(vb)*	verzeichnen, verbuchen
pro forma earnings *(no sing.)*	Pro-forma-Ergebnisse
quote *(vb)*	*hier:* angeben
remuneration expense (*UK*), compensation expense *(US)*	Vergütungsaufwand
research and development, R&D	Forschung und Entwicklung, F&E
revenue *(usu. sing. in UK)*	Einnahme, Erlös, Umsatzerlös
stock/share option	Aktienoption

Here: Option given to employee to purchase company shares at a specific price at some future date, usually conferring tax advantages. In general: right to buy or sell shares at a certain price in the future.

tackle, to ~ a shortcoming	ein Manko beheben
window-dressing *(no pl.)*	Bilanzkosmetik
yawning disparity	große Kluft

1. Word Family: schätzen		
verb	to estimate	(zahlenmässig) schätzen, veranschlagen
noun	estimate	1. Schätzung 2. Kostenvoranschlag
noun	estimation *(esp. US usage) →*	1. Einschätzung, Beurteilung 2. Schätzung 3. Wertschätzung, Achtung
verb	to esteem (sb.)	(jdn.) achten, hoch einschätzen
noun	esteem self-esteem	Achtung, Ansehen Selbstvertrauen, Selbstachtung
verb	to assess	1. prüfen, beurteilen, einschätzen 2. genau beziffern, feststellen, bemessen
noun	assessment	1. Beurteilung 2. Feststellung, Veranlagung
verb	to value	1. schätzen, Wert auf etw. legen 2. den Wert feststellen, bewerten, taxieren
noun	value, worth *(no pl.)*	Wert
noun	valuation	Bewertung, Wertfestsetzung
verb	to evaluate	1. evaluieren, fachmännisch beurteilen 2. auswerten *(von Daten, Statistiken usw.)*
noun	evaluation	1. Evaluation, fachmännische Beurteilung 2. Auswertung *(von Daten, Statistiken usw.)*
verb tr.	1. to appreciate sth./sb. 2. to appreciate (the fact) that	1. etw./jdn. schätzen, anerkennen, zu schätzen wissen 2. sich etw. bewusst sein, Verständnis für etw. haben
verb intr.	to appreciate	an Wert gewinnen
noun	appreciation	1. Anerkennung, Dankbarkeit 2. Verständnis, Bewusstsein 3. Wertsteigerung, Wertzuwachs

Which of the above terms would you insert in the following sentences?

(a)	I don't think the tax office has ... my income tax correctly.
(b)	According to official ... prices won't rise by more than 2% this year.
(c)	I would ... it if you would turn your TV down.
(d)	He sank in my ... when he made that xenophobic speech.
(e)	The euro has ... so much that exporters are starting to complain.
(f)	You must ... your product's market potential before going into production.
(g)	A workman is not bound by the price quoted in his ... .
(h)	Her boss ignores her tantrums because he ... her work so highly and also ... that she's working under tremendous time pressure.
(i)	Employees with a good annual ... get a corresponding pay rise.
(j)	We need to ... the results of the survey before reaching a decision.
(k)	You'll have to get a(n)... of your house before you can insure it.

2. Sentence structure – some fundamental principles

The standard word order in English is

subject + verb + object

and is far more rigidly adhered to than in German, mainly because English has no cases. *The dog bit the man* makes sense, whereas *the man bit the dog* is not very likely. In German *Den Mann biss der Hund* would be possible.

Unlike German, the verb and its object are **never** split in English:
I got some bread to be on the safe side.– Ich besorgte vorsichtshalber Brot.
We often experienced violent storms.– Wir erlebten oft heftige Stürme.
They also wrote a stiff letter. – Sie schrieben auch einen bösen Brief.
(Cf. page 333 for exercises on the position of also, too etc.)

There is a strong tendency in English to make the subject of the sentence concrete (either a person or a thing) rather than abstract:
***Es** fiel uns nichts ein. – **We** couldn't think of anything.*
Uns wurde erzählt, dass mit einer baldigen Antwort auf unsere Reklamation nicht zu rechnen sei.– **We** were told that **we** could not expect a speedy answer to our complaint.
***Man** sagte ihm die Wahrheit. – **He** was told the truth.* (cf. exercises p.120 ff.)
Sometimes a suitable subject is inserted:
***Das Betreten** des Buses ohne gültigen Fahrschein ist untersagt. – **All passengers** must be in possession of a valid ticket before entering the bus.*

Translate the following sentences in the light of the above guidelines.

(a)	Ihren Vater sah sie nie wieder.
(b)	Er umriss kurz seine Pläne für die neue Verkaufsaktion.
(c)	Dem Finanzdirektor wurde vorgeworfen, er habe die Zahlen frisiert.
(d)	Das Mitbringen von Haustieren ist in unserem Hotel nicht gestattet.
(e)	Zu allem, was ich sage, behauptet sie verbissen das Gegenteil.
(f)	Plötzlich wehte mir ein £100-Schein vor die Füsse.
Examples from the German text:	
(g)	Das Bestreben der sich zusammenschließenden Unternehmen ist in allen Fällen die Verbesserung der Wettbewerbsfähigkeit ... sowie die Nutzung von Kosteneinsparpotenzialen.
(h)	Im Rahmen einer strategischen Allianz erfolgt die freiwillige Zusammenarbeit zweier oder mehrerer selbständiger Unternehmen ...
(i)	Oft erfolgt eine Spezialisierung bzw. Arbeitsteilung unter den kooperierenden Partnern.
(j)	Ein Joint Venture ist i.d.R. ein ... Zusammenschluss von mindestens zwei Unternehmen für die Dauer der Durchführung eines Projektes.
(k)	Erweist sich die Fusion als Fehlschlag, kommt es zur Entfusionierung *(page 288).*

1.

(a) assessed
(b) estimates
(c) appreciate
(d) esteem/estimation
(e) appreciated
(f) assess
(g) estimate
(h) values – appreciates
(i) assessment
(j) evaluate
(k) valuation

2.

(a) She never saw her father again.
(b) He quickly outlined his plans for the new sales campaign.
(c) The CFO was accused of cooking the books.
(d) Hotel guests are not permitted to bring pets (with them).
(e) She obstinately asserts the opposite of everything I say.
(f) The wind suddenly deposited a £100 note at my feet./A £100 note suddenly wafted to my feet.
(g) The companies forming a business combination always aim to improve their competitiveness ... and to make use of the potential for cost savings/for reducing costs.
(h) Within the scope of a strategic alliance two or more independent companies voluntarily collaborate ...
(i) The cooperating parties often specialise or exercise division of labour/or share their responsibilities.
(j) A joint venture is usually an arrangement whereby at least two companies combine for the time required to carry out a project.
(k) If the merger proves to be a failure, the companies demerge.

18

Bilanzierungsvorschriften im Kreuzfeuer
Einführung in die Rechnungslegung nach HGB, US-GAAP und IAS/IFRS

Beyond the Bottom Line
Profit and loss account, balance sheet and cash flow statement

Bilanzierungsvorschriften im Kreuzfeuer

Rechnungslegungs- oder *Bilanzierungsstandards (Accounting Standards)* sind die Vorschriften, nach denen Unternehmen ihre *Abschlüsse erstellen*. Sie variieren je nach der *zugrundeliegenden Philosophie*, d.h. den formulierten Zielen und Grundsätzen der *Rechnungslegung*. Diese Philosophie ist wiederum entscheidend geprägt vom allgemeinen Rechtssystem in den einzelnen Ländern.

Im Zuge der Globalisierung von Finanzmärkten entsteht zunehmend die Notwendigkeit weltweit gültiger und harmonisierter *Regelwerke*. International operierende Anleger und Analysten, die die Unternehmensbilanz zur Analyse und *Beurteilung von Unternehmen* heranziehen, fordern eine *einheitliche* und transparente *Bewertungsgrundlage*. Dem externen Betrachter sollte ein realistischer Einblick in die Finanz- und Ertragslage eines Unternehmens sowie die *Vergleichbarkeit* von Unternehmensstatistiken ermöglicht werden.

Zurzeit *existiert* in vielen Volkswirtschaften allerdings *ein Nebeneinander von* jeweils nationalen Regelwerken und den beiden *international anerkannten* Standards US-GAAP und IAS/IFRS, die jedoch zu *abweichenden Bilanzergebnissen* führen.

Deutsche Firmen *bilanzieren* beispielsweise nach dem *HGB*, wobei seit 1998 für *börsennotierte Unternehmen* alternativ ein Abschluss nach GAAP oder IAS/IFRS möglich ist. Die EU schreibt europäischen börsennotierten Firmen vor, ab 2005 bzw. 2007 die *Bilanzen gemäß IAS/IFRS zu erstellen*. Deutsche Unternehmen, die *an der New Yorker Börse notiert* sind, sollten nach US-GAAP bilanzieren.

HGB

Das HGB (Handelsgesetzbuch) enthält *kodifiziertes* deutsches *Bilanzrecht*, das nur vom Gesetzgeber verändert werden kann. Es *berücksichtigt* in erster Linie die Interessen der *Gläubiger*.

Es gilt das *Maßgeblichkeitsprinzip* (d.h. die Bilanz ist die Basis der steuerlichen Gewinnermittlung), das in den Augen vieler Kritiker zu *Ergebnisverschleierung* führt. In guten Jahren können Firmen *Gewinne einbehalten* und verstecken, indem *stille Reserven* aufgebaut werden. Sie verschlechtern auf diese Weise ihr Unternehmensergebnis, um die steuerlichen Belastungen zu reduzieren. In schlechten Zeiten wiederum können diese *Reserven aufgelöst* werden, um *Fehlentwicklungen zu kaschieren* und ein besseres *Ergebnis auszuweisen*.

Im Rahmen des *Vorsichtsprinzips* werden *Vermögenswerte* konservativ und nicht wie nach GAAP oder IAS/IFRS zeitnah oder vorausschauend bilanziert. Gewinne oder *Umsätze* sind nach den internationalen Regeln bereits zu verbuchen, wenn ihr Eintritt als wahrscheinlich gilt. Wertpapiere können *zum aktuellen Marktwert angesetzt werden*, während nach dem HGB i.d.R. die Anschaffungskosten *ausschlaggebend sind*.

Abschlüsse erstellen	to draw up/prepare the balance sheet/financial statements
abweichende Bilanzergebnisse	differing/diverging balance sheet results/ balance sheet profits or losses
aktueller Marktwert, zum ~ ansetzen	to quote at the current market value
ausschlaggebend sein	*here:* to be the main point of reference
berücksichtigen	to take into account
Beurteilung von Unternehmen	company evaluation
Bewertungsgrundlage	basis of evaluation
Bilanz gemäß IAS/IFRS erstellen, nach IAS/IFRS bilanzieren	to draw up the accounts/financial statements under/according to IAS/IFRS
börsennotiertes Unternehmen	listed/quoted company
HGB, Handelsgesetzbuch	German Commercial Code
Ergebnis ausweisen	to show/post/record/register a balance sheet profit or loss
Ergebnisverschleierung	dressing up the balance sheet, cooking the books, window-dressing, fudging the results
Fehlentwicklungen kaschieren	to conceal undesirable developments
Gewinne einbehalten	to retain profits/earnings
Gläubiger	creditor
international anerkannt	internationally accepted/ recognised
kodifiziertes Bilanzrecht	codified accounting law
Kreuzfeuer, im ~ sein	to be under crossfire
Maßgeblichkeitsprinzip	principle that the same valuations should be applied in the balance sheet and the tax accounts
Nebeneinander, es existiert ein ~ von	... exist side by side
notiert, an der New Yorker Börse ~ sein	to be listed on the New York Stock Exchange
Rechnungslegung, Bilanzierung	accounting
Rechnungslegungsstandards, Bilanzierungsvorschriften/-normen	accounting standards
Regelwerk	set of rules
Reserven auflösen	to release/transfer reserves
stille Reserven	hidden/undisclosed reserves
Umsatz	turnover *(UK)*, sales
Vergleichbarkeit	comparability
Vermögenswerte	assets
Vorsichtsprinzip	principle of prudence
zugrundeliegende Philosophie	underlying philosophy

Abschlüsse nach dem HGB gelten in der Bundesrepublik zunehmend als *überholt*. GAAP oder IAS/IFRS ist nicht nur für *namhafte Großunternehmen* ein *Muss*, sondern auch *eine gute Visitenkarte für* junge *aufstrebende Wachstumsunternehmen*, global orientierte *Startups*, *Börsenaspiranten* und sogar für viele *mittelständische Unternehmen*.

US-GAAP

US-GAAP (Generally Accepted Accounting Principles) steht für die in den USA einzig *verbindliche* Form der Rechnungslegung. Es handelt sich um einen detaillierten und *umfangreichen* Katalog mit vielen *fallbezogenen Einzelbestimmungen*. GAAP *beruht* zwar nicht *auf* gesetzlich kodifizierten Normen und *Empfehlungen*, *hat* jedoch aufgrund der Anerkennung durch die amerikanische Börsenaufsicht SEC (Securities and Exchange Commission) *de facto Gesetzeskraft*. Verantwortlich für GAAP ist das FASB (Financial Accounting Standards Board), ein *Gremium*, in dem die *wichtigsten Wirtschaftsprüferverbände* des Landes *vertreten sind*.

Im Mittelpunkt des GAAP stehen der *Aktionär* und der potenzielle Investor, die an einem *aussagekräftigen Gewinnausweis* und an klaren Informationen für ihre *Anlageentscheidungen* interessiert sind.

Skandale um mehrere namhafte US-Unternehmen *im Zusammenhang mit kreativer Buchführung erschütterten* allerdings die bis dato beanspruchte *Überlegenheit* der amerikanischen Bilanzierungsregeln. *Kritiker bemängeln* ihre *undurchschaubare Komplexität*, die durchaus *Spielraum für Bilanzkosmetik biete*.

IAS/IFRS

Die IAS (International Accounting Standards) wurden 1998 von der unabhängigen *privatrechtlichen Vereinigung* IASC (International Accounting Standards Committee) entwickelt, in der u.a. Wirtschaftsprüferverbände und *Bilanzexperten* aus mehr als 120 Ländern vertreten waren. Ihr Ziel war die *Vereinheitlichung* von Rechnungslegungsgrundsätzen. Im Jahr 2000 erfolgte die Umstrukturierung der IASC. Seit 2001 ist die Nachfolgeorganisation IASB (International Accounting Standards Board) für die Weiterentwicklung der Standards zuständig sowie für deren Ergänzung durch die IFRS (International Financial Reporting Standards). Im Mittelpunkt der IAS/ IFRS stehen ebenfalls die Investoren und die *Vermittlung von anlagerelevanten Informationen* über die *finanzielle Situation* von Unternehmen.

Aktionär	shareholder *(UK)*, stockholder *(US)*
Anlageentscheidung	investment decision
anlagerelevante Informationen	information *(no pl.)* relevant for investors
aufstrebend	aspiring, ambitious
aussagekräftig	informative, meaningful
bemängeln, etw. ~	to criticise sth., to find fault with sth.
beruhen auf	to be based on
Bilanzexperte	accounting expert/specialist
Bilanzkosmetik	cooking the books, fiddling the accounts
Börsenaspirant	(company) aspiring to a listing
Einzelbestimmungen, fallbezogene ~	individual case-related provisions
Empfehlung	recommendation
erschüttern	*here:* to cast grave doubt on sth.
finanzielle Situation	financial situation
Gesetzeskraft, de facto ~ haben	to have de facto legal force
Gewinnausweis	profit/earnings statement
Gremium	body
Komplexität	complexity
kreative Buchführung	creative accounting
Kritiker	critic
NB Kritik = 1. criticism (Bemängelung)	*2. review (z.B. Buch-, Filmkritik)*
mittelständisches Unternehmen	medium-sized/mid-sized company
Muss, etw. ist ein ~	sth. is obligatory/imperative/essential
namhafte Großunternehmen	large renowned companies
privatrechtlich	private, private-sector
Spielraum, für etw. ~ bieten	to offer (plenty of) scope for sth.
Startup	start-up
überholt	outmoded, outdated
Überlegenheit	superiority
umfangreich	comprehensive, weighty
undurchschaubar	obscure
verbindlich	binding
Vereinheitlichung	harmonisation
Vereinigung	association
Vermittlung von Informationen	providing/communicating information
vertreten sein	to be represented
Visitenkarte, eine gute ~ sein für jdn.	to help sb. to create a good impression, to boost sb.'s image
Wachstumsunternehmen	growth company
Wirtschaftsprüferverband	auditors' association
Zusammenhang, im ~ mit	in connection with

Beyond the Bottom Line

In virtually every country all *commercial entities*, including *charities*, are required by law *to prepare accounts*, not only for official purposes but also to enable all those interested to form a picture of their operations and of whether they are being managed efficiently. *Disclosure requirements* depend on the size of the organisation, its legal status, and the relevant legislation, but most companies have to prepare a balance sheet, a *profit and loss account* and often a cash flow statement. *Accountability* is particularly important where the general public owns shares in the company, and in this case companies are normally required to hold an *annual general meeting of shareholders*, and to publish an *annual report* incorporating not only the accounts, but also a *directors' report*, *notes to the accounts*, and a *statement by external auditors* certifying that the accounts present a *true and fair view* of the company's financial position. Listed companies are additionally required to publish *interim statements* (half-yearly in the UK, quarterly in the USA). Under most jurisdictions, including the EU and the USA, it is *mandatory* for *groups* to publish *consolidated accounts* detailing the activities of all group companies.

The basic structure of the 3 main documents prepared for financial statements is shown below. It should be remembered that the format, terminology and *accounting principles* vary from company to company and country to country. Variations between UK and US *nomenclature* are indicated by a forward slash.

1. The **profit and loss account** shows the company's *earnings*, that is the results of the company's *trading* (profit or loss) over the given *accounting period*, i.e. between the last and the present balance sheet.

Profit and Loss Account / Income Statement for the Year ended 31 December 20xx

	£ millions
Turnover / Sales (*net of returns*, *allowances* and *discounts*)	**200**
Cost of sales (direct labour and materials)	(115)
= ***Gross profit***	**85**
Other *operating expenses* (selling, general and administrative costs)	(65)
= *Operating profit*	**20**
Other income (e.g. investments, sales of assets)	5
Interest paid	(3)
= **Profit before tax** (*earnings from ordinary business activities*)	**22**
Tax	(7)
= ***Profit after tax / net earnings, net income***	**15**
Dividends	(6)
= ***Retained profit / retained earnings***	**9**

Standard UK term appears before the forward slash, standard US term after the slash. Figures in brackets are deducted, text in brackets is explanatory only.

accountability *(no pl.)*	Rechenschaftspflicht
accounting period	Abrechnungszeitraum
accounting principles	Bilanzierungsgrundsätze
allowance	*hier:* Nachlass, Preisnachlass
annual general meeting of shareholders, AGM	Jahreshauptversammlung, Hauptversammlung, HV
annual report	Geschäftsbericht
bottom line, what's the ~ ?	wie sieht es unter dem Strich aus?
charity	wohltätige/karitative Einrichtung
commercial entity	Wirtschaftseinheit
consolidated accounts *(no sing.)*	Konzernabschluss
directors' report	Lagebericht
disclosure requirements	Offenlegungsbestimmungen
discount	Rabatt
earnings *(no sing.)*	*hier:* Ergebnis *(Gewinn oder Verlust)*
earnings from ordinary business activities	Ergebnis der gewöhnlichen Geschäftstätigkeit
gross profit	Bruttoergebnis, Bruttogewinn
group	Konzern, Gruppe
'Concern' in a corporate context is vague in English = Firma, Unternehmen.	
interest paid	Aufwandszinsen, Zinsaufwand
interim statement	Zwischenbericht
mandatory, compulsory, obligatory	zwingend, verpflichtend
net of	nach Abzug von, abzüglich
nomenclature	Benennung, Nomenklatur
notes to the accounts	Anhang, Erläuterungen
operating expenses	betriebliche Aufwendungen
operating profit	Betriebsergebnis, operativer Gewinn
other income *(no pl.)*	sonstige Erträge
prepare, to ~ the (annual) accounts *(no sing.)*/financial statement(s)	den (Jahres-)Abschluss erstellen
profit after tax (*UK*), net earnings, net income *(US)*	Jahresüberschuss, Bilanz-/Netto-/Reingewinn
profit and loss account *(UK),* income statement *(US)*	Gewinn- und Verlustrechnung, GuV
retained profit *(UK)*, ~ earnings *(US)*	einbehaltener Gewinn
returns	*hier:* Retouren, Rückware
slash, forward slash	Schrägstrich
statement by external auditors	Bestätigungsvermerk/-testat eines externen Wirtschaftsprüfers
trading	*hier:* Geschäftstätigkeit
true and fair view	wahre und angemessene Darstellung
turnover *(no pl.) (UK),* sales *(no sing.)*	*hier:* Umsatzerlöse

2. The ***balance sheet*** provides a *snapshot* of a company's financial position on the last day of the company's *financial year*; it balances what belongs to the company (i.e. its *assets*) on the one hand against what belongs to others (i.e. its *liabilities* + *equity*) on the other. The two sides of the equation

assets = liabilities + equity

must be equal. The format might be vertical or horizontal, depending on the relevant *accountancy rules*.

BASIC COMPONENTS OF THE BALANCE SHEET

current assets (life < 1 year) **90**
- *stock / inventories*
- *debtors / accounts receivable*
- *cash and liquid assets*

+

fixed assets (life > 1 year) **47**
- *tangible assets / property, plant,* and *equipment* (either book value, i.e. *original value less depreciation*, or *market value*)
- *financial assets*
- *intangible assets* (*goodwill*, patents etc.)

total assets 137

=

current liabilities **30**
(*due* within 1 year)
- *trade creditors / accounts payable*
- short-term loans
- *accrued liabilities* (expenses *incurred* but not falling due until the next accounting period, e.g. tax payable, operating expenses such as power and light)

+

long-term creditors / long-term debt **30**
(amounts payable after >1 year)
- *long-term creditors* (*loans*, *bonds*, *mortgages* etc.)
- *provisions* (e.g. pensions, *deferred tax*)

+

equity, shareholders' funds / stockholders' equity **77**
(= total assets less total liabilities)
- *called-up share capital* / ordinary shares issued and fully paid
- *share premium account / additional paid-in capital* (premium over *par value* paid on new shares)
- retained profit / retained earnings

total liabilities and shareholders' funds 137

Standard UK term appears before the forward slash, standard US term after the slash. Text in brackets is explanatory only.

<table>
<tr><td>accountancy rules</td><td>Bilanzierungsvorschriften</td></tr>
<tr><td>accrued liabilities</td><td>antizipative Passiva</td></tr>
<tr><td>assets</td><td>Vermögenswerte, Aktiva</td></tr>
<tr><td>balance sheet</td><td>(Unternehmens-)Bilanz</td></tr>
<tr><td>called-up share capital</td><td>eingefordertes Kapital</td></tr>
<tr><td>cash and liquid assets</td><td>flüssige Mittel</td></tr>
<tr><td>current assets</td><td>Umlaufvermögen</td></tr>
<tr><td>current liabilities</td><td>kurzfristige Verbindlichkeiten</td></tr>
<tr><td>debtors, accounts receivable</td><td>Forderungen</td></tr>
<tr><td>deferred tax</td><td>latente Steuern</td></tr>
<tr><td>depreciation (usu. sing.)</td><td>Abschreibung(en)</td></tr>
<tr><td>due</td><td>fällig, zahlbar</td></tr>
<tr><td>equipment (no pl.)</td><td>Ausrüstung</td></tr>
<tr><td>equity (no pl.), shareholders' funds (UK), stockholders' equity (no pl.)(US)</td><td>Eigenkapital, Reinvermögen</td></tr>
<tr><td colspan="2">Equity (no pl.) is also used loosely to mean share capital (Aktienkapital); it is also an ordinary noun (sing. & pl.) meaning share (UK), stock (US) (Aktie).</td></tr>
<tr><td>financial assets</td><td>Finanzanlagen</td></tr>
<tr><td>financial year (UK), fiscal year (US)</td><td>Geschäftsjahr</td></tr>
<tr><td colspan="2">'fiscal year' in the UK usually = official tax year (Steuerjahr), i.e. 12 months starting 6 April in the UK and 1 October in the USA</td></tr>
<tr><td>fixed assets</td><td>Anlagevermögen</td></tr>
<tr><td>goodwill (no pl.) (cf. page 262)</td><td>Firmenwert, Geschäftswert</td></tr>
<tr><td>incurred</td><td>entstanden</td></tr>
<tr><td>intangible assets</td><td>immaterielle Vermögenswerte</td></tr>
<tr><td>less</td><td>hier: minus, weniger, abzüglich</td></tr>
<tr><td>liabilities (here usu. pl.)</td><td>Verbindlichkeiten</td></tr>
<tr><td colspan="2">Passiva = liabilities + equity /shareholders' funds/stockholders' funds</td></tr>
<tr><td>long-term creditors/long-term debt (loans, bonds, mortgages)</td><td>langfristige Verbindlichkeiten (Kredite, Anleihen, Hypotheken)</td></tr>
<tr><td>market value, fair value (usu. sing.)</td><td>Marktwert, Verkehrswert</td></tr>
<tr><td>original value (usu. sing.)</td><td>Anschaffungswert</td></tr>
<tr><td>par value</td><td>Nennwert</td></tr>
<tr><td>plant (usu. sing.)</td><td>hier: Anlage(n)</td></tr>
<tr><td>property (usu. sing.)</td><td>hier: Immobilie(n), Grundbesitz</td></tr>
<tr><td>provisions</td><td>Rückstellungen</td></tr>
<tr><td>share premium account (UK), additional paid-in capital (US)</td><td>Aktienaufgeld, Aktienagio</td></tr>
<tr><td>snapshot</td><td>Momentaufnahme</td></tr>
<tr><td>stock (UK), inventories (usu. pl.) (US)</td><td>1. Vorräte, Lagerbestand 2. Inventar</td></tr>
<tr><td>tangible assets</td><td>Sachanlagen</td></tr>
<tr><td>trade creditors (UK), accounts payable (US)</td><td>Verbindlichkeiten aus Lieferungen und Leistungen</td></tr>
</table>

3. The ***cash flow statement*** shows *inflows* and *outflows* of cash over the same period as the profit and loss account:

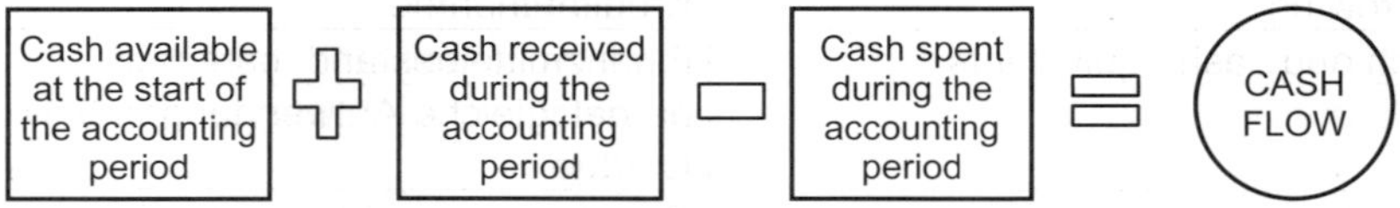

It forms an important *adjunct to* the other two statements as cash movements paint an *instructive* picture of a company's *liquidity* and *viability*. For example it is important to know whether a company is able to pay its bills out of a positive *cash flow* or whether *dwindling* inflows of cash will force it to finance its costs and expenses by *borrowing* or by selling its assets.

Cash flow can be calculated in two different ways, both ultimately leading to the same result. The direct method solely *records* movements of *cash and cash equivalents* (short-term, highly liquid funds) and excludes any *non-cash items* such as depreciation, provisions, *transfers into* and *out of reserves*, *provisions* etc. The indirect method starts out with the net earnings figure from the profit and loss account and adds and *subtracts* all non-cash items from this figure. The following example features a statement compiled by the direct method using the basic layout recommended by US GAAP and IAS.

Cash flow statement for the year ended 31 December/20xx	$ millions
Operating activities:	
Cash received from customers	108
Interest and dividends received	7
Cash paid to suppliers	(36)
Cash paid to and on behalf of employees	(16)
Interest payments	(5)
Taxes paid	(28)
Net cash flow from operating activities	**30**
***Investing activities*:**	
Sale/purchase of fixed assets (*land*, property, equipment etc.)	50
Sale/purchase of (financial) investments	18
Acquisition/disposal of *subsidiaries*, joint ventures etc.	(71)
Net cash flow from investing activities	***(3)***
***Financing activities*:**	
Issues of new shares	15
Issues of *debentures, notes*	23
Redemption of loans	(25)
Dividend payments	(14)
Net cash flow from financing activities	***(1)***
Net increase/decrease in cash and cash equivalents	**26**
Cash and cash equivalents at beginning of year	**18**
Cash and cash equivalents at yearend	**44**

Figures in brackets are deducted.

acquisition	Zugang, Erwerb, Kauf, Anschaffung
adjunct to	*hier:* Ergänzung
borrowing	Kreditaufnahme
cash and cash equivalents	Finanzmittelbestand, bare und bargeldgleiche Aufwendungen bzw. Erträge
cash flow	Cashflow, Cash-Flow, Cash Flow
cash flow statement	Cashflow-/Cash-Flow-Rechnung, Cashflowrechnung, Kapitalflussrechnung
debenture	Schuldverschreibung
disposal	Abgang, Veräußerung, Verkauf
dwindling	schrumpfend, schwindend
financing activities	Finanzierungstätigkeit
inflows	Zuflüsse
instructive	aufschlussreich
investing activities	Investitionstätigkeit
issue of new shares	Ausgabe von Aktien/Anteilen
land *(usu. sing.)*	*hier:* Grundstück(e)
liquidity	Liquidität
net cash flow from financing activities	Mittelabfluss bzw. -zufluss aus Finanzierungstätigkeit, Finanzierungs-Cashflow
net cash flow from investing activities	Mittelabfluss bzw. -zufluss aus Investionstätigkeit, investiver Cashflow
net cash flow from operating activities	Mittelabfluss bzw. -zufluss aus laufender Geschäftstätigkeit, operativer Cashflow
non-cash item	zahlungsungleicher Wert
note	*hier:* Schuldtitel mit mittlerer Laufzeit
operating activities	laufende Geschäftstätigkeit
outflows	Abflüsse
record *(vb)*	*hier:* verbuchen
redemption	Tilgung
subsidiary	Tochtergesellschaft
subtract *(vb)*	abziehen, subtrahieren
transfer into reserves	Einstellung in die Rücklagen
transfer out of provisions	Entnahme aus den Rückstellungen
viability	*hier:* Leistungspotenzial

Ein Vergleich der Bilanzierungsvorschriften

	HGB	US-GAAP	IAS/IFRS
Art der Vorschriften	einheitliches und kodifiziertes Bilanzrecht	kein kodifiziertes Recht; keine einheitliche Rechtsquelle, sondern Vielzahl von Vorschriften und Einzelfallregelungen	kein kodifiziertes Recht; Empfehlungen ohne Rechtskraft
Träger der Bilanzierungs-regeln	Gesetzgeber; Änderungen des HGB können nur durch ihn verab-schiedet werden	FASB (Financial Accounting Standards Board), ergänzt durch die Anforderungen der Börsenaufsicht SEC	IASB (International Accounting Standards Board)
primäre Ausrichtung	Gläubigerschutz	Schutz der Anleger	Schutz der Anleger
Adressaten	Gläubiger, Gesellschafter	Anleger, Analysten	Anleger, Analysten
Ziel der Rechnungs-legung	Ausschüttungsbe-messungsfunktion	Bereitstellung von Informationen für wirtschaftliche Entscheidungen	Bereitstellung von Informationen für wirtschaftliche Entscheidungen
Generalnorm	Grundsatz der ordnungsge-mäßen Buch-führung	Fair Presentation (realistische, ange-messene Darstellung der finanziellen Verhältnisse)	Fair Presentation (realistische, ange-messene Darstellung der finanziellen Verhältnisse)
angewandte Prinzipien	Maßgeblichkeits-prinzip, Vorsichts-prinzip	Grundsatz der periodengerechten Erfolgsermittlung	Grundsatz der periodengerechten Erfolgsermittlung
Bestandteile der Rechnungs-legung	Bilanz, Gewinn- und Verlust-rechnung und Anhang, Lagebericht	Bilanz, Gewinn- und Verlustrechnung, Kapitalflussrechnung, Segmentsbericht-erstattung	Bilanz, Gewinn- und Verlustrechnung, Kapitalflussrechnung, Eigenkapitalver-änderungsnachweis
Vermögens-bewertung	vorsichtig, konservativ	zeitnah, zukunftsorientiert	zeitnah, zukunfts-orientiert
Kritik	unzureichende Vorschriften, überholt, Raum für Ergebnis-verschleierung	zu viele Einzel-regelungen, Raum für Bilanzkosmetik	keine Kritik

1. Lend or Borrow?

While in German no real distinction is made between leihen, borgen, ausleihen etc. and it is understood from the context who is giving to whom, in English it is essential to distinguish between to lend (loswerden) and to borrow (bekommen) and it is important, particularly in a business context, not to confuse the two.

- Her father lent her £2,000 to buy a car
- She borrowed £2,000 from her father to buy a car

(i) Match the following terms relating to lending and borrowing

1.	Kreditvergabe	(a)	borrowed capital
2.	Kreditaufnahme	(b)	public sector borrowing requirement
3.	Fremdkapital	(c)	prime borrower
4.	Kredit	(d)	lender
5.	Schulden	(e)	borrower
6.	erste Adresse	(f)	loan
7.	Kreditgeber	(g)	borrowing
8.	Kreditnehmer	(h)	lending
9.	Neuverschuldung	(i)	debts

(ii) Translate the following sentences, using lend/borrow as appropriate

(a)	Ihr Vater wollte ihr das Auto nicht leihen, weil sie bereits sechs Unfälle hatte.
(b)	Die Studenten müssen alle ausgeliehenen Bücher bis Ende des Semesters zurückgeben
(c)	Ich habe €1 000,00 bei der Bank aufgenommen
(d)	Für die Kreditvergabe verlangt die Bank 6 % Zinsen.
(e)	Kannst Du mir 10 Euro leihen?
(f)	Wenn ein Anleger ein Rentenpapier kauft, leiht er eigentlich dem Emittenten, z.B. dem Unternehmen, Geld.

2. Word Family: balance		
verb	to balance to throw off balance	das Gleichgewicht halten, balancieren, sich die Waage halten aus dem Gleichgewicht werfen
noun	balance *(no pl.)*, equilibrium	Gleichgewicht, Ausgewogenheit
noun	balance *(sing. & pl.)*, scales *(no sing.)*	Waage
adj.	balanced unbalanced, disturbed unstable, unsettled	ausgeglichen, ausgewogen (geistig) gestört (emotional) unausgeglichen
verb	to balance, offset, compensate	ausgleichen, sich aufheben, kompensieren
noun	balance balance of power (*no pl.)*	Balance, (ausgewogenes) Verhältnis (ausgewogene) Machtverhältnisse
idiom	to strike the right balance	den richtigen Mittelweg finden
verb	to balance A against B	A und B gegen einander abwägen, A und B vergleichen
verb	1. to prepare the balance sheet/accounts 2. to show/treat in the balance sheet/accounts	bilanzieren
verb	to balance the books	die Bücher abschließen/in Einklang/in Übereinstimmung bringen
noun *idiom*	balance sheet balance sheet total balance of payments balance of trade adverse or favourable in (dis)equilibrium to record/post/show a surplus to record/post/show a deficit to be in surplus or deficit to be in the red/black	Bilanz Bilanzsumme Zahlungsbilanz Handelsbilanz negativ bzw. positiv im (Un)gleichgewicht, (un)ausgeglichen einen Überschuss aufweisen ein/en Defizit/Fehlbetrag aufweisen im Plus bzw. Minus sein/liegen rote/schwarze Zahlen schreiben
noun	balance	1. Restbetrag, Saldo 2. Kontostand
verb	to take stock of, sum sth. up	bilanzieren, die Bilanz ziehen
idiom	to be the bottom line	unter dem Strich herauskommen
noun	outcome, net result	1. Bilanz, Nettoergebnis 2. Endeffekt
idiom	on balance	alles in allem
noun	balance (of opinion/evidence)	überwiegende Mehrheit
idiom	to hang in the balance	in der Schwebe sein, auf Messers Schneide stehen

◄ Translate the sentences below using the terms in the table opposite

(a)	Once she saw her bank balance she dismissed all thoughts of a holiday.
(b)	To ski well you need a good sense of balance amongst other things.
(c)	It is important to strike the right balance between work and play.
(d)	Try as we could, we simply couldn't get our income and expenditure to balance.
(e)	After hours of negotiation the bottom line was simply an agreement to meet again next week.
(f)	As she entered the assessment centre she was only too well aware that her fate hung in the balance.
(g)	Our losses on the stock market were partly offset by the rise in the value of our bonds.
(h)	Would it be possible to defer payment of the balance until November?
(i)	We've improved our bottom line by 20%.
(j)	Seit nunmehr 3 Monaten schreiben wir nur noch rote Zahlen.
(k)	Die Machtverhältnisse im Vorstand haben sich zugunsten des Finanzdirektors verschoben.
(l)	Manche Posten werden in Europa anders bilanziert als in den USA.
(m)	Mit seiner ausgeglichenen Lebenseinstellung findet er überall Freunde.
(n)	Alles in allem ziehen wir die US-GAAP-Bilanzierungsvorschriften vor.
(o)	Die traurige Bilanz dieses eisigen Winters ist ein zweistelliger Anstieg der Unfälle mit tödlichem Ausgang.
(p)	Stille Reserven sind Rücklagen, die nicht ausdrücklich in der Bilanz ausgewiesen werden.
(q)	In Großbritannien ist die Handelsbilanz meistens im Minus, was teilweise durch ein Plus bei den Dienstleistungen kompensiert wird.

3. Many happy returns

Return(s) has a variety of different meanings in a business context:

Retouren	Ertrag, Rendite	zurück an Absender	verzeichnen, abwerfen, einbringen	Meldungen, Ergebnisse
postwendend	Steuererklärung	Rückfahrkarte		

Find the correct German equivalent for return in the sentences below

(a)	Please let us have your thoughts on the matter by return.
(b)	The sooner you fill in your return, the sooner you'll get your tax rebate.
(c)	The return on these bonds leaves a great deal to be desired.
(d)	The quality of this new fabric is abysmal, we've had a lot of returns.
(e)	Last year we returned a loss for the first time ever.
(f)	The address must be wrong, we've just received our letter stamped "return to sender".
(g)	A day return would probably be the cheapest solution.
(h)	A study of the census returns shows us that the elderly are the growth market of the future.

1. (i)

1h:	Kreditvergabe	lending
2g:	Kreditaufnahme	borrowing
3a	Fremdkapital	borrowed capital
4f:	Kredit	loan
5i:	Schulden	debts
6c:	erste Adresse	prime borrower
7d:	Kreditgeber	lender
8e:	Kreditnehmer	borrower
9b:	Neuverschuldung	public sector borrowing requirement

1. (ii)

(a) Her father refused to/wouldn't/didn't want to lend her the car because she had already caused/she had already had six accidents.
(b) Students must return all the books they have borrowed by the end of the semester.
(c) I have borrowed €1,000 from the bank.
(d) The bank charges 6% interest on loans./for lending.
(e) Can you lend me 10 euros?
(f) When an investor buys a bond, he is actually lending the issuer, for example a company, money.

2.

(a) Nachdem sie ihren Kontostand gesehen hatte, schlug sie sich jeglichen Gedanken an Urlaub aus dem Kopf.
(b) Als guter Skifahrer benötigt man einen guten Gleichgewichtssinn.
(c) Es ist wichtig, das richtige Verhältnis zwischen Arbeit und Freizeit zu finden.
(d) So sehr wir uns auch bemühten, es gelang uns einfach nicht unsere Einnahmen und Ausgaben in Übereinstimmung zu bringen.
(e) Nach stundenlangem Verhandeln haben wir unter dem Strich nur erreicht, uns auf ein weiteres Treffen nächste Woche zu verständigen.
(f) Als sie das Assessment-Centre betrat, war sie sich sehr wohl bewusst, dass ihr Schicksal auf Messers Schneide stand.
(g) Unsere Verluste am Aktienmarkt wurden zum Teil durch den Wertzuwachs bei unseren Rentenpapieren kompensiert.
(h) Wäre es möglich, die Zahlung des Restbetrags auf November zu verschieben?
(i) Wir haben unser Nettoergebnis um 20 % gesteigert.
(j) We have constantly been in the red for three months now.
(k) The balance of power on the board of managers has shifted in favour of the chief financial officer.
(l) Some items are treated differently in European accounts to the USA.
(m) With his balanced attitude to life he makes/he will make friends wherever he goes.
(n) On balance we prefer the US GAAP accounting principles.
(o) The unhappy outcome of this icy winter has been a double-digit increase in fatal accidents.
(p) Hidden reserves are reserves which are not specifically disclosed (as such) on the balance sheet.
(q) In Great Britain the trade balance is usually in deficit, although this is offset to some extent by a surplus on services.

3.

(a) postwendend
(b) Steuererklärung
(c) Ertrag
(d) Retouren
(e) verzeichneten wir
(f) zurück an Absender
(g) Tagesrückfahrkarte
(h) Ergebnisse der Volkszählung

19

M&As: Fusionen und Übernahmen

Begriffsbestimmung und Varianten von M&As sowie eine Beschreibung des Fusionsprozesses

Companies in Distress

Insolvency and bankruptcy procedures

M&As: Fusionen und Übernahmen

Moderne Unternehmen, die stets darauf bedacht sein müssen, ihre globale Präsenz und Positionierung gegenüber der Konkurrenz zu festigen, befinden sich in einem kontinuierlichen *Restrukturierungsprozess*. Diese 'Umbauarbeiten' beinhalten oft nur kurzlebige Expansions- und Entflechtungsprozesse:

- Unternehmen tätigen einerseits *Fusionen* und *Übernahmen*. Begriffe wie *Fusionswelle, Fusionswahn, Fusionsfieber*, das sich immer schneller drehende Fusionskarussell oder Fusionitis sind bezeichnend für die gewaltige Zunahme von *Firmenhochzeiten*.
- Erweist sich die Fusion als *Fehlschlag*, kommt es zur *Entfusionierung*. Partner trennen sich wieder, oder Teilbereiche werden aus einem Unternehmen oder Konzern als Spin-off *ausgegliedert*.

Motive für Fusionen und Übernahmen

- Nutzung von *Synergien* durch den Aufkauf von Unternehmen mit Know-how, Beschaffungsquellen für Rohstoffe etc.
- bessere *Wettbewerbsfähigkeit* durch größere Marktmacht
- Stärkung der *Innovationsfähigkeit* durch größere Kapitalkraft
- Absatzsteigerung bzw. -sicherung
- *Kosteneinsparungen* durch zu optimierende Organisationsstrukturen
- Übernahme von Konkurrenten: Ausschaltung des Wettbewerbs
- Realisierung von *Economies of Scale* und *Economies of Scope*
- Stärkung des *Kerngeschäfts*; aber auch Ausbau von *Randgeschäften* oder Eintritt in neue Geschäftsfelder (*Diversifizierung*)
- Asset Stripping*: Zerschlagung eines* übernommenen *Unternehmens* durch den Verkauf von Teilbereichen oder veräußerbaren *Vermögenswerten*.

Die Fusion

Die Fusion (als Oberbegriff) ist ein *Unternehmenszusammenschluss*, bei dem die Vereinigung der Vermögenswerte der *fusionierenden* Unternehmen erfolgt. Man unterscheidet die folgenden Fusionskategorien:

□ ***Fusion durch Übernahme*** (1) – Unternehmen A überträgt sein Vermögen auf Unternehmen B.

□ ***Fusion durch Neubildung*** (Fusion i.e.S.) (2) – jeder Fusionspartner überträgt seine Vermögenswerte auf ein neu *zu gründendes Unternehmen* C.

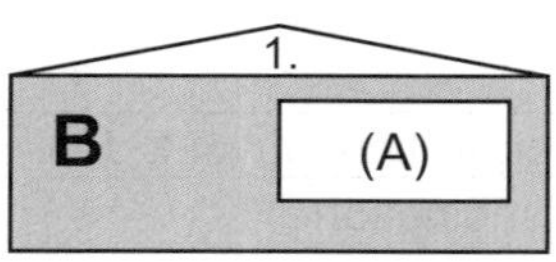

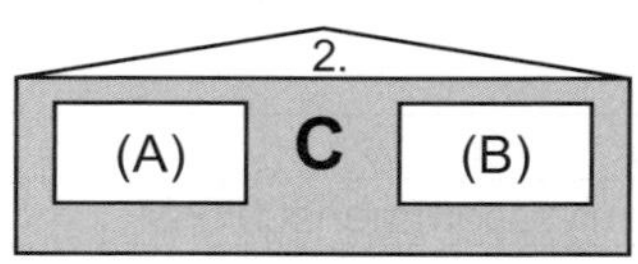

□ ***horizontale Fusion*** – zwischen Unternehmen der gleichen *Produktions- und Handelsstufe* (z.B. zwei Banken)

ausgliedern, einen Unternehmensbereich ~	to spin off/hive off part of the company
Diversifizierung	diversification
Skaleneffekte, Größenvorteile, Economies of Scale	economies of scale

Besagt, dass sich bei größeren Produktionskapazitäten und steigender Produktion im Zuge einer Unternehmensexpansion Kostenvorteile (Spezialisierung im Produktionsprozess, Steigerung der Produktivität, günstigere Beschaffung von Rohstoffen, Stückkostendegression etc.) gegenüber kleineren Firmen ergeben.

Economies of Scope, Verbundeffekte	economies of scope

Bezieht sich auf Kostenvorteile, die bei einer stärkeren Diversifizierung der Produkt- und Dienstleistungspalette entstehen. Im Rahmen von Fusionen oder strategischen Allianzen lassen sich somit Synergieeffekte (z.B. Technologie- oder Knowhow-Transfer) nutzen, die eine Kostendegression bewirken.

Entfusionierung, Entflechtung	demerger
Fehlschlag	failure
Firmenhochzeit	corporate wedding
Fusion	merger, deal

1. als Oberbegriff für alle Arten von Unternehmenszusammenschlüssen
2. Zusammenschluss durch Neubildung/-gründung

Fusion durch Neubildung	merger, consolidation
Fusion durch Übernahme	merger by takeover
Fusionen und Übernahmen, M&As	M&A, mergers and acquisitions
fusionieren	to merge, to amalgamate
Fusionswahn, Fusionsfieber	merger mania/frenzy/fever
Fusionswelle	wave of mergers
gründen, ein Unternehmen ~	to found/set up/form a company
horizontale Fusion	horizontal merger
Innovationsfähigkeit	innovation potential
Kerngeschäft, Kernbereich	core business

Der klassische oder auch traditionelle Hauptgeschäftsbereich der Firma, der ihre Marktposition sichert.

Kosteneinsparungen	cost-cutting
Produktions- und Handelsstufen	stages of production and distribution
Randgeschäft	marginal business
Restrukturierungsprozess	process of restructuring
Synergie	synergy
Übernahme	takeover, acquisition, buyout, deal
Unternehmenszusammenschluss	business combination
Vermögenswerte, Vermögen	assets
Wettbewerbsfähigkeit	competitiveness
Zerschlagung eines Unternehmens	breaking up a company

- ***vertikale Fusion*** – zwischen Firmen aus *vor-* bzw. *nachgelagerten* Produktions- und Handelsstufen (z.B. Schuhhersteller und Schuhhandelskette)
- ***konglomerate Fusion*** – zwischen *branchenfremden* Firmen (z.B. Bank und Touristikunternehmen)
- ***Merger of Equals*** – eine Fusion unter Gleichen, d.h. von *ebenbürtigen* und gleich starken *Unternehmen*.

Die Übernahme

Eine Übernahme ist der Kauf eines Unternehmens A ***(Übernahmeziel)*** durch ein **Übernahmeunternehmen** B mit dem Ziel der *Eingliederung* der *erworbenen Firma* in den Verbund des *Erwerbers*. Hierzu muss Firma B versuchen, die *Kontrollmehrheit* von mehr als 50% der Aktien von A zu erlangen.
Dem Übernahmeunternehmen bieten sich zwei Strategien:

1. Ankauf von Aktien des Übernahmeziels an der Börse;
2. B *unterbreitet* ein *öffentliches Übernahmeangebot* an die Aktionäre des Übernahmeziels A. Diese werden aufgefordert, innerhalb einer bestimmten Frist ihre Aktien dem *Bieter* B zu überlassen. *Im Gegenzug* erhalten sie:
   - *Bargeld*: B bietet den Aktionären von A pro A-Aktie einen bestimmten Geldbetrag an (***Cash Offer***); je deutlicher dieser Geldbetrag über dem aktuellen *Kurs der Aktie* liegt, desto attraktiver ist das Angebot;
   - Aktien des Übernahmeunternehmens: Es erfolgt der Tausch (*Aktientauschgeschäft*) einer bestimmten Anzahl von A-Aktien gegen eine bestimmte Anzahl B-Aktien (***Share Offer/Paper Offer***). Das *Tauschverhältnis* wird durch den Kurs beider Aktien bestimmt.

Übernahmen können freundlicher oder feindlicher Natur sein. Bei einer ***freundlichen Übernahme*** sind sich Übernahmeunternehmen und Übernahmeziel einig. Das Management erachtet die Fusion als sinnvoll. Bei einer ***feindlichen Übernahme*** *lehnt* das Management des 'Übernahmeopfers' das Angebot *ab* und versucht mit allen Mitteln die *Übernahmeversuche abzuwehren*. Es gibt hierzu einen Katalog an klassischen *Abwehrmechanismen*.

Moderne Varianten von Firmenübernahmen:

Management Buyout, MBO: Übernahme eines Unternehmens durch das eigene Management: Manager *beteiligen sich an der Firma* und übernehmen die Leitung; dies geschieht oft *in Absprache mit* den *institutionellen Anlegern* des Unternehmens.

Management Buy-In, MBI: Übernahme eines Unternehmens durch ein fremdes Management: externe Manager kaufen sich in das Unternehmen ein und übernehmen die *Geschäftsführung*; auch sie *versichern sich* zuvor *der Unterstützung* professioneller Finanzinvestoren.

ablehnen, etw. ~	to turn sth. down, to reject sth.
Absprache, in ~ mit	*hier:* after prior consultation with
Abwehrmechanismen, Maßnahmen zur Abwehr von Unternehmensübernahmen	defensive tactics, measures to repel unwanted takeover bids
abwehren, Übernahmeversuche ~	to fend off/repel takeover bids
Aktientauschgeschäft	stock-for-stock deal, share swap
Bargeld	cash
beteiligen, sich an der Firma ~	to acquire a stake in the company
Bieter, bietendes Unternehmen	bidder, bidding company
branchenfremd	not in the same line of business
Cash Offer	cash offer
ebenbürtiges Unternehmen	company on an equal footing, peer
Eingliederung	integration
Erwerber (eines Unternehmens)	acquirer
erworbene Firma	acquired company, acquiree
feindliche Übernahme	hostile/unfriendly takeover
freundliche Übernahme	friendly takeover
Gegenzug, im ~	in return
Geschäftsführung	*here:* conduct of business
institutionelle Anleger	institutional investors

Einflussreiche Großanlegergruppe (Banken, Versicherer, Fonds-Manager, etc.), die traditionell große Aktienpakete an Unternehmen hält.

konglomerate Fusion	conglomerate merger
Kontrollmehrheit, maßgebliche Beteiligung, Mehrheitsbeteiligung	controlling interest, majority stake
Kurs der Aktie, Aktienkurs	share price
Management Buy-In, MBI	management buy-in/buyin, MBI
Management Buyout, MBO	management buyout, MBO
Merger of Equals, Fusion unter Gleichen	merger of equals
nachgelagerte Stufe	downstream stage
öffentliches Übernahmeangebot	public tender offer
Share Offer, Paper Offer	share offer, paper offer
Tauschverhältnis	swap ratio
Übernahmeangebot, ein ~ unterbreiten	to put in a takeover bid/tender offer
Übernahmeziel	target (company), takeover target
Unterstützung, sich der ~ von jdm. versichern	to have sb.'s support, to make sure you have sb.'s support
vertikale Fusion	vertical merger
vorgelagerte Stufe	upstream stage

Kombination von MBI und MBO, BIMBO: Unternehmensfremde Manager kaufen sich in die Firma ein; sie übernehmen gemeinsam mit internen Managern die Unternehmensleitung.

Employee Buyout: Die Übernahme eines Unternehmens erfolgt durch die *Belegschaft der Firma*.

Management-Employee-Buyout, MEBO: Eine Variante des MBO, bei der sich sowohl das Management als auch die Mitarbeiter finanziell am Unternehmen beteiligen.

Financial Purchase: Ein Unternehmen wird von einer Gruppe institutioneller Anleger übernommen. Sie entscheiden über die Besetzung des Managements.

Leveraged Buyout, LBO: Eine *fremdfinanzierte* Übernahme durch ein Übernahmeunternehmen, das mit Hilfe von Krediten und/oder der Emission von *Junk Bonds* den Kauf des Unternehmens finanziert. Die entstandenen Schulden sollen mit Einnahmen aus dem zu erwerbenden Unternehmen oder dem Verkauf von dessen Aktiva zurückgezahlt werden. Der Erfolg einer solchen Transaktion hängt davon ab, ob der durch gezielte Maßnahmen erreichbare Wert der aufgekauften Firma deutlich über dem *Kaufpreis* liegt. Das Risiko besteht darin, dass die *Zinsbelastungen* und die sonstigen Kosten des Erwerbs zu hoch sind, um noch einen Gewinn nach der Fusion zuzulassen.

Die *Abwicklung einer Fusion*

1. Phase: Im Rahmen des *Merger Readiness*-Verfahrens erfolgt die systematische Vorbereitung des gesamten Unternehmens auf die Durchführung der Fusion. In einer *Due Diligence*-Prüfung durch einen *unabhängigen Dritten* wird die Fusionstauglichkeit der Firma überprüft.

2. Phase: Bei der Erarbeitung eines Fusionskonzepts zieht das Unternehmen eine Reihe von *M&A-Spezialisten* zu Rate (*Consulting-Unternehmen, Rechtsberater* und Banken). Die neue *Unternehmensarchitektur,* ein neues *Leitbild* und ggf. eine neue Management-Kultur werden festgelegt. Ebenfalls konzipiert werden der Zeitplan und die Inhalte für das Integrations- und *Change Management.*

3. Phase: konkrete Realisierung der Fusion oder Übernahme durch Erwerb der Aktienmehrheit bzw. Aktientausch.

4. Phase: *In der Post-Merger-Integrationsphase (PMI)* werden die beiden Partner zusammengeführt. Hierbei gilt es besonders die durch verschiedene Unternehmenskulturen bedingten Hemmnisse für die Zusammenarbeit zu beseitigen.

<table>
<tr><td>Abwicklung/Durchführung einer Fusion</td><td>implementing a merger</td></tr>
<tr><td>Belegschaft der Firma</td><td>the company's workforce/employees</td></tr>
<tr><td>Change Management</td><td>change management</td></tr>
<tr><td colspan="2">Die kontinuierliche und umfassende Anpassung und Umgestaltung von Unternehmensstrategien und Unternehmensstrukturen an die Rahmenbedingungen, die das Unternehmen beeinflussen und unter denen das Unternehmen erfolgreich sein muss.</td></tr>
<tr><td>Consulting-Unternehmen</td><td>consulting firm</td></tr>
<tr><td>Due Diligence(-Prüfung)</td><td>due diligence (investigation)</td></tr>
<tr><td colspan="2">Im Fusionskontext eine umfassende betriebswirtschaftliche Prüfung und Beurteilung des Übernahmeunternehmens bzw. des Übernahmekandidaten. Der Prüfer erstellt ein Stärken-Schwächen-Profil des Prüflings und versucht nach einer detaillierten Analyse und Bewertung aller risiko- und ertragsrelevanten Unternehmensaspekte eine Einschätzung über dessen Chancen und Risiken abzugeben.</td></tr>
<tr><td>Employee Buyout, Belegschaftsbuyout</td><td>employee buyout</td></tr>
<tr><td>Financial Purchase</td><td>financial purchase</td></tr>
<tr><td>fremdfinanziert</td><td>leveraged</td></tr>
<tr><td>Junk Bond, hochverzinste Anleihe</td><td>junk bond, high-yield bond</td></tr>
<tr><td colspan="2">Im Deutschen abwertend als Ramsch-, Schund- oder Schrottanleihe bzw. euphemistisch als High-Yield Bond oder hochverzinste Anleihe bezeichnet. Eine Anleihe, die mangels Bonität ein hohes Anlagerisiko birgt, aber gleichzeitig aufgrund der markant hohen Verzinsung ein attraktives Spekulationsinstrument darstellt. Das Rating von Junk Bonds bzw. seiner Emittenten ist BBB und geringer. Der große Kapitalbedarf bei Leveraged Buyouts wird gelegentlich durch die Emission von Junk Bonds gedeckt..</td></tr>
<tr><td>Kaufpreis</td><td>purchasing price</td></tr>
<tr><td>Kombination von MBI & MBO, BIMBO</td><td>BIMBO, buyin-management-buyout</td></tr>
<tr><td>Leitbild</td><td>hier: corporate image</td></tr>
<tr><td>Leveraged Buyout, LBO, fremdfinanzierte Unternehmensübernahme</td><td>leveraged buyout, LBO</td></tr>
<tr><td>M&A-Spezialisten</td><td>M&A specialists, dealmakers (coll.)</td></tr>
<tr><td>Management-Employee-Buyout, MEBO</td><td>management-employee buyout, MEBO</td></tr>
<tr><td>Merger Readiness, Fusionstauglichkeit</td><td>merger readiness</td></tr>
<tr><td>Phase</td><td>here: stage</td></tr>
<tr><td>Post-Merger-Integrationsphase/PMI, in der ~</td><td>at the post-merger integration stage, at the PMI stage</td></tr>
<tr><td>Rechtsberater</td><td>legal advisor</td></tr>
<tr><td>unabhängiger Dritter</td><td>independent/outside third party</td></tr>
<tr><td>Unternehmensarchitektur</td><td>corporate architecture</td></tr>
<tr><td>Zinsbelastung</td><td>interest burden</td></tr>
</table>

Companies in Distress

It is inevitable that at times there will be firms unlucky or inefficient enough to find themselves insolvent, that is unable to pay their debts. This might purely be due to *mismanagement*, but more often than not *insolvency* is the result of a combination of circumstances. The *business environment* is a major factor: recession and high levels of debt throughout the economy, especially when coupled with high interest rates, can cause companies to *fail in droves*. Higher manufacturing costs, changes in consumer behaviour etc. can also play a role. A company's individual debt level also affects its *susceptibility* to insolvency: *highly leveraged* companies, which have a high proportion of *borrowed capital* in relation to *equity* and which have to commit a large portion of their income to interest payments, are particularly vulnerable.

In the USA *failure*, and the ability to see the *virtue* of starting anew, *is part and parcel of* the entrepreneurial culture: economic equilibrium is maintained by allowing some firms to *go under* whilst those that can operate competitively survive. *Filing for bankruptcy* is not so much a *disgrace* as an opportunity to *salvage* an existing company or to make a fresh start altogether. In many parts of the world, however, inability to meet one's bills has traditionally been associated with moral failure, and legislation has been directed towards *retribution* for the guilty rather than helping the unfortunate out of temporary *distress*. Consequently companies strive to avoid the stigma of bankruptcy, directors go to great lengths to *keep* their companies *afloat* when it would be wiser to *abandon ship*, and governments *misguidedly pump* public *money* into *bailouts* for what often turn out to be *basket cases*.

As *insolvency codes* in many countries spell the kiss of death for companies, directors frequently explore the possibilities of *out-of-court procedures* as a preferred alternative.

Informal Procedures

Ailing companies are of course *easy prey* for *predators* and often a takeover or merger is the only option open to them if they want to survive.

Alternatively a company can try *restructuring* as a means to *nurse itself back to health*; this normally involves measures such as *job-shedding*, reducing *capital spending*, economising on research and development expenditure and other costs, *hiving off* unprofitable *divisions* etc. It can also mean *selling assets* to pay off debt.

Another option for directors is to try to reach a *scheme of arrangement* or *composition plan* with the company's *creditors* by persuading them to modify their claims, e.g.

- by asking for an *extension on debts*, i.e. persuading them to postpone payment

abandon, to ~ ship	das sinkende Schiff verlassen
afloat, to keep ~	sich über Wasser halten
ailing	notleidend, kränkelnd, angeschlagen
assets, to sell ~, to realise ~	Vermögenswerte verkaufen/veräußern
bailout	Rettungsaktion
basket case *(coll.)*	hoffnungsloser Fall
borrowed/debt capital *(no pl.)*	Fremdkapital
business environment	Geschäftsklima
capital spending *(no pl.)*	Investition(en)
creditor	Gläubiger
disgrace *(no pl.)*	Schande, Blamage
distress *(no pl.)*	*hier:* Not, Notlage
division	*hier:* Abteilung
easy prey *(no pl.)*	leichte Beute
equity *(no pl.)*	Eigenkapital
extension on debts	*hier:* Stundung, Zahlungsaufschub
fail, to ~ in droves	reihenweise insolvent werden
failure 1. *(no pl.)* 2. *(sing. & pl.),* insolvency	1. Scheitern *(allg.)* 2. Firmenpleite, Insolvenz
file, to ~ for bankruptcy	Insolvenz anmelden
go under, fail *(vb)*	1. scheitern 2. insolvent werden
highly leveraged	stark fremdfinanziert
hive off *(vb)*	abstoßen
insolvency 1. *no pl.* 2. *sing. & pl.*, failure	1. Insolvenz, Zahlungsunfähigkeit 2. Insolvenz, Firmenpleite
insolvency code	Insolvenzrecht
job-shedding *(no pl.)*	Stellenabbau
misguidedly	törichterweise
mismanagement *(usu. sing.)*	Misswirtschaft
nurse, to ~ back to health	sanieren
out-of-court procedure	außergerichtliches Verfahren
part and parcel, to be ~ of sth.	fester Bestandteil/nicht wegzudenken sein
predator	*hier:* übernahmegierige Firma
pump, to ~ money into sth.	(kontinuierlich) Finanzspritzen verabreichen
restructure, reorganise *(vb)*	umstrukturieren
retribution *(no pl.)*	Vergeltung
salvage *(vb)*	*hier:* retten
scheme of arrangement, composition plan, workout *(US)*	(außergerichtlicher) Vergleich, Vergleichsvereinbarung, Vergleichsplan
susceptibility *(no pl.)* to sth.	Anfälligkeit für etw.
virtue	*hier:* Vorteil, Zweckmäßigkeit

- by agreeing with creditors on composition, that is that they will accept partial payment of the money owed *in lieu of* full *settlement*. Creditors will often agree to this if they *perceive* more prospective benefit in continuing to do business with a *going concern* than in allowing the firm to fail completely
- by *allocating* equity to *bondholders* and *lenders*, thus reducing debt *at the expense of* existing owners in order to survive.

A *workable* out-of-court solution like this is often felt to be preferable to *resorting to legal process*, in that it is not made public, is usually quicker and cheaper (no legal costs) and enables existing management to continue *holding the reins*.

Formal Procedures

In some cases formal *bankruptcy proceedings* become inevitable, however. Legislation varies widely, even within the EU. US laws *take* the most *generous stance* towards *debtors* and go furthest towards helping ailing companies recover. In other parts of the world legislation tends to be more *creditor-friendly,* and companies which are basically *viable* might *prematurely* be allowed to go under because *there is scant provision for helping them* out of what may be only temporary difficulties. However many countries are coming to see the advantages of the American system and *there have been moves* to adjust legislation accordingly.

At best any insolvency laws, should aim to

- treat creditors fairly and distribute assets *equitably*
- preserve the value of the enterprise as far as possible
- enable debtors to make a fresh start
- keep costs to a minimum.

Corporate bankruptcy proceedings normally follow one of two main courses:

a) *Straight bankruptcy*

With this procedure, known as *Chapter 7 bankruptcy* in the USA and *liquidation* in the UK, companies *stop trading* and *go into liquidation*. The company is *wound up* following a *petition in bankruptcy filed* usually either by the creditor(s) (*compulsory bankruptcy*) or the debtor(s) (*voluntary bankruptcy*). A *trustee* or *liquidator* is appointed by the *bankruptcy court* to collect company *receivables* and to sell off the firm's assets. The costs of administering the case are paid out of the *estate*, and creditors are then paid in order of *seniority*, ordinary shareholders being last in line and usually ending up empty-handed. The *fire sale* of assets which necessarily takes place in this situation probably *realises* less than under normal circumstances.

allocate *(vb)*	zuteilen
bankruptcy court	Insolvenzgericht
bankruptcy proceedings *(no sing.)*	Insolvenzverfahren
bondholder	Inhaber von Anleihen
Chapter 7 bankruptcy *(US)*, liquidation *(UK)*	Insolvenz, Liquidation, Abwicklung; Chapter 7/ Kapitel 7-Insolvenzverfahren (in den USA)
In the UK the term 'bankruptcy' is officially used only for personal insolvency (Privatinsolvenz).	
compulsory/involuntary bankruptcy *(US)*, compulsory liquidation *(UK)*	Zwangsliquidation
creditor-friendly	gläubigerfreundlich
debtor	Schuldner
equitably	gerecht
estate/assets	*hier:* Insolvenzmasse
expense, at the ~ of	auf Kosten von
fire sale	Notverkauf
going concern	(fort)bestehendes Unternehmen
hold the reins, to continue to ~	weiterhin das Sagen haben
in lieu of	anstelle von
lender	Kreditgeber
liquidation, to go into ~	in Liquidation treten
liquidator, trustee *(US)*	Liquidator, Abwickler
moves, there have been ~	Schritte sind unternommen worden
perceive *(vb)*	erkennen
petition in bankruptcy, to file a ~	Eröffnung eines Insolvenzverfahrens beantragen
prematurely	verfrüht, voreilig
realise, fetch *(vb)*	einbringen, erzielen
receivables *(no sing.)*	Forderungen
resort, to ~ to legal process *(no pl.)*	den Rechtsweg beschreiten
scant provision *(no pl.)*, there is ~ for helping sb.	es ist minimale Vorsorge getroffen worden, um jdm. zu helfen
seniority *(no pl.)*, priority *(no pl.)*	Bevorrechtigung (gegenüber anderen Gläubigern)
settlement	Begleichung, Zahlung
stance, to take a generous ~	eine großzügige Haltung einnehmen
stop, to ~ trading *(vb)*	Geschäftstätigkeit einstellen
straight bankruptcy	normales Insolvenzverfahren
viable	existenzfähig
voluntary bankruptcy/liquidation	freiwillige Liquidation
wind up *(vb)*	auflösen, abwickeln
workable	praktikabel, durchführbar

b) *Rehabilitation* through reorganisation

The procedure here varies internationally, but basically aims to enable the company to stay in business under some form of *court supervision*, at the same time giving it breathing space to *devise* a *rescue plan* and possibly survive the crisis. The creditors' agreement is required.

In the USA a firm can ***file under Chapter 11*** to seek protection from its creditors. It goes on trading under the same management, which draws up a *reorganisation plan*. The creditors form committees to vote on the plan and the whole procedure is *overseen* by the court. Very often firms in Chapter 11 are given a *financial shot in the arm* with *debtor-in-possession (DIP) loans*, *stays of payment* against creditors' *claims* for a limited period of time, or *renegotiation* of claims, and can very quickly return to business as usual.
The *rationale* for Chapter 11 is that existing managers will have more incentive to maintain the company as a going concern, while its *detractors* maintain that this procedure *keeps* non-viable companies (so-called *zombies*) *on life support*, thus *distorting competition* and creating *excess capacity*.

In the UK *petition* can be *made* by a company or its creditors *for* it to be *placed into* **receivership** or *under* **administration.** The *receiver* is an *insolvency practitioner* appointed by a lender to realise a company's assets on behalf of himself and other *preferential creditors*. An *administrator* represents the interests of all the creditors. As with Chapter 11 a company under administration is frequently protected from its creditors and continues trading, but in this case a *court-appointed* IP known as an administrator conducts the day-to-day running of the firm whilst a rescue plan is devised. In practice few firms succeed in being rehabilitated, but as they enjoy more *respite* than with liquidation proceedings, their assets can often be sold for a better price.

Insolvent firms which have good prospects of *turning the company around* can come to a ***company voluntary arrangement***, a solution which approximates more closely to the US system. Here the directors and a statutory proportion of creditors agree upon a *business plan* for running the company and repaying debt. The scheme is overseen by an insolvency practitioner known as a *supervisor*, but there is only limited court involvement, i.e. administration costs are lower.

The German code has traditionally focused mainly on *compulsory liquidation proceedings,* which are lengthier but have greater flexibility than the Anglo-Saxon systems; however the latest legislation aims to give companies greater opportunity to continue trading and to reach an agreement with creditors about reorganising the company via an *insolvency plan*. This system resembles Chapter 11 in that it offers greater scope for financing the company's activities, but on the other hand management is usually handed to a court-appointed bankruptcy expert, the *insolvency administrator*, as under the UK code.

** As national systems vary it is probably not advisable to translate these terms, but to leave them in English and possibly add an explanation in German.*

administrator	*, *etwa* Insolvenzverwalter
business plan	Geschäftsplan
claim	*hier:* Forderung
company voluntary arrangement, CVA	*, *etwa* gütliche Einigung
compulsory liquidation proceedings	Zwangsliquidationsverfahren
court supervision *(no pl.)*	Aufsicht des Gerichts
court-appointed	vom Gericht bestellt
debtor-in-possession loan/financing, DIP loan/financing	Massekredit, Massedarlehen
Financing extended to a debtor-in-possession, i.e. a company undergoing the Chapter 11 bankruptcy process, on condition that the DIP fulfils its obligations under its plan of reorganisation; the loan takes priority over all other debt.	
detractor	Kritiker
devise *(vb)*	ausarbeiten
distort, to ~ competition *(no pl.)*	den Wettbewerb verzerren
excess capacity	Überkapazität, Kapazitätenüberhang
file, to ~ under Chapter 11	*, das Insolvenzverfahren nach Chapter 11/Kapitel 11 beantragen
financial shot in the arm	Finanzspritze
insolvency administrator	Insolvenzverwalter
insolvency plan	Insolvenzplan
insolvency practitioner, IP	* *etwa* autorisierter Insolvenzexperte, Insolvenzverwalter
keep, to ~ on life support *(no pl)*	künstlich am Leben erhalten
oversee *(vb)*	beaufsichtigen, überwachen
petition, to make ~ for sth.	einen Antrag auf etw. stellen
place, to ~ into receivership, to ~ under administration	*, *etwa* in Zwangsverwaltung geben
preferential/preferred creditor	bevorrechtigter Gläubiger
rationale *(no pl.)*	Grundgedanke/-argument
receiver	*, *etwa* Insolvenzverwalter
rehabilitation *(no pl.)*	Rehabilitierung
renegotiation	Neuverhandlung
reorganisation plan	Umstrukturierungs-/Sanierungsplan
rescue plan, turnaround plan	Rettungsplan, Sanierungskonzept
respite	*hier:* Zahlungsaufschub
stay of payment	Zahlungsaufschub, Stundung
supervisor	* *etwa* Insolvenz-/Sachverwalter
turn, to ~ the company around	das Unternehmen sanieren
zombie, *here:* non-viable company	*hier:* nicht existenzfähige Firma

1. The nautical touch

The present chapter uses a number of nautical metaphors such as

in distress * to go under * to salvage* bailout * to keep afloat * to abandon ship

This type of metaphor is of course common where a country traditionally depends on the sea for its trading activities.

Translate the following sentences using appropriate German seafaring terms wherever possible.

(a)	**In the wake of** the scandal it was decided to **hand the helm to** a more seasoned manager.
(b)	**Captains of industry** aren't always receptive to high-fliers in their company **floating** innovative ideas and **rocking the boat**, in fact they frequently don't really **take on board** the importance of change.
(c)	**Floating** interest rates on mortgages are the norm in the UK and a sudden rise can cause many households to **come adrift** financially.
(d)	The markets are **awash** with cash, but lucrative investments will remain few and far between until the economy emerges from the **doldrums**.
(e)	We've just **launched** a new marketing campaign which we hope will **turn the tide** in our favour.
(f)	Many banks have come **badly adrift** as a result of **sailing too close to the wind** in their lending strategies; fortunately, if they do happen to **go under**, customers' deposits are mostly protected by the **lifeboat fund**.
(g)	Come on, **clear the decks**, we need everything **shipshape** by the time the supervisor comes round.
(h)	Our fortunes are **at a really low ebb** at the moment but we reckon we'll be able to **ride out the storm** if we manage to **float** a new loan.
(i)	The US dollar has traditionally been regarded as a **safe haven** in turbulent times, though recently there has been a huge **wave** of investment in the euro.
(j)	We were **making very heavy weather of** communications with our **overseas** customers, but have now **taken** a language expert **on board** who we hope will be able to **salvage** the situation once we've **shown her the ropes.**
(k)	Young people are **going overboard** for this new title, but **piracy** is so rife nowadays that we're not likely to reap the full financial benefit. All the recording companies are **in the same boat.**

2. Watch these verbs

Look at the use of the verb *try* in these two sentences from the text:

A company can **try restructuring** as a means to nurse itself back to health.
*Ein Unternehmen kann **versuchen, mit** einer Umstrukturierung wieder auf die Beine zu kommen.*
Another option for directors is to **try to reach** a scheme of arrangement.
*Desweiteren können die Board-Mitglieder **versuchen**, einen Vergleich **zu erreichen**.* ►

◄ Verbs which take on a different meaning depending on whether they are followed by a gerund or to + infinitive:

to try	doing sth.	(es) mit etw. versuchen
	to do sth.	versuchen etw. zu tun
to remember	doing sth.	sich erinnern etw. getan zu haben
	to do sth.	daran denken/nicht vergessen etw. zu tun
to stop	doing sth.	aufhören etw. zu tun
	to do sth.	anhalten um etw. zu tun
to go on	doing sth.	mit etw. weitermachen
	to do sth.	dazu übergehen etw. (anderes) zu tun

Complete the following sentences

(a)	Sarah tried ...... (tell) her that it didn't matter, but she wouldn't listen.
(b)	My former boss went on ...... (become) manager of a catering company.
(c)	Can you remember ...... (see) my keys anywhere?
(d)	His secretary stopped ...... (smoke) a cigarette and (think).
(e)	Under Chapter 11 companies can go on ...... (trade) under the same management.
(f)	My sister tried ...... (jog), but still didn't lose weight.
(g)	Please remember ...... (lock) the door when you go out.
(h)	We've stopped ...... (buy) petrol on the motorway, it's too expensive.

3. Word Family: oversee		
verb	to oversee, supervise, monitor	beaufsichtigen, überwachen
noun	supervision	Aufsicht
verb	to overlook	1. etw. übersehen *(d.h. nicht sehen)* 2. über etw. hinwegsehen, übersehen
	syn. to look out over sth.	3. überblicken, Aussicht auf ... haben
noun	oversight	Versehen
noun	overview	Übersicht, Überblick
verb	to take in/recognise (the situation) at a glance	(die Lage) überblicken
verb	to lose track of sth.	die Übersicht/den Überblick verlieren

Translate the following sentences

(a)	Schicken Sie mir bitte eine Übersicht Ihres Bauvorhabens.
(b)	Ich will ein letztes Mal über Dein kindisches Benehmen hinwegsehen.
(c)	Aufgrund eines Versehens lautete der Endbetrag €200 statt £200.
(d)	Die Wahlen wurden von der Armee beaufsichtigt.
(e)	Das Schild ist nicht zu übersehen.
(f)	Von der Hütte übersieht man das ganze Tal.
(g)	Beim Betreten des Zimmers überblickte er sofort, dass sich etwas geändert hatte.
(h)	Wir hatten übersehen, dass die Geschäfte montags geschlossen sind.

1.

(a) Im Anschluss an den Skandal entschied man, das Ruder an einen sturmerprobteren Manager zu übergeben.

(b) Industriekapitäne sind nicht immer empfänglich für dynamische und aufstrebende Mitarbeiter mit innovativen Ideen, die frischen Wind in das Unternehmen bringen; sehr oft erkennen sie nicht, wie wichtig es ist gelegentlich einen neuen Kurs in der Unternehmenspolitik zu fahren.

(c) In Großbritannien sind variable Hypothekenzinsen die Norm; ein plötzlicher Zinsanstieg kann in vielen Haushalten dazu führen, dass die Finanzen aus dem Ruder geraten.

(d) Kapital ist am Markt in Hülle und Fülle vorhanden, doch lohnende Investitionen gibt es wenige bzw. sie sind erst dann zu erwarten/in Sicht, wenn das Konjunkturschiff wieder flott ist.

(e) Wir haben gerade eine neue Marketingkampagne anlaufen lassen und hoffen somit, dass uns der Wind wieder günstig steht.

(f) Viele Banken sind deutlich vom Kurs abgekommen, da sie bei ihren Kreditvergabestrategien zu hohe Risiken eingingen; falls sie jedoch tatsächlich Schiffbruch erleiden, sind die Einlagen ihrer Kunden größtenteils durch eine Einlagensicherung/einen Feuerwehrfonds geschützt.

(g) Beeilt Euch, macht klar Schiff, der Kahn muss wieder flott sein, wenn der Kontrolleur vorbeikommt.

(h) Unsere Sterne stehen zur Zeit nicht gut, doch wir können sicher allen Stürmen trotzen, wenn wir einen neuen Kredit erfolgreich auflegen.

(i) In stürmischen Zeiten gilt der US-Dollar für Anleger traditionell als sicherer Hafen, wenngleich in letzter Zeit gewaltige Summen in den Euro investiert wurden.

(j) Die Kommunikation mit unseren Auslandskunden bereitet uns zur Zeit großes Kopfzerbrechen, doch wir haben eine Sprachexpertin an Bord genommen, die hoffentlich dazu beiträgt, dass sich die Wogen wieder glätten, sobald sie mit allen Details vertraut ist.

(k) Die jungen Leute sind ganz verrückt nach diesem neuen Titel. Doch Piraterie ist heutzutage ein so weitverbreitetes Problem, dass wir wahrscheinlich nicht den vollen finanziellen Nutzen aus diesem Produkt ziehen können. Von diesem Problem sind jedoch alle Musiklabels gleichermaßen betroffen/Was dieses Problem betrifft, sitzen jedoch alle Musiklabels in einem Boot.

2.

(a) to tell
(b) to become
(c) seeing
(d) to smoke
(e) trading
(f) jogging
(g) to lock
(h) buying

3.

(a) Please send me an overview of your building project.
(b) I'm prepared to overlook your childish behaviour one last time.
(c) Due to an oversight the final figure read €200 instead of £200.
(d) The elections were overseen/supervised/monitored by the army.
(e) You can't miss/overlook the sign.
(f) The chalet looks out over/overlooks the entire valley.
(g) He recognised/took in immediately that something had changed as soon as he entered the room.
(h) We'd overlooked the fact that the shops are closed on Mondays.

20

Die Unternehmensorganisation
Innere Firmenstrukturen

Corporate Structures
Company departments and typical organisational structures for companies with overseas operations

Die Unternehmensorganisation

Alle Tätigkeiten innerhalb eines Unternehmens sind in bestimmte Strukturen *eingebettet.* Sie bestimmen den *organisatorischen Rahmen*, nach dem sich die *Unternehmensleitung* und alle *untergeordneten* Einheiten richten, um betriebliche Planungen, Entscheidungen und *Prozesse* zu *realisieren.* Die Struktur eines Unternehmens wird *reglementiert* durch die *Aufbau-* und *Ablauforganisation.*

Bei der **Aufbauorganisation** werden die einzelnen Stellen*, Instanzen und Abteilungen* bestimmt, sowie das *Beziehungsgeflecht* zwischen diesen geschaffenen betrieblichen Einheiten. Es entsteht ein *hierarchisches Gefüge*, das die *Beziehungen zwischen den Mitarbeitern* definiert, deren *Verantwortungsbereiche* regelt, *abgrenzt* und festlegt, wer welche *Weisungsbefugnisse besitzt.*

Die **Ablauforganisation** bestimmt alle Arbeitsprozesse in einem Unternehmen, d.h. den *Fluss der Arbeitsabläufe* zwischen den betrieblichen Einheiten.

Aufbauorganisation

Je nach Weisungsbefugnis, Grad an *Delegierung von Aufgaben* und *Kompetenzabgrenzung* unterscheidet man verschiedene Arten der Aufbauorganisation. Welches System *vorzuziehen* ist, richtet sich nach *Philosophie, Größe, Aufgabenfeld* und *Branchenzugehörigkeit des Unternehmens.*

1. *Einlinienorganisation*

Typisch für diese *straffe Form der Unternehmensgliederung* ist der einheitliche Instanzen- oder *Dienstweg*, d.h. sämtliche *Anweisungen* gehen von der Leitung an die *jeweils unterstellte* Abteilung, die solange an untergeordnete Stellen weitergeleitet wird, bis die Empfängerstelle erreicht ist. Es dürfen keine Zwischeninstanzen übersprungen werden.

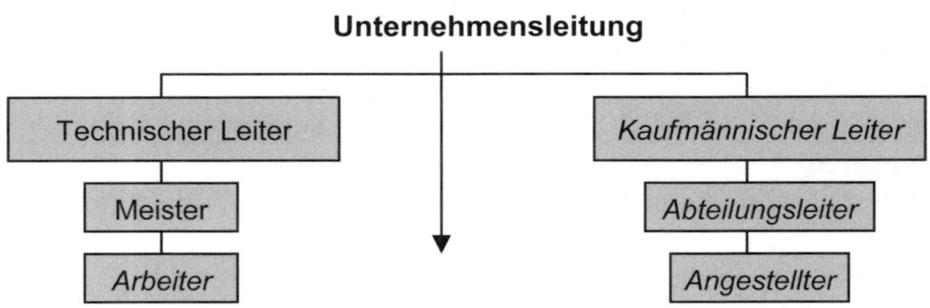

Vorteile	Nachteile
Zweckmäßig für kleine Betriebe; übersichtliche, *klare Weisungslinie.*	Lange *Befehlswege*; hohe *Arbeitsbelastung* der Unternehmensleitung und der Zwischeninstanzen.

abgrenzen	to demarcate, to delineate
Ablauforganisation	operational structure
Abteilung	department
Abteilungsleiter	department(al) manager
Angestellter	office/white-collar worker
Anweisung	instruction
Arbeitsbelastung, hohe ~	heavy workload
Arbeiter	manual/blue-collar worker, operative
Aufbauorganisation	organisational structure
Aufgabenfeld des Unternehmens	a company's field of activity
Befehlsweg, Befehlskette	chain of command
Befugnisse besitzen etw. zu tun	to have the authority/power/ competence to do sth.
Beziehungen zwischen Mitarbeitern	relationships between staff
Beziehungsgeflecht	network of relationships
Branchenzugehörigkeit	*here:* sector in which a company operates
Delegierung von Aufgaben	delegation of tasks
Dienstweg, den ~ einhalten	official channels, to go through the ~
eingebettet sein in etw.	to be embedded in sth.
Einlinienorganisation	single-line/straight-line structure
Fluss der Arbeitsabläufe	sequence of work processes
hierarchisches Gefüge	hierarchical structure
Instanz	*here:* (organisational) unit
kaufmännischer Leiter	commercial director
Kompetenzabgrenzung	*here:* clear-cut spheres of responsibility, demarcation/delineation of spheres of responsibility
Meister	master craftsman
organisatorischer Rahmen	organisational/structural framework
Philosophie des Unternehmens	corporate philosophy
Prozess, Ablauf	(work) process
realisieren, etw. ~	*here:* to implement sth.
reglementieren	to regulate
straffe Form der Unternehmensgliederung	tight (form of) corporate structure
untergeordnet, unterstellt	subordinate, lower-ranking
Unternehmensleitung	top management
unterstellt, jeweils ~	next lower in rank
Verantwortungsbereich	sphere of responsibility
vorzuziehen, etw. ist ~	to be preferable
Weisungsbefugnis	authority to give/issue instructions
Weisungslinie, klare	clear-cut line of command

2. *Mehrlinienorganisation (Funktionssystem)*

Der Weg der Anweisungen wird durch die jeweiligen *Unternehmensaufgaben* bestimmt. Untergeordnete Stellen können von mehreren Abteilungen *Aufträge* und *Weisungen erhalten.*

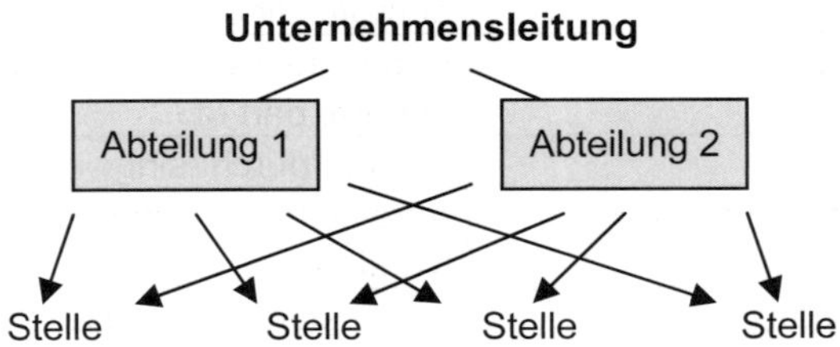

Vorteile	Nachteile
Kein langer Instanzenweg.	Untergeordnete Stellen müssen *'mehreren Herren dienen'; leistungshemmende und demotivierende Auswirkungen.*

3. *Stablinienorganisation*

Das Einliniensystem wird durch die Einrichtung von Stabsstellen für die Unternehmensleitung oder andere *übergeordnete* Instanzen ergänzt. Stabsstellen sind *mit Mitarbeitern besetzt*, die auf bestimmte Aufgabenbereiche spezialisiert sind. Sie *unterbreiten Vorschläge*, bereiten Entscheidungen vor und unterstützen die ihnen *zugewiesene* Unternehmenseinheit. Stabsstellen *haben beratende*, jedoch keine Entscheidungs- oder Weisungs*funktion*.

Vorteile	Nachteile
Nutzung von *Spezialkenntnissen*; *Entlastung der Geschäftsleitung.*	Höhere *Personalkosten* für Spezialisten; großer Einfluss der Stabsstellen auf die Unternehmensleitung.

4. *Matrixorganisation*

Hier werden zwei oder mehr *gleichrangige Hierarchieebenen* gebildet, die sich in Form einer Matrix darstellen lassen. Die erste horizontale Dimension ist *verrichtungsorientiert* (d.h. Fachabteilungen für Produktion, Vertrieb, Finanzen etc.), die zweite vertikale Dimension ist *objektbezogen* (d.h. produkt-, projekt- oder kundenspezifische Abteilungen). Die Weisungs- und Zuständigkeitslinien zweier Fachabteilungen *überlagern sich*; beide Spezialistenbereiche sind in Teamarbeit um die Erfüllung eines Aufgabengebietes bemüht. Das Beispiel der folgenden Abbildung zeigt, dass sowohl die Fachabteilung für Produkt 1 als auch die Abteilung Produktion bei der *Produktentwicklung,* bei *Einkauf* und *Fertigung eingebunden sind.* Im Mittelpunkt dieser Organisationsform steht somit die *fachliche Koordination* von Spezialistenkenntnissen.

Auftrag	*here:* commission, assignment
Auswirkung	effect
beratende Funktion haben	to have an advisory function
besetzt, mit Mitarbeitern ~	*here:* given to members of staff
demotivierend	demotivating
eingebunden sein in	to be integrated/involved in, to be an integral part of
Einkauf	buying, purchasing
Entlastung der Geschäftsleitung	*here:* lightens management's workload
fachliche Koordination	professional coordination
Fertigung	production, manufacture
gleichrangige Hierarchieebenen	equivalent hierarchical levels/layers
leistungshemmend	disincentive *(adj.)*, discouraging
Matrixorganisation	matrix (organisational) structure
mehreren Herren dienen	to serve two or more masters
Mehrlinienorganisation, Funktions-system	functional (organisational) structure, multi-line (organisational) structure
Mitarbeiter	1. *here:* employee 2. colleague
objektbezogen	division-based/-oriented

'Nach dem Objektprinzip organisiert sein' heißt, dass Sparten nach Produkten/Produktgruppen, Kunden/Zielgruppen oder nach Regionen gegliedert sein können.

Personalkosten	personnel costs
Produktentwicklung	product development
Spezialkenntnisse	expert knowledge expertise
Stablinienorganisation	line-and-staff structure
übergeordnet	at a higher level, higher-ranking
überlagern, sich ~	to overlap
Unternehmensaufgaben	company tasks
verrichtungsorientiert	function-based, function-oriented

'Nach dem Verrichtungsprinzip organisiert sein' heißt, dass die Aufgaben so zusammengeführt werden, dass eine Gliederung nach Funktionen wie z.B. Beschaffung, Produktion, Finanzierung etc. entsteht.

Vorschläge unterbreiten	to make proposals
Weisungen erhalten	to receive instructions
zuweisen, jdm. etw. ~	to assign sth. to sb.

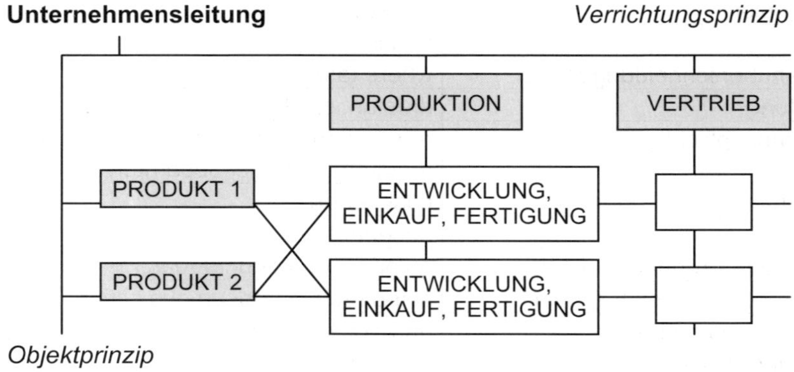

Vorteile	Nachteile
Förderung der Teamarbeit; Entlastung der Leitungsebene.	*Kompetenzkonflikte* bei *Aufgabenüberschneidungen*; *hoher Kommunikationsbedarf.*

5. *Modulare Organisation (Divisionalorganisation, Spartenorganisation)*

Die modernste Form der Unternehmensstruktur ist die modulare Organisation, die sich *im Zuge* wachsender *Markt- und Kundenorientierung herausgebildet* hat und einzelnen Unternehmenseinheiten ein *dezentrales* und *eigenverantwortliches Handeln* ermöglicht. Hierzu werden Divisionen, *Sparten* oder Center eingerichtet, deren *Zuständigkeiten* auf bestimmte *Produktlinien, Absatzgebiete* oder *Kundengruppen* festgelegt sind. Diese *Aufspaltung* eines Großunternehmens in *teilautonome* Center räumt den Spartenleitern ein hohes Maß an *Entscheidungskompetenz* innerhalb der von der Unternehmensleitung definierten *Unternehmenspolitik* ein. Sie *agieren* als *Intrapreneure*, d.h. als Unternehmer im Unternehmen.

Man unterscheidet die folgenden Center-Varianten:

- ***Investment-Center*** können die *erwirtschafteten Gewinne* autonom investieren.
- ***Cost-Center*** sind lediglich für die *Kostenverursachung verantwortlich.*
- ***Profit-Center*** sind als *bilanzierungspflichtige* Sparten für die *Erzielung* eines positiven *Ergebnisses* und den damit verbundenen Kostenverursachungen verantwortlich; es sind autonome organisatorische Teilbereiche mit weitgehender Entscheidungskompetenz unter der Vorgabe möglichst hohe Gewinne zu erzielen.

Vorteile	Nachteile
Zweckmäßig für Großunternehmen mit *diversifizierten Produktbereichen*; Entlastung der Unternehmensführung vom *Tagesgeschäft.*	Gefahr des *Spartenegoismus* und einer zu *kurzfristigen Gewinnorientierung.*

Absatzgebiet	market
agieren	to act
Aufgabenüberschneidungen, bei ~	where tasks overlap
Aufspaltung	division, splitting
bilanzierungspflichtig	required to produce its own accounts, required to budget separately
Cost-Center	cost centre
dezentral	decentralised
diversifizierte Produktbereiche	a variety of product areas
eigenverantwortliches Handeln	self-directed/autonomous action
Entscheidungskompetenz	decision-making power/authority
erwirtschaftete Gewinne	profits generated
Erzielung eines Ergebnisses	posting/making a profit
Förderung der Teamarbeit	promoting teamwork
herausbilden, sich aus etw. ~	to crystallise out of sth.
Intrapreneur	intrapreneur
Investment-Center	investment centre
Kommunikationsbedarf, hoher ~	*here:* good communication is vital
Kompetenzkonflikte	turf wars/battles
Kostenverursachung	cost attribution
Kundengruppen	customer groups
Kundenorientierung	customer orientation
kurzfristige Gewinnorientierung	focus on short-term profits
Marktorientierung	market orientation
modulare Organisation, Divisionalorganisation, Spartenorganisation	multidivisional organisational structure
Produktlinie	product line
Profit-Center	profit centre
Sparte	division, segment, strategic business unit, SBU
Spartenegoismus	divisional rivalry
Tagesgeschäft	day-to-day business
teilautonom	semi-autonomous
Unternehmenspolitik	corporate policy
verantwortlich, für etw. ~ sein	to be responsible for sth.
Vertrieb	marketing
Zuständigkeit	sphere of competence
Zuge, im ~ von	*here:* within the scope of
zweckmäßig für	*here:* suitable for

Corporate Structures

A company's business activities are normally divided between a number of specialist *departments* or functions, that is unless the firm is very small and employees have the *challenging*, but possibly more interesting, task of performing a variety of different functions. The tasks and titles of these functions vary, but the general pattern and typical *responsibilities* are similar:

Departments / Functions (each headed by a *manager* or *vice-president*)

Finance (Finanzwesen) (headed by the *finance director* or in smaller firms the *chief accountant)*

- *bookkeeping*: settlement of invoices, payment of wages, *pensions*, tax etc.
- *financial accounting*: preparation of company accounts
- *management accounting*: compiling statistics to assist *forward planning*
- *cost accounting*
- *treasury operations*: liquidity management and financial planning

Administration (Verwaltung)

- centralised office facilities: secretarial duties, *IT*, *data input*, *filing* etc.

Legal Department (Rechtsabteilung)

- contracts, guarantees, insurance, *compensation* etc.

Human Resources (HR) / Personnel (Personalabteilung)

- *recruitment*, selection, *dismissal* of *employees*, handling *resignations*
- *implementation* of *restructuring* measures and *outplacement programmes*
- maintenance of *personnel records*, provision of references
- staff *training schemes,* coaching, mentoring
- *staff welfare*

Production (Produktions-/Fertigungsabteilung)

- planning, organisation and implementation of *manufacturing processes*
- *quality control* and investigation of *complaints*

Materials Management (Materialwirtschaft)

- planning of materials requirements
- handling of *quotations* and placing orders for raw materials, equipment and other supplies
- ensuring that the right goods are delivered at the right time and place *(JIT)*
- *inventory control* for materials and finished products
- shipment of finished goods

Marketing (Vertrieb)

- advertising
- market research
- distribution and sales

Larger companies also have specialist departments for *public relations*, transport and logistics, technology, research and development, exports etc.

bookkeeping *(no pl.)*	Buchhaltung
challenging	anspruchsvoll
chief accountant, controller, treasurer *(US)*	Leiter der Abteilung Finanzwesen, Finanzdirektor
compensation *(no pl.)*	*hier:* Entschädigung, Schadensersatz
complaint	Reklamation, Beschwerde
cost accounting *(no pl.)*	Kalkulation
data input *(usu. sing.)*	Dateneingabe, Datenaufnahme
department, dept.	Abteilung, Abt.
dismissal, firing	Entlassung
employee	Mitarbeiter, Arbeitskraft
filing *(no pl.)*	Archivierung
finance director, chief financial officer, CFO, vice-president finance *(US)*	CFO, Finanzvorstand
financial accounting *(no pl.)*	Bilanzierung, Rechnungswesen
forward planning *(no pl.)*	Zukunftsplanung
implementation *(no pl.)*	Durchführung, Verwirklichung
inventory control	Lager(bestands)-/Bestandskontrolle
IT, information technology *(usu. sing.)*	IT, Informationstechnologie
JIT, just-in-time *(cf. page 132)*	Just-in-time-System
management accounting *(no pl.)*	Management Accounting, internes Reporting
manager, director, vice-president *(US)*	Leiter, Direktor
manufacturing process	Herstellungsverfahren
outplacement programme	Vermittlungshilfe, Outplacement-Programm
Scheme to assist redundant employees to find new employment.	
pension	Altersrente
personnel records *(usu. pl.)*	Personalakten, Personalunterlagen
public relations, PR *(sing. & pl.)*	Öffentlichkeitsarbeit, PR-Arbeit
Maintenance of good relations between an organisation and the general public.	
quality control	Qualitätskontrolle, Qualitätsprüfung
quotation	Angebot
recruitment, hiring *(no pl.)*	Personalbeschaffung, -einstellung
resignation	1. Kündigung 2. Rücktritt
responsibility	1. *hier:* Aufgabe 2. Kompetenz
restructuring *(no pl.)* *(here in the sense of downsizing)*	Umstrukturierung *(hier i.S.v. Personalabbau)*
staff *(cf. note under 'sales staff' p.315)*	Personal, Mitarbeiter
staff welfare *(no pl.)*	betriebliche Sozialleistungen für die Mitarbeiter
training scheme	*hier:* Weiterbildungsmaßnahme
treasury operations *(usu.pl.)*	Gelddisposition

Organisational structures and international marketing activities

Function-based structures

A small company entering the export market for the first time is likely to *handle* its overseas business within its existing marketing *function*, but will possibly establish a *dedicated export department* or even an *international division* as sales grow. Its short *chain of command* and the *clear overview* of activities *afforded* by its size will make it *feasible* to retain a *function-based structure*.

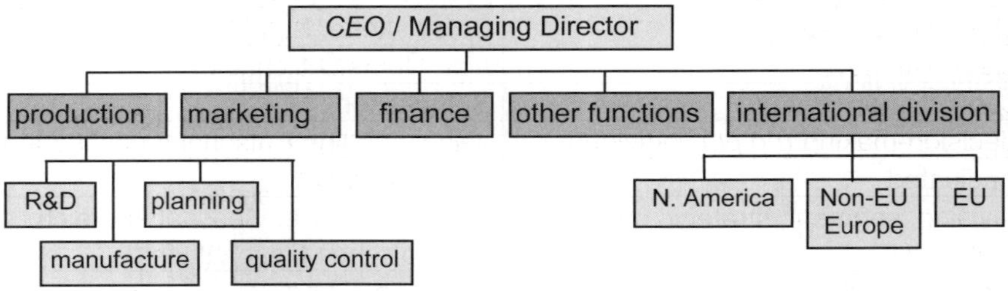

However as the firm expands, this structure will probably prove too static and too *sluggish* to adapt adequately to changing conditions. To avoid the *inflexibility*, *bureaucracy* and lack of opportunity for *individual decision-making* and *initiative* afforded by this traditional hierarchical *line structure*, major companies nowadays tend to group their departmental activities in larger units known as *divisions*, *segments* or *strategic business units (SBUs*) or even *spin* them *off* into separate *subsidiaries*. These operate relatively independently and often *budget individually*; they can be grouped in different ways:

Territory-based structures

As exports expand, a company might find it more advantageous to organise its activities according to markets, usually on a geographical basis. Working through *area managers*, who usually live and work in the *relevant* territory, it is able to adapt its activities better to local needs. Finance, product development, legal services etc. might still be performed centrally, other operations done locally. The benefits of *localisation* could, however, be *negated* by expensive duplication of staff and *facilities*, especially in marketing and production, and possibly also lead to regional variations in product and service quality.

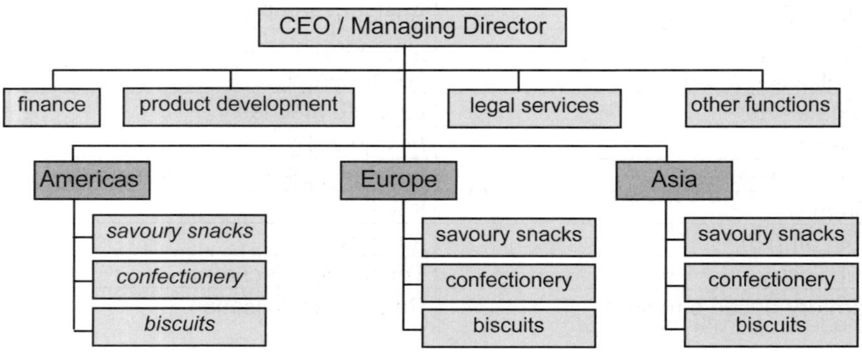

afford *(vb)*	*hier*: gewähren, bieten, ermöglichen
area manager	Gebietsleiter
biscuits *(UK)*, cookies *(US)*	Kekse
budget, to ~ individually	1. ein eigenes Budget haben 2. selbstständig bilanzieren
bureaucracy	Bürokratie

'CEO', 'chief executive officer' (US), 'managing director' (UK) are not translatable; they correspond roughly to 'Vorstandsvorsitzender' in Germany.

chain of command	Befehlskette, Befehlsweg
clear overview	*hier:* Übersichtlichkeit
confectionery *(no pl.)*	Süßigkeiten
decision-making *(no pl.)*, individual ~	selbstständige Entscheidungsfindung
dedicated	eigenständig
division, segment, strategic business unit, SBU	Division, Sparte, Geschäftsbereich, strategisches Geschäftsfeld
export department	Exportabteilung
facility	*hier:* Anlage, Einrichtung

Facility is a very vague (and thus very useful!) term meaning some place, building, equipment, resource or service which permits a particular activity to be performed. A production facility can be anything from a piece of machinery to a workshop or full-scale factory. Banks offer credit facilities, hotels have sports facilities, communities build health care facilities, filling stations provide toilet facilities.

feasible	praktikabel, möglich, durchführbar
function 1. department 2. task 3. position	1. Funktion, Abteilung 2. Funktion, Aufgabe 3. Amt, Stellung
function-based/functional structure	Funktional-/Funktionsorganisation
handle *(vb)*	erledigen, bearbeiten, bewältigen
inflexibility *(no pl.)*	Mangel an Flexibilität, Starrheit, Unbeweglichkeit
initiative, individual ~ *(usu. sing.)*	Eigeninitiative, eigenverantwortliches Handeln
international division	Auslandsabteilung
line structure	Linienorganisation
localisation *(no pl.)*	Lokalisierung
negate *(vb)*	zunichte machen
relevant	*hier:* jeweilig
savoury snack(s)	(salziges, pikantes) Knabberzeug
sluggish	träge
spin off *(vb)*	ausgliedern
subsidiary	Tochtergesellschaft
territory-based structure	Regionalorganisation

Product-based structures

Where a large company has *standardised* products and wants to enjoy the *scale economies* and uniform image afforded by producing and marketing for international, even global, markets, it might be advisable to group all activities connected with one product or line in a separate global division headed by a *product manager*. Local area managers will *report* to the appropriate product managers. Again the company might not purely be organised on a product basis and some *core competences* in *centralised functions* might still provide *back-up*, but these product SBUs basically operate semi-autonomously and are *accountable for* their own profits (*profit centres*). *Customer service* will probably be more efficient as *sales staff* will be focusing on certain product lines, but there will be little scope for localisation; also the duplication of functions, e.g. separate marketing and distribution of different products within the same areas, might *trigger* excessive financial burdens, *turf wars* and *coordination deficits*.

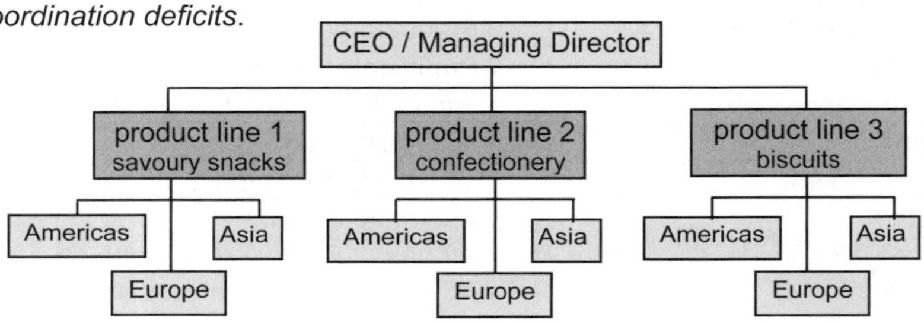

Matrix (mixed) structures

Many *transnationals* find these relatively *simplistic* structures too *inhibiting* and *counter-productive*. For this reason they have often adopted the matrix approach combining two or even three of the above structures; for example a marketing decision can be reached jointly by the product division concerned, the logistics function and the *relevant* area division. The danger of a *pure matrix approach*, however, is that coordination is problematic and decision-making often *ends in gridlock*; as a result many firms have returned to strong global product divisions as their basic structure.

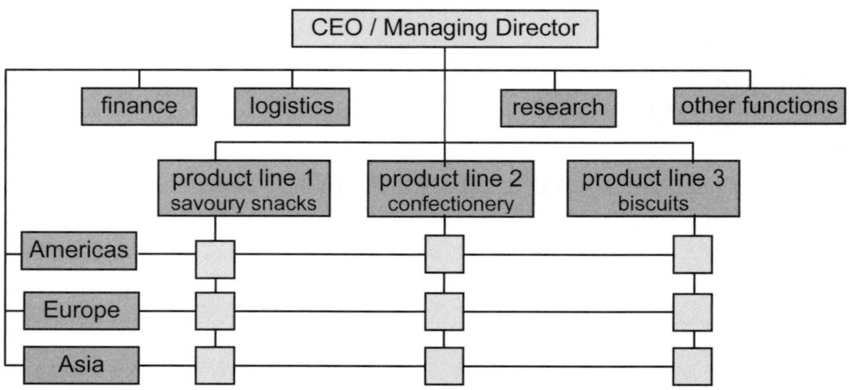

accountable, to be ~ for sth.	für etw. rechenschaftspflichtig/eigenverantwortlich sein
back-up *(no pl.)*	*hier:* Unterstützung
centralised function	Zentralbereich
coordination deficits	mangelnde Koordination, Koordinations-/Abstimmungsdefizite
core competence	Kernkompetenz
counter-productive	kontraproduktiv
customer service *(no pl.)*	Kundenbetreuung
gridlock *(no pl.)*, to end in ~	festgefahren sein, in eine Sackgasse führen
inhibiting, to be ~	*hier:* restriktiv/einengend sein
matrix structure	Matrixorganisation
product manager	Produktleiter
product-based structure	Produktorganisation
profit centre	Profitcenter, Profit-Center
pure matrix approach	rein matrixorientierter Ansatz
relevant	*hier:* zuständig
report, to ~ to sb.	jdm. unterstehen/unterstellt sein
sales staff	Verkaufspersonal

'Staff' can take a sing. or pl. verb: The staff has (US)/have (UK) gone on strike. 'Member of ' is usually inserted after a number: 6 members of staff (Mitarbeiter) have left.

scale economies, economies of scale *(cf. page 289)*	Größenvorteile, Skaleneffekte, Economies of Scale
simplistic	simplistisch, stark vereinfacht
standardised	standardisiert
transnational (company), TNC, global player	transnationales Unternehmen, Global Player
trigger *(vb)*	auslösen
turf wars/battles	Kompetenzstreitigkeiten, -konflikte

1. As

Compare these two sentences:	1. He is getting more forgetful **as he is getting** older. 2. He is getting more forgetful **as he gets** older.

In the first sentence *as* has the meaning of *since* or *because*:
Er wird vergesslicher, weil er älter wird.
In the second sentence it has the meaning of *the more ... the more:*
Je älter er wird, desto mehr vergisst er./Mit zunehmendem Alter wird er immer vergesslicher.
The clue to the difference in meaning lies to some extent in the verb used in the *as* clause: a continuous tense will often have a causative meaning, whereas the same sentence with a simple tense in the *as* clause, accompanied by a comparative or some other indication of change, will often mean *je ... desto/umso, in dem Maße wie, bei, mit,* depending on the context. The use of *as* in this sense is particularly common in journalese.

Translate the following sentences, paying particular attention to the meaning of "as"

(a)	Customer service will probably improve as sales staff will be focusing on certain product lines.
(b)	As the firm expands, this structure will probably prove too static.
(c)	A small company will possibly establish a dedicated export department as sales grow.
(d)	As the weather is getting colder we're turning up the heating.
(e)	As she was walking to the station she didn't have her car keys with her.
(f)	As corporate profits dwindle, there is increasing demand for bonds.
(g)	The government gave more serious consideration to introducing road-pricing as traffic congestion increased.
(h)	Banks are benefiting from the stock market slump as customers stash their money at their banks.
(i)	We will turn up the heating as the weather gets colder.
(j)	They got increasingly excited as they approached the football ground.
(k)	Inflation will accelerate as workers win lavish pay settlements.
(l)	As corporate profits are dwindling there is increasing demand for bonds.

2. Word Family: personal		
adj.	personal	persönlich
adv.	personally, in person	persönlich
	personified *(placed after noun)*	in Person
adj.	personable, agreeable	sympathisch
noun	personnel *(no sing.)*, staff, workforce *(no pl.)*	Personal, Belegschaft
	NB workforce also means 'die Erwerbstätigen', 'die Erwerbsfähigen'	
noun	personnel (department), human resources (division)	Personalabteilung
noun	personal details/particulars	Personalien ▶

◄ Translate the following sentences using the word family opposite

(a)	I talked to a very personable young man on the phone, who was very sympathetic to my complaint and said he'd send an engineer out pronto.
(b)	Her secretary took down my personal details and promised to pass them on to personnel.
(c)	Our tour guide's personal appearance left much to be desired, but more importantly he was patience personified.
(d)	The personnel have been complaining about the canteen.
(e)	The unusually high number of school-leavers has bumped up the workforce and led to a disproportionate rise in unemployment.

3. Test your strength

Often *stark* and *kräftig* are not translated by *strong* in English, the correct adjective being determined by the collocation, that is the standard combination of words; for example you talk about a *hefty* wage increase (*kräftige Lohnerhöhung*), but a *powerful* voice (*kräftige Stimme*).

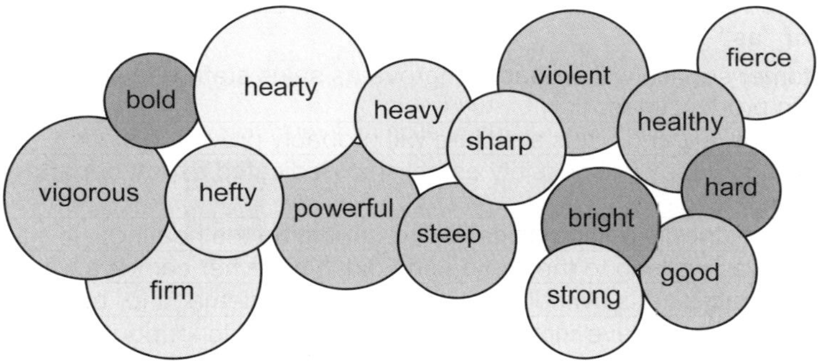

From the above selection choose the adjective which best collocates with the following terms (sometimes there is more than one possibility)

(a) kräftiges Gewitter	.... storm
(b) starker Wettbewerb	.... competition
(c) starker Rückgang	.... drop
(d) starke Sonneneinstrahlung	.... sunshine
(e) starke Kritik	.... criticism
(f) kräftiger Tritt	.... kick
(g) starker Regen	.... rain
(h) kräftige Mahlzeit	.... meal
(i) starker Zuwachs	.... growth
(j) kräftiger Händedruck	.... handshake
(k) kräftige Farbe	.... colour
(l) kräftige Verbrauchernachfrage	.... consumer demand
(m) starker Motor	.... engine
(n) starker Anstieg	.... rise
(o) kräftiger Schluck	.... swig

1.

(a) Der Kundendienst wird wahrscheinlich besser, da das Verkaufspersonal sich jetzt auf bestimmte Produktlinien fokussiert.
(b) In dem Maße wie die Firma wächst, wird sich diese Struktur wahrscheinlich als zu inflexibel erweisen.
(c) Je mehr der Umsatz steigt, desto eher wird ein Kleinunternehmen eventuell geneigt sein eine eigenständige Exportabteilung einzurichten.
(d) Da es jetzt immer kälter wird, drehen wir die Heizung stärker auf.
(e) Da sie zu Fuß zum Bahnhof ging, hatte sie keine Autoschlüssel dabei.
(f) In dem Maße wie die Unternehmensgewinne schwinden, steigt die Nachfrage nach Rentenpapieren.
(g) Je stärker die Verkehrsstaus zunahmen, desto ernsthafter überlegte die Regierung, eine Strassenbenützungsgebühr einzuführen.
(h) Je mehr die Kunden ihre Gelder bei der Bank horten, desto mehr profitieren die Kreditinstitute von der Wertpapierbaisse.
(i) Je kälter es wird, desto stärker werden wir die Heizung aufdrehen.
(j) Je näher sie ans Fußballstadion kamen, desto größer wurde ihre Aufregung.
(k) Je großzügiger die Lohnerhöhungen der Arbeitnehmer im Rahmen der Tarifabschlüsse ausfallen, desto schneller steigt die Inflation.
(l) Bei rückläufigen Unternehmensgewinnen/im Zuge rückläufiger Unternehmensgewinne steigt die Nachfrage nach Rentenpapieren.

2.

(a) Ich hatte einen sehr sympathischen jungen Mann am Telefon, der viel Verständnis für meine Beschwerde/für mein Anliegen zeigte und mir versprach, sofort einen Techniker kommen zu lassen.
(b) Ihre Sekretärin notierte meine Personalien und versicherte mir, dass sie sie an die Personalabteilung weiterleiten würde.
(c) Das äußere Erscheinungsbild unseres Reiseleiters ließ zwar viel zu wünschen übrig, aber – was viel wichtiger war – er war die Geduld in Person.
(d) Die Belegschaft klagt seit einiger Zeit über die Kantine.
(e) Die ungewöhnlich hohe Anzahl von Schulabgängern hat die Zahl der Erwerbsfähigen stark erhöht und dadurch einen überproportionalen Anstieg der Arbeitslosigkeit bewirkt.

3.

(a) violent storm
(b) fierce/strong competition
(c) steep/sharp/hefty drop
(d) bright sunshine
(e) hefty/sharp/strong/fierce criticism
(f) hard/hefty/powerful/good kick
(g) heavy rain
(h) hearty/hefty/good meal
(i) vigorous/healthy/strong growth
(j) firm/hearty handshake
(k) bold/bright colour
(l) healthy/vigorous/strong consumer demand
(m) powerful engine
(n) steep/sharp/hefty rise
(o) good/hearty/hefty swig

21

Corporate Governance

Shareholder versus Stakeholder Value

Management Buzz Terms

Outsourcing, benchmarking, TQM, kaizen, coaching and mentoring, knowledge management and enterprise risk management

Corporate Governance

In der Debatte um eine effiziente und verantwortliche *Unternehmensführung* gibt es wohl kaum einen *facettenreicheren* Begriff als Corporate Governance. Die *mit dem Thema befassten* Organisationen, allen voran die *OECD,* aber auch *Unternehmensforen* ebenso wie *akademische Kreise* ringen allerdings um eine einheitliche Definition.

1. Definition

Im weitesten Sinne beschreibt Corporate Governance das System von Beziehungen, Aktivitäten, *Verantwortlichkeiten* und *Kontrollmechanismen*

- innerhalb eines Unternehmens (***interne Governance***) sowie
- zwischen den firmeninternen Organen und *unternehmensexternen* Institutionen, *Gremien* oder Gruppierungen, die *Einfluss* auf die Firma *ausüben* bzw. von ihrer Unternehmenspolitik direkt oder indirekt beeinflusst werden (***externe Governance***).

Das interne Governance-System betrifft die Strukturen für *Vorstand, Aufsichtsrat, Aktionäre, Arbeitnehmer, Gewerkschaften* etc. Externe Governance schließt das politische und gesellschaftliche Umfeld des *Unternehmensstandortes* ein: Staat, *Kommunen* und Behörden, die die wirtschaftlichen und gesetzlichen Rahmenbedingungen für das Unternehmen festlegen, Banken, Medien, Börsen, Verbände, Zulieferer, Kunden etc., die von den Entscheidungen des Unternehmens tangiert werden und selbst auf das Unternehmen *einwirken* können.

Sich als Firma zum Corporate Governance-Ansatz in diesem Sinne zu bekennen bedeutet also, die Firmenstrukturen, -aktivitäten, -ziele, -strategien, aber auch Kontroll- und Überwachungsmechanismen *zum Wohle aller Beteiligten* zu optimieren und systematisch *offen zu legen*.

2. Definition

Manche Experten hingegen *engen den Begriff* auf das Beziehungsgeflecht zwischen den einzelnen unternehmensinternen Gremien und Gruppierungen *ein*. Ihr Fokus richtet sich v.a. auf das *Verhältnis zwischen Management und Aktionären*, und ihr *Hauptanliegen* ist folglich die Schaffung eines transparenten Systems von *Checks und Balances*, das die *Abstimmung von Rechten und Pflichten* und die Zusammenarbeit der firmeninternen Organe regelt.

3. Definition

Andere wiederum wollen Corporate Governance als einen Beitrag zur *angewandten* Unternehmens- und *Wirtschaftsethik* verstanden wissen. *Transparenz* und *Offenlegung* von Unternehmensstrukturen, -ergebnissen und -strategien sollen Vertrauen und Verlässlichkeit bei Investoren hervorrufen und sie bei Anlageentscheidungen zu größerer und längerfristiger Loyalität zur Firma verpflichten. Umgekehrt soll sich die Firmenleitung zu ihrer *Rechenschaftspflicht* nicht nur gegenüber Aktionären, sondern gegenüber allen Stakeholdern bekennen und dieser als *Corporate Citizen* gerecht werden.

Abstimmung von Rechten und Pflichten	coordination of rights and duties
akademische Kreise	academic circles
Aktionär	shareholder *(UK)*, stockholder *(US)*
angewandte Wirtschaftschaftsethik	(applied) business ethics
Arbeitnehmer	employee
Aufsichtsrat	supervisory board
Checks und Balances	checks and balances
Ein Merkmal der Gewaltenteilung im Regierungssystem der USA: wechselseitige Kontrollen zwischen den politischen Institutionen, die der Machtkonzentration und dem Machtmissbrauch vorbeugen sollen.	
Corporate Citizen	corporate citizen
Bezeichnung für ein Unternehmen, zu dessen Selbstverständnis und Firmenphilosophie es gehört, sich für die Gesellschaft zu engagieren (Investitionen in das Gemeinwesen, Spenden, Sponsoring von gemeinnützigen Aktionen).	
einengen, den Begriff ~	to narrow down the term
Einfluss ausüben auf	to have/exert an influence on
einwirken auf	to have an effect on, to affect
externe Governance	external governance
facettenreich	kaleidoscopic
Gewerkschaft	trade union *(UK)*, labor union *(US)*
Gremium	body
Hauptanliegen	main concern
interne Governance	internal governance
Kommune	local authority
Kontrollmechanismen	monitoring system
OECD, Organisation für wirtschaftliche Zusammenarbeit und Entwicklung	OECD, Organisation for Economic Cooperation and Development
offen legen; Offenlegung	to disclose; disclosure
Rechenschaftspflicht	accountability
Sinne, im weitesten ~	in the broadest sense
Thema, mit dem ~ befasst sein	to concern oneself with the topic
Transparenz	transparency
unternehmensextern	outside
Unternehmensforum *(Pl. ~foren)*	corporate forum *(pl. ~ forums)*
Unternehmensführung	corporate management
Unternehmensstandort	company location
Verhältnis zwischen Management und Aktionären	management-shareholder relations
Vorstand	executive board, board of management
Wohle, zum ~ aller Beteiligten	for the benefit of all those involved

So unterschiedlich der definitorische Ansatz ist, so sehr variieren auch die Vorstellungen zur *praktischen Umsetzung* der Corporate Governance. Die Forderungen reichen von der nachhaltigen Offenlegung aller Unternehmenspraktiken bis hin zu Reformen im *Unternehmens-* und Aktien*recht* oder der Schaffung neuer betrieblicher Strukturen.

Shareholder Value* und *Stakeholder Value

Die Definitionen verdeutlichen, dass es zwei unterschiedliche Philosophien der Unternehmensführung gibt, die dem Governance-Verständnis zugrunde liegen. Die *Anhänger* des **Shareholder Value** stellen die Interessen der Aktionäre (Shareholder), v.a. der Großaktionäre, in den Vordergrund. Vorrangiges Ziel des Managements ist die Steigerung des *Börsenwerts des Unternehmens* und somit eine stete Verbesserung der *Rentabilität des Eigenkapitals* der Shareholder.

Ein Bekenntnis zum **Stakeholder Value** hingegen impliziert die Berücksichtigung der Interessen einer größeren Zahl von Anspruchsgruppen (*Stakeholder*), die aktiv *Unternehmensentscheidungen* beeinflussen oder passiv von diesen betroffen sind: Mitarbeiter, Kunden, Lieferanten, Aktionäre und das gesamte politische und gesellschaftliche *Umfeld*. Dem Unternehmen wird aufgrund seines *Machtpotenzials* eine *moralische* und *gesellschaftliche Verantwortung* übertragen. Man erwartet neben dem *Interessensschutz* für Aktionäre *u.a.* ein faires Verhalten gegenüber Arbeitnehmern, Lieferanten und *Mitkonkurrenten*, hohe *Sicherheitsstandards für Produkte, die Schonung natürlicher Umweltressourcen* sowie *Konsensbereitschaft* bei *Interessenkonflikten*.

Interkulturelle Unterschiede der Corporate Governance

Unternehmenstraditionen und *Wirtschaftskultur* eines Landes *prägen* die Strukturen seiner Unternehmen, so dass es derzeit noch kein *auf alle Unternehmen übertragbares* Corporate Governance-System gibt. Zu unterschiedlich sind die *Unternehmensverfassungen* in den einzelnen Ländern. Im anglo-amerikanischen Wirtschaftsraum ist das primäre Unternehmensziel eine schnelle Maximierung des Shareholder Value. In der deutschen *Konsensgesellschaft* galt lange als *Maxime* die langfristig positive Entwicklung der Firma und die Einbeziehung der Interessen möglichst vieler Stakeholder. In den USA gilt die *Eigenständigkeit* und *Eigenverantwortlichkeit* der Firmen – im Idealfall ohne *Einwirken des Staates;* in Deutschland zählt der Konsens zwischen Staat, Unternehmen und Gewerkschaften und die aktivere Rolle des Staates im Rahmen der *sozialen Marktwirtschaft*, wobei inzwischen eine Annäherung an die US-amerikanischen Denk- und Vorgehensweisen zu beobachten ist. In den USA und in Großbritannien ist der *Aktienbesitz* in der Bevölkerung traditionell *weit gestreut*; in Deutschland hingegen setzt sich erst langsam eine gewisse *Aktienkultur* bei den *Kleinanlegern* durch. Angloamerikanische *Aktiengesellschaften* kennen nur ein einziges *Unternehmensorgan*. In Deutschland praktiziert man mit Vorstand und Aufsichtsrat ein *Zweistufen-System.*

Aktienbesitz	share ownership
Aktiengesellschaft	public limited company *(UK)*, stock corporation *(US)*
Aktienkultur	equity culture
Anhänger	supporter, advocate
Börsenwert des Unternehmens	market capitalisation/value
Eigenständigkeit	independence, self-reliance
Eigenverantwortlichkeit	personal/individual responsibility
Einwirken des Staates	state/government intervention
gesellschaftliche Verantwortung	social responsibility
gestreut, weit ~	very widespread
Interessenkonflikt, bei ~en	where there are conflicts of interests
Interessensschutz	protection of interests
Kleinanleger	small/private/retail investor
Konsensbereitschaft	willingness to reach consensus
Konsensgesellschaft	consensus society
Machtpotenzial	power potential
Maxime	maxim
Mitkonkurrent	competitor
moralische Verantwortung	moral responsibility
praktische Umsetzung	practical implementation
prägen, etw. ~	to shape/mould sth.
Rentabilität des Eigenkapitals, Eigenkapitalrendite	return on equity, ROE
Schonung natürlicher Umwelt-ressourcen	protection of natural/environmental resources
Shareholder Value, Shareholdervalue	shareholder value
Sicherheitsstandards für Produkte	product safety standards
soziale Marktwirtschaft	social (free) market economy, socially oriented free market economy
Stakeholder	stakeholder
Stakeholder Value, Stakeholdervalue	stakeholder value
u.a., unter anderem, unter anderen	among other things
übertragbar, auf alle Unternehmen ~	applicable to all companies
Umfeld	environment, framework
Unternehmensentscheidung	corporate decision
Unternehmensorgan	corporate organ
Unternehmensrecht	company law
Unternehmenstraditionen	company traditions
Unternehmensverfassung	statutory corporate structure
Wirtschaftskultur	business culture
Zweistufen-System	two-tier system

Warum *hat* Corporate Governance *Hochkonjunktur*?

Im Zuge der Internationalisierung von Unternehmen, ihrer Aktionärskreise und *Führungskräfte* ist sowohl eine zunehmende Beschäftigung mit dem Thema als auch eine Konvergenz im Verständnis von Governance zu beobachten. Internationale Investorengruppen und *Aufsichtsbehörden* aller Art drängen auf eine *Vereinheitlichung von Strukturen.*

Außerdem ist eine der augenfälligsten Entwicklungen auf den globalen *Finanzmärkten* zunehmender *Shareholder-Aktivismus*, d.h. Anleger, v.a. *institutionelle Investoren*, die umfangreiche Aktienpakete von Unternehmen in ihren *Portfolios* halten, fordern bessere Kommunikations- und Informationskanäle zu diesen Firmen. Sie *beanspruchen* verstärkt *Mitspracherechte* und wollen aktiv und engagiert ihre Interessen als *Anteilseigner* gegenüber dem Management durchsetzen. Unternehmen können Investoren langfristig nur an sich binden, wenn sie ihrerseits den Corporate Governance-*Ansprüchen* dieser Anleger gerecht werden. Manche *Investmentfonds-Gesellschaften* haben bereits eigene *Best-Practice*-Standards für Governance *ausgearbeitet* und ihre Anwendung bei den Unternehmen *durchgesetzt*, deren Anteilseigner sie sind.

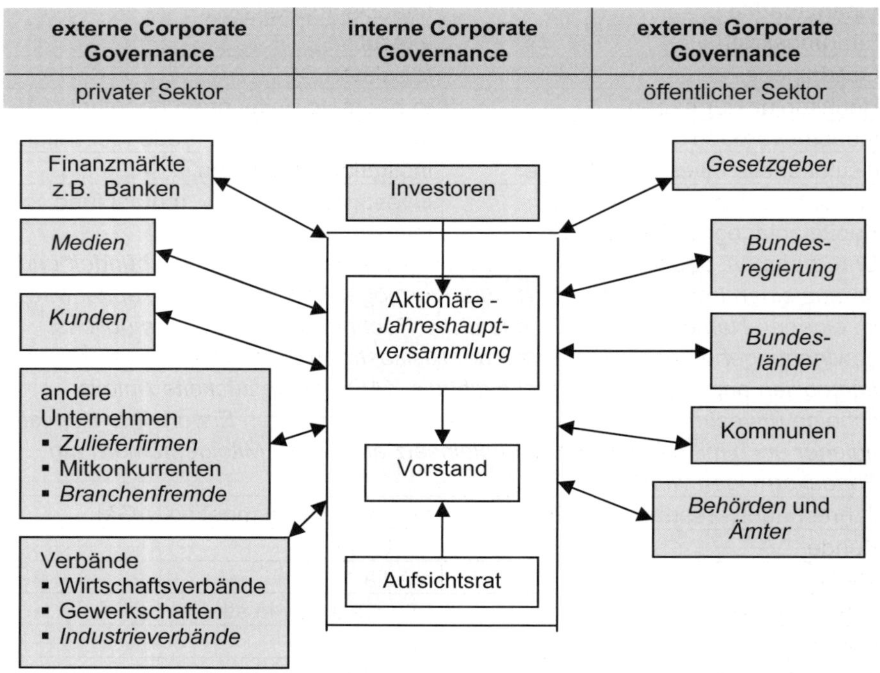

Corporate Governance in Deutschland

Anspruch	1. *here:* demand 2. claim
Anteilseigner	owner, shareholder
Aufsichtsbehörde	regulating agency, regulator, watchdog *(coll.)*
ausarbeiten	to draw up
beanspruchen, etw. ~	*here:* to demand
Behörden und Ämter	authorities
Best Practice	best practice

Best Practices sind anerkannte, bewährte und erfolgreiche Vorgehensweisen, Methoden, Abläufe und Praktiken, die nach Stand des Wissens zur Erreichung besserer Performance oder zur Optimierung von Strukturen eingesetzt werden.

branchenfremde Firma	company in a different line of business
Bundesland	Land *(pl. Länder/Laender),* German state
Bundesregierung	German Federal Government, German Central Government
durchsetzen, etw. ~	to push/carry sth. through
Finanzmärkte	financial markets
Führungskraft	executive
Gesetzgeber	legislator
Hochkonjunktur haben	to boom, to enjoy great popularity
Industrieverband	industry association, trade federation
institutionelle Investoren/Anleger	institutional investors
Investment(fonds)gesellschaft, Kapitalanlagegesellschaft, KAG	investment company, mutual fund, investment trust

Unternehmen, das von vielen Einzelanlegern investiertes Kapital bündelt und daraus einen Investmentfonds (Sondervermögen) bildet. Dieses Kapital wird im eigenen Namen für gemeinschaftliche Rechnung der Anleger möglichst gewinnbringend nach dem Prinzip der Risikostreuung in Wertpapiere oder Immobilien angelegt. Andererseits gibt die KAG kleingestückelte Anteilsscheine (Investmentanteile, -zertifikate) aus, durch deren Erwerb ihre Kapitalanleger auch mit geringerem Kapitaleinsatz anteilig zu Miteigentümern am Fondsvermögen werden.

Jahreshauptversammlung, HV	annual general meeting, AGM
Kunde	customer
Medien	media
Mitspracherecht haben	to have a say in sth.
Portfolio	portfolio
Shareholder-Aktivismus	shareholder activism
Vereinheitlichung von Strukturen	harmonisation of structures
Zulieferfirma	supplier

Management Buzz Terms

Outsourcing

Outsourcing means buying goods and *components* from external suppliers or *contracting out* services to outside sources rather than making or performing them oneself. Increasing significance has been attached to this *make-or-buy* question in recent years within the context of *lean management*, flatter organisational structures and moves towards *slimming companies*, *paring costs* and *hiving off* unprofitable *businesses*. Many companies prefer to concentrate on their *core competences* and use outside suppliers, *managed service providers,* or *former employees* working from home (the *homeshoring* model), to manufacture specific goods and to perform specialist services. The cost benefits of these measures are evident:

- they take employees off the *payroll*, cutting *pay* and *social security* costs
- they mean that providers are only paid as and when they are needed, an important benefit where production requirements and job *workloads* fluctuate, e.g. data processing, accounting, translating, distribution
- they enable a company to *tap into experience* and *expertise* not available in-house without *incurring recruitment* and training *expenditure*
- they can reduce both *capital investment* and research and development expenditure if production is outsourced
- they can substantially reduce labour costs and *overheads* if work is *offshored*, i.e. relocated abroad for *performance* either by a company-owned entity or by foreign non-company sources (*offshore outsourcing*).

The *downside* is that outsourcing a key function can mean loss of control and/or the transfer of *sensitive* information to a provider who might perform similar work for a competitor. Companies might then find it advisable to *backsource* these business processes. For the workforce, outsourcing has inevitably become synonymous with *redundancy* and job losses.

Benchmarking

A *benchmark* is a *point of reference* which can be taken as a standard for comparison purposes. In a managerial context benchmarking involves assessing *performance*, quality, value etc. in different departments or units in relation to standards achieved in other departments or organisations. In particular benchmarking involves comparison with the *entity* achieving the highest *standard of excellence* (the *best in class*) in a particular area in order to *emulate* its success. Benchmarking can be used internally to compare data collected from different units, e.g. sales figures or overheads in one branch of a firm's retail chain are compared with those in another branch to ascertain which is best in class in that area and thus to identify *best practices*. The most efficient techniques or practices can then be identified and introduced in other branches. A company can also *benchmark* externally against other firms, either as a collaborative exercise, or to pinpoint what makes competitors more successful.

backsource *(vb)*	backsourcen
benchmark *(vb)*	benchmarken
benchmark; benchmarking *(no pl.)*	Benchmark; Benchmarking
best in class *(sing.& pl.)*	Klassenbester
best practices	Best Practices
business *(sing. & pl.)*	*hier:* Geschäftsfeld
buzz term	Trendwort, Schlagwort
capital investment *(no pl.)*	Investition(en)
component	*hier:* Bauteil
contracting sth. out to sb.	externe Vergabe von Aufträgen
core competence	Kernkompetenz
downside	Schattenseite
entity	*hier:* Einheit, Organisation
experience *(no pl.); 2. experience(s)*	1. Erfahrung(en); 2. Erlebnisse
expertise *(no pl.)*	Fachwissen, Fachkenntnisse
former employee	ehemaliger Mitarbeiter
hive off *(vb)*	abstoßen
homeshoring	Homeshoring
Homesourcing is homeshoring using non-company providers.	
incur, to ~ recruitment expenditure	Einstellungskosten verursachen
lean management *(no pl.)*	Leanmanagement, Lean Management
Decentralised approach to management aimed at cutting costs and increasing customer orientation; involves slimming management, delegating and thus speeding up decision-making, rationalising operations (e.g. outsourcing).	
make-or-buy *(no pl.)*, do-or-buy *(services)*	Make-or-Buy, Eigenfertigung oder Fremdbezug
managed service provider, MSP	Managed Service Provider *(IT services)*
offshoring, offshore outsourcing	Offshoring, Auslagerung ins Ausland
Nearshoring refers to relocating business processes to nearby foreign countries.	
outsourcing; to outsource	Outsourcing; outsourcen, auslagern
performance	1. Ausführung; 2. Leistung
overheads *(no sing.)*	Gemeinkosten
pare, to ~ costs	Kosten auf ein Minimum reduzieren
pay *(no pl.)*, remuneration *(no pl.)*	Entgelt, Bezüge, Vergütung
payroll	Lohn(- und Gehalts)liste
point of reference	Orientierungspunkt, Referenzwert
redundancy *(usu. sing.)*	Entlassungen
sensitive	*hier:* vertraulich, geheim, sensibel
slim, to ~ a company	eine Firma gesundschrumpfen
social security *(no pl.)*	Sozialversicherung
standard of excellence	Standard of Excellence, Spitzenleistung
tap, to ~ into sth.	nutzen, auf etw. zugreifen
workload	Arbeitsaufkommen

Total Quality Management (TQM)

Total quality management (TQM) is a management philosophy which originated in the USA but was first put into practice on a large scale by Japanese industry. TQM *encompasses* a company's entire operations, not just its products, and aims to satisfy the customer's needs (taking customer in the widest sense to mean other departments or even suppliers), by training and inspiring all employees to *dedicate their efforts towards* achieving quality in their *jobs*. This approach, where all employees are encouraged to "get it right first time" and take responsibility for their own personal *quality assurance*, has been found to be more *effective* than simply delegating responsibility to a *quality control department* to *inspect* (and possibly reject) finished goods. TQM means that top executives concern themselves with *leadership* rather than *issuing instructions*, i.e. they support and encourage employees to work effectively, enabling them to do so, and giving them the opportunity for *self-improvement* by ensuring that appropriate education and *coaching* programmes are *in place*. The *drive for quality* is never-ending, which means there has to be a constant process of *continuous improvement*. The introduction of TQM implies *initiating* special programmes and integrating appropriate tools and techniques into the normal course of operations, which can take some time to produce results. Its *ultimate success depends* above all *on* creating the right environment for changing to a *quality-focused corporate culture*, and requires total *commitment* on the part of management.

Continuous Improvement (Kaizen)

This concept comes from Japan, kaizen being the Japanese word for improvement, but has frequently been applied in the West. It focuses on a company retaining its *competitive edge* by perpetually improving in a steady series of small steps that guarantee that the forward movement is *ongoing*. Small *incremental steps* are considered preferable, because a company can introduce them relatively easily and quickly follow them up with other small steps, rather than having to allow time for a period of consolidation as is necessary after a major change. Employees at every level are encouraged to contribute towards improvement, often within the scope of a TQM programme. Continuous improvement is often contrasted with the radical innovative changes and *leaps forward* such as *re-engineering* frequently favoured by Western industry, an approach known as *breakthrough improvement*.

Coaching* and *Mentoring

Coaching is *on-the-job* assistance given by a more experienced *colleague* or *immediate superior* to enable an employee to acquire specific skills and expertise and to give his personal best, rather like in sport, to maximise his *performance*. Whereas coaching is job-focused, mentoring is person-focused and aims to further the *mentee*'s self-confidence, all-round development, and career through the support and guidance of a more experienced member of his profession, with whom he builds up a long-term personal relationship.

breakthrough improvement *(no pl.)*	Innovation
coaching *(no pl.)*	Coaching
colleague	Kollege, Mitarbeiter
commitment *(no pl.)*	Engagement, Einsatz
competitive edge *(no pl.)*	Wettbewerbsvorsprung
continuous improvement *(no pl.)*, process of ~, Kaizen	kontinuierlicher Verbesserungsprozess, Kaizen
corporate culture	Corporate Culture, Unternehmenskultur
dedicate, to ~ efforts towards sth.	sich 100%ig für etw. einsetzen
drive for quality	Qualitätsoffensive
effective	wirksam, effektiv
In German 'effektiv' also means 1. efficient, successful (eine ~e Geschäftsfrau = a successful businesswoman 2. actual (Effektivkosten = actual costs).	
encompass *(vb)*	umfassen
immediate superior	direkter/unmittelbarer Vorgesetzter
incremental step	automatische Steigerung
initiate *(vb)*	einführen, starten
inspect *(vb)*	prüfen, kontrollieren
to prove = beweisen; to control = steuern, lenken, unter Kontrolle haben	
issue, to ~ instructions	Anweisungen erteilen
job	Arbeitsplatz, Arbeitsstelle
Workplace = Arbeitsplatz (location), e.g. safety in the workplace.	
leadership *(no pl.)*	Führung
leap forward	Sprung nach vorn
mentor, mentee, mentoring	Mentor, Mentee, Mentoring
ongoing	kontinuierlich
on-the-job	innerbetrieblich, am Arbeitsplatz
performance	*hier:* Leistung
place, in ~	eingerichtet, etabliert, vorhanden
quality assurance *(no pl.)*	Qualitätssicherung
quality control department	Abteilung für Qualitätskontrolle/ -prüfung/-überwachung
quality-focused	qualitätsorientiert
re-engineering *(no pl.)*	Reengineering
Redesigning a company's business processes to enhance efficiency and reduce costs.	
self-confidence *(no pl.)*	Selbstvertrauen, Selbstbewusstsein
NB self-consciousness = Befangenheit; self-conscious = gehemmt	
self-improvement *(no pl.)*	persönliches *(auch berufliches)* Weiterkommen
total quality management *(no pl.)*, TQM	Total Quality Management, TQM
ultimate success *(no pl.)* depends on..	der Erfolg hängt letztlich von ... ab

Knowledge Management

This term is used in conjunction with the concept of the *learning organisation*, the idea that the knowledge and skills available within a company should grow and adapt in response to changing business circumstances in order to promote continuous improvement. A firm's *intellectual capital* is thus not merely the result of employee *qualifications* and training programmes, but *derives from* the *aggregate* knowledge and experience available at every level and fed back throughout the company. Good management maximises these knowledge resources by *nurturing* them and making them *accessible*, partly on a formal basis (coaching schemes, workshops, meetings, presentations etc.), partly through social interaction (*open-plan offices*, *hot-desking*, canteens, *sports amenities* etc.). Successful knowledge management improves a company's competitive advantage

- by *enhancing* its ability to meet not only the wishes of its customers, and thus to improve performance, but also to satisfy the wishes of other *stakeholders*, such as shareholders, employees and the local community
- by enabling a company to retain good employees who are aware of the benefits of the opportunity for self-improvement and enjoy greater *job satisfaction* as a result of being enabled and *empowered* to play a greater role in problem-solving and the decision-making process
- by establishing a process of continuous innovation as a result of promoting a corporate learning culture where *feedback* (best practices identified by benchmarking, results of surveys amongst customers, employees, the local community etc.) is efficiently *evaluated* and transferred.

Enterprise Risk Management

Risk has always been an essential *component* of business life – indeed companies which *take (calculated) risks* are more likely to *reap* higher *rewards* on the premise *"nothing venture, nothing win"* – and firms have normally taken steps to limit their *exposure*. However *large-scale corporate failures* and losses in recent years have prompted many companies to coordinate and systematise their risk strategies more tightly. Enterprise risk refers to the totality of risks arising out of every stage of a company's activities which individually or jointly can cause a company to fall short of its objectives. Risks can arise from external factors, such as the business environment, or from internal factors, such as *breakdowns in operations*. Some risks are insurable (e.g. fire, theft, *default*), or can be *hedged* (e.g. derivatives to hedge *exchange* and interest *rate fluctuations* etc.). Other risks can be transferred by outsourcing activities or by *divesting*, that is transferring certain operations to *specially created corporate vehicles*. The remainder must be retained and financed within the company itself. Effective risk management requires efficient feedback from every company level, *identifying* sources of risk so that appropriate measures can be taken *under the aegis of* the *chief risk officer (CRO)* in collaboration with the *chief financial officer (CFO)*.

<table>
<tr><td>accessible</td><td>zugänglich</td></tr>
<tr><td>aegis, under the ~ of</td><td>unter Leitung von</td></tr>
<tr><td>aggregate (adj.)</td><td>Gesamt-</td></tr>
<tr><td>breakdowns in operations</td><td>operative/betriebliche Pannen</td></tr>
<tr><td>calculated risk, to take a ~</td><td>ein kalkuliertes Risiko eingehen</td></tr>
<tr><td>chief financial officer, CFO, finance manager, vice-president finance</td><td>CFO, Finanzdirektor, Finanzvorstand</td></tr>
<tr><td>chief risk officer, CRO, risk manager</td><td>CRO, Risikomanager</td></tr>
<tr><td>component</td><td>hier: Bestandteil</td></tr>
<tr><td>corporate failures, large-scale ~</td><td>Firmenpleiten im großen Stil</td></tr>
<tr><td>corporate vehicle, specially created ~</td><td>Zweckgesellschaft</td></tr>
<tr><td>default</td><td>Unterlassung (einer Verpflichtung)</td></tr>
<tr><td>derive, to ~ from sth.</td><td>von etw. herrühren</td></tr>
<tr><td>divest (vb)</td><td>hier: ausgliedern</td></tr>
<tr><td>empower, to ~ sb.</td><td>jdn. empowern</td></tr>
<tr><td colspan="2">Management concept which involves giving employees greater control over their own jobs and allowing them to realise their full potential by enabling them to make decisions and to act on their own initiative.</td></tr>
<tr><td>enhance (vb)</td><td>verbessern</td></tr>
<tr><td>enterprise risk management (no pl.)</td><td>Unternehmensrisikomanagement</td></tr>
<tr><td>evaluate (vb)</td><td>auswerten</td></tr>
<tr><td>exchange rate fluctuations</td><td>Wechselkursschwankungen</td></tr>
<tr><td>exposure (no pl.)</td><td>Risiko(umfang)</td></tr>
<tr><td>feedback (no pl.)</td><td>Feedback, Rückmeldung</td></tr>
<tr><td>hedge (vb)</td><td>hedgen, absichern</td></tr>
<tr><td>hot-desking (no pl.), hoteling (no pl.), desk-sharing (no pl.)</td><td>Hotdesking, Hot-Desking, Hot Desking, Hoteling</td></tr>
<tr><td colspan="2">The practice of allocating desks to employees as and when they are required, rather than giving each employee his own desk, thus saving on office resources and encouraging employees to mix.</td></tr>
<tr><td>identify (vb)</td><td>hier: feststellen</td></tr>
<tr><td>intellectual capital (no pl.)</td><td>Wissenskapital</td></tr>
<tr><td>job satisfaction (no pl.)</td><td>Zufriedenheit am Arbeitsplatz</td></tr>
<tr><td>knowledge management (no pl.)</td><td>Knowledge Management, Wissensmanagement</td></tr>
<tr><td>learning organisation</td><td>lernende Organisation</td></tr>
<tr><td>nothing venture, nothing win</td><td>wer nicht wagt, der nicht gewinnt</td></tr>
<tr><td>nurture (vb)</td><td>pflegen</td></tr>
<tr><td>open-plan office</td><td>Großraumbüro</td></tr>
<tr><td>qualification</td><td>Abschluss, Qualifikation</td></tr>
<tr><td>reap, to ~ rewards</td><td>Früchte ernten</td></tr>
<tr><td>sports amenities</td><td>Sporteinrichtungen</td></tr>
<tr><td>stakeholder (cf. page 322)</td><td>Stakeholder</td></tr>
</table>

1. Making the right connections

Connectives are terms used to link words, phrases or sentences in order to create meaning. In many cases it is impossible to suggest a definitive translation for this type of word, it is often best to derive the meaning from the context and then express it relatively freely. Here is a list of connectives used in this chapter grouped into categories of similar meaning.

im Rahmen/Zuge von	within the scope/framework of
in Verbindung mit, im Zusammenhang mit	in conjunction/connection with, in the context of

allerdings	however
eher/lieber als, vielmehr	rather than (doing sth.) [3]
hingegen, wiederum	on the other hand, in turn
in Relation zu, im Vergleich/Verhältnis zu	in relation to, in comparison with, compared with
umgekehrt	conversely

auf ... hin, als Antwort auf	in response to
aufgrund	because/as a result of, owing/due to
dadurch, dass	as a result of doing sth.
folglich, also	as a result, consequently [1], therefore, thus
so dass	which means that, so that [2]
somit, so, dadurch	thus

bezüglich, in Bezug auf, betreffend	regarding, in/with regard to, as regards, concerning, with respect to, in relation to

auch, ebenfalls	also, too, as well [4]
außerdem	moreover, in addition
neben	in addition to, apart from
sowie	and also
sowohl ... als auch	both … and, not only … but also

damit	so that [2]
um ... zu	(in order) to

(i) Translate the following extracts from the texts using these terms

(a)	Organisationen ... ringen allerdings noch um eine einheitliche Definition.
(b)	(Dies) bedeutet also, die Firmenstrukturen ... offen zu legen.
(c)	Manche Experten hingegen engen den Begriff ein.
(d)	... ihr Hauptanliegen ist folglich die Schaffung eines ... Systems ...
(e)	Umgekehrt soll sich die Firmenleitung zu ihrer Verantwortung bekennen
(f)	... die ... Rolle des Staates im Rahmen der sozialen Marktwirtschaft.
(g)	As a result ... companies are increasingly switching away from diversification ...
(h)	... benchmarking therefore involves assessing performance in relation to the standard achieved in other departments ...
(i)	The most efficient techniques ... can subsequently be introduced ...
(j)	This term is used in conjunction with the concept of the learning organisation, the idea that knowledge and skills ... should grow and adapt in response to changing business circumstances ...
(k)	... identifying sources of risk so that appropriate measures can be taken.

◄ **Notes:**

[1] *Subsequently* primarily has the temporal meaning of nachfolgend, darauf

[2] Whereas *so dass* indicates only result, *so that* indicates either result or intention

[3] Note the difference in sentence structure between *rather than* and *eher als:*

- *Sie hätten uns **eher/lieber** emailen sollen **als** einen Brief zu schicken.*
- *They should have emailed us **rather than** sending a letter.*

Vielmehr often falls into the same category:

- *Ich hätte nicht versuchen sollen, ihre Gefühle nicht zu verletzen; **vielmehr** hätte ich ihr die Wahrheit sagen sollen.*
- *I should have told her the truth **rather than** trying to spare her feelings.*

(ii) Translate the following in the light of the above

(a)	Outsourcing means contracting out services rather than performing them oneself.
(b)	... top executives concern themselves with leadership rather than issuing instructions ...
(c)	Japans Erfolg auf den Weltmärkten ist nicht nur einzelnen Faktoren, wie z.B. niedrigeren Löhnen oder der Automatisierung zu verdanken; er beruht vielmehr auf einer umfassenden eigenen Wirtschaftsphilosophie.

[4] With *also, too* and *as well* it is essential to observe the correct word order: *also* stands between the subject and the main verb (or between the auxiliary and the main verb), not in front of the word/phrase it modifies as in German, and its meaning can therefore be ambiguous.:

- *We **also** looked at their holiday snaps.*
- *Wir schauten **auch** ihre Urlaubsfotos an. / **Auch** wir schauten ...*
- *They have **also** sent us a map of the area.*
- *Sie haben uns **auch** einen Umgebungsplan geschickt./ **Auch** sie ...*

Very occasionally *also* stands at the beginning of a sentence, but only if it modifies the whole sentence, usually adducing an additional argument:

- *I'm not going swimming because the water's too cold. **Also** I've not got a towel with me.*

too, as well (more colloquial and slightly more emphatic) both stand at the end of the relevant clause

- *We looked at last year's photos too/as well.*

(iii) Insert *also* or *too* in the following sentences and translate them

(a)	The tobacconist sells stamps.
(b)	We've been on a day trip to the Barrier Reef.
(c)	They pack the goods badly. They often dispatch them too late.
(d)	Her coach wanted a word with her about her career prospects.
(e)	The new machines came last week. The spare parts have arrived.
(f)	I can't lend you any money, I'm broke myself. You haven't paid back what you already owe me.
(g)	Night owls have to sleep occasionally.

1 (i)

(a) Organisations are, however, still struggling to arrive at a uniform definition.
(b) This therefore means disclosing corporate structures ...
(c) Some experts, however, restrict the term.
(d) Their main concern is therefore to create a ... system ...
(e) Conversely the managers of the company should recognise their responsibility
(f) ... the ... role played by the state within the scope of the social market economy
(g) ... Firmen wenden sich folglich zunehmend von der Diversifizierung ab
(h) ... Benchmarking beinhaltet also, dass die Leistung in Relation zu den von anderen Abteilungen erbrachten Ergebnissen bewertet wird ...
(i) Die effizientesten Techniken können daraufhin eingeführt werden ...
(j) Dieser Begriff wird im Zusammenhang mit dem Konzept der lernenden Organisation verwendet, d.h. die Prämisse, dass Wissen und Fertigkeiten auf Änderungen im geschäftlichen Umfeld zunehmen und sich anpassen sollten.
(k) ... Risikoquellen zu identifizieren, damit geeignete Maßnahmen getroffen werden können.

1 (ii)

(a) Outsourcing bedeutet Dienstleistungen eher extern in Auftrag zu geben anstatt sie selbst zu erbringen.
(b) Die Führungsspitze befasst sich eher mit Führungsfragen als mit der Erteilung von Anweisungen ...
(c) Japan's success on world markets is attributable to the country's own all-embracing economic philosophy rather than to individual factors such as lower wages or automation.

1 (iii)

(a) The tobacconist also sells stamps./The tobacconist sells stamps too.
1. Der Tabakladen verkauft auch Briefmarken.
2. Auch der Tabakladen verkauft Briefmarken.

(b) 1. We've also been on a day trip to the Barrier Reef./We've been … too.
Wir haben auch einen Tagesausflug zum Barrier Reef unternommen.
2. We too have been on a day trip to the Barrier Reef./ We've also ….. Reef.
Auch wir haben auch einen Tagesausflug zum Barrier Reef unternommen.

(c) They pack the goods badly. Also they often dispatch them too late.
Sie verpacken die Ware schlecht und verschicken sie auch oft mit Verspätung.

(d) Her coach also wanted a word with her about her career prospects.
1. Ihr Coach wollte sie auch wegen ihrer Berufsaussichten sprechen.
2. Auch Ihr Coach wollte sie wegen ihrer Berufsaussichten sprechen.

(e) The new machines came last week. The spare parts have also arrived.
Die neuen Maschinen kamen letzte Woche an. Inzwischen sind auch die Ersatzteile eingetroffen.

(f) I can't lend you any money, I'm broke myself. Also you haven't paid back what you already owe me.
Ich kann Dir kein Geld leihen, ich bin selbst pleite. Außerdem hast Du mir das, was Du mir noch schuldest, nicht zurückbezahlt.

(g) Night owls have to sleep occasionally too. Night owls also … occasionally.
Auch Nachteulen müssen gelegentlich schlafen.

22

Unternehmensverfassung und Mitbestimmung in Deutschland
Mitbestimmung und Aufsichtsratssystem in Deutschland

Board Games
The Anglo-American board system

Unternehmensverfassung und Mitbestimmung in Deutschland

Das international am weitesten verbreitete Organisationssystem für Aktiengesellschaften ist das *monistische Modell (Ein-Stufen-Modell, Board-System)*, das nur ein einziges *Unternehmensorgan*, das Board of Directors, vorsieht und nachhaltig von anglo-amerikanischenen Unternehmensphilosophien geprägt wird.

Die für deutsche Aktiengesellschaften verbindliche Organisationsstruktur ist das soganannte *Aufsichtsratssystem*. Dieses *zweistufige* oder *duale System* verpflichtet AGs zur organisatorischen und personellen Trennung von *Geschäftsführung* und deren *Überwachung* und schreibt somit die Einrichtung der beiden Organe *Vorstand* und *Aufsichtsrat* vor.

Im deutschen Unternehmensmodell wurde in der *Nachkriegsära* die zentrale Idee der *Mitbestimmung* als Repräsentation und Mitentscheidung der *Arbeitnehmer* in Unternehmen *verankert*. Sie galt als sehr spezifische und vorbildliche Ausprägung der *Wirtschaftsdemokratie* und wurde auf *betrieblicher Ebene* durch die Einführung von *Betriebsräten* (betriebliche Mitbestimmung) und auf *Unternehmensebene* durch die Mitwirkung von *Arbeitnehmervertretern* im Aufsichtsrat (Unternehmensmitbestimmung) verwirklicht. Die Mitbestimmung bildete das Fundament für die *Konsenskultur* zwischen Arbeitgebern und Arbeitnehmern.

Der Vorstand

Zusammensetzung: Der Vorstand besteht aus einer oder mehreren Personen, deren genaue Anzahl in der *Satzung* festgelegt ist. Diese bestimmt auch, welche persönlichen Voraussetzungen ein Vorstandsmitglied etwa im Hinblick auf Lebensalter oder Staatsangehörigkeit zu erfüllen hat. Vorstandsmitglieder müssen nicht gleichzeitig *Aktionäre* des Unternehmens sein und sind dies i.d.R. auch nicht. In *mitbestimmten Unternehmen* mit mehr als 2000 Mitarbeitern gehört dem Vorstand ferner als gleichberechtigtes Mitglied der sogenannte *Arbeitsdirektor* an, ein vom Aufsichtsrat bestellter Vertreter der Arbeitnehmer, der für Arbeits- und Personalfragen zuständig ist.

Bestellung: Der Vorstand wird vom Aufsichtsrat bestellt. Die *Amtszeit* beläuft sich auf maximal fünf Jahre, wobei eine erneute Bestellung jedoch zulässig ist. Ein Vorstandsmitglied kann aus wichtigem Grund jederzeit vom Aufsichtsrat *abberufen* werden. Ein solcher Grund liegt bei *grober Pflichtverletzung,* bei Unfähigkeit zu *ordnungsgemäßer Geschaftsführung* sowie bei *Vertrauensentzug* vor.

Aufgaben, *Rechte und Pflichten*: Der Vorstand *führt die täglichen Geschäfte* der AG autonom und in eigener Verantwortung und bestimmt die Unternehmenspolitik. Bestimmte in der Satzung als solche ausgewiesene Geschäfte *bedürfen allerdings der Zustimmung* des Aufsichtsrats (z.B. finanztechnische Entscheidungen zu Investitionen, Beteiligungen und Fusionen). Bei mehr-

abberufen, jdn. ~	to relieve sb. of their duties
Aktionär	shareholder *(UK)*, stockholder *(US)*
Amtszeit	term of office
Arbeitnehmer	employee
Arbeitnehmervertreter	worker representative
Arbeitsdirektor	worker director
Aufsichtsrat	1. supervisory board 2. member of the supervisory board
Aufsichtsratssystem, zweistufiges System, duales System	two-tier system
Bestellung	nomination, appointment
Betriebsrat	1. works council 2. member of the works council
Ebene, auf betrieblicher ~	at the shop-floor level
führen, die täglichen Geschäfte ~	to conduct the day-to-day business
Geschäftsführung	management
grobe Pflichtverletzung	gross/serious neglect of one's duties
Konsenskultur	consensual culture, culture of consensus
mitbestimmte Unternehmen	companies subject to the co-determination law
Unternehmen, die den Arbeitnehmern kraft Gesetzes ein Mitbestimmungsrecht in der Unternehmensführung zusprechen.	
Mitbestimmung	co-determination, worker participation
monistisches Modell, Ein-Stufen-Modell, Board-System	one-tier/unitary system
Nachkriegsära	post-war era
ordnungsgemäße Geschaftsführung	proper conduct of business
Rechte und Pflichten	rights and duties
Satzung (einer AG)	
Im anglo-amerikanischen Recht gibt es zwei Satzungsdokumente: 1. memorandum of association *(UK)*, articles of incorporation *(US)* *(Regelt das Außenverhältnis.)* 2. articles of association *(UK)*, bylaws *(US)* *(Regelt das Innenverhältnis.)*	
Überwachung	supervision
Unternehmensebene, auf ~	at company level
Unternehmensorgan	corporate organ
verankern, etw. in etw. ~	*here:* to embed sth. in sth.
Vertrauensentzug	withdrawal of confidence
Vorstand	board of management, executive board
Wirtschaftsdemokratie	*here:* industrial democracy
Zustimmung, der ~ bedürfen	to require consent/approval

gliedrigem Vorstand sind sämtliche Vorstandsmitglieder nur zur gemeinschaftlichen Geschäftsführung *befugt*. Die Satzung kann jedoch gewisse Bereiche (z.B. Produktion, Verkauf, Finanzwesen etc.) einzelnen Vorstandsmitgliedern zuteilen, für die sie die eigenverantwortliche Leitung übernehmen. Andererseits gibt es Aufgaben, für die der Vorstand stets in seiner Gesamtheit verantwortlich ist – z.B. die mindestens *vierteljährlich* erfolgende *Berichterstattung* an den Aufsichtsrat, die *Erstellung* und *Vorlage des Jahresabschlusses* und des *Lageberichts* oder die Beschlussfassung zu grundsätzlichen Fragen der Unternehmenspolitik.

Aufsichtsrat

Zusammensetzung: Nach §95 *AktG* besteht der Aufsichtsrat aus mindestens 3 und maximal 21 Mitgliedern (die Zahl muss immer *durch drei teilbar* sein). Er setzt sich in einem bestimmten Verhältnis aus Vertretern der Arbeitnehmer und der Aktionäre zusammen.
Hierfür *gelten die folgenden Bestimmungen*:

- In AGs, die der erweiterten Mitbestimmung und dem *Montan-Mitbestimmungsgesetz* (1951) unterliegen und mehr als 2000 *Mitarbeiter beschäftigen*, gilt die *paritätische Mitbestimmung*, d.h. der Aufsichtsrat besteht zu gleichen Teilen aus Vertretern der Arbeitnehmer und der Aktionäre. In Unternehmen der *Montanindustrie* wird außerdem ein zusätzlicher neutraler Vertreter bestimmt.
- In den großen *Kapitalgesellschaften* mit über 2000 Beschäftigten, die dem Mitbestimmungsgesetz von 1976 *unterliegen*, gilt z.B. folgende Zusammensetzung:

Zahl der Mitarbeiter	Aufsichtsrat: Arbeitnehmervertreter	Aufsichtsrat: Aktionärsvertreter
bis zu 10.000	6	6
bis zu 20.000	8	8
mehr als 20.000	10	10

- In Kapitalgesellschaften mit 500-2000 Beschäftigten, die dem *Betriebsverfassungsgesetz* unterliegen, müssen ein Drittel der Aufsichtsräte Arbeitnehmervertreter sein (drittelparitätische Mitbestimmung). Bei weniger als 500 Mitarbeitern ist keine Beteiligung von Arbeitnehmervertretern im Aufsichtsrat vorgesehen.

Als Aufsichtsratsmitglied kommt nur eine *natürliche* und *unbeschränkt geschäftsfähige Person* in Frage. Eine *Doppelmitgliedschaft* in Vorstand und Aufsichtsrat ist nicht möglich. Eine Person darf maximal zehn *Aufsichtsratsmandate* in verschiedenen Unternehmen *wahrnehmen. Pensionierte Vorstände, Bankiers, Führungskräfte* von anderen Unternehmen sowie *Persönlichkeiten aus Politik* und *Verwaltung bekleiden* häufig *Aufsichtsratsposten*. Der Aufsichtsrat *wählt aus seiner Mitte einen Vorsitzenden* und mindestens einen *Stellvertreter*.

AktG, Aktiengesetz	German companies act
Aufsichtsratsmandat	seat on the supervisory board
Bankier, Banker	banker
befugt, zu etw. ~ sein	to be authorised to do sth.
bekleiden, einen Aufsichtsratsposten ~	to hold a seat on the supervisory board
Berichterstattung	reporting, submission of a report
Betriebsverfassungsgesetz	Employees' Representation Act
Doppelmitgliedschaft	dual membership
durch drei teilbar	divisible by three
Erstellung des Jahresabschlusses	preparation of the (annual) accounts
Führungskräfte	company executives
gelten, es ~ die folgenden Bestimmungen	the following provisions apply/are applicable/must be met
Kapitalgesellschaft	joint-stock corporation *(UK)*, corporation *(US)*
Lagebericht	directors' report
Mitarbeiter, 2000 ~ beschäftigen	to employ a workforce of 2,000
Mitte, aus seiner ~ einen Vorsitzenden wählen	to elect a chairman from among its own ranks
Montanindustrie	coal and steel industry
Sammelbegriff für die Unternehmen der Kohle- und Stahlindustrie.	
Montan-Mitbestimmungsgesetz	co-determination law for the coal and steel industry
natürliche Person	natural person
Der Mensch, dessen Rechtsfähigkeit mit der Geburt beginnt und mit dem Tod endet. Antonym: juristische Person (Organisationen wie Vereine, Stiftungen, AGs etc., die durch den Zusammenschluss von natürlichen Personen entstehen und ebenfalls Rechtsfähigkeit besitzen).	
paritätische Mitbestimmung	parity co-determination
pensionierte Vorstände/Vorstandsmitglieder	retired members of the executive board
Persönlichkeiten aus der öffentlichen Verwaltung	leading figures from the public service
Persönlichkeiten aus der Politik	political personalities
Stellvertreter	deputy
unbeschränkt geschäftsfähige Person	person of unrestricted legal capacity
Geschäftsfähigkeit ist die Fähigkeit, Rechtsgeschäfte durch eigenes Handeln vorzunehmen.	
unterliegen, einem Gesetz ~	to be subject to a law, to be governed by a law
vierteljährlich	quarterly *(adj. + adv.)*
Vorlage des Jahresabschlusses	presentation of the annual accounts
wahrnehmen, ein Mandat ~	to hold a seat (on the board)

Bestellung: Die Arbeitnehmervertreter werden gemäß der geltenden Mitbestimmungsvorschriften durch die Arbeitnehmer *in geheimer Wahl* bestimmt. Die *Aktionärshauptversammlung* wählt die restlichen Aufsichtsräte. Die Amtszeit eines Aufsichtsrats beträgt vier Jahre.

Aufgaben, Rechte und Pflichten: *Vorrangige Aufgabe* ist die Bestellung bzw. Abberufung des Vorstands sowie die Überwachung der Geschäftsführung. *Zu diesem Zweck* hat der Aufsichtsrat ein *Einsichts- und Prüfungsrecht,* d.h. die Möglichkeit sich über die *Vermögenslage* und die Aktivitäten des Unternehmens zu *unterrichten* und die *Bücher einzusehen.* Einzelaufgaben sind ferner die Überprüfung des Jahresabschlusses und des Lageberichts sowie die Berichterstattung zu diesen Punkten in der *Jahreshauptversammlung.* Der Aufsichtsrat muss mindestens einmal und bei *börsennotierten Unternehmen zweimal pro Halbjahr einberufen* werden.

Kritik am Aufsichtsratssystem in der Bundesrepublik

Die Mitbestimmungsdebatte hat aufgrund von Veränderungen der Unternehmens- und *Branchenstrukturen,* der *Verschärfung* des nationalen und internationalen *Wettbewerbs* und der hohen *Dauerarbeitslosigkeit neue Konturen angenommen.* Die Gegner staatlicher Vorschriften im Bereich der Wirtschaft fordern inzwischen auch in Deutschland eine nachhaltige *Deregulierung* bei *Arbeitgeber-Arbeitnehmer-Beziehungen* und *stellen das Mitbestimmungsgesetz zur Disposition.* Doch nicht nur das Mitbestimmungsprinzip, sondern das gesamte duale Unternehmensmodell *gerät* gerade in *Krisenzeiten* der sich häufenden *Unternehmensinsolvenzen* heftig *unter Beschuss.*

1. Vorstandsmanager beklagen die *Schwerfälligkeit* und fehlende Flexibilität *des* bestehenden *Systems,* das sie nicht schnell genug auf den beschleunigten technologischen, wirtschaftlichen und organisatorischen Wandel reagieren lasse. Erhöhter *Entscheidungsdruck* und *verkürzte Entscheidungszeiten* stelle das Management vor neue Anforderungen, denen im Rahmen alter Strukturen nicht adäquat zu begegnen sei.
2. Aufsichtsräte seien *überfordert* und könnten aufgrund von *Zeitmangel* bzw. infolge der Anhäufung von bis zu zehn Aufsichtsratmandaten ihren einzelnen Überwachungs*pflichten* nicht *nachkommen.* Es entstünden *Interessenkonflikte* angesichts dieser *Häufung von Mandaten.* Fehlende *Branchenkenntnisse* ließen sie *Fehlleistungen des Vorstands* nicht erkennen, geschweige denn *Fehlentwicklungen korrigieren.*
3. Das Aufsichtsratssystem sei in der Praxis ein System *der Managerherrschaft.* Mit Hilfe von Satzungs- und *Geschäftsordnungstricks* beschränke der Vorstand den Katalog zustimmungspflichtiger Geschäfte und reduziere somit die Einwirkungsmöglichkeiten der Aufsichtsräte auf die Unternehmenspolitik. *Unzureichende Kommunikation* und schlechte Interaktion zwischen Vorstand und Aufsichtsrat führe zu *Informationsdefiziten* seitens der Räte und beschneide diese wiederum in ihren Kontrollmöglichkeiten.

Aktionärshauptversammlung	general meeting of shareholders
Arbeitgeber-Arbeitnehmer-Beziehungen	employer-employee relations, industrial relations
Beschuss, unter ~ geraten	to come under fire
börsennotierte Unternehmen	listed companies
Branchenkenntnisse	knowledge of the sector/industry
Branchenstruktur	industry structure
Bücher einsehen können	to have access to the books
Dauerarbeitslosigkeit	long-term unemployment
Deregulierung	deregulation
Disposition, zur ~ stellen	*here:* to be prepared to abolish
einberufen, eine Versammlung ~	to convene a meeting
Einsichts- und Prüfungsrecht	right to inspect and examine
Entscheidungsdruck	decision-making pressure
Fehlentwicklungen korrigieren	to correct undesirable developments/ developments in the wrong direction
Fehlleistungen des Vorstands	mismanagement, managers' mistakes/missteps
Geschäftsordnungstricks	procedural dodges/tricks
Häufung von Mandaten	multiplicity of offices/seats
Informationsdefizite	information gaps
Interessenkonflikt	conflict of interest(s)
Jahreshauptversammlung	annual general meeting, AGM
Konturen, neue ~ annehmen	to take on a different aspect
Krisenzeiten	times of crisis
Managerherrschaft	managerial rule/power
Mitbestimmungsgesetz	co-determination law
nachkommen, Pflichten ~	to perform one's duties
Schwerfälligkeit des Systems	cumbersome nature of the system
überforderte Aufsichtsräte	overtaxed/overstretched members of the supervisory board
Unternehmensinsolvenz	company failure
unterrichten, sich über etw. ~	to inform oneself about sth.
unzureichende Kommunikation	insufficient/a lack of communication
verkürzte Entscheidungszeiten	shorter time available for reaching decisions
Vermögenslage	financial situation
Verschärfung des Wettbewerbs	stiffening of competition
vorrangige Aufgabe	prime task
Wahl, in geheimer ~	by secret ballot
Zeitmangel	lack of time, time pressure
Zweck, zu diesem ~	for this purpose, to this end
zweimal pro Halbjahr	twice every six months, every quarter

Board Games

The *board of directors* in Anglo-Saxon jurisdictions, usually simply referred to as the board, *is primarily accountable towards* its owners, that is to *the shareholders.* In this it differs from comparable organs in other countries, which are accountable not only to the owners but also to other stakeholders, i.e. everyone *impacted* by the organisation, such as employees, customers, suppliers, the *local community* etc. (In large German companies, for example, half the members of the *supervisory board* have by law to be *worker representatives.*) In other words boards in Anglo-Saxon jurisdictions tend to prioritise *shareholder value* over *stakeholder value*.

Responsibilities: In general these can be divided into two categories:

Compliance with law & best practice	***Strategy formulation***
• *reviewing* operations and financial performance, providing accountability firstly to shareholders and secondly to wider interest groups (stakeholders), chiefly by means of the *directors' report*, the *accounts* and the *AGM* • selecting *directors* and *managers*, *monitoring* and supervising *management's* activities • ensuring that legal and ethical standards are met	• establishing corporate strategies and *objectives* against the background of the external *business environment* and *competing entities* • *evolving* appropriate policies (finance, *staffing*, technological support etc.) enabling management to implement these strategies

Structure: Legislation in the UK and the USA solely demands that every organisation should have a board of directors with an unspecified number of members. Various official recommendations and *codes of best practice* have been drawn up, but ultimately it is left to individual entities to decide on the *composition* of the board, members' duties etc. and these are normally laid down in the *articles of association*. *Self-regulation* is felt to give companies greater flexibility to adapt to their own needs and changing circumstances. Unlike Germany with its statutory two-tier board system, the UK and the USA have a *unitary system*, i.e. one board, which consists of a combination of *non-executive (outside) directors* and of *executive (inside) directors* drawn from management. The relationship between management and the board and the relevant membership ratios can be illustrated as follows:

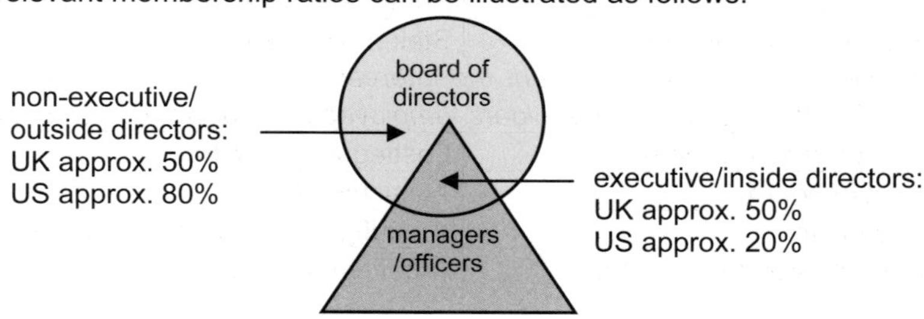

* *Titles of individual board functions are best left untranslated, possibly adding a German definition, as they have no real counterparts in the German system.*

accountable, it is primarily ~ towards the shareholders	... ist primär gegenüber den Aktionären rechenschaftspflichtig
accounts *(no sing.)*	Abschluss, Jahresabschluss
AGM, Annual General Meeting	(Jahres-)Hauptversammlung, HV
articles of association *(UK)*, by(e)laws *(US) (Rules of internal governance)*	Satzung, Statuten
board (of directors)	Board, Verwaltungsrat
board games	Brettspiele
business environment *(no pl.)*	Unternehmensumfeld
code of best practice	Best Practice-Kodex
competing entity	Konkurrenz(unternehmen)
compliance *(no pl.)* with law and best practice	Einhaltung der gesetzlichen und der Best-Practice-Bestimmungen
composition	Zusammensetzung
director	Board-Mitglied
directors' report	Lagebericht
evolve, to evolve sth.	etw. entwickeln, ausarbeiten
executive/inside director	*, Board-Mitglied, das zugleich leitender Manager ist
impact, affect *(vb)* sth.	tangieren
local community	örtliches Gemeinwesen/Umfeld
management *(no pl.)*, the managers	Unternehmensleitung, Management
manager, officer *(US)*	*, Mitglied der Unternehmensleitung

The term 'manager' is used at every level in English, from senior manager (obere Führungskraft) to shop manager (Geschäftsführer eines Ladens).

monitor *(vb)*	überwachen
non-executive/outside director	*, nebenamtliches Board-Mitglied
objective	Ziel
responsibilities	*hier:* Kompetenzen
review *(vb)*	überprüfen
self-regulation *(no pl.)*	Selbstkontrolle, Selbstregulierung
shareholder value *(no pl.)*	Shareholder Value

Commitment to maximising the value of shareholders' equity.

staffing *(no pl.)*	Personalausstattung
stakeholder value *(no pl.)*	Stakeholder Value

Commitment to taking into account the interests of all those affected by the company's activities, e.g. shareholders, employees, suppliers, customers etc.

strategy formulation *(no pl.)*	Festlegung der Strategien
supervisory board	Aufsichtsrat
unitary system	einstufiges/monistisches System
worker/employee representative	Arbeitnehmervertreter

Composition: Again there are no specific legal requirements in the USA and the UK as to the size of the board and the interest groups that should be represented on it. As a general rule there are about 10-12 board members depending on the size of company. They are *elected* by the shareholders, who in practice, however, often *rubberstamp nominations put forward* by the board.

executive directors: these are management employees of the company and always include the *managing director*, and often also the *finance director*. The appointment of other managers to the board will depend on their individual suitability for the task and on the importance of their *department* or *division* to the company's broader strategy. The UK tends to have more managers on the board than the USA.

non-executive directors: These are are not employees of the company but nowadays high-level professionals and academics recruited on the basis of their experience and particular skills, e.g. *industrial relations expertise*. Some of these are independent directors, that is they are free of any business or other relationship with the company which could *prejudice* their decisions, others are representative directors who act as *nominees* for major shareholders or other interest groups. As such they could possibly *be subject to conflicts of interest*, but on the other hand are in a position to exert greater influence on company affairs than individual shareholders at AGMs.

***Meetings*:** These are generally held 5-6 times a year with the *chairman determining* the *agenda*. The *minutes* of the previous meeting have to be *read and approved* and are often drawn up by the *company secretary*. Particularly in the USA much of the detailed work between full board meetings is conducted in *board committees*, usually *standing committees*, which *report to* the board. The composition and functions of the three most important committees, which *feature in* the *listing requirements* of leading stock exchanges in the USA and the UK, are outlined in the following table:

Committee	Composition and Function
audit committee	Normally must consist solely or mainly of independent outside directors. *Liaises* between *external auditors* and the board, examines the *audit* and is involved in the appointment of *auditors*. Advises on internal audits.
remuneration committee	Normally consists solely of independent outside directors. Fixes executive compensation and makes recommend-ations to the board on outside directors' remuneration.
nomination committee	Normally consists of a majority of outside directors. Makes recommendations to the board on new appointments.

Many companies now also have environmental and corporate governance committees.

agenda	Tagesordnung
audit	(Jahresabschluss-)Prüfung
audit committee	interner Revisionsausschuss
auditor	Wirtschaftsprüfer
board committee	Verwaltungsratsausschuss
chairman (of the board)	*
Has roughly the same functions as Germany's 'Aufsichtsratsvorsitzender'.	
company secretary *(UK)*, corporate secretary *(US)*	*
A high-ranking officer responsible for organising meetings of the board and board committees and who is an expert on board procedures and responsibilities. He maintains company and shareholder records, is entitled to sign administrative contracts on the company's behalf, and represents a key link between management and the directors.	
conflicts of interest, to be subject to ~	Interessenkonflikten ausgesetzt sein
department	Abteilung
determine *(vb)*	*hier:* festlegen, bestimmen
division	Division, Sparte, Geschäftsbereich
elect *(vb)*	wählen
external auditor	externer/unabhängiger Wirtschaftsprüfer
feature in *(vb)*	*hier:* Gegenstand sein von
finance director/manager *(UK)*, chief financial officer, CFO, vice-president finance *(US)*	*, Finanzvorstand, Leiter der Abteilung Finanzwesen
industrial relations expertise *(no pl.)*	Fachwissen bzgl. Arbeitnehmer-Arbeitgeber-Beziehungen
liaise *(vb)*	als Verbindungsstelle agieren
listing requirements	(Börsen-)Zulassungsbedingungen
managing director *(UK)*, chief executive officer, CEO, president *(US)*	*
Has roughly the same functions as Germany's 'Vorstandsvorsitzender'.	
meeting	Sitzung
minutes (of meeting)	Protokoll
nomination committee	Ernennungsausschuss
nomination, to put forward a ~	Nominierungsvorschlag unterbreiten
nominee	*hier:* Bevollmächtigte/r
prejudice, to ~ sth.	etw. beeinflussen
read and approved	verlesen und gebilligt
remuneration/compensation committee	Vergütungsausschuss
report, to ~ to sb.	jdm. unterstehen
rubberstamp *(vb)*	automatisch/pro forma absegnen
standing committee	ständiger Ausschuss

***Chair*:** The board elect a chairman from their ranks: in the USA it is common for the CEO also to hold the position of chairman, in other words he commands a position of great power *straddling* two roles:

- as chairman he is elected by the board to *preside over* its meetings and in this *capacity* plays an important role in determining company strategy
- as CEO he is appointed by the board to *implement* this strategy *within the framework of* the *policies* formulated by the board.

UK companies tend to *favour* duality (i.e. separation of the two jobs), as it is felt that splitting the two roles provides desirable *checks and balances,* while US companies prefer the flexibility and speedy decision-making afforded by having one person assuming both functions.

Trends: *Corporate governance* and the role and *effectiveness* of boards have *come under increasing scrutiny* in recent years.

1. Many legislations have introduced more *stringent disclosure* requirements and demand greater accountability on the part of directors. *Financial reporting* and *accounting practices* are increasingly being *harmonised* on an international level and it is hoped that this will enhance transparency.

2. Directors' compensation, including *bonuses*, *golden handshakes*, *stock options* and other *incentives* originally introduced to strengthen their commitment to the firm, has been called into question by shareholders, especially institutional investors, and has *received much media attention*. At the same time there are calls for directors' *rolling contracts* to be replaced by fixed-term contracts and for *retired* CEOs not to automatically continue *to serve on the board*.

3. There has been a significant increase in shareholder activism and, particularly in the USA, in *litigation* against companies, their boards and their directors, who are finding it increasingly advisable to insure themselves against such *contingencies*.

Altogether greater professionalism is being required of directors, and whereas outside directors rarely used to receive any formal *induction* or training for their job, they now have access to a growing body of literature and training programmes to *arm them with* the necessary *skills*. There is a growing *consensus* that properly qualified outsiders with more power and appropriate compensation will enhance the board's *expertise* and *independence of thought*, and thus guard against *mismanagement* and improve protection of shareholders' and other stakeholders' interests.

accounting practices	Bilanzierungspraktiken
arm, to ~ sb. with sth.	jdn. mit etw. ausstatten
bonus	Bonus *(Pl. Boni)*
capacity	*hier:* Funktion, Eigenschaft
chair	1. Vorsitz 2. Vorsitzender
checks and balances *(no sing.)*	Checks und Balances
Counterbalancing influences aimed at avoiding a concentration of power.	
consensus *(no pl.)*	Konsens, einhellige Meinung
contingency	Eventualität
corporate governance *(no pl.)*	Corporate Governance *(siehe Kap. 21)*
disclosure	Offenlegung
effectiveness *(no pl.)*	*hier:* effektive Funktionsweise
expertise *(no pl.)*	Sachkenntnisse
favour, to ~ sb./sth.	etw.vorziehen, jdm.den Vorzug geben
financial reporting *(no pl.)*	Finanzberichterstattung, Bilanzierung
framework, within the ~ of	im Rahmen von
golden handshake	großzügige Abfindung
Often written into a director's contract when he joins the company. Known as a golden parachute if the director loses his job as a result of a takeover. Other incentives are golden hellos, paid on joining the company, and golden handcuffs, a substantial reward for pledging to stay for a given length of time.	
harmonise *(vb)*	angleichen, vereinheitlichen
implement *(vb)*	umsetzen
incentive	Anreiz
independence of thought *(no pl.)*	Eigenständigkeit
induction *(usu. sing.)*	Einführung, Einarbeitung
litigation *(no pl.)*	Klage, Prozess
media attention, to receive much ~	für große Aufmerksamkeit in den Medien sorgen
mismanagement *(no pl.)*	Missmanagement, Misswirtschaft
policy	*hier:* Kurs, Strategie
preside, to ~ over sth., to chair sth.	den Vorsitz bei etw. übernehmen
retired	pensioniert, im Ruhestand
rolling contract	sich automatisch verlängernder Vertrag
scrutiny *(no pl.)*, to come under increasing ~	zunehmend unter die Lupe genommen werden
serve, to ~ on the board	einen Sitz im Board haben
skill	Fertigkeit
stock option *(cf. page 267)*	Aktienoption
straddle *(vb)*	1. gleichzeitig abdecken 2. sich erstrecken über
stringent	streng, rigoros, stringent

1. On the job

(i) Match the following terms relating to the corporate workforce

1.	apprentice	(a)	Arbeitgeber
2.	clerical worker	(b)	Arbeitnehmer, Beschäftigter, Mitarbeiter
3.	employee	(c)	Azubi, Auszubildende
4.	employer	(d)	Lehrling
5.	executive	(e)	Arbeiter
6.	free-lancer	(f)	Handwerker
7.	member of staff, staffer	(g)	Facharbeiter
8.	operative, manual worker	(h)	angelernter Arbeiter
9.	part-timer	(i)	ungelernter Arbeiter, Hilfsarbeiter
10.	semi-skilled worker	(j)	Teilzeitkraft
11.	skilled worker	(k)	Zeitarbeiter, Aushilfskraft
12.	temp(orary employee)	(l)	Angestellte
13.	tradesman/craftsman	(m)	Büroangestellte
14.	trainee	(n)	freier Mitarbeiter
15.	unskilled worker	(o)	Führungskraft, leitender Angestellter

anwerben, rekrutieren	to recruit
jdn. abwerben	to headhunt sb.
sich für eine Stelle bewerben	to apply for a job
sich vorstellen, an einem Vorstellungsgespräch teilnehmen	to attend for interview
einen Posten übernehmen	to take over a job/position/post, to take up a job/position/post
den Arbeitsplatz wechseln	to change jobs
Arbeitsplatz	1. workplace, place of work 2. job
zu einer anderen Stelle wechseln	to move to another job
auf einen höheren Posten befördert werden	to be promoted to a better job/ to a higher position

Führungsspitze	top management (team)
Vorstandsvorsitzende/r	chairman/chairwoman/chairperson of the executive board
Aufsichtsratvorsitzende/r	chairman/chairwoman/chairperson of the supervisory board
ein Mandat übernehmen	to take a seat (on the board)
Sprecher/in	spokesman/spokeswoman/spokesperson
bestellt/berufen werden	to be appointed/nominated

Chef	head, boss
verantwortlich sein für	to head, to be in charge of, to be responsible for
Vorgesetzter	superior, boss
Vorgänger	predecessor
jdm. unterstehen	to report to sb.
Nachfolger	successor
designierter Nachfolger	designated successor *(no specific job title stated)*
designierter Direktor	director designate *(adjective follows official job title)*
Gegenstück, Pendant	opposite number, counterpart

zum 6. Mai kündigen	to hand in your notice, to give notice as from 6th May
zurücktreten, Rücktrittsgesuch einreichen	to resign, to hand in your resignation
in den Ruhestand treten	to retire
jdn. abberufen	to relieve sb. of their duties
ausgestellt werden	to be made redundant

(ii) Translate the following sentences

(a)	Der angeschlagene AB-Verlag formiert seine Spitze neu. Als Veranwortlicher für Marketing wird der frühere BC-Verlagschef Peter Schmidt zum 1.1. in den Vorstand eintreten. Der 52-Jährige wird Nachfolger von Fritz Meier, der zum Münchner CD-Verlag wechselt.
(b)	Der weltweit größte Bierkonzern hat einen Wechsel an der Konzernspitze angekündigt. John Brook wird am Dienstag den Posten des Vorstandschefs einnehmen. Sein Vorgänger hatte offiziell um seine Ablösung gebeten. Er gehe in den Ruhestand, so teilte ein Sprecher des Konzerns gestern mit. Anderen Quellen zufolge soll man ihn jedoch aus dem Amt gedrängt haben.
(c)	Paul Jones, der designierte Chef des Pharmakonzerns, wird sich erst dann für die Annahme des Postens entscheiden, wenn ihm völlig freie Hand beim Umbau des angeschlagenen Konzerns garantiert wird.
(d)	Die für heute geplante Berufung von Max Geiger zum Aufsichtsratsmitglied der größten deutschen Telefongesellschaft ist gefährdet. Das Aufsichtsratsmitglied, dessen Mandat er übernehmen sollte, hat seinen Rücktritt überraschend widerrufen.

2. Word Family: Rat		
noun	Rat, Ratschlag, Empfehlung Rat *(formell oder auch im persönlichen Bereich)* Rat, Lösung Rat, Versammlung, z.B. Stadtrat Rat, z.B. Gemeinderat	1. advice *(no pl.)*, piece of advice 2. counsel *(usu. sing.)* 3. solution 4. council, e.g. town council 5. councillor, e.g. local councillor
noun	Rechtsanwalt *(vor Gericht)*, z.B. Verteidiger, Anwalt der Krone	counsel, e.g. counsel for the defence, Queen's counsel
adj.	ratsam	advisable
adj.	gut beraten schlecht beraten, unklug	well-advised ill-advised
verb	raten	1. to advise 2. to counsel *(personal level)* 3. to guess
verb	beraten	to advise, to give advice
verb	jdm. etw. mitteilen	to advise sb. of sth.
noun	Mitteilung	advice (*pl.* advices)
noun	Berater	1. consultant *(professional, e.g. tax consultant)** 2. counsellor *(personal, e.g. marriage guidance counsellor)*
noun	Beratung	1. consultation *(professional)* 2. counselling *(personal)*
noun	Beraterstelle, Beratungsfirma	consultancy
verb	sich bei jdm.beraten lassen, jdn./etw. konsultieren	to consult sb./sth.
adj.	beratend, konsultativ	advisory, consultative

**'consultant' used alone usually means 'Chefarzt'*

Which of the above terms would you insert in the following sentences?

(a)	I think you would be ... to .. an architect before you start moving walls.
(b)	Can you ... what's in the parcel?
(c)	After serving as a town ... for many years he's now an MP in London.
(d)	She was ... by her ... to distance herself from her work situation.
(e)	I'll have to ... a travel agent as I need some ... about package tours.
(f)	His grandfather ... him to see what tomorrow would bring.
(g)	It's ... to have ... after experiencing a trauma like that.
(h)	The ... sent out ... informing local residents that the dates for rubbish collections had been changed.
(i)	The ... told me that an operation was essential, but was quite routine.
(j)	The ... for the prosecution demanded the maximum sentence.
(k)	She ... a dictionary to find the ... to the last clue in the crossword.

3. Reported speech

Peter behauptete, dass er die ganze Nacht kein Auge zugemacht habe und er daher unmöglich habe schnarchen können. Es sei einfach nicht wahr.
Peter maintained that he'd not slept a wink all night and that he couldn't have been snoring. It simply wasn't true, he said.

In German the use of the subjunctive for reported speech always makes it clear that the writer/speaker is quoting some other source. In English it is often necessary to insert speech tags (e.g. *he said*) to clarify the situation. In the above example it is not clear whether Peter or the writer is the originator of the second sentence unless *he said* is inserted.

There are innumerable speech tags which can be used, for example:

to say * tell * add * state * argue * assert * expect * doubt * deny * report explain * reply * think * believe * guess * furthermore * according to * in addition * what's more

NB: *to say* either stands alone or takes "to" + indirect personal object
to tell must be followed by an object, usually personal without "to":
He said (to me) that he was tired of his job *I told him to look for a new one.*
They were telling lies to us. / They were telling us lies.

It is not necessary to insert a speech tag for every German subjunctive: it is usually simplest to read a text through once it has been written to ensure that tenses are consistent and to ascertain where speech tags need to be added.

Read and translate the penultimate paragraph of the German section of this chapter (Aufsichtsräte ...), adding speech tags where necessary.

4. Do we have to?

Translate the following sentences

You must eat that fish.	You have to eat that fish.
You mustn't eat that fish.	You don't have to eat that fish.

- *Must* exists only in the present tense and is replaced by *have to* in all other tenses and to express in German *nicht müssen*. Unlike German, *mustn't* (in other tenses *not to be allowed to*) denotes a prohibition (nicht dürfen) e.g. *you mustn't tell lies, we weren't allowed to wear short skirts at school.*
- In the present tense *must* is used for compulsion felt by the speaker, *have (got) to /not be allowed to* is used for compulsion exerted by sb./sth. else: *Dogs must be kept on the lead.* (sign in a park)
  Dogs are not allowed to run free, they've got to be kept on the lead.

Translate the following sentences

(a)	Ich soll mich morgen um 10 Uhr bei Herrn S. vorstellen.
(b)	Vorstandsmitglieder müssen nicht Aktionäre des Unternehmens sein.
(c)	Wir mussten ihn dazu überreden den Arbeitsplatz zu wechseln.
(d)	Du wirst im Flugzeug nicht rauchen dürfen.
(e)	Die Firma musste letztlich doch nicht so viele Arbeitnehmer entlassen.

1 (i)

1d	apprentice – Lehrling	9j	part-timer – Teilzeitkraft
2m	clerical worker – Büroangestellte	10h	semi-skilled worker – angelernter Arbeiter
3b	employee – Arbeitnehmer	11g	skilled worker – Facharbeiter
4a	employer – Arbeitgeber	12k	temp(orary employee) – Zeitarbeiter
5o	executive – Führungskraft	13f	tradesman/craftsman – Handwerker
6n	free-lancer – freier Mitarbeiter	14c	trainee – Azubi, Auszubildender
7l	member of staff, staffer – Angestellte*	15i	unskilled worker – ungelernter Arbeiter
8e	operative, manual worker – Arbeiter		

** NB In the public sector in Germany 'Angestellter' has a strictly defined meaning and is best translated 'public service employee'.*

1 (ii)

(a) Publishers AB are ailing and are reshuffling their top management. The former head of BC publishers, 52-year-old Peter Schmidt, will join the executive board on 1.1. as head of marketing. He is succeeding Fritz Meier, who is moving to the CD publishing house in Munich.

(b) The world's largest brewery group has announced a change in their top management team. On Tuesday John Brook will take up his position as chairman of the executive board. His predecessor had formally requested to be relieved of his duties. A spokesman for the group said yesterday that he was retiring, but according to other sources he has been ousted from his position.

(c) Paul Jones, who has been designated head of the pharma(ceutical) group, is only prepared to accept the post if he is guaranteed a free hand in the restructuring of the ailing group.

(d) The appointment of MaxGeiger to the supervisory board of Germany's leading telephone company might not take place today as planned after all. The member of the board he was due to replace has unexpectedly withdrawn his resignation.

2.

(a)	well-advised – consult	(g)	advisable – counselling
(b)	guess	(h)	council – advices
(c)	councillor	(i)	consultant
(d)	advised/counselled – counsellor	(j)	counsel
(e)	consult – advice	(k)	consulted – solution
(f)	counselled		

3.

They/Board Managers also argue that members of supervisory boards are overstretched, and **that** due to time pressure or the fact that they might hold up to 10 seats on various supervisory boards, members are unable to perform the supervisory duties required of them. **Furthermore, they say,** this multiplicity of seats leads to conflicts of interest. **Another disadvantage is** that members know too little about the relevant sector: as a result they do not recognise mismanagement on the part of the executive board and are certainly in no position to correct undesirable developments.

4.

Du musst den Fisch essen.	Du sollst den Fisch essen.
Du darfst den Fisch nicht essen.	Du musst den Fisch nicht essen.

(a) I have to attend for interview with Herr S. at 10 o'clock tomorrow morning.
(b) Members of the executive board don't have to hold shares in the company.
(c) We had to persuade him to change his job.
(d) You won't be allowed to smoke in the plane.
(e) In the end the company did not have to make so many employees redundant.

23

Kurzfristige Kapitalbeschaffung am Geldmarkt
Rund um den Geldmarkt

Capital Solutions
The world of corporate finance

Kurzfristige Kapitalbeschaffung am Geldmarkt

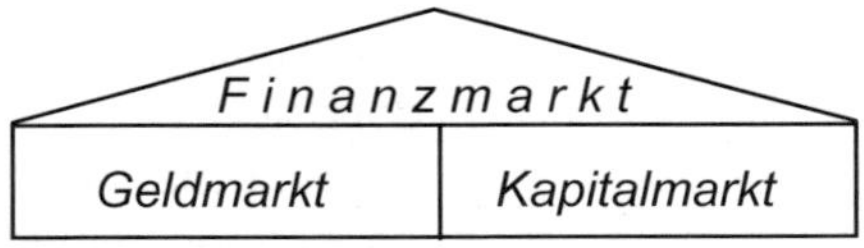

Der Geldmarkt ist grundsätzlich der Markt für kurzfristige *Guthaben* bzw. kurzfristige *Kredite*. *Geldmarktgeschäfte* dienen somit immer der Geldanlage oder der *Ausleihung* mit *kurzen Fristigkeiten* von einem Tag bis zu zwölf Monaten. Der Geldmarkt erfüllt primär eine *Liquiditätsausgleichsfunktion* zwischen den Banken – einerseits erfolgt die *Beschaffung liquider Mitte*l bei kurzfristigem Bedarf und anderseits kann kurzfristig *überschüssige Liquidität zinsbringend angelegt* werden. Der Geldmarkthandel wird stets dezentral über Telefon oder elektronisch abgewickelt.

Akteure am Geldmarkt

Die Definition von Geldmarkt im Hinblick auf die teilnehmenden Akteure ist uneinheitlich:

- Geldmarkt im engsten Sinne entspricht dem *Interbankenmarkt.* Teilnehmer sind somit große Banken, die miteinander Geldmarkt*transaktionen tätigen.*
- In einem weiteren und am häufigsten verwendeten Sinne schließt Geldmarkt zusätzlich die Aktivitäten der *Zentralbank* ein, die über ihre *Offenmarktgeschäfte* die *Liquidität der Banken* zu beeinflussen sucht.
- Am Geldmarkt in einem dritten Sinne sind auch in geringerem Umfang Großunternehmen und *Geldmarktfonds*, d.h. *Investmentfondsgesellschaften*, deren *verwaltetes Vermögen* ganz oder teilweise am Geldmarkt angelegt wird, als Akteure beteiligt.
- Im weitesten Sinne umfassen Geldmarktaktivitäten zudem die kurzfristigen Kredite (z.B. Kontokorrentkredite) der Banken *an Nichtbanken* (Unternehmen, *private Haushalte*, Staat) sowie die kurzfristigen *Einlagen* der Nichtbanken bei den Kreditinstituten (z.B. *Sichteinlagen*).

Geldmarktanlagen

Je nach der *Laufzeit* der *gehandelten* Gelder unterscheidet man zunächst zwischen dem Tagesgeldmarkt und dem *Markt für Monatsgelder*.

Tagesgeld	Geld, das für einen Tag 'über Nacht' geliehen wird.
tägliches Geld	Geld, das täglich gekündigt werden kann und am folgenden Tag *rückzahlbar* ist.
Ultimogeld	Geld, das *ohne vorherige Kündigung* mit Ablauf des Monatsletzten *fällig wird*.
Monatsgeld	Geld, das für einen bzw. mehrere Monate – *je nach Vereinbarung* – fällig wird.

Akteur	participant, player
Beschaffung liquider Mittel	raising liquid funds *(no sing.)*
fällig werden	to fall due
Einlage	deposit
Finanzmarkt	financial market
Geldmarkt, am ~	on the money market
Geldmarktfonds *(Sing. u. Pl.)*	money market fund *(no sing.)*
Geldmarktgeschäfte	money market transactions
Guthaben	*here:* assets
handeln	to trade
Interbankenmarkt	interbank market
Investment(fonds)gesellschaften	investment companies
Kapitalmarkt	capital market
Markt für langfristige Finanzanlagen, Kredite und Beteiligungskapital. Die wichtigsten Teilmärkte sind der Aktien- und der Rentenmarkt.	
Kredit	loan, credit
Kündigung, ohne vorherige ~	without notice, at call
kurze Fristigkeit, Ausleihung mit ~en	short-term borrowing or lending
Laufzeit	maturity, term
Liquidität der Banken	banks' liquidity
Liquiditätsausgleichsfunktion, eine ~ erfüllen	to even out /iron out liquidity differentials
Markt für Monatsgelder	one-month money market
Monatsgeld	one-month money
Nichtbank	*here:* non-bank customer
Offenmarktgeschäfte	open market operations/transactions
private Haushalte	private households
rückzahlbar	repayable
Sichteinlagen	demand deposits, current accounts *(UK)*, checking accounts *(US)*
Tagesgeld	overnight money
tägliches Geld	call money, day-to-day money
Transaktion, eine ~ tätigen	to conduct a transaction
überschüssige Liquidität	surplus/excess liquidity
Ultimogeld	loan repayable at the end of the month
Vereinbarung, je nach ~	depending on the arrangement
verwaltetes Vermögen	managed assets
Zentralbank, Notenbank	central bank
zinsbringend anlegen, Gelder ~	to put money to work for sb.

Hinzu kommt der *An- und Verkauf* von *Geldmarktpapieren.*

Schatzwechsel	• Laufzeit bis zu 6 Monaten • *Emittent: Bund, Bundesländer* • Papiere werden *diskontiert*, d.h. die *Zinsen* werden vorab vom *Ausgabepreis abgezogen*
Schatzanweisungen*	• Laufzeit 6 Monate bis zu 2 Jahren • Emittent: Bund
1. unverzinsliche Schatzanweisung (U-Schätze)*	• normalerweise in Form von 6-monatigen *Bubills* begeben • Papiere werden diskontiert
2. Bundesschatzanweisungen (Schätze)*	• Laufzeit von üblicherweise 2 Jahren • *Kuponpapiere*, die mit Zinsscheinen ausgestattet und *laufend verzinst* sind
Commercial Paper (CP)*	• Laufzeit: 7 Tage bis zu 2 Jahren • von namhaften *inländischen Unternehmen* mit *erstklassiger Bonität emittiert* • von Banken *öffentlich oder privat platziert* • Papiere werden diskontiert
Einlagenzertifikat, Certificate of Deposit, CD*	• Laufzeit 30 Tage bis zu 5 Jahren (am üblichsten sind 30 bis 180 Tage • Emittent: Banken • sind fest oder variabel verzinst und *sekundärmarktfähig*

*Diese Papiere werden trotz der relativ langen Laufzeit noch zu den Geldmarkttiteln gezählt.

Geldmarktpapiere entstehen aus der *Kreditaufnahme öffentlicher Haushalte* (Bund, Bundesländer) am Markt. Sie emittieren Bubills und Schätze, um einen Teil ihres kurzfristigen Kreditbedarfs zu finanzieren. In einem begrenzteren Umfang gilt dies auch für Großunternehmen (Emission von CP oder CDs). Außerdem enstehen Geldmarkttitel auf Initiative der *EZB* im Rahmen ihrer Offenmarktpolitik.

Die *Geldmarktzinsen (kurzfristige Zinsen)*

Die Höhe der Geldmarktzinsen variiert ständig. Die drei Einflussfaktoren sind:

1. ***Angebot und Nachfrage* der *Marktteilnehmer*** (primär Banken), die je nach ihrer Liquiditätssituation kurzfristig Mittel benötigen bzw. anlegen wollen.

2. **Die *Zinspolitik der Zentralbank*:** Über ihre *Offenmarktinstrumente* wirkt sie in entscheidendem Maße auf die Gegebenheiten am Geldmarkt ein. Weitet die Notenbank mittels niedriger Zinsen die Verfügbarkeit von *Zentralbankgeld* aus, resultiert daraus ein *Liquiditätsüberhang*, der die Geldmarktsätze *nach unten drückt*. Strebt sie hingegen eine *Verknappung der monetären Expansion* über eigene hohe Zinsen an, so wirkt sich dies auch am offenen Geldmarkt zinssteigernd aus.

3. **Die Laufzeit der gehandelten Instrumente**: Die niedrigsten Zinsen fallen bei Tagesgeld an, die höchsten bei Geldern oder *Titeln* mit längerer Fristigkeit, da damit eine längerfristige Disposition verbunden ist.

abziehen, etw. ~	to deduct sth.
An- und Verkauf	buying and selling, purchase and sale
Angebot und Nachfrage	supply and demand
Ausgabepreis	issue price
Bubill	6-month German/federal treasury discount paper *(no pl.)*
Bund	German state, German government
Bundesland	Land *(pl. Länder, Laender)*
Bundesschatzanweisungen, Schätze	German/federal treasury notes
Certificate of Deposit, CD, Einlagen-zertifikat, Depositenzertifikat	certificate of deposit, CD
Commercial Paper, CP	commercial paper *(no pl.)*, CP
diskontieren	to discount
drücken, Zinsen nach unten ~	to drive/push rates down
Emittent; emittieren	issuer; to issue
erstklassige Bonität	top rating
EZB, Europäische Zentralbank	ECB, European Central Bank
Geldmarktpapiere, Geldmarkttitel	money market securities, money market paper *(no pl.)*
Geldmarktzinsen, kurzfristige Zinsen	money market rates, short-term rates
inländische Unternehmen	domestic companies
Kreditaufnahme	borrowing
Kuponpapier	interest-bearing security
Liquiditätsüberhang	excess liquidity, liquidity surplus
Marktteilnehmer	market participant
öffentliche Haushalte	public sector
Offenmarktinstrumente	open market instruments
öffentlich oder privat platziert	publicly or privately placed
Schatzwechsel	German/federal treasury bill
sekundärmarktfähig	fungible
Sekundärmarktfähige Titel können vor Fälligkeit zum jeweiligen Marktpreis bzw. Tageskurs veräußert werden.	
Titel, Papier, Wertpapier	security
unverzinsliche Schatzanweisung, U-Schatz	German/federal treasury discount paper *(no pl.)*
Verknappung der monetären Expansion	tightening/curbing monetary growth
verzinst, laufend ~	earning regular interest
Zentralbankgeld	central bank money
Zinsen	interest *(no pl.)*
Zinspolitik der Zentralbank	interest rate policy pursued by the central bank

Als Geldmarktleitzinsen gelten im Eurosystem zunächst die von der Europäischen Zentralbank (EZB) vorgegebenen *Leitzinsen*:

Hauptrefinanzierungssatz	für Gelder, die bei der EZB mit kurzen Laufzeiten *geliehen werden*
Spitzenrefinanzierungs-Zinssatz	für Tagesgeld, das bei der EZB geliehen wird
Einlagefazilitäts-Zinssatz	für Tagesgeld, das bei der EZB angelegt wird

Darüberhinaus gibt es zwei weitere *Benchmark- oder Referenzzinssätze*, die am europäischen Geldmarkt ermittelt werden.

EURIBOR (**Euro Interbank Offered Rate**)

- für Monatsgelder mit Laufzeiten von 1 - 12 Monaten

Er wird täglich vom *Europäischen Bankenverband* veröffentlicht und *löste* 1999 die nationalen Referenzzinssätze der an der *Europäischen Währungsunion* teilnehmenden Länder *ab*. Die 57 EURIBOR-*Referenzbanken melden* jeweils um 11:00 (*MEZ*) ihre Zinssätze *(Briefsätze)* für Ein- bis Zwölfmonatsgelder im Interbankenhandel in der *Eurozone* an einen *Bildschirmdienst.* Daraus wird täglich der *Durchschnittswert ermittelt*.

EONIA (**Euro Overnight Index Average**)

- für Tagesgelder

Er wird von der EZB nach der gleichen Methode wie der EURIBOR täglich *berechnet*. Der *Kreis der* meldenden *Banken* ist mit dem der EURIBOR-Referenzbanken identisch.

Der Offshore-Geldmarkt

An Offshore-Märkten werden Geld- und Kredittransaktionen in Währungen abgewickelt, die an den jeweiligen Offshore-Plätzen kein *gesetzliches Zahlungsmittel* sind. Basis dieser Geschäfte sind also stets *Fremdwährungen*. Früher nannte man diese Märkte noch Euromärkte, weil sie primär aufgrund des Handels mit US-Dollar in Europa (Eurodollar) entstanden sind. Doch nach der *Einführung des Euro* ist diese Benennung dem Begriff Offshore-Märkte gewichen, um *Missverständnissen* vorzubeugen. Offshore-Märkte weisen grundsätzlich die folgenden Merkmale auf: Finanztransaktionen *unterliegen keinerlei* bzw. geringer *Kontrolle* durch nationale Zentralbanken; es gibt *günstige Zinskonditionen* und geringe *steuerliche* und *bürokratische Auflagen*; die Akteure sind primär Banken mit ausgezeichneter Bonität.

Wichtige internationale Offshore-Zentren gibt es u.a. in London, Zürich, *Luxemburg*, New York sowie auf den Bahamas, den *Cayman-Inseln*, in Hongkong oder Singapur. Auch an den Offshore-Märkten wird *je nach Laufzeit* der Instrumente zwischen Geld- und Kapitalmarkt unterschieden. Am Offshore-Geldmarkt erfolgt somit – *analog zu* den nationalen Geldmärkten – die kurzfristige Beschaffung bzw. Anlage liquider Mittel.

ablösen, etw. ~	to replace sth.
analog zu	just like
berechnen	to calculate, to compute
Benchmarkzinssatz, Referenzzinssatz	benchmark interest rate
Bildschirmdienst	videotext centre
Briefsatz, Briefkurs	offer rate, selling rate
bürokratische Auflagen	bureaucracy
Cayman-Inseln	Cayman Islands
Durchschnittswert	average/mean (rate)
Einführung des Euro	introduction of the euro
Einlagefazilitäts-Zinssatz	deposit rate/rate on the deposit facility
ermitteln	to calculate, to fix
Europäischer Bankenverband	European Banking Federation
Europäische Währungsunion	European Monetary Union
Eurozone	Euroland, euro zone, eurozone, euro area
Fremdwährung	foreign currency
gesetzliches Zahlungsmittel	legal tender *(no pl.)*
günstige Zinskonditionen	favourable interest rate conditions
Hauptrefinanzierungssatz	minimum bid rate, refi rate, repo rate, rate on the main refinancing operations
Kontrolle, keinerlei ~n unterliegen	not subject to any controls
Kreis der Banken	*here:* panel of banks
Laufzeit, je nach ~	depending on the maturity
Leitzins	key interest rate
Luxemburg	Luxembourg
melden	*here:* to quote
MEZ, Mitteleuropäische Zeit	CET, Central European Time
Missverständnis	misunderstanding
Offshore-Zentrum/-Markt	offshore centre/market

International ausgerichteter Finanzplatz mit besonders gewinnversprechenden Rahmenbedingungen für ausländische Investoren. Im Extremfall sind Offshore-Zentren sogar vollig frei von Reglementierung und Finanzaufsicht und bieten zusätzlich: keine Besteuerung (Steueroase), keine Preisgabe der Identität der Einleger (striktes Bankgeheimnis) und keine Auflagen bei der Errichtung von Briefkastenfirmen. Offshore-Zentren der letzten Kategorie geraten oft in Verruf Geldwäsche-Aktivitäten zu tolerieren oder sogar zu fördern.

Referenzbanken	*here:* panel banks
Spitzenrefinanzierungs(-Zins)satz	marginal lending rate, rate on the marginal lending facility
steuerliche Auflagen	tax requirements

Capital Solutions

Companies *raise* the *capital* they need to finance their operations in two main ways: they can either borrow the money, or they can attract *investors* to buy a *stake* in the company and thus to share the fortunes of the firm in good times and in bad. The former is known as *debt capital*, the latter as *share capital*.

Loan capital is raised through

- *straight borrowing*, usually in the form of bank loans. Where very large sums are involved these *loans* are usually *put up* by a *syndicate* of banks headed by a *lead manager*.
- short-term borrowing on the *money market* with the use of such instruments as

commercial paper: short-term *debt instruments issued* by first-class companies to finance their day-to-day operations
certificates of deposit: negotiable certificates issued by a bank evidencing large-scale *time deposits*
bills: short-term *promissory notes* which can be issued solely to raise money, (e.g. *treasury bill*s issued by the government) or to pay for a commercial transaction (*bill of exchange*); most bills are *tradeable*
bankers acceptances: bills of exchange which have been accepted by a bank, i.e. are particularly *eligible for trading* because a bank has promised to pay them
repo transactions: transactions whereby the borrower obtains short-term funds by selling *securities* to the lender, promising to repurchase the securities (i.e. repay the "loan") after an agreed short period of time.

- longer-term borrowing on the *capital market* by issuing *notes* or *bonds*, securities which entitle *holders* to a regular, usually fixed, income on their loans, and *commit* the company to repay the loan after a predetermined period of time (the *redemption* date).

Share capital is raised by

- selling participations in the company to investors, either in the form of *shares* sold to the general public through a *stock exchange listing* or in the form of *private equity*; holders of shares or private participations have the prospect of receiving good *returns* if the company's earnings position is satisfactory, but nothing if the firm is doing badly.

Companies often finance expansion or acquisitions by means of ***mezzanine funding***, that is by issuing hybrid securities which in terms of risk fall between debt instruments (potentially risky for entrepreneurs) on the one hand, and shares on the other (which represent greater risk for investors until the company is *fully-fledged).* Known as *subordinated debt instruments* because they have lower priority than standard bonds in an insolvency, these securities combine features of both bonds and shares and include for example:

bankers/bank acceptance	Bankakzept
bill, bill of exchange *(cf. page 178 ff.)*	Wechsel
bond	Anleihe, Obligation, Rentenpapier, Schuldverschreibung
capital *(adj.)*	hervorragend
capital market	Kapitalmarkt
certificate of deposit, CD *pl:* certificates of deposit	Certificate of Deposit, CD, Einlagenzertifikat
commercial paper, CP *(no pl.)*	Commercial Paper(s), CP
commit *(vb)*	*hier:* verpflichten
debt capital, loan capital, debt *(no pl.)*,	Fremdkapital, Anleihekapital
debt instrument, subordinated ~	nachrangiger Schuldtitel
eligible for trading	handelsfähig
fully-fledged	1. *hier:* voll etabliert 2. flügge *(allg.)*
holder	Inhaber
investor	Anleger, Investor
issue (vb)	emittieren, begeben
NB to emit = emittieren, ausstoßen, abgeben (z.B. Abgase, Strahlen)	
lead manager	Konsortialführer
mezzanine funding	Mezzanine-Finanzierung
money market	Geldmarkt
negotiable	begebbar, übertragbar
note	Schuldtitel mit mittlerer Laufzeit
private equity *(no pl. cf. p.367, ex.3)*	Private Equity, Beteiligungskapital
Stake in a non-listed company, often a start-up with high growth potential.	
promissory note	Schuldschein
put up, to ~ a loan	einen Kredit bereitstellen
raise, to ~ capital *(no pl.)*	1. Kapital beschaffen 2. Kapital erhöhen
redemption *(no pl.)*	Tilgung
repo transaction, sale and repurchase agreement	Wertpapierpensionsgeschäft, Repo-Geschäft
return	Ertrag
security *(cf. page 367, ex.3)*	*hier:* Wertpapier *(Pl. oft Werte, Titel, z.B. Chemiewerte, Banktitel)*
share *(UK)*, stock *(US)*, equity *(also pl.)*	Aktie
share capital	Grundkapital, Aktienkapital
stake, participation, holding, interest	Beteiligung, Anteil
stock exchange listing	Börsennotierung, Listing
straight borrowing	direkte/unmittelbare Kreditaufnahme
syndicate, consortium	Konsortium
time deposit	Festgeld
tradeable	handelbar
treasury bill, T-bill *(US)*	Staatsanleihe mit kurzer Laufzeit

convertibles: bonds which can be converted to shares in the same company at a later date
exchangeables: bonds which can be converted to shares in another (specified) company at a later date
preference shares: shares which in English-speaking countries pay a fixed dividend, take precedence over *ordinary shares*, and normally *confer* no *voting rights*. Not regarded as a mezzanine instrument in Germany, where the dividend is variable, usually a certain percentage above ordinary shares.
warrant bonds: bonds issued with a *warrant* entitling the holder to buy shares in the company at a specified price at a later date whilst retaining the original bond. Warrants can be traded separately and function rather like share options, except that they actually raise capital for the company concerned.

Despite the fact that both bonds and shares are long-term *investments*, individual investors might hold them for relatively short periods depending on the conditions prevailing on the *secondary markets* where they are *traded*. Investors will take the following factors into account when deciding which type of security best suits their requirements, bonds or shares:

debt securities (bonds)	***equity securities* (shares)**
* holders are *creditors* of the *issuer* (company or *public sector*) and are therefore entitled to have their loans *redeemed* at *maturity*; they are also more likely to be allocated a proportion of the firm's *assets* if it *goes bankrupt*.	* holders are *part-owners* of the company and therefore might lose some or all of their original investment if the company goes bankrupt (they are last in line to be allocated any of the remaining *funds*)
* normally a *fixed interest rate* (*coupon*) is paid regardless of whether profits are made or not	* dividends can be high but *payout* depends on the *profitability* of the company and the type of share
* holders *have no say* in the running of the company	* holders are normally entitled to vote at the annual general meeting

Leverage

A company's share capital is often referred to as its *equity capital*, although this, strictly speaking, is equivalent to the *shareholders' funds* and also includes *retained profit*. Its loan capital (i.e. debt securities plus straight loans) is also known as its *borrowed capital* or *debt*. As *debts* have to be *serviced* (i.e. interest paid and *principal* repaid), a company's financial position will become increasingly precarious the higher the proportion of borrowed capital to share capital, especially in times of recession and/or rising interest rates.

assets	Vermögenswerte
bankrupt, to go ~ *(US)*, to become insolvent *(UK)*	insolvent werden
borrowed/loan/debt capital, debt	Fremdkapital, Anleihekapital
confer, to ~ voting rights	*hier:* stimmberechtigt sein
convertible (bond)	Wandelanleihe, -schuldverschreibung
coupon	Kupon, Coupon
creditor	Gläubiger
debt *(cf. page 367, ex.3)* 1. *(sing.& pl.)* 2. *(no pl.)* 3. *(collective term, no pl.)*	 1. Schuld 2. Fremdkapital, Anleihekapital 3. Schuldtitel, Gläubigerpapiere
equity capital, equity *(no pl.)*, share-holders' funds *(see below)*	Eigenkapital
equity security	Beteiligungs-/Anteilspapier
exchangeable (bond)	Wandelanleihe, -schuldverschreibung
fixed interest rate	fester Zins(satz)
funds *(no sing.) (cf. page 367, ex.3)*	Geldmittel
investment	*hier:* Investment, Finanzanlage
issuer	Emittent
leverage, gearing *(UK) (no pl.)*	Leverage, Hebelwirkung, Verschuldungsquote
ordinary shares *(UK)*, common stock(s) *(US)*	Stammaktien, Stämme *(Börsen-jargon)*
part-owner	Miteigentümer
payout *(usu. sing.)*	Ausschüttung
preference shares *(UK)*, preferred stock(s) *(US)*	Vorzugsaktien, Vorzüge (*Börsen-jargon)*
principal *(no pl.)*	*hier:* Kapitalschuld, Kreditsumme
profitability *(no pl.)*	Rentabilität
public sector	die öffentliche Hand, der Staat *(i.w.S.)*
redeem, to ~ at maturity	bei Fälligkeit tilgen
retained profit *(UK)*/earnings *(US)*	einbehaltener Gewinn
say, to have no ~ in sth.	kein Mitspracherecht bei etw. haben
secondary market	Sekundärmarkt
Market for trade in securities once they have already been issued on the primary market; the issuer gets no proceeds from secondary trading.	
service, to ~ debts	Schulden bedienen
shareholders' funds *(UK) (no sing.)* stockholders' equity *(US) (no pl.)*	Eigenkapital, Reinvermögen
trade *(vb)*	handeln
warrant	Optionsschein, Warrant
warrant bond	Optionsanleihe

The relationship between these two types of capital is known as leverage (US) or gearing (UK). A *highly leveraged* company has a high proportion of borrowed capital in relation to equity and will thus probably be exposed to greater risk as a result of its heavy *loan commitments*. However the most suitable *capital mix* will depend on the sector involved and the prevailing economic environment. *Leveraged buyouts (LBOs),* where those who acquire a company have to borrow very large sums of money in order to complete the purchase, are therefore often risky *undertakings*. As there is a greater risk of these firms *defaulting on* their loan commitments they are usually *rated sub-investment-grade* and have to offer high interest rates on their bonds to attract investors. For this reason these bonds are known as *junk bonds*: they are risky for the investor but potentially very lucrative, often *outperforming* investment-grade *stock*.

Junk bonds are not new to the financial markets, however: many of America's largest and most respected companies were originally financed in this way when they first started up in the early twentieth century. Moreover in countries such as the USA, where there is a greater market for this type of finance, they have helped to finance innovative new branches of industry and to create countless new jobs. They have now become more *socially acceptable* in Europe too, and the preferred term is currently *high-yield bonds*.

Until it is well-established, a company will not normally be able to raise share capital from the general public *on the stock exchange*, although following America's lead with *Nasdaq*, there are more opportunities for raising share capital in Europe as a result of the establishment of separate *stock market tiers* to enable *start-ups* to *go public* more easily.

Another *route* is to raise private equity finance from groups of investors who are prepared to take the risk of supporting start-ups which they perceive to have good potential for growth. This is known as *venture capital (VC)*, a high-risk, but potentially high-yield form of investment. Where the firm is still at the product development stage the term *seed capital* is used. Private equity can also be raised to finance business expansion in established companies or to *fund buyouts* of ailing companies. As a rule the target company is *delisted* so that the new owners have more scope *for turning it around*. Investors in this type of finance are known as *business angels* or *vulture capitalists* - depending on the speaker's *stance.* Normally private-equity firms aim to *exit,* that is to sell their holdings and *realise their profits*, within a specific time-scale. Depending on their exit strategy this will take place for example within the framework of an *IPO or through the sale of participations to another company or other investors*.

business angel	Business Angel
buyout, acquisition, takeover	Übernahme
capital mix *(no pl.)*	Kapitalstruktur
default, to ~ on sth.	(Zahlungs-)Verpflichtungen bzgl. ... nicht nachkommen
delist *(vb)*	Börsennotierung aufheben
exit *(vb)*	*hier:* Unternehmen/~santeile (nach Plan) verkaufen, aus einer Beteiligung (planmäßig) aussteigen
fund, finance *(vb)*	finanzieren
highly leveraged	mit hohem Fremdkapitalanteil
high-yield bond	hochverzinsliche Anleihe
IPO, Initial Public Offering	Börsengang, IPO
junk bond	Junk-Bond, Ramsch-/Schrottanleihe
leveraged buyout, LBO	fremdfinanzierte Übernahme, LBO
loan commitment	Kreditverpflichtung
Nasdaq	Nasdaq, die Technologiebörse Nasdaq

US electronic share-dealing network which trades in companies not listed on the standard exchanges. Originally these were unknown start-ups, but in the meantime many have become high-tech corporate giants (e.g. Apple, Dell).

outperform *(vb)*	outperformen, übertreffen
public, to go ~	an die Börse gehen
rated, to be ~	eingestuft/geratet sein
realise, to ~ profits	Gewinne realisieren
route	*hier:* Strategie
seed capital *(no pl.)*	Seed-Kapital
socially acceptable	salonfähig
stance	Einstellung
start-up	Startup, Jungunternehmen
stock *(UK) (often sing.)*	*hier:* Rentenpapier

While 'stock' in the US normally means what the British call a 'share', and the British term 'stock' usually refers to what Americans call (government) 'bonds', there is no hard and fast rule and the terms are often used interchangeably.

stock exchange, on the ~	an der Börse
stock market tier	Börsensegment
sub-investment-grade	mit ungenügender/geringer Bonität

Below BBB on Standard & Poor's or Baa on Moody's scale (pages 262, 380).

turn, to ~ around	sanieren
undertaking	Unternehmung, Vorhaben
venture capital, VC	Venture Capital, Wagnis-/Risikokapital
vulture capitalist	Vulture Capitalist

Venture capitalist who aims to make a quick profit, sometimes by dubious means (vulture = Geier).

1. Rise or raise?

rise (rose, risen) (*steigen*) is an intransitive verb, i.e. takes no direct object

- *We rose at daybreak to catch the early ferry.*
- *Inflation has risen by 0.3 % (There has been a rise* ***in*** *inflation* ***of*** *0.3%)*

raise (raised, raised) (*erhöhen*) is a transitive verb, i.e. it takes a direct object

- *Will all those in favour please raise their hands?*
- *They have raised our rent for the third time in five years.*

In a business context to raise can also mean:

(i) beschaffen (Mittel beschaffen: to raise funds; fundraising)

- *I don't know how to raise enough capital to take out a mortgage.*
- *They raised £6 million for starving children.*

(ii) erheben (eine Steuer erheben: to raise a tax)

- *The British government raises prohibitive taxes on alcohol.*

(i) Translate the above examples.
(ii) Insert rise or raise as appropriate in the following sentences

(a)	Prices ... more slowly at the moment.
(b)	The rent for our Munich offices has been ... by 5%.
(c)	The ... in electricity prices has ... retailers' overheads considerably.
(d)	Petrol prices always ... at holiday times.
(e)	How can we best ... the money we need for the new machinery?
(f)	She's had 3 small ... in salary over the past 2 years.
(g)	The government insisted on ... a new eco-tax.

2. Number crunching

- to halve, quarter, double, treble/triple, quadruple, quintuple/to rise fivefold, to multiply, **but** to be two times (three/four/five/several times) lower
- a twofold/tenfold/multiple rise in prices, **but** prices are now half, a tenth, a fraction of what they used to be

Note the difference between German and English usage:

half/two fifths/the majority/50% of our employees (plural) work overtime.
50 % unserer Mitarbeiter macht Überstunden.
half/two fifths/the majority/50% of the capital (singular) was borrowed.
50 % des Kapitals war Fremdkapital.
but 50% of our workforce (i.e. a group of people) works/work overtime.

Translate the following sentences

(a)	Der Umsatz unserer Firma vervierfachte sich innerhalb von 3 Jahren.
(b)	Zwei Drittel der Deviseneinnahmen von Entwicklungsländern müssen für den Schuldendienst aufgewendet werden.
(c)	Verglichen mit dem Vorjahr haben sich unsere Gewinne halbiert.
(d)	Ihr Marktanteil ist mit 13,5 % nahezu doppelt so hoch wie letztes Jahr.
(e)	Die Herstellungskosten sind unversehens um das Dreifache gestiegen.
(f)	Der Vorstand war mehrheitlich mit dem Vorschlag einverstanden.
(g)	Unsere Erlöse sind seit der Fusion mit unserem Konkurrenten um ein Vielfaches in die Höhe geklettert. (... um ein Vielfaches gefallen.)
(h)	Die Hälfte der Heizkosten wurde von uns getragen.

3. Singular or plural? (see also pages 82-3, ex.1 and page 253, ex.3)
This chapter features a number of common business terms whose meanings vary depending on whether they are used in the singular or in the plural:

noun	singular and plural	singular only	plural only
security	Wertpapier	1. Sicherheit, Schutz * 2. Sicherheit, Garantie	
* *security* is used in the sense of protection against attack, danger, worry etc, e.g. *security forces, the UN Security Council, security on the internet*; *safety* tends to be used for protection against physical harm e.g. *job security: Arbeitsplatzsicherheit, job safety: Sicherheit am Arbeitsplatz*			
interest	1. Interesse 2. Beteiligung	Zins(en) **	
** When used with reference to a percentage rather than a sum, the word "rate" is normally inserted after "interest", except when the actual percentage figure is quoted: e.g. *the bank charged us 6% interest* but *the ECB has cut interest rates*			
equity	Aktie	1. Eigenkapital 2. Beteiligungspapiere	
debt	Schuld	1. Fremdkapital 2. Schuldtitel	
money		Geld, Gelder	monies (in old and legal texts) Geldbeträge
fund	Fonds		Geldmittel

Translate the following sentences using the above terminology

(a) Mit den Zinsen aus der Geldanlage wollte ich eigentlich eine Weltreise machen; sie reichen aber gerade noch für einen Billigflug nach London.

(b) In Deiner Lage empfiehlt es sich Gelder in Wertpapiere mit fester Verzinsung anzulegen, die größere Sicherheit als Aktien bieten.

(c) Die Rettungsmannschaften brachten die Überlebenden in Sicherheit.

(d) Unsere Sicherheiten reichen der Bank für einen derartig hohen Kredit nicht aus.

(e) Versucht die Notenbank das Geldmengenwachstum über hohe Zinsen zu bremsen, so wirkt sich dies auch allgemein zinssteigernd aus.

(f) A company which is insolvent is unable to pay its debts as they fall due.

(g) The spectacular success of China's recent bond issue demonstrates investors' appetite for Chinese debt.

(h) Private-equity funds often buy businesses spun off by ailing companies.

(i) Troubled companies can allocate equity to bondholders and lenders, thus reducing debt at the expense of existing shareholders.

(j) He refused to reveal the current value of his interests.

(k) US companies raised $73.8 billion in new equity by July 31 this year.

1. (i)

- Wir sind bei Tagesanbruch aufgestanden um mit der ersten Fähre zu fahren.
- Die Inflation ist um 0,3 % gestiegen./Es gab einen Inflationsschub von 0,3 %.
- Alle, die dafür sind, bitte die Hand heben.
- Sie haben unsere Miete zum dritten Mal in fünf Jahren erhöht.
- Ich weiß nicht, wie ich genügend Kapital aufbringen kann, um eine Hypothek aufzunehmen.
- Sie haben £6 Millionen für hungernde Kinder gesammelt.
- Die britische Regierung erhebt exorbitante Steuern auf Alkohol.

1. (ii)

(a) are rising
(b) raised
(c) rise – raised
(d) rise
(e) raise
(f) rises/raises
(g) raising

2.

(a) Our firm's turnover (has) quadrupled/has risen fourfold in 3 years.
(b) Two thirds of the foreign currency earned by developing countries is swallowed up by debt servicing.
(c) Our profits have halved since last year./compared with last year./are now half of what they were last year.
(d) Their market share is now 13.5%, almost twice as high as last year.
(e) Manufacturing costs have unexpectedly trebled/tripled.
(f) The majority of the board was/were in favour of the proposal.
(g) Our revenues are several times higher/have multiplied since we merged with our rival. (Our revenues are several times lower than/are only a fraction of what they were before we merged with our rival.)
(h) Half of the heating costs were borne/paid by us.

3.

(a) I wanted to go on a world trip with the interest on my investment, but perhaps it will be just enough for a cheap/cut-price/economy flight to London.
(b) In your position it's advisable to invest money in securities with fixed interest rates as they provide greater security than equities.
(c) The rescue teams conveyed/took/got the survivors to safety.
(d) Our security isn't enough for the bank to give us such a big loan.
(e) If the central bank aims to slow money supply growth through higher interest rates, this has the effect of raising interest rates generally.
(f) Eine insolvente Firma kann ihre laufenden Schulden nicht fristgerecht begleichen.
(g) Der spektakuläre Erfolg der vor kurzem von China emittierten Anleihe zeugt von dem großen Interesse der Anleger an chinesischen Schuldtiteln.
(h) Private-Equity-Fonds kaufen oft Geschäftsbereiche, die von notleidenden Firmen ausgegliedert werden.
(i) Gesellschaften, die in Bedrängnis geraten sind, können den Anleiheinhabern und Kreditgebern Beteiligungspapiere zuteilen, und bauen auf diese Weise das Fremdkapital auf Kosten der derzeitigen Aktionäre ab.
(j) Er weigerte sich, den aktuellen Wert seiner Beteiligungen preiszugeben.
(k) US-Firmen beschafften sich bis 31. Juli dieses Jahres frisches Aktienkapital in Höhe von $73,8 Milliarden.

24

Die Aktie – Anlageinstrument für Investoren und Kapitalbeschaffungsmöglichkeit für Unternehmen

Hauptmerkmale der Aktie als Anlageinstrument

Forging Bonds

Main features and types of bonds

Die Aktie – Anlageinstrument für Investoren und Kapitalbeschaffungsmöglichkeit für Unternehmen

Ein Aktie ist ein Anlageinstrument, das ihrem Eigentümer einen Anteil am *Grundkapital* eines Unternehmens sowie bestimmte Teilhaberrechte an der Gesellschaft *verbrieft*. Der Käufer der Aktie wird zum *Aktionär*, d.h. zum Mitinhaber des Unternehmens.

Der Anteil, den der Käufer mit jeder Aktie am *Grundkapital* des Unternehmens erwirbt, lässt sich aus ihrem *Nennwert* ersehen. Der Nennwert ist der Betrag in Euro bzw. bei ausländischen *Titeln* in der jeweiligen *Landeswährung*, *auf* den eine einzelne Aktie *lautet*. Gemäß §8 *AktG* beträgt der *Mindestnennwert* einer Aktie €1.

Grundkapital = Nennwert x Anzahl der *ausgegebenen* Aktien

Manche Unternehmen *emittieren* auch *nennwertlose Aktien* (*Stückaktien*). Hier bestimmt sich der Anteil am Vermögen nur durch die Anzahl der ausgegebenen Titel. Bei 200.000 emittierten Aktien repräsentiert eine Aktie folglich 1/200.000 des Unternehmens.

Der Aktienanleger erwirbt die Aktie zu einem bestimmten Preis, *dem Aktienkurs* — entweder am *Ausgabetag* bei frisch emittierten Aktien (*Ausgabekurs*) oder aber zu einem beliebigen späteren Zeitpunkt bei bereits an der Börse *gehandelten* Titeln. Der *Kursverlauf* wird von *Angebot und Nachfrage* bestimmt, und diese wiederum hängen von einer Vielzahl von unternehmensspezifischen *Fakten und Statistiken* (*Erfolgs- oder Verlustmeldungen, Umsatz, Gewinn, Entlassungen,* geplante *Fusionen* etc.) und externen Faktoren (z.B. konjunkturelle Lage, Branchenprognosen, Einschätzungen der *Analysten*) ab.

Die mit dem Aktienbesitz verbrieften *Teilhaberrechte* (Aktionärsrechte) sind unterschiedlich ausgestattet. Sie beinhalten i.d.R.

- das Recht auf Teilnahme an der *Hauptversammlung* und die damit verbundenen Rechte auf Information und *Wahrnehmung der Stimmrechte,*
- das Recht auf eine *Dividende* (die jährliche Gewinnausschüttung pro Aktie, die vom im laufenden *Geschäftsjahr* erwirtschafteten *Bilanzgewinn* abhängig ist) und
- das Bezugsrecht auf neu emittierte Aktien.

Welche Ertragsmöglichkeiten bietet die Aktie?

Aktien sind *Anteilspapiere* und keine *Gläubigerpapiere* oder *Schuldtitel.* Als Aktieninhaber hat man kein Anrecht auf eine regelmäßige *feste Verzinsung* oder eine *Rückzahlung des investierten Kapitals*, und es gibt keine *Laufzeitbegrenzung.*

AktG, Aktiengesetz	German companies act
Aktienkurs	share price *(UK)*, stock price *(US)*
Aktionär	shareholder *(UK)*, stockholder *(US)*
Analyst	analyst
Angebot und Nachfrage	supply and demand
Anteilspapier, Beteiligungspapier	share *(UK)*, stock *(US)*
Ausgabekurs	issue price, issuing price
Ausgabetag	issuing day, date of issue
Bilanzgewinn	net earnings/income
Dividende	dividend
emittieren, begeben, ausgeben	to issue
Entlassung	dismissal, redundancy
Erfolgs- oder Verlustmeldungen	profit or loss announcements
Fakten und Statistiken	facts and figures
feste Verzinsung	fixed interest rate
Fusion	merger
Geschäftsjahr	financial year *(UK)*, fiscal year *(US)*
Gewinn	profit
Gläubigerpapiere, Schuldtitel	debt securities
Grundkapital, Nennkapital	nominal/share capital, capital stock

Spiegelt den aktuellen Vermögensstand einer Aktiengesellschaft wider und entspricht ihrem Aktienkapital. Grundkapital plus Kapital- und Gewinnrücklagen bilden das Eigenkapital (equity capital) der AG.

handeln	*here:* to trade
Hauptversammlung	general shareholders' meeting
Kursverlauf	price development
Landeswährung	local currency
Laufzeitbegrenzung	fixed life/maturity/term
lauten, auf etw. ~	to be denominated in sth.
Mindestnennwert	minimum nominal value
Nennwert	face/nominal/par value
nennwertlose Aktie, Stückaktie, Quotenaktie	no-par-value share/stock, no-par share/stock
Rückzahlung des investierten Kapitals	repayment of the capital invested
Teilhaberrechte, Aktionärsrechte	shareholders'/stockholders' rights
Titel, Papier, Wertpapier	security

Die Begriffe 'Titel' und 'Papier' werden im Börsenjargon synonym zum Oberbegriff 'Wertpapier' verwendet.

Umsatz	turnover *(UK)*, sales
verbriefen	to certify, to evidence
Wahrnehmung der Stimmrechte	exercising voting rights

Aktien bieten dem Anleger zwei mögliche *Ertragsquellen*:

1. über die *Dividendenausschüttung* und
2. über die *Realisierung von Kursgewinnen*, falls der Kurs bei einem Verkauf der Aktie über dem Kurs liegt, zu dem der Titel erworben wurde.

Doch weder Dividende noch ein Kursanstieg sind garantiert. Wer Aktien erwirbt, *übernimmt* stets *ein finanzielles Risiko*.

Arten von Aktien

Stammaktien	garantieren alle Aktionärsrechte.
Vorzugsaktien	sind ohne Stimmrecht ausgestattet. Der Aktionär hat allerdings Anspruch auf eine höhere Dividende.
Namensaktien	sind auf den Namen des Aktionärs ausgestellt, der in das Aktienbuch des Unternehmens eingetragen wird. Nur diese namentlich registrierten Aktien haben Anspruch auf Dividende und Teilnahme an der Hauptversammlung.
vinkulierte Namensaktien	sind eine Variante der Namensaktien. Kauf oder Verkauf der Aktien ist nur *mit dem Einverständnis* der Firma möglich.
Inhaberaktien	*lauten* nicht *auf einen bestimmten Namen*, sondern verbriefen dem jeweiligen *Inhaber* alle Aktionärsrechte. Sie sind daher leicht an der Börse handelbar und können ohne größeren Aufwand weiter veräußert werden.
Belegschaftsaktien	werden den Mitarbeitern eines Unternehmens bei *Kapitalerhöhungen* oft zu *Vorzugskursen* angeboten.
Stückaktien	haben keinen Nennwert. Sie repräsentieren einen prozentualen Anteil am Grundkapital des Unternehmens.
Nennwertaktien	haben einen Nennwert.
junge Aktien	sind neu emittierte Aktien.
alte Aktien	sind Aktien, die bereits *in Umlauf* sind.

Die *Kapitalbeschaffung* der Unternehmen

Aktien können nur von Aktiengesellschaften (AGs) und Kommanditgesellschaften auf Aktien (KGaA) ausgegeben werden. Nicht alle Aktien einer AG oder KGaA werden automatisch *an der Börse gehandelt*. Die Gesellschaft muss zuvor eine *Zulassung zum Aktienhandel* beantragen.

Kapitalbeschaffung

Erstemission bei Gründung einer AG	Erstemission und Gang an die Börse	Kapitalaufstockung	Kapitalberichtigung	Daueremission
Erstemission bei *Gründung einer AG*	Erstemission und *Gang an die Börse*	*Kapitalaufstockung*	*Kapitalberichtigung*	*Daueremission*
(siehe Kap. 25)	(siehe Kap. 25)			

<table>
<tr><td>alte Aktie</td><td>existing share (UK)/stock (US)</td></tr>
<tr><td>Belegschaftsaktie</td><td>employee share (UK)/stock (US)</td></tr>
<tr><td>Börse, an der ~ gehandelt</td><td>traded on the stock exchange</td></tr>
<tr><td>Daueremission</td><td>tap issue</td></tr>
<tr><td colspan="2">Emissionen, die von Daueremittenten (z.B. die öffentliche Hand) getätigt werden, die sich nicht nur gelegentlich an den Kapitalmarkt begeben, sondern ständigen Kapitalbedarf haben und folglich regelmäßig Wertpapiere emittieren.</td></tr>
<tr><td>Dividendenausschüttung</td><td>dividend payment/payout/distribution</td></tr>
<tr><td>Einverständnis, mit dem ~ der Firma</td><td>with the company's consent</td></tr>
<tr><td>Erstemission, Neuemission</td><td>initial offering</td></tr>
<tr><td>Ertragsquelle</td><td>source of income</td></tr>
<tr><td>Gang an die Börse, Börsengang</td><td>going public</td></tr>
<tr><td colspan="2">In der Presse wird der Begriff Börsengang häufig mit IPO (Initial Public Offering) gleichgesetzt. I.e.S. bezeichnet ein IPO jedoch die Kombination von Neuemission bei gleichzeitigem Börsengang.</td></tr>
<tr><td>Gründung einer AG</td><td>incorporation of a company</td></tr>
<tr><td>Inhaber, Aktieninhaber</td><td>holder, bearer, owner</td></tr>
<tr><td>Inhaberaktie</td><td>bearer share/stock</td></tr>
<tr><td>junge Aktie</td><td>new share</td></tr>
<tr><td>Kapitalaufstockung, Kapitalerhöhung</td><td>capital increase</td></tr>
<tr><td>Kapitalberichtigung</td><td>scrip/capitalisation/bonus issue</td></tr>
<tr><td>Kapitalbeschaffung</td><td>raising capital, capital procurement</td></tr>
<tr><td>Kapitalerhöhung</td><td>increase in capital, capital increase</td></tr>
<tr><td>Kursgewinne</td><td>price gains</td></tr>
<tr><td>lauten, auf einen bestimmten Namen ~</td><td>to be made out to a particular name</td></tr>
<tr><td>Namensaktie</td><td>registered share/stock</td></tr>
<tr><td>Realisierung von Kursgewinnen, Gewinnmitnahmen</td><td>profit-taking</td></tr>
<tr><td>Risiko, ein finanzielles ~ übernehmen</td><td>to assume a financial risk</td></tr>
<tr><td>Stammaktie</td><td>ordinary share (UK),
common stock (US)</td></tr>
<tr><td>Stückaktie, nennwertlose Aktie</td><td>no-par-value share/stock, no-par share/stock</td></tr>
<tr><td>Umlauf, in ~</td><td>in circulation, outstanding</td></tr>
<tr><td>vinkulierte Namensaktie</td><td>registered share only transferable with the company's consent</td></tr>
<tr><td>Vorzugsaktie</td><td>preference share (UK),
preferred stock (US)</td></tr>
<tr><td colspan="2">Conditions differ between Germany and English-speaking countries, cf. p. 362.</td></tr>
<tr><td>Vorzugskurs</td><td>preferential price</td></tr>
<tr><td>Zulassung zum Aktienhandel</td><td>official listing</td></tr>
</table>

Mit einer **Kapitalerhöhung** oder **-aufstockung** kann das Unternehmen immer wieder *bei Bedarf* weitere Finanzierungmittel beschaffen, *die Zustimmung* der Hauptversammlung *vorausgesetzt*. Sie erfolgt durch Ausgabe junger Aktien mittels ***Bezugsrecht***. Das Bezugsrecht steht jedem *Altaktionär* zu und beinhaltet das Anrecht einen Teil der neuen Aktien beziehen zu können. Hierzu wird eine *Bezugsfrist*, i.d.R. zwei Wochen, *eingeräumt*. In dieser Frist kann das *Bezugsrecht ausgeübt* oder aber an der Börse verkauft werden. Das *Bezugsrechtsverhältnis* bezeichnet die Relation, zu der der Aktionär gemäß seines bisherigen Anteils am Aktienkapital neue Aktien *beanspruchen* kann. Wird das *Kapital* z.B. von €10 Mrd. auf €13 Mrd. *aufgestockt*, kann der Altaktionär auf zehn alte drei junge Aktien zu einem festgelegten Kurs beziehen; *das Bezugsrechtsverhältnis beträgt* in diesem Falle *10:3*.

Die **Kapitalberichtigung** ist eine nur formelle Kapitalerhöhung, die durch eine *Umwandlung von Rücklagen in Grundkapital* erfolgt, ohne dass der Firma wirklich neue *Mittel* zufließen. Dieser Umwandlung in Aktienkapital liegt folgender Sachverhalt zugrunde: Das Unternehmen *erwirtschaftet* über einen längeren Zeitraum hinweg *Gewinne*, die jedoch größtenteils nicht *ausgeschüttet,* sondern *einbehalten* wurden. Die Folge? Die Rücklagen des Unternehmens wachsen, und die Börse *'honoriert'* dies mit einem *Kursanstieg* seiner Aktie. Dies führt wiederum dazu, dass die *Verteuerung der Aktie* den *Handel* erschwert. Die einzige *Korrekturmöglichkeit* ist die Ausgabe von *Berichtigungsaktien* (Gratisaktien), die die alten Aktionäre *unentgeltlich* erhalten. Ihnen wird durch die *Zuteilung* von Gratisaktien jedoch nicht etwa ein 'Geschenk' gemacht, denn das *Vermögen* der AG ist lediglich *umgeschichtet*, nicht aber vermehrt worden.

Einen ähnlichen Zweck verfolgt das Unternehmen mit einem ***Aktiensplitting*** **(Aktiensplitt)**. Eine Aktie wird in mehrere neue, kleiner *gestückelte* Aktien aufgeteilt, die insgesamt den gleichen Wert haben wie der alte Titel. Die Banken nehmen für ihre Kunden die erforderliche technische Umstellung in den einzelnen *Anleger-Depots* vor.

Splittet ein Unternehmen seine *Aktien* beispielsweise *im Verhältnis 3:1*, so besitzen Anleger zu einem bestimmten *Stichtag* 300 Aktien statt zuvor 100 Titel. Allerdings *dritteln sich* auch der Börsenkurs und die Dividende pro Aktie. Der Gesamtwert der Aktien bleibt der gleiche. Der Grund für einen Aktiensplit ist ein zu hoher Kursanstieg der Aktie, der daraus resultierende *geringere Kaufanreiz für Anleger* (v.a. solche, die nur über geringe Anlagebeträge verfügen) und ein Nachlassen des Handels in diesen Titeln. Dieses *psychologische Manko* lässt sich durch einen Split beheben.

Altaktionär	existing shareholder/stockholder
Aktien im Verhältnis 3:1 splitten	to split shares three for one
Aktiensplitting, Aktiensplitt, Aktiensplit	share/stock split
Anleger-Depot	custody account
aufstocken, das Kapital ~	to raise/increase the capital
ausschütten, Gewinne ~	to distribute profits/earnings
beanspruchen, etw. ~	*here:* to lay claim to sth.
Bedarf, bei ~	as required
Berichtigungsaktien, Gratisaktien	bonus shares/stocks, scrips
Bezugsfrist, eine ~ einräumen	to grant a subscription period
Bezugsrecht	rights issue, subscription right
Bezugsrecht ausüben	to exercise (subscription) rights
Bezugsrechtsverhältnis	subscription ratio
Bezugsrechtsverhältnis, das ~ beträgt 10:3	rights are being issued three for ten
dritteln, sich ~	to be divided by three
einbehalten, Gewinne ~	to retain profits/earnings
erwirtschaften, Gewinne ~	to generate profits/earnings
Handel	*here:* trading
honorieren, etw. ~	to honour sth.
Kaufanreiz, geringeren ~ für Anleger haben	to be less attractive to investors
Korrekturmöglichkeit	*here:* way to correct this
Kursanstieg	price gain, rise in price
Mittel	funds *(no sing.)*
psychologisches Manko	psychological drawback
Stichtag	set date
stückeln	to denominate

Die Stückelung gibt an, auf welchen (hohen oder niedrigen) Nennwert die Aktien eines Unternehmens bzw. andere Wertpapiere lauten.

umschichten, Vermögen ~	to rearrange/switch around assets *here:* to perform/conduct a bookkeeping exercise
Umwandlung von Rücklagen in Grundkapital	conversion/transfer of reserves to share capital
unentgeltlich	free (of charge)
Verteuerung der Aktie	rise in the share/stock price
Zustimmung, die ~ von jdm. vorausgesetzt	provided this has been approved by sb.
Zuteilung von Aktien	allotment/allocation of shares/stocks
Zweck, einen ähnlichen ~ verfolgen	to pursue a similar aim/objective

Forging Bonds

Within the scope of their finance strategy, companies tend to prefer to cover their borrowing needs by *issuing securities* rather than taking out bank loans, a process known as *disintermediation*. Bank loans are sometimes in short supply and often place severe restrictions on *borrowers* in order to reduce *default* risk; they also usually *bear floating interest rates*, whereas securities are more predictable and enable companies to assess their future *outgoings* more accurately.

Bonds are the most common type of security issued; *straight bonds* represent medium to long-term loans which pay regular *fixed interest* to the investor and are repayable on a predetermined *redemption* date. *Notes* have similar features but a shorter life (roughly 1-10 years), and *bills mature* even sooner (less than 1 year).

The main ***issuers*** of bonds are international institutions, governments, municipalities, *utilities*, *corporates* and *special purpose vehicles*. Bonds issued by states are collectively known as *sovereigns*, but often have country-specific names such as *Treasuries* (T-bonds, T-notes, T-bills) (USA), *gilts* (UK), or *bunds* (Germany). The public sector therefore often competes with the private sector to attract investors and might even *crowd* the corporate sector *out* of the market by offering more attractive conditions.

Bonds normally have a fixed ***term***, that is in addition to paying regular interest, issuers undertake to *redeem* them *at par value* at *maturity*. *Callable* bonds, however, can be redeemed (called) by the issuers before maturity; they might want to do this, for example, if interest rates have fallen and they can issue new bonds at a lower interest rate. There are also *perpetual bonds* which run *indefinitely* unless the issuer decides to *terminate* them, or unless the investor takes up an offer to convert them to fixed-maturity debt. Bonds are designated as *shorts*, *mediums* and *longs* depending on the time they have to run until redemption.

The **par value** of a bond is its *face value*, and it is on this that the interest is calculated. Sometimes bonds are issued with a low face value in order to bring them within the reach of small investors; these are known as *baby bonds* and in the USA, for example, come in *denominations* of less than $1,000, normally between $500 and $25. Bonds are usually issued and *traded at a premium* or *discount*, i.e. *above* or *below par*, depending on the state of the market and the other conditions. They are generally *denominated in* the currency of the country in which they are issued. Bonds issued by a foreign borrower in the local currency are called *foreign bonds*, e.g. dollar bonds issued in the USA by a German company; the latter are also known as yankee bonds, similarly there are bulldog bonds, samurai bonds, panda bonds etc.

baby bond	Baby-Bond
bill	*hier:* Schuldtitel mit kurzer Laufzeit
bond	Anleihe, Rentenpapier, Obligation, Schuldverschreibung
borrower	Kreditnehmer
bund, German/federal bond	Bund, Bundesanleihe
callable	kündbar
corporate *(noun)*	*hier:* Großunternehmen
crowd out *(vb)*; crowding out	verdrängen; Crowding Out
default	Zahlungsausfall
denominated, to be ~ in US dollars	auf US-Dollar lauten
denomination	1. Stückelung 2. Denominierung
discount, at a ~, below par	mit Abschlag/Disagio
disintermediation *(no pl.)*	Disintermediation
face/nominal/par value	Nennwert
fixed interest *(no pl.)*	fester Zins(betrag)
floating/variable interest rate, to bear a ~	mit einem variablen Zins(satz) ausgestattet sein
foreign bond	Auslandsanleihe
forge, to ~ bonds	Bande schmieden
gilt, gilt-edged security	britische Staatsanleihe
indefinitely	(zeitlich) unbegrenzt
issuer; to issue; issue	Emittent; emittieren; Emission
long *(noun)*, long bond	Langläufer, Anleihe mit langer Laufzeit
maturity; to mature	Fälligkeit; fällig werden
medium *(noun)*, medium bond	Anleihe mit mittlerer Laufzeit
note	Schuldtitel mit mittlerer Laufzeit
outgoings *(no sing.)*, expenditure	Ausgaben
par (value), at ~	zu Pari, zum Nennwert
perpetual bond	Perpetualbond, "ewige" Anleihe
premium, at a ~, above par	mit Aufschlag/Agio
redemption; to redeem	Tilgung; tilgen
security	*hier:* Wertpapier
short *(noun)*, short bond	Kurzläufer
sovereign/government (bond)	Staatsanleihe
special purpose vehicle/entity, SPV	Zweckgesellschaft, SPV
straight bond	konventionelle Anleihe, Straight Bond
term, life	Laufzeit
terminate *(vb)*	kündigen
trade, to ~ bonds	mit Anleihen handeln
Treasury, Treasury paper *(no pl.)*	US-Staatsanleihe/-titel/-papier
T-bill (kurze Laufzeit), T-note (mittlere Laufzeit), or T-bond (lange Laufzeit)	
utility	Versorgungsunternehmen

A variant of this is the *Eurobond*, which enables borrowers to *tap the credit markets* by issuing bonds in a non-local currency, for example in dollars outside the USA (Eurodollars), in yen outside Japan (Euroyen), and thus to enjoy the advantages of the absence of regulation by the central bank issuing the currency. These bonds are chiefly issued and traded in *offshore centres* due to the special *benefits* these *confer*, such as *tax concessions*.

Bonds typically *bear* a **fixed rate of *interest*** (the *coupon*) calculated on the par value, but this does not indicate the *return* on the investment. The *yield* takes other factors into account apart from the *nominal interest* and gives a better picture of the return.

The *current yield* takes into account the price the investor pays for the bond in the market. An 8% bond with a *nominal value* of £100 will always earn £8 interest per annum. If, however, the bond is bought for £50, the coupon is still £8 but the yield is 16%. *Conversely* if £200 is paid for the bond, the yield is 4%; in other words the lower the price, the higher the yield and vice versa, an important *rule of thumb* to bear in mind when watching the bond markets. Experts calculate more complex types of yield as well, for example the *yield to maturity* also adds in the difference between the current price and the *redemption price* and the length of time till maturity.

Bonds tables in the business press compare corporate yields with those on *government bonds*, which are taken as *benchmarks* for the bond market as a whole, the difference being known as the *spread*. When yields on *corporates* rise relative to governments, this indicates that their market prices are falling faster, i.e. investor confidence in industry and demand are dwindling.

Some bonds have **variable interest rates**: for example *floating rate bonds and notes*, which are normally issued with an interest rate *collar*, that is the interest rate is not allowed to fall below or exceed a specific *floor* and *ceiling*. The coupons on these instruments are adjusted periodically and are often linked to certain *benchmark interest rates*, e.g. 17*bp* over 3-month Euribor. The interest and/or the redemption price of *index-linked bonds* move in line either with the cost of living index to protect investors from the effects of inflation, or alternatively with any market index, e.g. the DAX. *Zero coupon bonds* bear no interest at all, but are issued far below par and repaid at their full face value at maturity. This enables investors to buy more bonds and benefits issuers in that no interest has to be paid until redemption. Bonds can also be stripped, that is the annual interest payments and the *principal* are divided into separate instruments (*strips*) and traded individually as zero coupon bonds.

Maximum protection is provided for the investor if bonds are ***secured*** *on* the issuer's *assets*. In the UK, company bonds in the form of *debentures* are secured on specific assets; in the US, they are only secured on the company's general *credit* and integrity, but are neverthless usually very reliable because they are issued by *blue chip companies*.

assets	Vermögenswerte
bear, to ~ 4% interest	mit 4 % verzinst werden
benchmark	Referenzwert, Benchmark
benchmark interest rate	Referenzzins
blue chip company	erstklassiges Unternehmen
bp, basis point, 0.01%	Basispunkt
ceiling, cap	Höchstzinssatz, Zinsplafond
collar	Collar *(wörtlich: Kragen)*
confer, to ~ benefits	Vorteile mit sich bringen
conversely	umgekehrt
corporate (bond)	Unternehmensanleihe
coupon	Kupon, Coupon
credit	*hier:* Bonität
current yield	laufende Verzinsung
debenture	Schuldverschreibung
Eurobond	Euroanleihe

Eurobonds issued in euros are termed "euro-denominated Eurobonds" (in German usually "Euroanleihen in Euro"). Any bonds issued in euros are usually termed "euro-denominated bonds" ("auf Euro lautende Bonds").

floating rate bond, ~ note *etc.*	Floater
floor	Mindestzinssatz
government/sovereign (bond)	Staatsanleihe

Sovereign bonds are often issued in a non-local currency.

index-linked bond, linker	Indexanleihe
nominal interest *(no pl.)*	Nominalzins, Nominalverzinsung
nominal/face/par value	Nennwert
offshore centre *(See pages 358-9)*	Offshore-Zentrum
principal	*hier:* Nennwertbetrag, Kapital(betrag)
redemption price	Rückzahlungskurs
return	Ertrag
rule of thumb	Faustregel
secure, to ~ a bond on sth.	eine Anleihe durch etw. besichern
spread	Spread, Renditeabstand
strip	Strip

Acronym of Separate Trading of Registered Interest and Principal of Securities

tap, to ~ the credit markets	die Kreditmärkte anvisieren/anzapfen
tax concession	Steuervergünstigung
yield	Rendite
yield to maturity, YTM, redemption yield	Effektivverzinsung
zero coupon bond	Null-Kupon-Anleihe, Zerobond

Asset-backed securities (ABS) are relative newcomers to the market, but have rapidly gained ground: these are bonds secured by predictable future *revenue* such as *rental income*, repayments of *mortgages* or car loans, credit card *receivables*, *royalties* etc. Rights to these revenue assets are *pooled* and *hived off* to a specially created company known as a special purpose vehicle, which borrows money by issuing bonds *backed by* these assets, in other words it *securitises* these loans. The best-known ABS is the *mortgage-backed security*, whereby the issuer buys mortgages (and their revenue) from banks and other *lenders*, thus enabling them to finance new mortgage lending. He *recoups* his purchase by issuing securities backed by this reliable stream of mortage revenue. ABS are normally very safe, but if the stream of revenue does dry up investors are left empty-handed. This was the case with the *subprime crisis* in the USA, when *the property bubble burst*, house prices *plummeted,* and houseowners were unable to repay their mortgages. The situation was aggravated by the fact that many leading banks in the USA and Europe had invested in a more complex form of ABS known as *collateralised debt obligations* in order to maximise their returns. CDOs are backed by a variety of assets, including mortgages, to diversify the risk and are divided into risk *tranches*, the highest-risk tranche *generating* the highest returns.

To enable investors to compare the relative **risk** provided by bonds, *rating agencies grade* bonds according to their *creditworthiness* using published *data* and additional *sensitive* financial information provided to the raters by the companies or institutions involved. Moody's, Standard & Poor's and Fitch are the most widely-recognised agencies and their ratings are allowed to be used where *credit standards have to be met*, for example where money is invested on somebody's behalf, e.g. for pension funds, *trustee stock* etc. Bonds are *upgraded* or *downgraded on an ongoing basis*, for example some *Brady bonds* issued by *indebted* emerging markets, have over the years moved up to investment grade (roughly BBB upwards), while other loans have had to be *restructured* because they have been downgraded to junk status and/or there is a danger of *default*. The grading systems of the main agencies can be seen from the simplified scheme below (S&P's and Fitch are basically identical).

Rating	S&P's	Moody's
Top grade	AAA	Aaa
High grade	AA	Aa
Upper medium grade	A	A
Medium grade	BBB	Baa
Somewhat speculative	BB	Ba
Low grade, speculative	B	B
Low grade, default possible	CCC	Caa
Low grade, partial recovery possible	CC	Ca
Default, recovery unlikely	C	C

asset-backed security, ABS	Asset-Backed-Security, ABS-Anleihe
backed/secured/collateralised by	unterlegt/besichert durch
Brady bond, Brady (*pl.* Bradys)	Brady-Bond

These were initiated by former US Treasury Secretary Nicholas Brady in 1989 as a solution to the international debt crisis. The bonds provided debt relief for less developed countries (LDCs), especially in Latin America, enabling governments to pay off their loans by issuing bonds denominated in US$ and backed by US Treasury zero coupon notes. The guarantee was conditional on the LDCs first initiating structural reforms in their economies. There are few Brady bonds left, but a similar idea has been mooted to help ailing Eurozone economies.

collateralised debt obligation (CDO)	Collateralised Debt Obligation (CDO)
credit standards, to meet ~	Kreditbestimmungen einhalten
creditworthiness	Kreditwürdigkeit
data *(sing. & pl.)*	1. Statistik(en) 2. Daten
default	*hier:* Zahlungsausfall
downgrade *(vb)*	zurückstufen
generate *(vb)*	generieren, erwirtschaften
grade, rate *(vb)*	einstufen
hive, to ~ sth. off to sth./sb.	*hier:* etw. an jdn./etw. übertragen
indebted	verschuldet
lender	Kreditgeber
mortgage	Hypothek
mortgage-backed security, MBS *(see page 383)*	Mortgage-Backed-Security, MBS, durch einen Pool von Hypotheken besichertes Wertpapier
ongoing, on an ~ basis	laufend
pool, bundle *(vb)*	bündeln
plummet *(vb)*	in den Keller fallen
property bubble, the ~ burst	die Immobilienblase platzte
rating agency	Rating-Agentur
receivables	Forderungen
recoup, to ~ a purchase	die Ausgaben amortisieren
rental income *(no pl.)*	Mieteinnahmen
restructure, reschedule *(vb)*	umschulden
revenue *(no pl. UK)*, revenue(s) *(US)*	Einnahmen
royalty *(e.g. Bowie bonds)*	Tantieme
securitise *(vb)*	(Forderungen) verbriefen
sensitive	*hier:* streng vertraulich, sensibel
subprime crisis	Subprime-Krise

Subprime borrower = Kreditnehmer mit zweifelhafter Bonität

tranche	Tranche
trustee stock *(no pl.)*	mündelsichere Wertpapiere
upgrade *(vb)*	höher einstufen

1. See if you can match the following types of bond with the definitions given below and suggest their German equivalents

* asset-backed security	* gilt	* index-linked bond
* baby bond	* convertible	* junk bond
* zero coupon bond	* floating rate note	* sovereign
* callable bond	* foreign bond	* Treasury

(NB convertibles and junk bonds feature in Chapter 23)

(a)	Short-term bond where the interest rate is periodically readjusted.
(b)	Bond issued by a state.
(c)	Bonds issued by the US and UK governments respectively.
(d)	Bond secured by a reliable future stream of income deriving from assets which are usually transferred to a separate corporate entity.
(e)	Bond with a low par value.
(f)	Bond where the interest rate and often the redemption price are adjusted in line with movements in prices, especially rises in the cost of living as measured by the RPI (retail prices index) in the UK or the CPI (consumer price index) in the USA.
(g)	Bond paying no interest but bought at a large discount and repaid in full at maturity.
(h)	Bond issued by a foreign borrower in the local currency, e.g. sterling bonds issued in the UK by a Spanish company.
(i)	Bond which can be exchanged for an equity at a specified price and on a specified date in the future.
(j)	Bond which can be repaid by the issuer before maturity.
(k)	Below-investment-grade bond with a high interest rate, typically issued by corporates to finance start-ups or takeovers and mergers. Also known as a high-yield bond.

2. More statistics

Note the following useful terms and use them to translate the sentences below

above-average
below-average
disproportionate
(negative idea)

to average

to bottom out

to peak

to total

the equivalent of
equivalent to

(a)	In den letzten 20 Jahren betrug die Jahresrendite bei amerikanischen Aktien und Rentenpapieren durchschnittlich 13 % bzw. 10 %.
(b)	Die Mehrkosten, die uns aus der Mautgebühr entstehen, werden sich voraussichtlich insgesamt auf circa €75,000 belaufen.
(c)	Die Zinsen haben inzwischen die Talsohle erreicht.
(d)	Der Dollar erreichte 1985 seinen Höchstkurs bei umgerechnet €1,77.
(e)	In den letzten fünf Jahren verzeichnete Deutschland im EU-Vergleich eine überproportionale Steigerung der Arbeitsproduktivität.
(f)	Der Anteil der Investitionen am Bruttonationaleinkommen lag im Durchschnitt der letzten zehn Jahre bei etwa 10 %.

3. Insert the following market participants in the correct boxes in the following diagram:

lender * securities issuer/special purpose vehicle * home buyer * investor

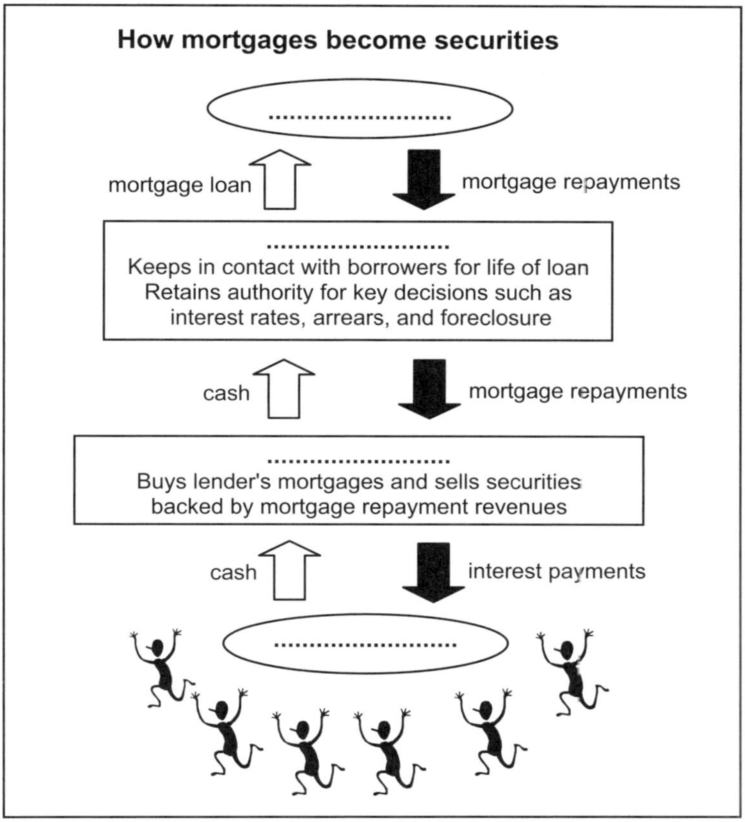

4. Make or do?

(i) Insert the appropriate form of make or do in the following sentences

(ii) Translate the sentences into German

(a)	It would ... a better impression if you ... your hair before the interview!
(b)	She ... very few mistakes when she was ... the exercises.
(c)	We've ... a lot of money ... business with Morocco.
(d)	The canteen's closed today so we'll have to ... ... with sandwiches.
(e)	The chairman ... an excellent speech at the AGM.
(f)	His attitude towards the employees ... him much credit.
(g)	We've ... 300 kilometres since we set out.
(h)	Will you ... the correspondence before you go and ... copies for the files.
(i)	The report in the motoring magazine did not really ... the car justice.
(j)	He ... £20 an hour just ... the books for the local solicitor.
(k)	We ... a loss this year so the board will have to ... without a pay rise.

1.

(a) floating rate note – Floater
(b) sovereign bond – Staatsanleihe
(c) US: Treasuries/Treasurys; UK: Gilts – amerikanische bzw. britische Staatsanleihen
(d) asset-backed security/ABS – ABS-Anleihe
(e) baby bond – Baby-Bond
(f) index-linked bond –Indexanleihe
(g) zero coupon bond – Zerobond, Null-Kupon-Anleihe
(h) foreign bond – Auslandsanleihe (here: Bulldog bond)
(i) convertible/exchangeable (bond) – Wandelanleihe/-schuldverschreibung
(j) callable bond – kündbare Anleihe
(k) junk bond – Junk-/Ramsch-/Schrottanleihe; hochverzinsliche Anleihe.

2.

(a) The annual return on American shares and bonds over the past 20 years averaged 13% and 10% respectively.
(b) The extra costs we will incur from the road toll are likely to total about €75,000.
(c) Interest rates have now bottomed out.
(d) The dollar peaked at the equivalent of €1.77 in 1985.
(e) Compared with the rest of the EU, Germany has posted above-average growth in labour productivity over the past 5 years.
(f) Over the past 10 years capital investment averaged about 10% of GDI.

3.

home buyer
lender
securities issuer/special purpose vehicle
investor

4. (i) & (ii)

(a) make – did. Du würdest einen besseren Eindruck machen, wenn Du Dir vor dem Vorstellungsgespräch die Frisur richten würdest.
(b) made – doing. She machte bei den Übungen sehr wenig Fehler.
(c) made – doing. Wir haben bei unseren Geschäften mit Marokko viel Geld verdient.
(d) make do. Heute hat die Kantine zu; wir werden uns also mit belegten Broten zufrieden geben/abfinden müssen.
(e) made. Der Vorsitzende hielt bei der HV eine ausgezeichnete Rede.
(f) does. Seine Einstellung gegenüber den Arbeitnehmern ehrt ihm.
(g) done. Seit der Abfahrt haben wir 300 km zurückgelegt.
(h) do – make. Würden Sie bitte die Korrespondenz erledigen und Kopien zum Ablegen anfertigen, bevor Sie nach Hause gehen.
(i) do. Der Bericht in der Autozeitschrift wurde dem Wagen eigentlich nicht gerecht.
(j) making – doing. Er verdient £20 in der Stunde rein dafür, dass er die Buchführung für den Rechtsanwalt im Ort erledigt.
(k) (have) made – do. Wir haben dieses Jahr ein Minus verzeichnet, so dass der Board wohl ohne Gehaltserhöhung auskommen muss.

25

Neuemission und Börsengang eines Unternehmens
Der Primärmarkt

Stocks Around the Clock
Securities trading on secondary markets

Neuemission und Börsengang eines Unternehmens

Unter einer ***Emission*** versteht man die *Ausgabe* von *Wertpapieren* wie *Aktien* oder *Rententitel*, d.h. ihre Ausstellung und *Platzierung (Unterbringung)* bei einem *Anlegerpublikum. Emittenten* sind Unternehmen oder *Körperschaften der öffentlichen Hand* wie der Bund oder Bundesländer, die die Wertpapiere *emittieren*, um *sich Kapital zu beschaffen.* Mit der praktischen Durchführung einer Emission *beauftragt* der Emittent i.d.R. eine Bank.

Eine ***Neuemission***[1] ist folglich die erstmalige Ausgabe von Wertpapieren eines bestimmten Emittenten. Der Markt für solche Emissionen heißt *Primärmarkt.* Sollen diese Wertpapiere auch *gehandelt* werden, so müssen die Titel in einem zweiten Schritt auch am *Sekundärmarkt* eingeführt und *zugelassen* werden. Viele Emittenten führen diese beiden Schritte – erstmalige Emission und *Börseneinführung* (*Börsengang*) – gleichzeitig in Form eines *IPO (Initial Public Offering)* durch.

Bevor das konkrete Emissionskonzept evt. *in Verbindung mit* einem Börsengang erarbeitet werden kann, muss das emittierende Unternehmen drei grundsätzliche *Entscheidungen treffen:*

1. Wie soll die Emission *durchgeführt* werden?
2. An welche *Zielgruppe* soll sich die Emission richten?
3. Wie hoch soll der *Ausgabepreis/-kurs* für die Wertpapiere sein?

1. Wie wird die Neuemission durchgeführt?

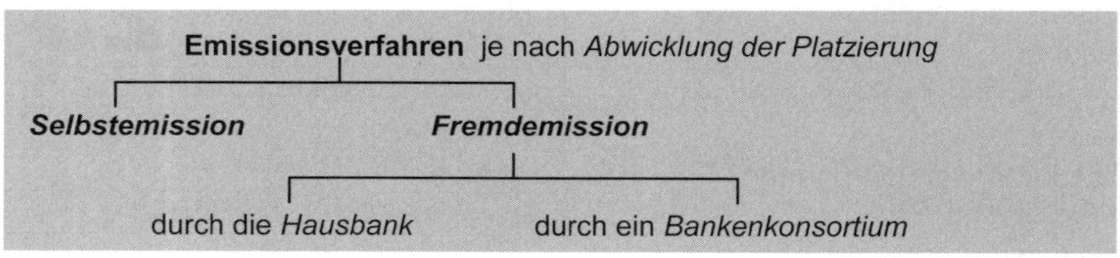

Bei der eher seltenen **Selbstemission** übernimmt der Emittent in eigener Regie und Verantwortung Begebung und Platzierung seiner Wertpapiere, ohne das Bankensystem als *Zwischenstufe* einzuschalten. *Vom Kostenstandpunkt aus gesehen* ist eine solche Emission zwar günstig, *birgt* allerdings einige *Platzierungsrisiken.* Meist *erfüllt* der Emittent nicht *die* notwendigen *Voraussetzungen* für eine großangelegte Platzierung.

---

[1] Der Begriff Neuemission wird in der Literatur leider uneinheitlich in den folgenden Bedeutungen verwendet:

(a) *erstmalige Emission* von Wertpapieren eines noch nicht börsennotierten Emittenten
(b) erstmalige Emission oder die neue Ausgabe von anderen Aktientypen eines bereits börsennotierten Unternehmens
(c) Synonym: IPO, d.h. Wertpapieremission bei gleichzeitigem Börsengang
(d) erster öffentlicher Verkauf von Anteilspapieren, die sich zuvor u.U. in privater Hand befanden

Abwicklung der Platzierung	placement procedure
Aktie	share *(UK)*, stock *(US)*, equity
Anlegerpublikum	investors
Ausgabepreis, Ausgabekurs	issuing/issue price, (public) offering price
Bankenkonsortium	banking syndicate
beauftragen, jdn. mit etw. ~	to instruct/commission sb. to do sth.
bergen, Platzierungsrisiken ~	to involve placement risks
Börseneinführung, Börsengang	going public *(no pl.)*, listing
durchführen, eine Emission ~	to float an issue, to launch an issue
Emission, Begebung	issuance, issue
Emittent	issuer
emittieren, begeben, ausgeben	to issue, to float
Entscheidungen treffen	to make/take decisions
erstmalige Emission	first(-time) issue
Fremdemission	securities issue for sb.'s account
handeln	*here:* to trade
Hausbank	issuer's principal bank
IPO, Initial Public Offering	IPO, initial public offering

In der Presse wird der Begriff 'Börsengang' häufig mit IPO (Initial Public Offering) gleichgesetzt. I.e.S. bezeichnet ein IPO jedoch die Kombination von Neuemission bei gleichzeitigem Börsengang.

Kapital, (sich) ~ beschaffen	to raise capital
Kostenstandpunkt, vom ~ aus gesehen	from the point of view of costs
Körperschaft der öffentlichen Hand	public-sector entity
Neuemission	new issue
Platzierung, Unterbringung	placement
Primärmarkt	primary market
Rententitel	bond, fixed-income/fixed-interest security
Sekundärmarkt	secondary market
Selbstemission, direkte Emission, Direktplatzierung, Eigenemission	direct placement/offering/flotation
Verbindung, in ~ mit	in conjunction with
Voraussetzungen, die ~ erfüllen	to meet/fulfil the preconditions
Wertpapier	security
Zielgruppe	target group
zulassen, zum Börsenhandel ~	to admit for trading/listing
Zwischenstufe	*here:* intermediary

Bei der **Fremdemission** werden entweder eine Bank, z.B. die Hausbank des Emittenten oder mehrere Banken in Form eines Bankenkonsortiums, mit der Unterbringung der Emission beauftragt. Konsortien sind *Gelegenheitsgesellschaften*, die *sich* nach Abwicklung der Platzierung wieder *auflösen*. Sie verfügen über ein großes *Platzierungspotenzial*, können vielfältige *Beziehungen* beim Verkauf der übernommenen Wertpapiere nutzen und ein größeres Volumen im Anlegerpublikum unterbringen.

Je nach Aufgabenspektrum, mit dem das Konsortium als *Finanzintermediär* betraut wird und das von Land zu Land variiert, unterscheidet man zwischen:

- ***Festübernahme der gesamten Emission* als *Übernahmekonsortium***

Bei dieser international weit verbreiteten Art der *Konsortialtätigkeit* übernehmen die Banken den Gesamtwert der Emission und führen außerdem eine Unterbringung der Titel beim *Publikum* durch. Das Konsortium tritt als *Selbstkäufer* auf, d.h. es übernimmt die Wertpapiere zu einem festen *Kurs* und vergütet dem Emittenten sofort den Gegenwert. Solche Konsortien tragen dann das volle *Weiterplatzierungsrisiko*. Die Wertpapiere verbleiben im eigenen *Bestand* der *Konsorten* oder werden an *Kapitalanleger* weiterverkauft.

- **Übernahme einer Emission zur Verkaufsvermittlung als *Begebungskonsortium***

Das Konsortium übernimmt nur den Vertrieb der Emission; das Platzierungsrisiko trägt weiterhin der Emittent. Seine Funktionen beschränken sich also auf Zeichnungs-, *Vermittlungs- und Verwaltungstätigkeiten*. Die Konsorten treten als *Stellvertreter* des Emittenten, als Makler oder *Geschäftsbesorger* auf und platzieren die Wertpapiere im Namen und für Rechnung des Emittenten. Ergänzend können Banken als *Garantiekonsortium* agieren, d.h. sie *verpflichten* sich, die bei der Zeichnung nicht abgesetzten Wertpapiere zu einem zuvor vereinbarten Kurs selbst zu übernehmen.

2. An welche Zielgruppe richtet sich die Neuemission?

Emissionsdistribution je nach Zielgruppe

öffentliche Emission | *Privatplatzierung*

Bei einer **öffentlichen Emission** erfolgt die Unterbringung der Wertpapiere beim allgemeinen Publikum. Konkret vollzieht sich diese Emission in Form der *Auflegung zur öffentlichen Zeichnung* durch alle interessierten *Groß*- oder *Kleinanleger*. Im *Zeichnungs- oder Emissionsprospekt* fordert der Emittent die *Kaufinteressenten* auf, die Emission *innerhalb einer bestimmten Frist* zu *zeichnen* (*Zeichnungseinladung*), sich also zum Kauf einer bestimmten Anzahl von Aktien zu verpflichten.

Auflegung zur öffentlichen Zeichnung	invitation/offer for public subscription
auflösen, sich ~	to dissolve
Begebungskonsortium	selling group, selling syndicate
Bestand	portfolio
Beziehungen	*here:* connections, contacts
Emissionsprospekt	(issuing/offering) prospectus
Festübernahme der gesamten Emission	firm-commitment underwriting, bought deal
Finanzintermediär	financial intermediary
Frist, innerhalb einer bestimmten ~	before a given deadline
Garantiekonsortium	underwriting group/syndicate
Gelegenheitsgesellschaft	temporary/ad hoc entity
Geschäftsbesorger	agent
Großanleger	wholesale/large investor
Kapitalanleger	investor
Kaufinteressent	prospective buyer
Kleinanleger	retail/private investor
Konsorte, Konsortialmitglied	member of a syndicate
Konsortialtätigkeit	underwriting operations/activity
Kurs	*here:* price
öffentliche Emission	public offering
Platzierungspotenzial	placement potential
Privatplatzierung, Private Placement	private placement
Publikum	general public
Selbstkäufer	buyer of the entire issue, underwriter
Stellvertreter des Unternehmens	*here:* agent, representative
Übernahmekonsortium	underwriting syndicate, underwriting purchase group
Vermittlungstätigkeiten	*here:* financial intermediation services
verpflichten, sich zu etw. ~	to commit oneself to doing sth.
Verwaltungstätigkeiten	administrative services
Weiterplatzierungsrisiko	the risk involved in the further placement of the issue
zeichnen, Wertpapiere ~	to subscribe for/to securities
Zeichnungseinladung	offer for subscription, invitation to subscribe to the securities
Zeichnungsprospekt	(issuing/offering) prospectus

Privatplatzierung ist ein Verfahren, bei dem die Banken für den Emittenten die Titel *außerbörslich* an Privatkunden, Großanleger und hauptsächlich an *institutionelle Anleger* verkaufen.

3. Wie bestimmt man den Ausgabekurs?

Der Ausgabepreis muss so attraktiv, d.h. niedrig sein, dass sich für die emittierten Aktien oder Rententitel ausreichend Käufer finden; die Emittenten sind jedoch an einem möglichst hohen Ausgabekurs interessiert, denn ihr Ziel ist ja die Beschaffung von möglichst viel Kapital im Rahmen der Emission.

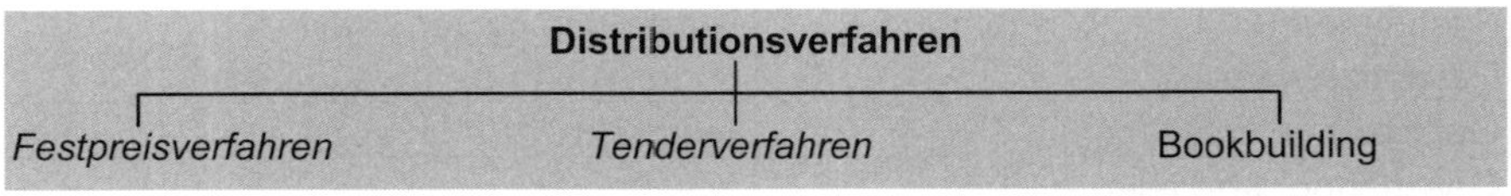

Festpreisverfahren: Emittent und Bankenkonsortium präsentieren dem Anlegerpublikum einen *festen Ausgabekurs*. Die *Gebote* der interessierten Anleger enthalten folglich nur die Angaben zur Menge, die sie kaufen möchten.

Tenderverfahren: Die Platzierung erfolgt *nach dem Auktionsprinzip*. Ein Mindestkurs wird festgesetzt. Anleger müssen daraufhin ihre Gebote, die Menge und Kurs umfassen, schriftlich einreichen. Das gesamte *Emissionsvolumen* wird derart untergebracht, dass in der Reihenfolge vom *Höchstgebot* des *Meistbietenden* an abwärts *zugeteilt* wird. Gebote zu den niedrigsten Preisen werden notfalls *anteilig* gekürzt.

Bookbuilding: Die meisten Aktienemissionen werden nach dieser Methode untergebracht. Hier erfolgt die Festsetzung einer *Preisspanne* als *Richtgröße*, zu der die Investoren zur Zeichnung von Aktien aufgefordert werden. Bei der Festsetzung der Preisspanne orientieren sich Emittent und Konsortialbanken an den Ausgabekursen bzw. an den *aktuellen Kursen* ähnlicher Unternehmen und an der derzeitigen allgemeinen Marktlage. Ist die Preisspanne *abgesteckt,* folgt die Einladung zur Zeichnung von Aktien: die *interessierten Käufer* geben an, wie viele Aktien sie zu welchem Kurs innerhalb der Preisspanne abnehmen wollen. Die gesamten *Zeichnungsaufträge* gehen beim *Konsortialführer* ein und werden 'in einem Buch' gesammelt (der *Bookbuilding-Vorgang*). Am Ende der *Zeichnungsfrist* lässt sich aus der Gesamtzahl der Gebote der *endgültige Ausgabekurs* ermitteln. Nun kann die *Zuteilung der Aktien* erfolgen.

Überschreitet die Nachfrage nach Aktien das kalkulierte Ausgabevolumen, spricht man von einer *Überzeichnung der Emission*. In diesem Fall können Emittent und Konsortium auf eine *im Vorfeld festgelegte Überzeichnungsreserve,* den *Greenshoe, zurückgreifen* und noch zusätzliche Aktien zuteilen. Der Begriff Greenshoe geht auf die Greenshoe Manufacturing Company zurück, ein US-amerikanisches Unternehmen, das erstmals ein solches *Vorgehen praktizierte*.

abstecken, etw. ~	*here:* to set, to decide
aktueller Kurs	current market price
anteilig	in proportion, proportionately
Auktionsprinzip, nach dem ~	on the auction principle
außerbörslich	off-exchange, off-floor, off-market
Bookbuilding-Vorgang	bookbuilding process
Emissionsvolumen	issue, volume issued
endgültiger Ausgabekurs	final issue/issuing price
fester Ausgabekurs	fixed issue/issuing price
Festpreisverfahren, Mengentender, Festsatztender	fixed-price system/method
Gebot	*here:* bid
Greenshoe, festgelegte Überzeichnungsreserve	greenshoe
Höchstgebot	highest bid
institutionelle Anleger	institutional investor

Professionelle Kapitalanleger wie Banken, Versicherungen oder Fondsgesellschaften, die aufgrund ihrer umfangreichen Kapitalinvestments als Großinvestoren auftreten und nachhaltigen Einfluss auf die Finanzmärkte haben.

interessierte Käufer	interested/prospective buyers
Konsortialführer, Lead Manager	lead/syndicate manager, bookrunner
Meistbietender	highest bidder
Preisspanne	price range, price spread
Richtgröße	guideline
Tenderverfahren	tender system, tender method
Überzeichnung der Emission	oversubscription of the issue
Vorfeld, im ~	beforehand, previously
Vorgehen, ein bestimmtes ~ praktizieren	to practise a certain procedure
Zeichnungsaufträge	subscription orders
Zeichnungsfrist	subscription period
zurückgreifen, auf etw. ~	to fall back on sth.
zuteilen	to allot, to allocate
Zuteilung der Aktien	allotment/allocation of shares

Der typische *Zeitplan* eines Initial Public Offering

Phase 1 – Der *Börsenaspirant* plant das IPO

- Auswahl des geeigneten *Börsensegments* und *Prüfung* der dortigen *Zulassungsvorschriften*
- Auswahl der Konsortialbanken: Während des sogenannten Beauty Contests *präsentieren* sich die interessierten Banken dem IPO-Unternehmen. Ziel ist es, den *Zuschlag* als Mitglied des Konsortiums oder gar als Konsortialführer zu *erhalten*. *Selektionskriterien* sind u.a. die *Platzierungskraft* der Bank.
- Aufstellung des genauen Zeitplans gemeinsam mit dem Konsortium und den hinzugezogenen IPO-Beratern
- Feststellung der *Börsenreife*

Phase 2 – Die Vorbereitung auf das IPO

- Erarbeitung des Emissionskonzeptes und Festlegung der *Emissionsstruktur*
- Due Diligence: detaillierte Analyse und Bewertung der *Ertrags- und Geschäftslage* sowie der letzten *Jahresabschlüsse* des Emittenten durch *unabhängige Dritte*. Erstellt wird ein *Stärken-Schwächen-Profil des Prüflings* und eine Einschätzung über dessen Chancen und Risiken.
- Ausarbeitung eines Emissionsprospekts, der den interessierten Anlegern das Unternehmen, seine Ziele und Potenziale darlegen und ihnen bei der Entscheidung helfen soll, diese Aktie zu zeichnen oder nicht
- Einleitung des *Börsenzulassungsverfahrens*

Phase 3 – Das Marketing

- Ausarbeitung der Equity Story des Unternehmens: schriftlich fixierte moderne *Unternehmensvision und -mission*, die sich an *Analysten* richtet und *Anlegerfantasien beflügeln* soll
- Präsentationen in den Medien
- *Abhalten* von *Roadshows: Finanzjournalisten-* und Analystentreffen, Investoren-Meetings und andere *Informationsveranstaltungen*, bei denen das Unternehmensmanagement die Stärken und das Wachstumspotenzial der Firma präsentiert, um möglichst viele Anleger zur Zeichnung der Aktie zu animieren

Phase 4 – Angebot und Verkauf der Aktien

- Bookbuilding und Festsetzung des Emissionspreises
- Aktienzuteilung
- Aktive *Investor-Relations-Pflege*: gute Kontakte zu den Investoren herstellen. Zu intakten Investor Relations gehören Imagepflege, *Kurspflege*, ständige Informationen über die Entwicklung der Firma und über ihre *laufenden Geschäfte.*

Analyst	analyst

Beurteilt mit Hilfe von Aktienanalysen die Qualität einer Anlage und versucht sich ein möglichst genaues Bild über die wirtschaftliche Situation einer Aktiengesellschaft und die Kurschancen ihrer Aktie zu machen.

Anlegerfantasien beflügeln	to whet investors' appetites
Börsenaspirant	candidate aspiring to a stock exchange listing
Börsenreife	ability to meet the listing requirements
Börsensegment	stock exchange tier
Börsenzulassungsverfahren	listing procedure
Emissionsstruktur	structure of the issue
Ertrags- und Geschäftslage	earnings and business situation
Finanzjournalist	business/financial journalist
Informationsveranstaltung	briefing session
Investor-Relations-Pflege	cultivation of investor relations
Jahresabschluss	annual accounts, financial statement
Kurspflege	price management/adjustment
laufende Geschäfte	current business
präsentieren, sich jdm. ~	to present oneself to sb.
Platzierungskraft	placing power
Prüfung	examination, checking
Roadshows abhalten	to stage roadshows
Selektionskriterien	selection criteria
Stärken-Schwächen-Profil des Prüflings	profile of the strengths and weaknesses of the candidate
unabhängige Dritte	*here:* external/outside experts
Unternehmensmission	corporate mission, mission statement

Beantwortet die Fragen – Warum gibt es das Unternehmen? Welche ethische Verantwortung trägt es? Wie ist die Firmenpolitik motiviert? – und gibt Auskunft über den langfristigen Beitrag des Unternehmens für Wirtschaft und Gesellschaft.

Unternehmensvision	corporate vision, vision statement

Ein konkretes Zukunftsbild vom Unternehmen, dessen Realisierbarkeit bereits erkennbar ist, das aber noch einen gewissen Spielraum zulässt, um die Begeisterung der Mitarbeiter für neue Firmenpotenziale zu wecken. Die Vision beantwortet die Frage – Welche Zukunft strebt das Unternehmen an? Sie beschreibt, wie die Organisation sein möchte, fordert heraus, soll die Richtung weisen und den Mitarbeitern helfen sich entsprechend zu motivieren und zu engagieren.

Zeitplan eines IPO	schedule for/of an IPO
Zulassungsvorschriften	listing regulations
Zuschlag, den ~ erhalten	*here:* to be awarded the contract

Stocks Around the Clock

After initially being *issued* and sold on the *primary markets (see pages 386-393),* shares and other *securities* such as bonds or *derivatives* are subsequently *traded* between interested buyers and sellers on the *secondary markets.* Here the *trade* makes a profit or loss for the investor, not for the *issuer,* unless the security happens to be in his own portfolio.

Marketplaces

- ***Trading floors***

The traditional venue for such activities has been the trading floor of a *stock exchange*; these have a long history, the first stock exchange being set up in Amsterdam in 1611. The exchange provides a physical location for *market participants* to meet for trading, which traditionally took the form of noisy *open outcry* auctions running simultaneously for different stocks, each traded at specially designated *posts. Floor trading* at *futures exchanges* takes place in so-called *pits* and is even more rowdy. The *sophistication* of electronic trading systems has, however, skyrocketed in recent years, with the result that they have virtually *ousted* floor trading on every exchange apart from some futures and *commodities exchanges.* Most exchange trading today is conducted via centralised computer systems, exchanges having invested fortunes in developing and installing *state-of-the-art screen-based systems* such as Xetra in Frankfurt or SETS in London. These high-speed electronic systems, which automatically *match buy* and *sell orders*, have triggered a phenomenal rise in *trading volumes* because they reduce costs, enhance efficiency and speed, and also permit longer *trading hours.* The pace of technological advance, coupled with the rise of rival *trading platforms* and the increasing globalisation of trading, have prompted a *flurry of mergers and acquisitions* amongst exchanges. The stiff competition has also *spurred* many to extend the range of securities they trade, and also to drop their *non-profit* status and *take* the exchange *public*, for most of them a successful move.

- **Other trading platforms**

In addition there are trading platforms which have no physical trading *premises*, but are independent networks trading electronically. They typically *handle over-the-counter (OTC) stocks,* that is stocks of companies too small and with too little *trading turnover* to be listed on the big exchanges. Most also provide *after-hours trading* facilities.

The best-known of these is NASDAQ, an electronic trading network set up in New York in 1971 as a marketplace for OTC stocks, particularly growth *stocks* such as *start-ups* and high-tech companies. Many firms *list* here because they cannot meet the *exacting listing requirements* of the conventional exchanges; others choose NASDAQ to avoid the transparency and expense of the traditional exchanges' demanding *disclosure and reporting* rules. Very many NASDAQ companies such as Microsoft, EBay and Intel have meanwhile become *household names* and are no longer regarded as OTC stocks.

after-hours trading *(no pl.)*	Nachbörse, nachbörslicher Handel
buy order	Kauforder, Kaufauftrag
commodities exchange	Rohstoffbörse
derivative	Derivat, derivatives Finanzinstrument
Tradeable contract (option, future, swap) entitling the holder to buy or sell an underlying good (share, currency, commodity) at an agreed price in the future.	
disclosure and reporting *(no pl.)*	Offenlegung und Bilanzierung
exacting, demanding	strikt, streng, stringent
floor trading *(no pl.)*	Präsenzhandel, Parketthandel
flurry of mergers and acquisitions	Fusions- und Übernahmewelle
futures exchange	Terminbörse
handle *(vb)*	*hier:* führen
household name, to become a ~	hohen Bekanntheitsgrad erreichen
issue *(vb)*; issuer; issue	emittieren; Emittent; Emission
list *(vb)*	an einer Börse notieren
listing requirements	Zulassungsvorschriften
market participant/player	Marktteilnehmer, Akteur
match *(vb)*	*hier:* matchen, zusammenführen
non-profit *(UK)*/not-for-profit *(US)*	gemeinnützig
open outcry *(no pl.)*	Open Outcry-System
Price discovery and conclusion of deals by shouting and hand signals.	
oust *(vb)*	vertreiben, verdrängen
over-the-counter/OTC securities	Freiverkehrswerte, Nebenwerte
pit	Handelsring
post	Börsenstand
premises *(no sing.)*	Räumlichkeiten
primary market	Primärmarkt
public, to take ~	an die Börse bringen
screen-based system	Bildschirm-/Computerhandelssystem
secondary market	Sekundärmarkt
securities	Wertpapiere, Effekten
sell order	Verkaufsorder, Verkaufsauftrag
sophistication *(no pl.)*	*hier:* Verfeinerung, Weiterentwicklung
spur, to ~ sb. to do sth.	jdm. ermutigen etw. zu tun
start-up (company)	Startup, Jungunternehmen
state-of-the-art, cutting-edge *(adj.)*	auf dem allerneuesten Stand (d. Technik)
(stock) exchange, bourse	Börse
trade	Börsengeschäft, Abschluss
trade, to ~ sth.	in/mit etw. handeln
trading , ~ floor	Börsenparkett, Börsensaal
trading, ~ hours	Börsenzeit, Handelszeit
trading, ~ platform	Plattform, Handelsplattform
trading, ~ turnover/volume	Börsenumsatz-/Handelsvolumen

Newer, but very successful, players on the share-trading scene are *Alternative Trading Systems* (ATS) such as *ECNs (Electronic Communication Networks).* These are independent electronic platforms which match buy and sell orders and *execute* them using *algorithmic* (automated) *trading* techniques and *low-latency* (very high-speed) systems. *Institutional investors*, their main users, can trade with one another direct through ECNs, thus avoiding the cost of a middleman. They also benefit by the fact that their trades, although displayed, are normally anonymous, and that big trades can be split into smaller units; small trades attract less attention and are less likely to cause *price swings.* Due to their low cost, speed and efficiency ECNs have grown fast, posing a serious threat to the mainstream exchanges; on the other hand their *program trading*, in particular their *high-frequency "flash" trading*, has been blamed for causing price volatility and market crashes. Some ECNs have now merged with existing exchanges or been granted exchange status in their own right.

Dark pools are another booming ATS. These are private markets (sometimes embedded in exchanges) which are particularly popular with *hedge funds* because they enable their clients to buy and sell large portfolios (*block trades*) without attracting attention, as trades do not have to be reported. This means there is no *price discovery* mechanism and trades do not affect prices on exchanges.

Market Players

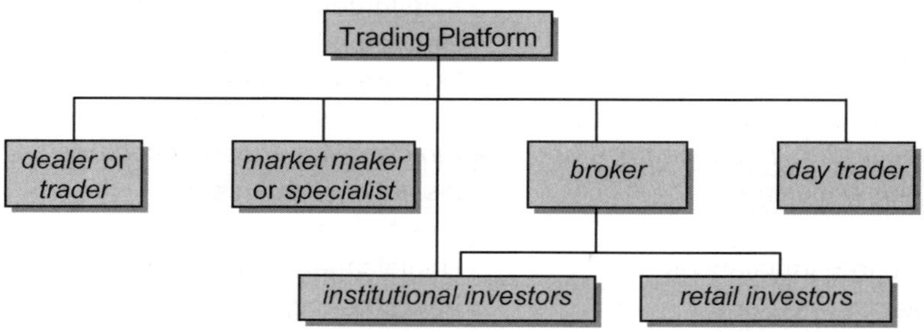

• **Dealers** and **traders** buy or sell securities *for their own account* and their profit is the money they make on the *spread*, that is the difference between the *bid price* and the *ask price.* They may also trade for the accounts of the *brokerage firms* or other financial institutions employing them and frequently sell these securities on to clients, therefore acting in a *broker/dealer* capacity.

• **Market makers** are also broker/dealers, but have at the same time committed themselves to *maintaining an orderly market* in certain securities. They buy and sell their *designated stocks* from their own *inventories* and *provide* their own *price quotations,* which they have to honour. On the *NYSE* this same function is performed by "specialists"; these, however, match orders rather than filling them, and display the latest bid and ask prices rather than supplying quotes and closing trades with investors. If necessary they *iron out imbalances* by buying and selling for their own accounts in order to maintain market liquidity and to prevent dramatic *price fluctuations*.

<table>
<tr><td>account, for one's own ~</td><td>für/auf eigene Rechnung</td></tr>
<tr><td>algorithmic/algo trading</td><td>algorithmischer Handel</td></tr>
<tr><td colspan="2">Computer-driven trading of large blocks of securities. Complex mathematical models are used to minimise impact on the market and stock prices by splitting trades into multiple small orders and timing these trades very finely.</td></tr>
<tr><td>ask/asked/selling/offer price</td><td>Briefkurs</td></tr>
<tr><td>Alternative Trading System, ATS</td><td>Alternatives Handelssystem</td></tr>
<tr><td>bid/buying price</td><td>Geldkurs</td></tr>
<tr><td>block trade</td><td>Blockorder, Pakettransaktion</td></tr>
<tr><td>broker (e.g. stock~, property ~, ship~)</td><td>Broker (nur im Börsenkontext), Makler</td></tr>
<tr><td>broker/dealer</td><td>Broker-Händler</td></tr>
<tr><td colspan="2">Acts both as agent and principal (Eigenhändler) in securities transactions.</td></tr>
<tr><td>brokerage firm</td><td>Maklerfirma</td></tr>
<tr><td>dark pool</td><td>Dark Pool</td></tr>
<tr><td>day trader</td><td>Day-Trader</td></tr>
<tr><td>dealer, trader</td><td>Händler (i.w.S.)</td></tr>
<tr><td>designated stocks</td><td>die von jdm. betreuten Wertpapiere</td></tr>
<tr><td>ECN, Electronic Communication Network</td><td>ECN, Electronic Communication Network, elektronische Handelsplattform</td></tr>
<tr><td>execute, to ~ an order</td><td>eine Order/einen Auftrag ausführen</td></tr>
<tr><td>hedge fund</td><td>Hedgefonds, (Hoch-)Risikofonds</td></tr>
<tr><td>high-frequency "flash" trading</td><td>Hochfrequenzhandel, Flash-Handel</td></tr>
<tr><td colspan="2">Transmission of high-volume trades in milliseconds; flash trading additionally enables traders to obtain price and order information ahead of competitors.</td></tr>
<tr><td>institutional investor</td><td>institutioneller Anleger</td></tr>
<tr><td>inventory</td><td>(Wertpapier-) Bestand</td></tr>
<tr><td>iron out, to ~ imbalances</td><td>Ungleichgewichte glätten</td></tr>
<tr><td>low-latency</td><td>Low Latency, mit niedriger Latenzzeit</td></tr>
<tr><td colspan="2">Low-latency connections guarantee ultra high-speed transmission with minimum delay times (= latency).</td></tr>
<tr><td>maintain, to ~ an orderly market</td><td>einen geordneten Marktverlauf gewährleisten</td></tr>
<tr><td>market maker, specialist (NYSE)</td><td>Marketmaker, Marktmacher</td></tr>
<tr><td>NYSE, New York Stock Exchange</td><td>NYSE, New York Stock Exchange</td></tr>
<tr><td>price discovery</td><td>Kursfeststellung, Kursfindung</td></tr>
<tr><td>price fluctuations/swings</td><td>Kursschwankungen</td></tr>
<tr><td>price quotation, to provide a ~</td><td>einen verbindlichen Kurs stellen</td></tr>
<tr><td>program trading</td><td>Programmhandel</td></tr>
<tr><td colspan="2">Very high volume trades triggered automatically by computer when securities hit a certain price. Can potentially skew markets, therefore carefully regulated.</td></tr>
<tr><td>retail/individual/small investor</td><td>Klein-/Privatanleger, Kleininvestor</td></tr>
<tr><td>spread</td><td>hier: Spanne, Differenz, Spread</td></tr>
</table>

- **Brokers** buy or sell securities on behalf of clients and earn a *commission* known as *brokerage* on the transaction.
- **Day traders** *open* and *close positions* within one trading day, *capitalising on* small price changes to turn a profit. For the most part they are experienced *professionals*, but the prospect of quickly earning high returns has attracted scores of hobby investors, some of whom have burnt their fingers badly.
- **Institutional investors** are organisations with large *pools of money* to invest such as banks, insurance companies, public bodies (e.g. *local authorities*), *trade unions*, pension funds, *investment companies* etc.

Market Procedure

Investors normally *initiate* a trade by giving a buy or sell order to a *stockbroker* or *securities firm*, stipulating the terms under which they want to reach a deal.

Order type	Characteristics
market order	simply an order to the broker to buy or sell at the *current market price*
limit order	order to the broker to buy or sell when the security has reached a certain price or better. For example if a broker is given a *limit order to sell* at £30 when *prices are bullish* and the market price is £25, he will wait until the market price is £30 or higher before making the trade.
stop order	order to the broker to buy or sell *stock* as a market order once it has reached a specific price (the *stop price*), in order to *limit exposure*. Taking the same example as above, this time in a *bear market,* the investor might stipulate a *stop sell order* at £23 in order to close the position before prices fall any further.
day order	order valid for one day only
GTC order	good 'til cancelled order, i.e. order valid until *fulfilled* or *cancelled*

Some stockbrokers give their clients detailed advice on their investments and are known as *full-service brokers*; others, who simply act as agents carrying out their clients' orders and therefore charging less commission, are known as *execution-only* or *discount brokers*. There are also *deep discount brokers,* who perform trades in large *blocks of shares*. After receiving an order, the stockbroker or securities firm will probably transmit it to an ECN or to a *floor broker* at the exchange for execution.

Settlement, that is the date by which the buyer (or his broker) must pay for the securities or by which the seller (or his broker) must *deliver* the securities and receive the *proceeds* of the sale, has been considerably *expedited* by the introduction of increasingly sophisticated automated *clearing systems* and now often takes place within 2-3 days after the trade date (T+2 or T+3).

Investors who buy shares in the expectation that they will soon rise and bring a profit are known as *bulls*, while those who do the opposite are known as *bears*. It is also possible to speculate on bear markets by *short selling*, that is

bear	Baissier, Bär *(Börsenjargon)*
bear market	Baisse
block of shares	Aktienpaket
brokerage *(no pl.)*	Courtage, Maklergebühr
bull	Haussier, Bulle *(Börsenjargon)*
bullish, prices are ~	Kurse tendieren nach oben
cancel, to ~ an order	eine Order/einen Auftrag annullieren
capitalise, to ~ on sth.	etwas nutzen
clearing system	Clearing-System, Abwicklungssystem

System offsetting debits and credits, in this case comparing the details of a securities transaction and initiating final settlement.

commission *(usu. sing.)*	Provision, Kommission
current market price	aktueller (Tages-)Kurs
day order	Tagesorder, Tagesauftrag
deep discount broker	Deep Discount-Broker
deliver *(vb)*	liefern
execution-only/discount broker	Execution-Only-/Discount-Broker
expedite *(vb)*	beschleunigen
floor broker	Parkett-Broker
fulfil, to ~ /fill/execute an order	eine Order/einen Auftrag ausführen
full-service broker	Full Service-Broker
GTC/good 'til cancelled/open order	Auf-Widerruf-Auftrag
initiate *(vb)*	in die Wege leiten
investment company	Kapitalanlage-/Investmentgesellschaft
limit, to ~ exposure/risk *(no pl.)*	*hier:* das Kursrisiko ein-/begrenzen
limit order (to buy/to sell)	Limitauftrag/-Order, limitierte Order
local authority, municipality *(US)*	Kommune
market order	Market-Order, unlimitierter Auftrag, Billigst-Auftrag, Bestens-Auftrag
pool of money	Geldpool, gebündeltes Kapital
positions, to open and close ~	Positionen eröffnen und schließen
proceeds *(no sing.)*	Erlös
professional *(noun)*	*hier:* Börsianer, Börsenprofi
securities firm	Wertpapierhaus
settlement *(usu. Sing.)*	Abwicklung, Erfüllung
short selling *(no pl.)*	Leerverkäufe
stock *(UK, collective term, usu. Sing.)*	*hier:* Wertpapiere, Effekten
stockbroker	Effektenmakler, Börsenmakler
stop order; stop loss order	Stop-Order; Stopp-Loss-Order
stop price	Stop-Kurs
stop sell order	Stop-Sell-Order
trade union *(UK)*, labor union *(US)*	Gewerkschaft

by selling shares one does not actually own in order to buy them later (hopefully) at a lower price before delivery, thus making a profit. The purchase of the shares needed to fill the order is frequently financed by *margin buying*, that is by borrowing part (usually 50%) of the purchase price from the stockbroker and paying him back once the profit has been made.

Market Prices

Securities prices and trends can be followed – with a bit of experience – in the business media, though many retail investors rely on the advice provided by their *financial advisers*, who are experienced at studying financial information and *analysts'* reports. Analysts usually base their recommendations either on

fundamental analysis – that is *evaluating* information about a company's financial situation, its management and how it compares with *peer* firms, or on

technical analysis – that is studying *charts* showing how particular securities or sectors have performed in the past and using this data to *project future trends*.

The ***price-earnings (P/E) ratio*** (cf. Page 262) quoted in the share tables is often considered a good guide to market trends, *relating* the current market price of a share to the *relevant* company's *earnings*. It *indicates* the value investors place on a particular share and their expectations as to its future development, and it is particularly useful to look at a share's P/E in comparison with shares of companies in the same *line of business*. Normally share tables quote a *trailing P/E*, that is one based on the latest published earnings, however there are also *forward P/Es*, generally based on an analyst's forecast of next year's earnings.

Probably the most widely-noted barometer of *price trends* is the relevant market's ***share index***, which indicates how the shares of a set of "typical companies" in a particular market have *fared* in comparison with a certain *base*. The percentage change compared with the previous day or another date is more *illuminating* than the actual index figure. Although the *composition* of the index is *adjusted* periodically to *reflect* changes in the corporate scene, it is virtually impossible to create an index which is truly representative of a particular market. This to some extent explains the differing results sometimes reached by different indices for the same market.

The most closely-watched indexes include

- The **Dow Jones Industrial Average** (DJIA), which measures the performance of 30 *leading industrial stocks* in the USA. There are also Dow Jones averages for specialist groups of securities such as *transportation*, *utilities* and bonds.
- The **FTSE 100** (Footsie), which measures the *performance* of the UK's 100 leading shares, while the **DAX 30** *tracks* 30 *blue chips* on the Frankfurt bourse. There are also pan-European indexes (e.g. DJ Euro Stoxx 50) and a variety of global indexes.

adjust *(vb)*	anpassen
analyst	Analyst
base	Basis
blue chip, blue-chip stock/share	Blue Chip, Standardwert
chart	Chart *(die ~)*
composition	Zusammensetzung
earnings *(no sing.)*	Ergebnis *(Gewinn oder Verlust)*
evaluate *(vb)*	auswerten
fare *(vb)*	*hier:* sich entwicklen
financial adviser	Finanzberater, Vermögensberater
forward/leading P/E	KGVe *(e steht für ‚erwartet')*
fundamental analysis	Fundamentalanalyse
illuminating	aufschlussreich
indicate, to ~ sth.	Aufschluss geben über etw.
leading industrial stocks	führende Industriewerte
line of business	Branche
margin buying *(no pl.)*	Margin-Käufe
Purchase of securities by borrowing money from a broker, the margin being the percentage of the purchase price which is paid as guarantee.	
peer	vergleichbar
performance *(no pl.)*	*hier:* (Aktien-)Performance
NB a country's economic performance = die Wirtschaftsleistung eines Landes	
price trend	Kursentwicklung, Kurstrend
price-earnings ratio, P/E (ratio), PER	Kurs-Gewinn-Verhältnis, KGV
project, to ~ future trends	Trends projizieren/hochrechnen
reflect, mirror *(vb)*	widerspiegeln
relate, to ~ sth. to sth. else	etw. mit etw. in Zusammenhang bringen
relevant	*hier:* betreffend, jeweilig
share index *(pl. indexes or indices)*	Aktienindex
technical analysis	technische Analyse
track, to ~ sth.	*hier:* die Entwicklung von etw. verfolgen
trailing P/E	aktuelles KGV
transportation *(US) (no pl.)*, transport *(UK) (no pl.)*	Verkehr, Verkehrswesen
utility	Versorgungsbetrieb

1. Market Reports

Handel	**trading**
Verkauf, Verkäufe	selling
Kauf, Käufe	buying
Nachmittagshandel	afternoon trading
Handelsende	the close of trading
außerbörslicher Handel	kerb trading *(UK)*, off-floor trading *(US)*
Vorbörse	before-hours/pre-bourse trading
Nachbörse	after-hours trading
Handel, Berufshandel, Börsianer	(market) professional(s), professional trader(s)

Tendenzen	**trends**
⬆ sich erholen	to recover, to rally
leicht anziehen	to edge up, nudge up
fester/stärker tendieren/notieren, anziehen, im Kurs steigen, zulegen, sich verteuern	to firm, advance, appreciate, gain, move up, to be bullish
Kursgewinne verbuchen, im Plus notieren	to post price gains
€ ... gewinnen, sich verteuern um ... %	to gain €..., to be ...% up/higher
im Plus/fester schließen	to close dearer, higher
sich im Höhenflug befinden	to surge
(historischer/Rekord-) Höchstkurs, Höchststand, Hoch	(all-time/record) high
Tageshöchstkurs	intraday high
⬌ sich behaupten	to hold one's own, to remain steady
die Kurse blieben fest	prices remained firm
(eine Rendite von) ... % abwerfen/ verzeichnen, rentieren mit ...%	to yield ...%
⬇ abbröckeln	to drift down
leichter/schwächer tendieren/notieren, nachgeben	to ease, retreat, to be bearish
Kursverluste verzeichnen	to sustain/register/post price losses
€ ... verlieren/einbüßen, um ... % nachgeben	to lose/shed €..., to be ...% down/off/lower
im Minus/schwächer schließen	to close down/lower/off
einen Kurssturz/Kursverfall verzeichnen, rasant fallen	to nosedive, plummet
(historischer/Rekord-) Tiefstkurs, Tiefststand, Tiefstand, Tief	(all-time/record) low

Taktik	tactics
Gewinnmitnahmen	profit-taking
Leerverkäufe, leer verkaufen	short-selling, to sell short
glattstellen	to balance, even up, settle, close out
Meinungskäufe oder -verkäufe	speculative buying or selling

Stimmung	sentiment
freundlich	cheerful
labil	erratic
lebhaft	brisk
lustlos	sluggish, lacklustre
uneinheitlich	patchy, mixed
geringe Umsätze	thin trading
hohe Umsätze	brisk/heavy trading

Statistik	statistics
Prozent	per cent *(UK)*, percent *(US)*
Prozentpunkt	percentage point

NB Per cent and percentage point are two different measures and should be translated as they stand in the original text.
e.g. The jobless rate rose from 5% to 7.5% of the potential workforce, i.e. by 2.5 percentage points. In other words there was a 50 per cent rise in unemployment.

Basispunkt, Bp, BP, 0,01 %	basis point, bp, 0.01%

Basis points denote minute changes in interest rates (100 basis points = 1%)

Punkte, Zähler	points (of a share index)

Translate the following

(a)	Nach Einbußen im frühen Handel hat die Tokioter Börse am Dienstag dank Kursgewinnen bei Banktiteln wieder fester geschlossen.
(b)	Die XYZ-Gruppe, die mit der Bonitätsnote C eingestuft ist, begab gestern eine Anleihe mit siebenjähriger Laufzeit und variabler Verzinsung, die fünf Basispunkte über dem Euribor liegt.
(c)	Der hohe Ölpreis hat am Freitag für Kursverluste am Aktienmarkt gesorgt. Der Dax büßte insgesamt 0,96 Prozent auf 4827,18 Zähler ein. Börsianer sprachen von Gewinnmitnahmen.
(d)	Britain's FTSE 100 index of leading shares nosedived after news of the first bomb explosion, shedding 200 points, or 3 per cent, within an hour.
(e)	ABC, the mobile telecom group, closed the book for its €1.28bn in high-yield bond issues well oversubscribed yesterday, according to lead bankers.
(f)	In late trading the yield on the 10-year Bund was up 3bp at 3.839 per cent. Gilts recovered from early profit-taking, but overall market performance was mixed.

2. Accountability

Telecom companies **accounted for** about 82% of all new issues.
→ **Auf** Telekom-Unternehmen **entfielen** etwa 82 % aller Neuemissionen.
(subject and object reversed, but indirect object often in initial position)
or
→ **Der Anteil** der Telekom-Unternehmen **an** allen Neuemissionen betrug etwa 82 %.
(subject and object in same order as in English)

Translate the following sentences

(a)	My rent accounts for fifty per cent of my expenditure.
(b)	Exports accounted for two-thirds of the growth in real GDP.
(c)	South Africa accounts for much of the continent's mineral wealth.
(d)	China accounts for a large percentage of the world population.
(e)	Telephone trading still accounts for a large proportion of dealing between big institutional investors.
(f)	Equity accounts for just 20% of the liabilities of German mid-sized firms, compared with 35% in France and 45% in America.

3. Word Family: Unternehmen		
noun	Unternehmen, Firma, Betrieb	company, enterprise
noun	Unternehmensberater	management consultant
noun	Unternehmen, Unternehmung	enterprise, undertaking, venture, operation
noun	Unternehmer	entrepreneur; (*rare*: employer, industrialist, businessman)
noun	Leichenbestatter	undertaker
verb	unternehmen	1. to undertake *(e.g. a journey)* 2. to do sth.
verb	sich verpflichten/sich bereit erklären	to undertake to do sth.
verb	etw. überholen	to overtake, pass
verb	etw. übernehmen	1. to take sth.over 2. to undertake, take care of, handle sth.
verb	rechts *(USA)* bzw. links *(UK)* überholen	to undertake sb.
adj.	unternehmungslustig	enterprising
noun	Unternehmungsgeist	enterprise, initiative

Which of the above terms would you insert in the following sentences?

(a)	He ... the ... after his father's death and proved to be an extremely successful ... . Last year his results ... those of the rest of the sector.
(b)	Some ... retailers ... to refund purchases if prices are lower elsewhere.
(c)	If you ... on the motorway like that again you'll soon be in need of a(n) ...
(d)	I'll ... the driving if you'll ... something about finding a reasonable hotel.
(e)	We ... everything we could to stop her, but it was a hopeless ...
(f)	If you ... the planning, our firm will ... the construction operations.

4. See if you can match the following terms with the definitions given below and suggest their German equivalents

* blue chip	* no-par-value share	* registered share
* bearer share	* right	* scrip issue
* bond	* penny stock	* small-cap
* (free) float	* preference share	* warrant
* listed share	* private equity	* ordinary share

(a)	Very low-priced share (less than $1) issued by little-known companies with erratic earnings histories and which is therefore usually very volatile and speculative; traded only on OTC market.
(b)	Share whose ownership is not recorded in the books of the issuing company and which is therefore easily transferable.
(c)	Security paying interest on a regular basis, normally at a fixed rate, and repayable in full on a specified date.
(d)	Equity of a company with low market capitalisation and therefore usually dynamic growth potential.
(e)	Share of a prestigious company with a long record of profit growth and/or dividend payment.
(f)	Equity whose owner's name is recorded in the issuing company's books, thus facilitating dividend payments and notification of rights and scrip issues.
(g)	Volume of a company's outstanding shares which are freely tradeable.
(h)	Equity of a public company which confers no voting rights but which in English-speaking countries pays a fixed dividend and takes precedence over ordinary shares (US: ....).
(i)	Equity with no set value. For accounting purposes the value is set at share capital divided by the number of these shares.
(j)	Equity of a public company which entitles owners to vote and to receive dividends on their holdings (US: ....).
(k)	Holding in an unlisted company requiring assistance such as a start-up or a buyout; the investment is typically held for a limited period of time before realising profits.
(l)	Share traded on a stock exchange.
(m)	Issue of free shares to existing shareholders as an accounting device to transfer funds from retained profits to share capital; the increased volume reduces the value of the shares and makes them more marketable.
(n)	tradeable security conferring the right to buy a share in the issuing company (i) issued to existing shareholders (ii) issued in conjunction with a bond.

1.

(a) After losses in early trading the Tokyo stock exchange closed firmer on Tuesday thanks to bank shares/stocks posting price gains.

(b) XYZ Group, which has a C rating, yesterday issued a floating rate bond/note/FRN with a 7-year maturity which is priced five basis points above/over Euribor.

(c) The high price of oil caused stock market prices to retreat on Friday. The Dax lost/shed/fell a total of 0.96 per cent to 4827.18. Professionals said there had been some profit-taking.

(d) Der britische FTSE 100-Leitindex/Index der führenden Börsenwerte verzeichnete nach Bekanntgabe der ersten Bombenexplosion einen rasanten Kursverfall und büßte innerhalb einer Stunde 200 Punkte/Zähler bzw. 3 Prozent ein.

(e) Laut der Konsortialbanken waren die Emissionen von hochverzinslichen Anleihen des Mobiltelefonkonzerns ABC mit einem Volumen von 1,28 Mrd. Euro beim gestrigen Zeichnungsschluss mehrfach überzeichnet.

(f) Im späten Handel lag die Rendite der 10-jährigen Bundesanleihe bei 3,839 Prozent mit 3 Bp im Plus. Die britischen Staatsanleihen erholten sich nach anfänglichen Gewinnmitnahmen; doch insgesamt war die Marktentwicklung uneinheitlich.

2.

(a) Fünfzig Prozent meiner Ausgaben müssen für Miete aufgewendet werden.

(b) Zwei Drittel des Wachstums des realen BIP entfielen auf Exporte./Der Anteil der Exporte am Wachstum des BIP belief sich auf zwei Drittel.

(c) Ein Großteil der Bodenschatzvorkommen auf dem Kontinent befindet sich in Südafrika.

(d) Ein großer Prozentsatz der Weltbevölkerung entfällt auf/lebt in China.

(e) Der Anteil des Telefonverkehrs am Handel zwischen großen institutionellen Anlegern ist immer noch sehr groß.

(f) Der Anteil des Eigenkapitals an den Passiva von mittelständischen deutschen Unternehmen beträgt lediglich 20 %; in Frankreich liegt der Prozentsatz bei 35 % und in den USA bei 45 %.

3.

(a) took over – company/enterprise – entrepreneur/businessman – overtook

(b) enterprising – undertake

(c) overtake/undertake – undertaker

(d) take care of – do

(e) did – undertaking/enterprise

(f) undertake/take care of/handle – undertake/take care of/handle

4.

(a) penny stock – Billigaktie

(b) bearer share – Inhaberaktie

(c) bond – Rentenpapier, Anleihe, Schuldverschreibung, Obligation

(d) small-cap – Small-Cap

(e) blue chip – Standardwert, Blue Chip

(f) registered share – Namensaktie

(g) (free) float – Streubesitz

(h) preference share, US: preferred stock – Vorzugsaktie

(i) no-par-value share – Stückaktie

(j) ordinary share, US: common stock – Stammaktie

(k) private equity – Private Equity, Beteiligungskapital

(l) listed share – (börsen)notierte Aktie

(m) scrip/bonus/capitalisation issue – Kapitalerhöhung aus Gesellschaftsmitteln

(n) (i) right – Bezugsrecht (ii) warrant – Optionsschein

26

Konjunkturpolitik im Banne des Magischen Vierecks
Beschäftigung, Preisstabilität, Wirtschaftswachstum und außenwirtschaftliches Gleichgewicht

Community Spirit
European Union: stability and growth in the eurozone, overview of the development, institutions and decision-making procedures of the EU

Konjunkturpolitik im Banne des Magischen Vierecks

Im Rahmen der *Konjunkturpolitik* werden Maßnahmen ergriffen, die der Verminderung bzw. der *Glättung von Konjunkturschwankungen* dienen.

Das ***Magische Viereck*** bezeichnet in der BRD eine Konstellation von vier konjunkturpolitischen Zielen, die in einem direkten Abhängigkeitsverhältnis zueinander stehen. Sie sind im Gesetz zur Förderung der Stabilität und des Wachstums, kurz Stabilitätsgesetz, aus dem Jahr 1967 verankert.
Die einzelnen Eckpfeiler des Magischen Vierecks sind:

1. Stabilität des Preisniveaus
2. hoher Beschäftigungsstand
3. außenwirtschaftliches Gleichgewicht
4. stetiges und angemessenes Wirtschaftswachstum

Der Gesetzgeber fordert die gleichzeitige Realisierung dieser vier Ziele. 'Magisch' nannte man dieses Viereck wohl deshalb, weil man glaubte ohne ein bisschen Zauberei nicht auskommen zu können, um das Postulat der Gleichzeitigkeit zu erfüllen. Mögen einzelne Größen bis zu einem gewissen Grad kompatibel sein, so *gilt es* in der politischen Praxis doch *als erwiesen*, dass die *gleichzeitige Verwirklichung der vier Ziele* nicht realisierbar ist. Entwicklungen, die die optimale Umsetzung eines Zieles begünstigen, gefährden Erfolge in einem anderen Zielbereich. Dies führt zu ***Zielkonflikten***, die bestenfalls minimiert, aber nicht ausgeschaltet werden können.

Die praktische Konjunkturpolitik hat die Aufgabe, die unscharfen Zielvorgaben des Gesetzgebers zu ***operationalisieren***, d.h. als *messbare* und damit *verifizierbare Größen* zu *konkretisieren.* Doch die inhaltliche Interpretation der Einzelziele kann je nach politischer oder *wirtschaftlicher Denkschule* bzw. Interessenlage unterschiedlich ausfallen.

Stabilität des Preisniveaus

Diese Forderung beinhaltet, dass der Durchschnitt aller Preise (Preisniveau) über einen längeren Zeitraum stabil bleibt. Dabei können einzelne Güterpreise durchaus *fallen, steigen* oder *konstant bleiben.*
Als operationalisierte Messgröße wird die *Inflationsrate* herangezogen. **Inflation** ist ein anhaltender Prozess von Preiserhöhungen für repräsentative Waren und Dienstleistungen, die in einem *Warenkorb* in *gewichteter* Form erfasst werden. Das Verhältnis des Warenkorbwertes im *Berichtsjahr* zum Wert eines *Basisjahres* ergibt den *Preisindex für die Lebenshaltung* (Verbraucherpreisindex), eine handliche Zwischengröße, die für die *Berechnung der Inflationsrate* herangezogen wird.

$$\text{Preisindex des Berichtsjahres} = \frac{\text{Warenkorb-Ausgaben im Berichtsjahr}}{\text{Warenkorb-Ausgaben im Basisjahr}} \times 100$$

Basisjahr	base year

Ein 'normales und typisches' Jahr in der jüngeren Vergangenheit, das man als Bezugsjahr und Vergleichsbasis bei der Erstellung von Preisindices festsetzt. Es wird ebenso wie die Zusammensetzung des Warenkorbes etwa alle 5 bis 10 Jahre aktualisiert.

Berechnung der Inflationsrate	measuring/calculating the inflation rate
Berichtsjahr	year under review
erwiesen, es gilt als ~, dass	it is considered a proven fact that
fallen, Preise ~ um ...	prices fall by ...
Gewichtung, Wägung	weighting

Das 'Gewicht' (in %) der einzelnen Güter im Gesamtwarenkorb. Ermittelt wird, wie stark einzelne Güter bei den monatlichen Lebenshaltungskosten ins Gewicht fallen. Nahrungsmittel und Energie werden häufiger konsumiert als Luxusgüter und folglich stärker gewichtet.

Glättung von Konjunkturschwankungen	ironing out cyclical fluctuations
gleichzeitige Verwirklichung der vier Ziele	to achieve the four goals concurrently
Inflationsrate, Preissteigerungsrate	inflation rate
Konjunkturpolitik	economic policy
konkretisieren	to concretise
konstant, Preise bleiben ~	prices remain stable/constant
Magische Viereck, das ~, d.h. die vier zentralen konjunkturpolitischen Ziele	the "uneasy quadrangle", i.e. the four principal aims of economic policy
messbar	measurable
operationalisieren	to operationalise
Preisindex für die Lebenshaltung, Index für die Lebenshaltung, Preisindex der Lebenshaltungskosten	cost of living index, Retail Prices Index *(UK)*, Consumer Price Index *(US)*
Stabilität des Preisniveaus	stable price level
steigen, Preise ~ um ...	prices rise by ...
verifizierbare Größen	verifiable statistics/figures
Warenkorb	basket of goods and services

Er setzt sich aus den Waren und Dienstleistungen zusammen, die für den typischen Haushalt repräsentativ sind und sich somit in den Lebenshaltungskosten niederschlagen. Er wird auf der Basis repräsentativer Erhebungen als klassisches länderspezifisches Verbrauchsmuster herangezogen. Der Warenkorb wird in Abständen von 5 bis 10 Jahre aktualisiert, um Änderungen des Verbraucherverhaltens Rechnung zu tragen.

wirtschaftliche Denkschule	economic school (of thought)
Zielkonflikt	a pattern of conflicting/incompatible goals

Die Inflationsrate wird wie folgt ermittelt:

$$\text{Inflationsrate}^{t} = \frac{\text{Index}^{t} - \text{Index}^{t-1}}{\text{Index}^{t-1}}$$

t = Berichtsjahr; t-1 = *Vorjahr*

Hoher Beschäftigungsstand

Zur Beurteilung der *Beschäftigungslage* in einer Volkswirtschaft bzw. zur Operationalisierung des zweiten Ziels des Magischen Vierecks verwendet man in erster Linie die *Arbeitslosenquote*.

$$\text{Arbeitslosenquote} = \frac{\text{Arbeitslose}}{\text{Erwerbstätige + Arbeitslose}} = \frac{\text{Arbeitslose}}{\text{Erwerbspersonen}}$$

Als *Arbeitslose* (Erwerbslose) werden diejenigen *Arbeitsuchenden* erfasst, die offiziell als *arbeitslos gemeldet* sind. Nicht berücksichtigt wird die sogenannte stille Reserve, d.h. diejenigen, die faktisch arbeitslos, aber nicht als solche registriert sind. Die Zahl der *Erwerbspersonen* errechnet sich aus allen (*abhängigen* und *selbständigen) Erwerbstätigen* zuzüglich den Arbeitslosen.

Außenwirtschaftliches Gleichgewicht

Die Leistung der Außenwirtschaft geht aus der *Zahlungsbilanz* eines Landes hervor. Sie ist die systematische Aufzeichnung aller wirtschaftlichen Transaktionen, die zwischen in- und ausländischen Wirtschaftssubjekten in einer bestimmten Periode getätigt wurden. Leistungen und Gegenleistungen sind in entsprechenden *Teilbilanzen* verbucht, die dann zur *Gesamtbilanz* zusammengefasst werden.

Gliederung der Zahlungsbilanz in Deutschland:
I. Leistungsbilanz
II. Vermögensübertragungen
III. Kapitalbilanz inkl. Veränderung der Währungsreserven
IV. Restposten

Die Operationalisierung dieses Ziels im Magischen Viereck erfolgt anhand der Zahlungsbilanz oder besser der einzelnen Teilbilanzen. Formal ist die gesamte Zahlungsbilanz immer *ausgeglichen*, denn die Transaktionsströme werden nach dem Prinzip der *doppelten Buchführung* sowohl auf der *Aktiv-* als auch auf der *Passivseite* erfasst, d.h. jeder Vorgang wird einmal sowohl in der Leistungsbilanz als auch in der Kapitalbilanz gebucht. Die Forderung eines außenwirtschaftliches Gleichgewichts bezieht sich daher immer nur auf Teilbilanzen, die ausgeglichen sein sollen. Weder ein *Defizit* noch ein *Überschuss* in der Leistungsbilanz und den anderen Teilbilanzen sind

abhängige Erwerbstätige	the employed, persons in gainful employment

Personen, die eine unmittelbar auf Erwerb ausgerichtete Tätigkeit ausüben und in einem unselbständigen Beschäftigungsverhältnis zu einem Arbeitgeber stehen.

arbeitslos, als ~ gemeldet sein	to be registered as unemployed
Arbeitsloser, Erwerbsloser *(Pl. die Arbeitslosen)*	an unemployed/jobless person; *(pl. the unemployed, the jobless)*
Arbeitslosenquote	unemployment/jobless rate
Arbeitsuchende	those looking for a job, job-seekers
ausgeglichen sein	*hier:* to be in equilibrium
außenwirtschaftliches Gleichgewicht	external equilibrium
Beschäftigungslage	employment situation
Defizit in der Leistungsbilanz	current account deficit
doppelte Buchführung	double-entry bookkeeping, double-entry accounting
Erwerbspersonen	workforce, labour force

Zu den Erwerbspersonen zählt man alle Erwerbstätige und die Arbeitslosen.

Erwerbstätige	actively working population, the employed and the self-employed

Erwerbstätige sind Personen, die einer wirtschaftlichen Tätigkeit als abhängig Beschäftigte oder als Selbständige nachgehen.

Gesamtbilanz	overall/total balance
hoher Beschäftigungsstand	high level of employment
Kapitalbilanz, Kapitalverkehrsbilanz	capital account

Erfasst alle Kapitalimporte und -exporte.

Leistungsbilanz	balance on current account, current account balance

Sie umfasst: Handelsbilanz, Dienstleistungsbilanz, Erwerbs- und Vermögens-einkommen und die laufenden Übertragungen zur Leistungsbilanz.

Restposten, Saldo der statistisch nicht aufgliederbaren Transaktionen	balancing item (errors and omissions)

Auffangposten für statistische Ermittlungsfehler, nicht erfasste Posten etc.

selbständige Erwerbstätige	the self-employed

Personen, die einer wirtschaftlichen Tätigkeit als Selbständige nachgehen.

Teilbilanz	*here:* account
Überschuss in der Leistungsbilanz	current account surplus
Veränderung der Währungsreserven	change in currency reserves/reserve assets
Vermögensübertragungen	capital transfers
Vorjahr	1. the previous year 2. last year
Zahlungsbilanz	balance of payments, b/p

erstrebenswert, sondern ein Gleichgewicht, bei dem sich *Ein- und Ausfuhren* bzw. *Forderungen* und *Verbindlichkeiten* die *Waage halten.*

Stetiges und angemessenes Wirtschaftswachstum

Das *Wirtschaftswachstum* einer Volkswirtschaft lässt sich auf der Basis des Inländer- oder des Inlandsproduktes errechnen. In den meisten Ländern wird es als *Zuwachsrate* des ***realen Bruttoinlandsprodukts*** (oder einer ableitbaren Größe) erfasst. Die Kurzform lautet ***Wachstumsrate.*** Sie ist der *Prozentsatz*, um den sich das reale BIP innerhalb einer bestimmten Periode verändert.

$$\text{Wachstumsrate}^{t} = \frac{\text{BIP}^{t} - \text{BIP}^{t-1}}{\text{BIP}^{t-1}}$$

t = Berichtsjahr t-1 = Vorjahr

Das Bruttoinlandsprodukt (BIP) stellt den *Gesamtwert* aller Waren und Dienstleistungen dar, die in einer Wirtschaftsperiode im Inland produziert werden oder – anders ausgedrückt – die Summe aller Erwerbseinkommen (Arbeitnehmerentgelte) und Vermögenseinkommen (Gewinne, Zinsen, Dividenden etc.), die von den Wirtschaftssubjekten im Inland bezogen werden. Gemäß beider Erfassungsmethoden tragen sowohl *Inländer* als auch *Nicht-Inländer* im Inland zum BIP bei.

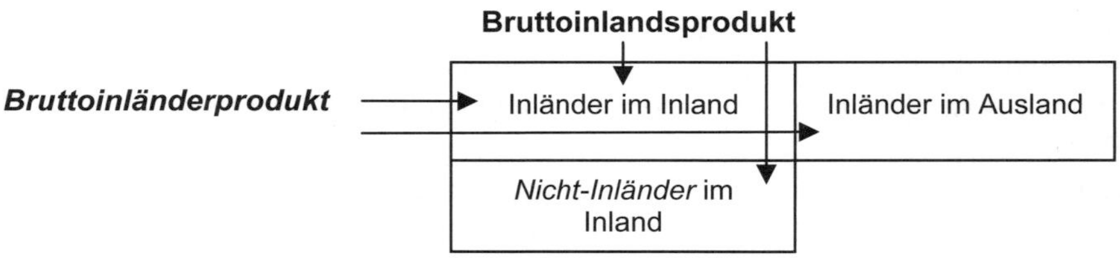

Die Forderung ***stetiges Wachstum*** bedeutet beständiges, gleichmäßiges Wachstum. Das Adjektiv ***angemessen*** heißt 'entsprechend den Erfordernissen der jeweiligen *konjunkturellen Lage'*. *Maximales Wachstum* ist somit nicht gefordert, da dies eine forcierte *Ausbeutung von Ressourcen*, Umweltprobleme in verschärfter Form und Kollisionen mit den anderen wirtschaftspolitischen Zielen mit sich brächte. In der aktuellen Diskussion werden stattdessen zunehmend die Termini *'nachhaltiges' oder 'potenzialgerechtes"* Wachstum verwendet.

<table>
<tr><td>angemessenes Wirtschaftswachstum</td><td>adequate economic growth</td></tr>
<tr><td>Ausbeutung von Ressourcen</td><td>exploitation of resources</td></tr>
<tr><td>Bruttoinländerprodukt, Bruttonationaleinkommen, BNE
(bis 1999: Bruttosozialprodukt, BSP)</td><td>Gross National Income, GNI
(until 1999: Gross National Product, GNP)</td></tr>
<tr><td colspan="2">*Gesamtwert aller Waren und Dienstleistungen, die in einer Wirtschaftsperiode von den Inländern eines Landes produziert werden.*</td></tr>
<tr><td>Bruttoinlandsprodukt, BIP</td><td>Gross Domestic Product, GDP</td></tr>
<tr><td colspan="2">*Entspricht dem Inlandsprodukt vor Abzug der Abschreibungen auf das Anlagevermögen. Antonym: Nettoinlandsprodukt (= Bruttoinlandsprodukt minus Abschreibungen).*</td></tr>
<tr><td>Ein- und Ausfuhren</td><td>imports and exports</td></tr>
<tr><td>Forderungen</td><td>receivables</td></tr>
<tr><td>Gesamtwert aller Waren</td><td>total (value of) goods</td></tr>
<tr><td>Inländer, Gebietsansässige</td><td>residents</td></tr>
<tr><td colspan="2">*Personen oder Unternehmen, die ihren ständigen Wohnsitz bzw. Unternehmenssitz im Inland haben. Antonym: Nicht-Inländer, Gebietsfremde*</td></tr>
<tr><td>konjunkturelle Lage</td><td>economic situation/environment/ scenario/climate</td></tr>
<tr><td>maximales Wachstum</td><td>maximum growth</td></tr>
<tr><td>nachhaltiges/potenzialgerechtes Wachstum</td><td>sustainable growth</td></tr>
<tr><td>Nicht-Inländer, Gebietsfremde</td><td>non-residents</td></tr>
<tr><td colspan="2">*Personen oder Unternehmen, die ihren ständigen Wohnsitz bzw. Unternehmenssitz nicht im Inland haben. Antonym: Inländer, Gebietsansässige*</td></tr>
<tr><td>Prozentsatz</td><td>percentage (rate)</td></tr>
<tr><td>reales Bruttoinlandsprodukt</td><td>real gross domestic product</td></tr>
<tr><td colspan="2">*'Real' bedeutet zu konstanten Preisen eines bestimmten Basisjahres. Das reale Inlandsprodukt, dessen Messgrundlage die Preise eines ausgewählten Bezugsjahres sind (vgl. Messung der Inflationsrate), ist somit eine inflationsbereinigte (= inflation-adjusted) Größe. Technisch geht man dabei so vor, dass mit Hilfe von Preisindices das zu laufenden Preisen ermittelte, also das nominale Inlandsprodukt, auf die Preise des zurückliegenden, ausgewählten Basisjahres umgewertet wird. Antonym: nominales Inlandsprodukt, das immer in laufenden (= jeweiligen) Preisen ausgewiesen ist und erheblich durch inflationäre Entwicklungen aufgebläht sein kann.*</td></tr>
<tr><td>stetiges Wachstum</td><td>steady growth</td></tr>
<tr><td>Verbindlichkeiten</td><td>liabilities</td></tr>
<tr><td>Waage, sich die ~halten</td><td>to be in balance, to balance</td></tr>
<tr><td>Wachstumsrate</td><td>growth rate</td></tr>
<tr><td colspan="2">*Wachstumsrate bezieht sich im Deutschen i.d. R. auf das Wachstum des BIP oder BNE. (Vgl. growth rate in production = Produktionszuwachsrate)*</td></tr>
<tr><td>Wirtschaftswachstum</td><td>economic growth</td></tr>
<tr><td>Zuwachsrate, Steigerungsrate</td><td>growth rate</td></tr>
</table>

Community Spirit

Stability and Growth in the European Union

The success of the German *Stability and Growth Law* of 1967 in promoting a stable and prosperous economy led to the inclusion of similar *provisions* in the *Stability and Growth Pact (SGP)* signed by EU member states in 1996. This was published as an *addendum* to the 1992 Maastricht Treaty, which amongst other things *provided for* the establishment of *Economic and Monetary Union* (EMU) and the introduction of a *single currency*, the euro. All EU member countries belong to the economic union, but if they wish to *adopt the euro* they have to evidence their suitability by *meeting* four *convergence criteria*:

price stability: their inflation rate must be no more than 1.5 *percentage points* above the average of the 3 *lowest-inflation countries* in the system
fiscal discipline: the *government deficit* must not *exceed* 3% of *GDP* and *public debt* must not exceed 60% of GDP
exchange-rate stability: their currency must have participated in the *Exchange Rate Mechanism (ERM II)* and kept within its normal *fluctuation margins* for at least 2 *consecutive* years prior to adopting the euro
interest-rate convergence: long-term interest rates must not be more than 2 percentage points above those of the 3 lowest-inflation countries

In order to promote lasting convergence of eurozone economies and to maintain the value of the euro, it was agreed that eurozone countries must not only meet these criteria in order to enter the system, but must also exercise permanent fiscal discipline in line with the provisions of the SGP. Their *budget* deficit must not be higher than 3% of GDP and their public debt must not exceed 60% of GDP. Under the original provisions of the Pact

- eurozone countries must draw up medium-term stability programmes, *updated annually*, showing their *budgetary objectives* and strategies
- the *Commission* assesses the reports *submitted* by eurozone states, and the *Council*, in the form of the *Economic and Financial Affairs Council (Ecofin),* issues early warnings and/or makes policy recommendations to countries whose deficits threaten to exceed the prescribed limits
- if the Council decides the threshold has been exceeded, it launches the *excessive deficit procedure* (EDP), recommending *effective* corrective action to be taken by the country in question *by a stated deadline*. The rules can be relaxed somewhat under exceptional circumstances, e.g. severe *economic slowdowns,* natural disasters, or other unusual events beyond the country's control. The Council *monitors* implementation of its recommendations, *abrogates* the EDP decision if the *deficit* is *corrected*, but has the power to *impose* financial *sanctions* if a member country consistently fails to *comply*.

abrogate *(vb)*	aufheben
addendum *(pl. addenda)*	Addendum, Nachtrag, Zusatz
adopt, to ~ the euro	den Euro einführen/übernehmen
budget	Haushalt, Etat
budgetary objectives	Haushaltsziele
Commission, European Commission	Europäische Kommission
community spirit *(no pl.)*	Gemeinschaftsgeist/-sinn
comply *(vb)*, to ~ with sth.	einhalten, Folge leisten
consecutive	aufeinanderfolgend
convergence criteria, to meet ~	Konvergenzkriterien erfüllen/einhalten
Council, Council of the European Union, Council of Ministers	Rat, Rat der Europäischen Union, Ministerrat *(siehe Seite 418)*
Configuration depends on policy area e.g. Council of Finance Ministers = Economic and Financial Affairs Council = Ecofin *z.B. Rat der Finanzminister = Rat "Wirtschaft und Finanzen" = Ecofin*	
deadline, by a stated ~	binnen einer vorgegebenen Frist
deficit, to correct a ~	Defizit bereinigen, Haushalt sanieren
Economic and Monetary Union, EMU	Wirtschafts- u. Währungsunion, WWU
economic slowdown	Konjunkturabschwächung
effective *(noun: efficacy)*	wirksam
ERM (II), Exchange Rate Mechanism	Wechselkursmechanismus
System linking currencies of participating EU countries within a certain fluctuation corridor in order to stabilise exchange rates	
exceed *(vb)*	übersteigen, überschreiten
excessive deficit procedure, EDP	Verfahren bei übermäßigem Defizit
fiscal/budgetary discipline *(no pl.)*	Haushaltsdisziplin
fluctuation margins, to keep within ~	die Schwankungsbreiten einhalten
GDP, Gross Domestic Product	BIP, Bruttoinlandsprodukt
government/public/budget deficit	Haushaltsdefizit
lowest-inflation country	preisstabilster Mitgliedsstaat
monitor *(vb)*	überwachen
percentage point	Prozentpunkt
provide, to ~ for sth.	*hier:* etw. vorsehen
provision	*hier:* Bestimmung, Klausel
public/government debt *(no pl.)* *(i.e. aggregate debt)*	Staatsverschuldung/-schulden *(kumulative Schulden)*
sanctions, to impose ~	Sanktionen verhängen, mit ~ belegen
single currency	einheitliche/Einheitswährung
Stability and Growth Law	Gesetz zur Förderung der Stabilität und des Wachstums
Stability and Growth Pact, SGP	Stabilitäts- und Wachstumspakt, SWP
submit *(vb)*	vorlegen
update, to ~ annually	jährlich aktualisieren

Despite the laudable intentions of the Pact, which was drawn up in the mid-90s *in the halcyon days* of a *goldilocks economy*, it proved difficult to comply with its provisions in the ups and downs of economic reality. This was particularly true in *cyclical downturns* and where countries faced grave structural and demographic problems. A number of member states, including even rich countries like France and Germany, found themselves *contravening* the Pact, but Ecofin hesitated to impose sanctions on *wrongdoers*.

Governments *in breach* of the Pact argued that it focused too narrowly on deficits and that they needed greater flexibility to steer their countries out of stormy economic waters. They had little scope for adjusting interest rates to relieve the situation, as eurozone *monetary policy* is set by the *European Central Bank*. This leaves only fiscal policy (cf. Chapter 27), but as governments are *reluctant to antagonise voters* by fiscal measures such as increasing taxes or cutting *welfare benefits*, there were calls for the Pact to be reformed. The terms of the Pact were in fact relaxed in 2005, in a reform that, for example, *exempted* countries from including certain types of spending, such as education, defence and aid, in the budget estimates they submitted.

These reforms were not, however, adequate to cope with the aftermath of the 2008 global financial crisis, which pushed some euro countries to the brink of insolvency. In response to the crisis the Council set up an interim *rescue facility* in 2010 to provide *emergency funding* to countries in danger of default. This was replaced in 2012 by a permanent mechanism, the *ESM*, which is financed jointly by eurozone countries and raises funds by issuing securities guaranteed by member countries. Once a restructuring plan for a distressed economy has been agreed, usually involving a commitment to introduce unpopular *austerity measures*, the facility gives indebted members access to low-interest loans. These allow them to repay their debt and to *fund spending programmes* to *boost* employment, *demand,* growth and competitiveness.

At the same time wider reforms were introduced to keep eurozone economies under better *surveillance*, the key term being *"economic governance"*. A *European Systemic Risk Board (ESRB)* was introduced to monitor the whole financial system, and *Eurostat* was given greater powers to ensure that member states submitted reliable statistics. The excessive deficit procedure was tightened, with *penalties levied* earlier in the process. A new 6-month consultation cycle (the European Semester) was also introduced to enhance coordination of budgetary strategies before countries finalise their budgets.

Critics of the SGP are still sceptical about its efficacy, particularly as the Council has so far proved reluctant to impose the prescribed penalties. They maintain that the terms of the SGP should be upheld and that – rather than demanding *financial shots in the arm*, which are only likely to confer short-term benefit – countries should in good times build up *surpluses* and implement vital structural reforms to deal with *burgeoning* pension and health care commitments, job market sclerosis, Byzantine tax systems etc.

austerity measures	strenge Sparmaßnahmen
boost, to ~ demand	die Nachfrage ankurbeln
breach, to be in ~ of (a contract)	(einen Vertrag) verletzen
burgeoning	*hier:* überbordend
contravene, to ~ sth.	gegen etw. verstoßen
cyclical downturn	Konjunkturabschwung
economic governance	wirtschaftspolitische Steuerung
emergency funding	Notfinanzierung
ESM, European Stability Mechanism	Europäischer Stabilitätsmechanismus
Permanent institution inaugurated in 2012 to support distressed eurozone economies in order to safeguard financial stability. It replaces the interim rescue facility EFSF set up in 2010.	
European Central Bank, ECB,	Europäische Zentralbank, EZB
European Systemic Risk Board, ESRB	Europ. Ausschuss für Systemrisiken
Eurostat *(Statistical office of the EU)*	Eurostat *(Statistiches Amt der EU)*
exempt *(vb)*	befreien, freistellen
financial shot in the arm	Finanzspritze
goldilocks economy	'Goldilocks'-Konjunktur
Fairytale economic conditions – "not too hot and not too cold", as the tale says	
IMF, International Monetary Fund	IWF, Internationaler Währungsfonds
levy, to ~ penalties	Strafmaßnahmen verhängen
monetary policy	Geldpolitik
reluctant, to be ~ to antagonise voters	die Wähler ungern vor den Kopf stoßen
rescue facility, bail-out fund	Rettungsschirm
spending programme, to fund a ~	ein Investitionsprogramm finanzieren
surplus	Überschuss
surveillance	Überwachung
welfare/social security benefits	Sozialleistungen
wrongdoer	Missetäter; *hier:* Defizitsünder

KEY EU TREATIES AND NOMENCLATURE

Euratom, European Atomic Community	Europäische Atomgemeinschaft
European Coal and Steel Community, ECSC	Europäische Gemeinschaft für Kohle und Stahl, EGKS, Montanunion
European Community, EC	Europäische Gemeinschaft, EG
European Economic Community, EEC	Europ. Wirtschaftsgemeinschaft, EWG
Treaty of Lisbon	Vertrag von Lissabon
Treaty of Maastricht, Treaty on European Union	Vertrag von Maastricht, Vertrag über die Europäische Union
Treaty of Nice	Vertrag von Nizza
Schengen Agreement, *later* Schengen Convention	Schengener Abkommen, Schengener Durchführungsübereinkommen (DFÜ)
Treaties of Rome	Verträge von Rom, Römische Verträge

EU Institutions and Organs

European Parliament

max. 750 directly elected representatives

- *co-legislator* (with Council)
- *supervisory powers*:
  approves and appoints Commission
  monitors day-to-day EU management
- approves annual budget

European Council

Heads of state or government of all member countries + *President of the Commission*
Chaired by *President of the European Council* (non-head of state; max. 5 years)

- meets two to four times a year (summit meetings)
- sets down policy *guidelines*

Council of the European Union
(*aka* Council of Ministers, the Council)

1 minister from each member country (configuration varies in line with *policy area* under discussion, e.g. Ecofin for finance). Chaired by *President of the Council;* office held by each country on 6-month rotation

- co-legislator (with Parliament)
- *decision-maker* and co-ordinator of policies in specified areas
- foreign policy meetings chaired by the *High Representative**

European Commission

1 *commissioner* from each member country

- *initiates legislation*
- *guardian of the Treaties*
- *implements* EU policies

European Court of Justice
(+ *General Court*)

1 judge from each member country

- ensures correct *interpretation* and *application* of EU law
- *hears actions* brought before the General Court by individuals and businesses

European Central Bank (ECB)
(*+ ESCB + Eurosystem*)

Governing Council = Executive Board + heads of euro area central banks

- frames monetary policy for implementation by Executive Board

European Court of Auditors

1 member from each member country

- monitors EU income and expenditure

* is also a Vice-President of the European Commission

The *Decision-Making Process*

The EU decision-making process chiefly involves on the one hand the Commission, which initiates legislative proposals, and on the other the Council of Ministers and the European Parliament, which debate and *adopt* these *proposals*. The Commission has to decide between 3 different procedures for passing new legislation, depending on the *legal basis* of the initiative. These legislative procedures differ mainly as regards the relative powers exercised by the Council and Parliament:

- the ***ordinary legislative procedure***, formerly known as the co-decision procedure, is by far the most common process, and since the Lisbon Treaty its competences have been extended to cover most policy areas. With this procedure proposals have to be adopted by both Parliament and the Council, either after up to two *readings* and possible *amendment* by both institutions, or if they do not agree, after a third reading incorporating amendments suggested by a *Conciliation Committee* consisting of representatives of Parliament and the Council. Some legislation, especially taxation and defence, has to be passed *unanimously* by the Council, the rest requires *qualified majority voting (QMV)*.

aka, also known as	auch
amendment	Novellierung, Gesetzesänderung
chair *(vb)*	den Vorsitz führen
co-legislator	Mitgesetzgeber
commissioner	Kommissionsmitglied, Kommissar
Conciliation Committee	Vermittlungsausschuss
Council (of the EU/of Ministers)	Rat (der EU), Ministerrat
decision-maker	Entscheidungsorgan
decision-making process	Beschlussfassungsverfahren
European Council	Europäischer Rat
European Court of Auditors	Europäischer Rechnungshof
European Court of Justice	Europäischer Gerichtshof
European Parliament, EP	Europäisches Parlament, EP
European System of Central Banks, ESCB	Europäisches System der Zentralbanken, ESZB
Central banking system of the EU, comprising the ECB and the national central banks (NCBs) of all EU member countries	
Eurosystem	Eurosystem
Central banking system of the euro area, comprising the ECB and euro area national central banks (NCBs)	
Executive Board *(of the ECB)*	Direktorium *(der EZB)*
General Court, *formerly* Court of First Instance	(EU-)Gericht , *früher* Gericht erster Instanz
Governing Council	Rat der Zentralbankpräsidenten
guardian of the Treaties	Hüterin der Verträge
guideline	Leitlinie
hear, to ~ an action	eine Klage verhandeln
High Representative (of the Union for Foreign Affairs and Security Policy)	Hoher Vertreter (der Union für Außen- und Sicherheitspolitik)
implement *(vb)*	umsetzen
initiate, to ~ legislation	einen Gesetzesvorschlag einbringen
interpretation and application	*hier:* Auslegung und Anwendung
legal basis	Rechtsgrundlage
ordinary legislative procedure	ordentliches Gesetzgebungsverfahren
policy area	Politikfeld
President of the Commission	Präsident der Kommission
President of the Council (of Ministers)	Präsident/Vorsitzender des Rates
President of the European Council	Präsident des Europäischen Rates
proposal, to adopt a ~	einen Vorschlag annehmen
qualified majority voting, QMV	Abstimmung durch qualifizierte Mehrheit
reading	Lesung
supervisory powers	Kontrollbefugnisse
unanimous	einstimmig

- **the *consent procedure*** This applies particularly to international treaties. Here new *legislation passed* by the Council has to be approved by Parliament, which cannot, however, *amend* it in any way.
- **the *consultation procedure*** In this case Parliament does not have to give its approval, but the Council has to seek Parliament's *opinion* for the legislation to be valid. If the Council substantially amends its proposal, it must again consult Parliament before adopting it.

Legislation in the EU can take two forms:

regulations *binding* on all members and *directly applicable*

directives binding on all members, but indirectly applicable, i.e. have to be *converted into national law* by member countries' parliaments *within a specified period of time*

In addition the Council and the Commission can *deliver*

decisions binding, but only on those specified in the decision, e.g. a government, an enterprise, an individual

Any EU institution or organ can issue

recommendations or opinions these indicate the institution's *stance* on a certain topic, but are not binding

Milestones in the Development of the European Union (see also page 417 for translations of treaty names)	
1951	Creation of the *European Coal and Steel Community* with 6 member states: Belgium, Germany, France, Italy, Luxembourg and the Netherlands
1957	*Treaties of Rome*. Creation of the *European Economic Community* and *Euratom*
1967	The 3 original institutions combine to form the *European Community* with a joint Council and joint Commission
1973	*Accession* of UK, the Irish Republic, and Denmark
1981	Accession of Greece
1985	*Schengen Agreement (later Convention)* lifts border controls between France, Germany and the Benelux countries; participation later extends to all members except UK, Ireland, Cyprus, Bulgaria and Romania
1986	Accession of Portugal and Spain Signing of *Single European Act* providing for the *Single Market* (*free movement of goods*, services, capital and persons) to be *completed* by the end of 1992
1992	*Treaty of Maastricht / Treaty on European Union*. European Community becomes the European Union with plans for greater cohesion.
1995	Accession of Austria, Sweden and Finland
1997	Treaty of Amsterdam. Expansion of the *co-decision powers* of the European Parliament and other institutional reforms, Stability and Growth Pact agreed
1998	European Central Bank established in Frankfurt am Main
1999	Introduction of *currency union* in 11 member countries and launch of the euro
2001	Nice Summit. Proclamation of the *Charter of Fundamental Rights*. *The Treaty of Nice* incorporates decisions on the reform of institutions and procedures *in the run-up* to *enlargement; also institutes* a *convention* to draw up a *constitutional treaty*

accession	Beitritt
amend *(vb)*	ändern, novellieren
binding	verbindlich
Charter of Fundamental Rights	Charta der Grundrechte
co-decision powers	Mitentscheidungsbefugnisse
consent procedure (*formerly* assent procedure)	Zustimmungsverfahren
constitutional treaty, constitution	Verfassungsvertrag, Verfassung
consultation procedure	Konsultations-/Anhörungsverfahren
convert, to ~ into national law	in nationales Recht umwandeln
currency union	Währungsunion
decision, to deliver a ~	eine Entscheidung verkünden
directive *(EU term)*	Richtlinie *(EU-Terminus)*
directly applicable	unmittelbar geltend
enlargement	Erweiterung
free movement of goods	freier Warenverkehr
institute, to ~ a convention	einen Konvent ins Leben rufen
legal personality	Rechtspersönlichkeit
opinion	Stellungnahme
legislation *(no pl.)*, to pass ~	Gesetze verabschieden
regulation *(EU term)*	Verordnung *(EU-Terminus)*
run-up, in the ~ to	im Vorfeld von
Single European Act, SEA	Einheitliche Europäische Akte, EEA
Single Market, to complete the ~	den Binnenmarkt vollenden
specified, within a ~ period of time	innerhalb einer vorgegebenen Frist
stance	Einstellung

2002	Introduction of the euro in cash form in 12 member states
2004	Accession of 10 Central and Eastern European countries (CEECs), bringing the EU population to 450 million. Agreement reached on the Constitutional Treaty, providing inter alia for a long-term president of the Council of Ministers and an EU foreign minister
2005	Referendums in France and Holland reject the Constitutional Treaty
2007	Accession of Bulgaria and Romania. Euro introduced in Slovenia. Constitutional Treaty renegotiated and renamed *Treaty of Lisbon*
2008	Euro introduced in Malta and Cyprus. Irish referendum rejects Lisbon Treaty.
2009	Euro introduced in Slovakia. Lisbon Treaty adjusted, now signed by Ireland and lastly by Czech Republic. Treaty of Lisbon comes into force. EU given *legal personality*
2010	Appointment of first "permanent" President of the European Council and first High Representative of the Union for Foreign Affairs and Security Policy
2011	Euro adopted by Estonia.
2012	Establishment of the *European Stability Mechanism* to safeguard financial stability in the eurozone. Nobel Peace Prize awarded to EU
2013	Accession of Craotia

1. The business cycle

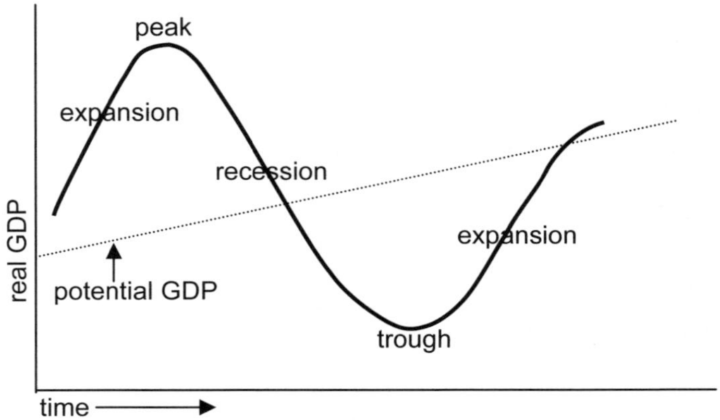

Sort the following features into the appropriate phase of the business cycle

expansion	peak	recession	trough
declining output	little or no capital investment	resurgent consumption	high jobless rate
high idle capacity	full utilisation of capacity	drop in employment	better utilisation of capacity
increased capital spending	inflationary tendencies	demand higher than output	dwindling capital investment
low business confidence	lower incomes and spending	increase in stocks	more housing starts
upturn	more jobs	steep price rises	boom
labour shortages	interest rate cuts	contraction	low demand

2. From adjective to noun

An adjective can be used as a noun in English provided it is preceded by **the** or by a **possessive pronoun**:
the British – the unemployed – the impossible – we must look after our young
Its use is, however, more restricted than in German, as it can only be used
a) for **groups of people in the plural**: *the good, the bad and the ugly*
b) for **abstracts**: *the good in him outweighs the bad*
When a noun formed from an adjective is used in the singular, or if it does not follow **the,** a prop word such as *one, person, man, girl, people, thing* must be added:

- *She helped the blind across the road. = Sie half den Blinden über die Strasse.*
- *She helped the blind gentleman across the road. = Sie half dem Blinden über die Strasse.*
- *She chose the expensive one of course. = Sie suchte natürlich den Teuren aus.*
- *French people/The French like their food. – The Frenchman likes his food.*
  Die Franzosen essen gern/legen Wert aufs Essen. – Der Franzose isst gern. ►

Translate the following

(a)	Das Seltsame war, dass sie den Chinesen tatsächlich verstand.
(b)	Ein Selbständiger muss viel mehr Verwaltungsarbeit leisten.
(c)	Sie erzählte ihm schnell das Wichtigste aus der Meldung.
(d)	Ich habe mir Ähnliches gedacht.
(e)	Es gab viele Trauben, nur war es schwierig reife zu finden.
(f)	Die Zahl der Erwerbspersonen errechnet sich aus allen Erwerbstätigen zuzüglich den Arbeitslosen.
(g)	Die Verletzte wurde ins Krankenhaus gebracht.

3. Getting your sums right

adding 1+1 = 2

- 1 plus 1 is/equals 2
- 1 and 1 is 2

multiplying 2x2 = 4

- 2 multiplied by 2 is/equals 4
- 2 times 2 is 4
- two twos are four

subtracting 2–1 = 1

- 2 minus 1 is/equals 1
- 2 take away 1 is/equals 1
- 1 (subtracted) from 2 is 1

dividing 6:2 = 3

- 6 divided by 2 is/equals 3
- 6 over 2 is/equals 3
- two into 6 is/goes 3

zuzüglich	plus
abzüglich	less, minus
ein Plus von	an increase/rise/surplus of
ein Minus von	a drop/decrease/deficit of
im Plus sein	to be in credit/surplus
im Minus sein	to be in debit/deficit
€65 Mrd. (+ 6 %)	€65bn (up 6%)
€20 Mio. (– 4 %)	€20m (down 4%)
Punkt, Zähler	point
zweistellig	double-digit

(i) Express the following sums in words

6+7 = 13 30:5 = 6 9x8 = 72 48–29 = 19 23+78 = 101 360:15 = 24

(ii) Translate the following sentences

(a)	Der Brutto-Lohn abzüglich Steuern und Abgaben ergibt den Netto-Lohn.
(b)	Zur Errechnung der Marktkapitalisierung multipliziert man die Zahl der umlaufenden Aktien mit dem aktuellen Kurs der Aktie.
(c)	Die Leistungsbilanz schloss mit einem Minus von 3,2 Mrd. Euro.
(d)	Mein Konto wird am Monatsende hoffentlich wieder im Plus sein.
(e)	Der Dollarkurs ist leicht gefallen (– 2 Cent).
(f)	Der Umsatz konnte zweistellig erhöht werden (+ 13,5 %); dies entspricht dem größte Plus seit Jahren.
(g)	In London legte der FTSE 100 um 0,07 Prozent auf 5 060,80 Zähler zu.

(iii) Insert plus/minus to complete this sentence correctly

GNI is equivalent to GDP ... residents' income from economic activity abroad and ... income generated by non-residents in the country.

1.

expansion	**peak**	**recession**	**trough**
more housing starts	labour shortages	declining output	low demand
increased capital spending	full utilisation of capacity	drop in employment	high jobless rate
resurgent consumption	inflationary tendencies	lower incomes and spending	low business confidence
better utilisation of capacity	demand higher than output	increase in stocks	high idle capacity
more jobs	steep price rises	dwindling capital investment	little or no capital investment
upturn	boom	contraction	interest rate cuts

2.
(a) The strange thing was that she actually understood the Chinese man/what the Chinese man was saying.
(b) A self-employed person has to do much more administrative work./If you are self-employed you have to do much more administrative work.
(c) She quickly told him the important points of the announcement.
(d) I was thinking something similar/along similar lines/a similar thing.
(e) There were lots of grapes, it was just difficult to find ripe ones.
(f) The workforce is the total number of the employed and self-employed plus the unemployed.
(g) The injured woman was taken to hospital.

3. (i)

6+7 = 13	six and seven/six plus seven is/equals thirteen
30:5 = 6	thirty divided by five/thirty over five is/equals six five into thirty goes six
9x8 = 72	nine times eight/nine multiplied by eight is/equals seventy-two nine eights are seventy-two
48–29 = 19	forty-eight minus twenty-nine/forty-eight take away twenty-nine is/equals nineteen twenty-nine (subtracted) from forty-eight is nineteen
23+78 = 101	twenty-three and seventy-eight/twenty-three plus seventy-eight is/equals one hundred and one
360:15 = 24	three hundred and sixty divided by fifteen is/equals twenty-four/Fifteen into three hundred and sixty goes twenty-four

3. (ii)
(a) The net wage is the gross wage less/minus taxes and levies.
(b) To calculate market capitalisation you multiply the number of shares outstanding by the current market price of the share./Market capitalisation is the number of shares outstanding times the actual market price of the share.
(c) The balance on current account closed with a deficit of €3.2bn.
(d) Hopefully my account will be in credit again at the end of the month.
(e) The (rate of the) dollar has dropped slightly (down 2 cents).
(f) They managed to post a double-digit rise in turnover (up 13.5%), the sharpest increase for years.
(g) In London the FTSE 100 index gained 0.07 per cent to reach 5,060.80 (points).

3. (iii)
plus – minus

27

Die Geldpolitik

Varianten der Geldpolitik und ihr Instrumentarium

Holding the Purse-Strings

Fiscal policy and the budget

Die Geldpolitik

Die *Geldpolitik* einer Volkswirtschaft *obliegt* i.d.R. der *Zentral-* oder *Notenbank* eines Landes. Sie nutzt das ihr zur Verfügung stehende *Instrumentarium,* um die *Liquidität* der *Geschäftsbanken* und somit die *Geld- und Kreditversorgung* der Wirtschaft in einem gegebenen *konjunkturellen Umfeld* zu steuern. Oberstes Ziel ihres geldpolitischen Kurses ist die Sicherung von *Geldwert- und Preisniveaustabilität*.

Die Geldpolitik operiert mit den zentralen Größen *Geldwert,* Preisniveau und *Geldmenge.*
Unter **Geldwert** versteht man die *Kaufkraft* des Geldes im Inland *(Binnenwert)* und im Ausland *(Außenwert)*. Binnenwirtschaftlich *entspricht* der Geldwert (G) *dem inversen Wert des Preisniveaus* (P).

$$G = \frac{1}{P}$$

Bei einem Anstieg des Geldwerts sinkt die dafür zu erwerbende Gütermenge. Die Entwicklung des Preisniveaus bestimmt somit Veränderungen der Kaufkraft in einer Volkswirtschaft.

Außenwirtschaftlich gibt der Geldwert Aufschluss über die Kaufkraft der inländischen Geldeinheit im Ausland und schlägt sich im *Wechselkurs* nieder.

Das **Preisniveau** beschreibt den Durchschnitt aller Preise. Das Gebot der Preisniveaustabilität – in der Presse oft unpräzise als Preisstabilität bezeichnet – fordert Stabilität nicht für jeden einzelnen Preis, sondern für den Durchschnitt aller Preise. Die Sicherung eines stabilen Preisniveaus bedeutet Inflation zu vermeiden. Inflation ist definiert als kontinuierlicher Anstieg des Preisniveaus von Gütern und Dienstleistungen, die in einem *Warenkorb* erfasst werden.

Die **Geldmenge** ist das Volumen an zur Verfügung stehenden, liquiden Mitteln in Form von *Buch-* oder *Bargeld* in einer Volkswirtschaft. *Die Europäische Zentralbank* unterscheidet drei *Geldmengenaggregate:* eine *enge Geldmenge* M1, die mittlere Geldmenge M2 und die *weiter gefasste Geldmenge* M3.

	M1	M2	M3	Quasigeld
Bargeldumlauf	✓	✓	✓	
täglich fällige Einlagen	✓	✓	✓	
Termineinlagen (Laufzeit max. 2 Jahre)		✓	✓	✓
Spareinlagen mit 3-monatiger Kündigung		✓	✓	✓
Repogeschäfte			✓	✓
Geldmarktfondsanteile und -papiere			✓	✓
Schuldverschreibungen (Laufzeit max. 2 Jahre)			✓	✓

Geldmengendefinitionen der EZB

Neben dem im Wirtschaftskreislauf zirkulierenden Bargeld und den Einlagen auf Girokonten sind auch die Geldanlagen Bestandteil der Geldmenge, die relativ kurzfristig auflösbar und somit Konsumzwecken zuzuführen sind.

Außenwert (des Geldes)	external value (of money)
Bargeld	cash
Bargeldumlauf	currency in circulation
Binnenwert (des Geldes)	internal value (of money)
Buchgeld	deposit money
enge Geldmenge(ndefinition)	narrow money/monetary aggregate
entsprechen, dem inversen Wert des Preisniveaus ~	to vary inversely/in inverse proportion to the (general) price level
Europäische Zentralbank, EZB	European Central Bank, ECB
Geld- und Kreditversorgung	the supply of money and credit
Geldmarktfondsanteile und -papiere	money market fund shares/units
Geldmenge	money supply, money stock
Geldmengenaggregat, Geldmengen-definition, Geldmengenbegriff	money/monetary aggregate, measure of money supply/stock
Geldpolitik	money policy, monetary policy
Geldwert	value of money
Geldwert- und Preisniveaustabilität	stability of the value of money and the price level
Geschäftsbank	commercial bank
Instrumentarium	instruments, tools
Kaufkraft	purchasing power
konjunkturelles Umfeld	economic scenario/environment
Laufzeit	maturity
Liquidität	liquidity

1. *Die Eigenschaft von Vermögenswerten als Zahlungsmittel herangezogen bzw. in solche umgewandelt zu werden.*
2. *Die Fähigkeit von Wirtschaftssubjekten ihren Zahlungsverpflichtungen zu einem bestimmten Zeitpunkt nachzukommen.*

obliegen, jdm. ~	to be the responsibility of sb.
Preisstabilität	price stability
Repogeschäfte	repos
Schuldverschreibungen (Laufzeit max. 2 Jahre)	debt securities up to 2 years
Spareinlagen mit 3-monatiger Kündigung	deposits redeemable at notice up to 3 months
täglich fällige Einlagen, Giroeinlagen	overnight deposits
Termineinlagen	time deposits
Waren(- und Dienstleistungs)korb	basket of goods (and services)
Wechselkurs	exchange rate
weiter gefasste Geldmenge/ Geldmengendefinition	broader monetary aggregate/measure of money
Zentralbank, Notenbank	central bank

Diese preis- und inflationswirksamen Anlagen bezeichnet man als *Quasigeld*. Aufgabe der Zentralbank ist es nun, das *Wachstum der Geldmengen* insgesamt so zu beeinflussen, dass der Geldwert stabil bleibt.

Geldpolitisches Instrumentarium

Keine Zentralbank kann über die *Geldmengensteuerung* per Dekret die Inflationsrate bestimmen. Möglich ist eine gezielte *Einflussnahme* über den *Einsatz der geldpolitischen Instrumente*, die jedoch oft mit erheblichen zeitlichen Verzögerungen *(Time Lags)* Wirkung zeigen.

Im Rahmen der ***Refinanzierungspolitik*** legt die Notenbank die Konditionen fest, zu denen sie den Kreditinstituten kreditweise Zentralbankgeld überlässt bzw. ihnen ein *Parken* ihrer *überschüssigen liquiden Mittel* ermöglicht. Die *Zinssätze,* die die Zentralbank für diese beiden *Fazilitäten* festlegt, bilden *de facto* einen *Zinskorridor* für den *Tagesgeldzins* am offenen Geldmarkt. Eine *Zinserhöhung* bzw. *-senkung* der Notenbank wird i.d.R. von den Märkten an ihre Kunden weitergereicht und beeinflusst somit die allgemeine Zinsentwicklung.

Zinssatz für die *Spitzenfinanzierung*	für die Tagesgeld-Kreditaufnahme bei der EZB
Zinssatz für die *Einlagefazilität*	für das Anlegen von Tagesgeld bei der EZB

Offenmarktgeschäfte *haben* gewöhnlich *den größten Stellenwert* bei der Steuerung der Zinssätze und somit der Liquiditätslage am Geldmarkt sowie bei der Signalisierung des anvisierten *geldpolitischen Kurses*. Mit Offenmarktgeschäften bezeichnet man den Kauf und Verkauf von *Wertpapieren* durch die Zentralbank am offenen Markt, der entweder

- outright, d.h. als endgültiger, definitiver Kauf/Verkauf erfolgt oder
- als befristete Transaktion abgewickelt wird. In diesem letzteren Fall muss sich z.B. die verkaufende Bank verpflichten, die Papiere *nach Ablauf einer vereinbarten Frist* wieder von der Zentralbank zurückzukaufen. Diese Geschäfte mit Rückkaufsvereinbarung nennt man *Pensions-* oder *Repo-Geschäfte.* Der hierbei berechnete Zinssatz (*Repo-Satz*) zählt zu den wichtigen *Leitzinsen*.

Die *Initiative* zum Abschluss von Offenmarktgeschäften und die *Ausgestaltung der Konditionen geht* stets von der Zentralbank *aus*, um je nach Geldmarktentwicklung und ihren *kreditpolitischen Intentionen Anreize* zu Käufen oder Verkäufen seitens der Geschäftsbanken zu schaffen. Doch die Banken *können frei entscheiden*, ob sie die angebotenen Konditionen zu Operationen nutzen wollen oder nicht.

Im Rahmen der ***Mindestreservepolitik*** sind Kreditinstitute dazu *verpflichtet,* auf den Konten der nationalen Zentralbanken *Mindestreserven* zu *halten.* Die Notenbank bestimmt, welche *Verbindlichkeiten* der Geschäftsbanken *mindest-*

Ablauf, nach ~ einer vereinbarten Frist	on expiry of an agreed period of time
Anreiz	incentive
Ausgestaltung der Konditionen	laying down the conditions
de facto	de facto *(adj. and adv.)*
Einlagefazilität	deposit facility
Einsatz geldpolitischer Instrumente	use of monetary instruments
Fazilität	facility
frei entscheiden können	to be free to decide
Geldmengensteuerung	steering money policy, regulation/control of the money supply
geldpolitischer Kurs	monetary policy, money policy stance
Einflussnahme	exerting influence
Initiative, die ~ geht aus von ...	the initiative is taken by ...
kreditpolitische Intentionen	aims of its credit/lending policy
Leitzins	key (interest) rate
Mindestreserven halten	to hold/maintain minimum reserves
Mindestreservepolitik	minimum reserve policy
Offenmarktgeschäfte	open market operations
parken, liquide Mittel ~	to invest liquid funds temporarily, to park liquid funds
(Wertpapier-)Pensionsgeschäfte, Repo-Geschäfte, Geschäfte mit Rückkaufsvereinbarung	sale and repurchase/repurchase/repo transactions, repos
Quasigeld	near/quasi money
Repo-Satz, Hauptrefinanzierungssatz	repo rate, main refinancing rate, minimum bid rate
Refinanzierungspolitik	funding/refinancing policy
Spitzenrefinanzierung	marginal lending facility
Stellenwert, den größten ~ haben	to take priority/pride of place
Tagesgeldzins	overnight (interest) rate, call money
Time Lag, Wirkungsverzögerung	time lag
Zeitraum zwischen dem Ergreifen einer Maßnahme und ihrer Wirkung.	
überschüssige liquide Mittel	surplus liquid funds
Verbindlichkeiten	liabilities
verpflichtet, zu etw. ~ sein	to be obliged to do sth.
Wachstum der Geldmenge, Geldmengenwachstum	money supply growth
Wertpapier	security
Zinssenkung	interest rate cut
Zinserhöhung	interest rate hike
Zinskorridor	interest rate band/range
Zinssatz	interest rate

reservepflichtig sind und welche *Mindestreservesätze* berechnet werden. Dieses Instrument ermöglicht eine schnelle *Abschöpfung überschüssiger Liquidität* bzw. eine Versorgung des Bankensektors mit liquiden Mitteln.

Restriktive und *expansive Geldpolitik*

Der *praktische Einsatz der Instrumente* orientiert sich an den jeweiligen konjunkturpolitischen Gegebenheiten.

In Zeiten einer *konjunkturellen Überhitzung* drohen *Inflationsschübe*, und die Zentralbank ist angehalten, die Liquidität der Geschäftbanken und somit den *Geldüberhang zu verknappen*. Eine restriktive Geldpolitik wird erforderlich. Sie verkauft Offenmarktpapiere und erhöht die Mindestreservesätze sowie den Leitzins, zu dem sich die Geschäftsbanken bei der Zentralbank mit Krediten versorgen können. Dadurch verringert sich deren *Refinanzierungs-* und somit auch der eigene *Kreditvergabespielraum*. Die Banken *geben diesen höheren Zins* i.d.R. *in Form steigender Kreditzinsen an die eigenen Kunden weiter.* Unternehmen und Haushalte reagieren auf die *Verteuerung der Kredite* mit geringerer *Kreditaufnahme* ihrerseits. Die folgende *Abschwächung der Nachfrage* führt wiederum zu einer *Drosselung der Wirtschaftsaktivität*, die im Rahmen eines *Anti-Inflationskurses* erwünscht ist.

Soll die *Wirtschaftstätigkeit* hingegen *angekurbelt* werden, wird die Zentralbank eine expansive Geldpolitik betreiben, die Liquidität der Geschäftsbanken zu erweitern suchen und ihr Instrumentarium in die andere Richtung einsetzen.

∗ **dough** ∗ **lolly** ∗ **moss** ∗ **brass** ∗ **loot** ∗ **lucre** ∗ **dosh** ∗ **bread** ∗

Geldpolitik	**monetary policy**
an der Zinsschraube drehen, Zinsschritte vornehmen	to adjust interest rates
die Geldmenge steuern	to control the money supply

Wirtschaftstätigkeit drosseln	**Cooling the economy**
das Geldmengenwachstum bremsen/ eindämmen/einschränken	to ease/slow/curb money supply growth
eine restriktive Geldpolitik/eine Politik des knappen Geldes verfolgen	to follow a contractionary/tight money policy
die geldpolitischen Zügel/die Geldzügel anziehen/straffen	to tighten the monetary reins/ tighten the grip on monetary policy
den Geldhahn zudrehen	to turn off the money tap/spigot
die Zinsschraube anziehen	to squeeze credit
auf die geldpolitische Bremse treten	to slam on/pull the monetary brakes
Kreditengpass, Geldverknappung	credit squeeze, credit crunch

Abschöpfung überschüssiger Liquidität	absorbing/skimming off/mopping up surplus liquidity
Anti-Inflationskurs	anti-inflationary stance/policy
Bankkunden	bank customers
Drosselung der Wirtschaftsaktivität	cooling/curbing/slowing the economy
Einsatz der Instrumente, der praktische ~	the use of the instruments in practice
expansive Geldpolitik	easy/expansionary money policy
Geldüberhang verknappen	to tighten/reduce the monetary overhang
Inflationsschub	bout of inflation, inflationary pressure, inflationary push
konjunkturelle Überhitzung	overheating of the economy
Kreditaufnahme	borrowing
Kreditvergabespielraum	scope for lending
Kreditzinsen *1. aus Sicht der Kreditgeber* *2. aus Sicht der Kreditnehmer*	 1. lending rates 2. borrowing rates
mindestreservepflichtig sein	to be subject to reserve requirements
Mindestreservesatz	(minimum) reserve ratio
Nachfrage, Abschwächung der ~	weakening of demand
Refinanzierungsspielraum	scope for refinancing operations
restriktive Geldpolitik	tight/contractionary money policy
Verteuerung der Kredite	higher interest rates on borrowed money, tighter money, credit squeeze
weitergeben, den höheren Zins in Form steigender Kreditzinsen an die eigenen Kunden ~	to pass the higher interest rate on to their customers in the form of higher lending rates
Wirtschaftstätigkeit ankurbeln	to boost/stimulate economic activity/the economy

Zaster * Moos * Kies * Knete * Mäuse * Kohle * Asche * Moneten * Pinke

Wirtschaftstätigkeit ankurbeln	**Boosting the economy**
eine expansive Geldpolitik/eine Politik des leichten Geldes verfolgen	to follow an expansionary money policy/ an easy/cheap money policy
die Geld-/Zinszügel lockern/schleifen lassen	to ease/loosen the monetary reins, to ease the grip on monetary policy
den Geldhahn aufdrehen	to open the money tap/spigot
die Zinsschraube lockern	to ease/lower/cut interest rates
die Geldpolitik lockern	to ease monetary policy

Holding the Purse-Strings

Fiscal policy is an instrument of economic policy used in conjunction with *monetary policy* to further a country's *economic welfare*. Fiscal measures use control of *public spending* and *revenue* to stabilise *aggregate demand* and/or *supply* and thus influence growth, employment, prices etc. They also serve as an instrument of social policy to promote fair distribution of wealth in society.

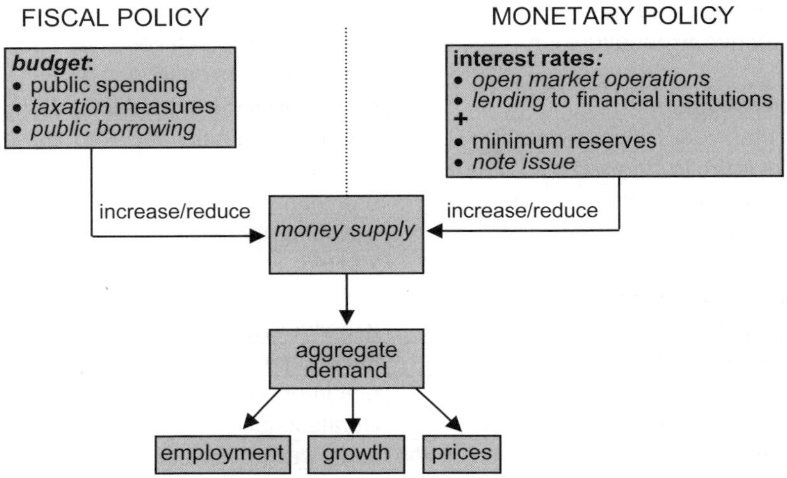

The budget

A government normally publishes an annual budget *reviewing* the country's *economic performance* and setting down economic objectives, including the spending and revenue policies it intends to implement in the coming year in order to achieve these aims; the proposals are then submitted to the *legislative assembly* for *enactment*. The *fiscal year* begins on October 1 in the USA, April 6 in the UK and January 1 in Germany. The chief *items* in the budget are:

Public Expenditure	
exhaustive expenditure	*current spending*: *public sector pay*, supplies, etc. *capital spending*: schools, hospitals, roads etc.
transfer payments	*social security benefits*, *subsidies*, foreign aid etc.
debt interest	interest paid on *servicing* the *national debt*

Public Revenue	
taxation	taxes on income (personal and corporate), expenditure, and capital; social security contributions
drawings on reserves & income from *assets*	e.g. income from the operation or sale of state-owned enterprises
borrowing	short-term (e.g. *treasury bills*), longer-term (e.g. *gilts*, *savings schemes* for small investors)

asset	Vermögenswert
budget	*hier*: Haushalt, Etat
capital spending *(no pl.)*	Investitionsaufwendungen/-ausgaben
current spending *(no pl.)*/expenditure	laufende Aufwendungen/Ausgaben
demand *(no pl.), aggregate ~*	gesamtwirtschaftliche Nachfrage
economic performance *(no pl.)*	Wirtschaftsleistung
economic welfare *(no pl.)*	wirtschaftliches Wohlergehen
enactment *(no pl.)*	Erlass, Verleihung der Gesetzeskraft
exhaustive expenditure	Summe aus Staatsverbrauch und öffentlichen Investitionen
fiscal policy	Fiskalpolitik, Finanzpolitik
fiscal/tax year *(of government)*	Steuer-/Haushaltsjahr *(Regierung)*
In the USA 'fiscal year' also means a company's 'Geschäftsjahr', which in the UK is usually termed the 'financial year'.	
gilt *(UK)*; Treasury *(US)*	britische bzw. US-Staatsanleihe
item	Posten
legislative assembly	gesetzgebendes Organ
lending *(no pl.)*	Kreditvergabe
monetary policy	Geldpolitik
money supply/stock *(no pl.)*	Geldmenge
national debt *(UK)*/federal debt *(US)*	Staatsschuld(en), Staatsverschuldung
Accumulated debt (no pl.) owed by the public sector.	
note issue *(no pl.)*	Notenausgabe
open market operations	Offenmarktgeschäfte
public borrowing *(no pl.)*	Neuverschuldung (des Staates)
public revenue/income *(no pl.)*, public receipts *(no sing.)(US)*	öffentliche Einnahmen, Einkünfte des Staates
public sector pay	Entlohnung für öffentlich Bedienstete
public/state/government spending *(no pl.)*/expenditure/outlays *(no sing.)(US)*	öffentliche Ausgaben, Staatsausgaben, Bundesausgaben
purse-strings *(no sing.)*, holding the ~	das finanzielle Sagen haben
reserves, drawings on ~	Inanspruchnahme von Reserven
review, to ~ sth.	*hier:* über etw. berichten
saving(s) scheme	Sparplan
service, to ~ debt	Schulden bedienen
social security/welfare benefits *(UK)*, entitlements *(US)*	Sozial(versicherungs)leistungen, Versorgungsleistungen
In the USA 'social security' chiefly refers to pensions.	
subsidy	Subvention
supply *(no pl.)*, aggregate ~	gesamtwirtschaftliches Angebot
taxation *(no pl.)*	Besteuerung
transfer payments	Transferzahlungen, Transfers
treasury bill	Staatsanleihe mit kurzer Laufzeit

The budget is said *to be in balance* if its revenue, excluding borrowing, equals its expenditure.

A ***surplus*** can be used to pay off the national debt, which is the aggregate *outstanding government borrowing* which has accumulated over the years.

A ***shortfall***, i.e. a *budget deficit*, can be *offset* by new borrowing, by increasing taxes and/or by cutting spending. In the EU new borrowing must not *exceed* 3% of *GDP* according to the stability pact (cf. page 414 ff.), which means that eurozone finance ministers have little choice but to resort to higher taxation and/or spending cuts to *correct deficits*. Higher taxes can prove to be a *two-edged sword* in that they might *prompt* investors to move their money abroad and also might *engender* a thriving *underground economy* of *tax dodgers* and *moonlighters*. At the very least they are likely to *trigger* an increase in *tax avoidance* using *tax shelters*. (In the USA it is estimated that over $100 billion corporate taxes are lost to the country yearly through avoidance strategies.) Whatever happens, the *bottom line* will not necessarily be the planned *hike in revenue*.

Budget deficits

Budget deficits can occur for various reasons, lack of *fiscal discipline* being amongst the most common: the temptation is great for governments to *curry favour with the voting public* by *initiating spending programmes* and/or cutting taxes, especially *in the run-up to elections*, and equally not to lose favour by *chopping benefits*.

There are, however, circumstances where a budget deficit might be a *deliberate fiscal stimulus* initiated by the government to kick-start the economy out of recession. This *notion* of activist fiscal policy was first *conceived* by Keynes (cf. Chapter 28). Prior to him, *received* economic *wisdom* decreed that the government, like any *prudent* private sector housekeeper, should not spend more than it received in income, in other words top priority was given to a balanced budget. (This was an easier matter in days when the *welfare system* was almost non-existent and the *size of the government sector* was still very small.) To achieve a balanced budget the public sector would spend less during a recession, when revenue was lower, thus reducing demand and *aggravating* unemployment; the *converse* happened during a recovery: in other words budgetary policy *accentuated the cyclical trend*. It was assumed that the *self-regulating market forces* would automatically *rectify the economy* and reinstate equilibrium, i.e. that in times of recession and high unemployment workers would accept lower wages:

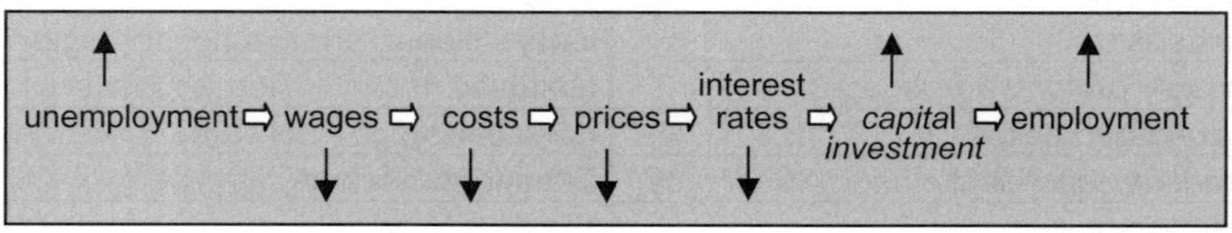

aggravate *(vb)*	*hier:* verschärfen
balance, to be in ~	ausgeglichen sein
benefits, to chop/axe (welfare) ~	Sozialleistungen kürzen/streichen
bottom line *(no pl.)*	Endergebnis
budget deficit	Haushaltsdefizit
capital investment *(usu. sing.)*	Investitionen
conceive, to ~ a notion	eine Idee formulieren
converse	Gegenteil
cyclical trend, to accentuate the ~	den Konjunkturtrend verstärken
deficit, to correct a ~	Defizit bereinigen, Haushalt sanieren
deliberate	absichtlich, bewusst
engender, to ~ sth.	etw. erzeugen, etw. zur Folge haben
exceed *(vb)*	übersteigen
favour *(no pl.)*, to curry ~ with the voting public	sich um die Gunst der Wähler/ Wählergunst bemühen
fiscal discipline *(no pl.)*	Haushaltsdisziplin
fiscal stimulus (*pl.* stimuli)	fiskalischer Impuls
GDP, Gross Domestic Product	BIP, Bruttoinlandsprodukt
government sector, the size of the ~	*hier:* Staats(ausgaben)quote
Government spending, usually as a proportion of Gross National Income.	
hike/increase/rise in revenue	Anstieg der Einnahmen
moonlighter	Schwarzarbeiter
offset *(vb)*	1. *hier:* ausgleichen 2. zunichte machen
outstanding government borrowing	ausstehende Staatsschuld(en)
prompt, to ~ sb. to do sth.	jdn. veranlassen etw. zu tun
prudent	vorausschauend, klug
received wisdom *(no pl.)*	die gängige Lehrmeinung
rectify, to ~ the economy	die Wirtschaft wieder ins Lot bringen
run-up, in the ~ to elections	im Vorfeld von Wahlen
self-regulating market forces	Automatismus der Marktkräfte, Selbstheilungskräfte des Marktes
shortfall	Deckungslücke, Fehlbetrag
spending programme, to initiate a ~	ein Sparprogramm in die Wege leiten
surplus	Überschuss
tax avoidance *(no pl.)*	Steuervermeidung
Tax avoidance is legal, whereas tax evasion (Steuerhinterziehung) is not.	
tax dodger	Steuerhinterzieher
tax shelter	legale Steuervermeidungsstrategie
trigger *(vb)*	auslösen
two-edged sword	zweischneidiges Schwert
underground/black/shadow economy	Schattenwirtschaft
welfare system	soziales Netz

However this orthodox approach was unable to *cope with* the severe effects of the *Great Depression* experienced worldwide in the 1930s. Keynes *postulated* that government intervention to counter the cyclical trend would be more effective, suggesting that public spending should be increased during a recession, thus creating jobs, stimulating demand and boosting growth, even if this meant the country going into deficit (*deficit spending*).

Keynesians maintain that *cyclical fluctuations* can be *smoothed* by

- following an expansionary fiscal policy during *economic downturns*; that is increasing public spending and/or lowering taxes in order to boost incomes and aggregate demand, even if this means *running up budget deficits*
- following a contractionary fiscal policy during *upswings*, that is *building up budget surpluses* to reduce demand and prevent inflation and to pay off the national debt.

Critics say that fiscal remedies are often ineffective because

- governments tend to recognise problems too late (the *decision lag*)
- government action, particularly spending programmes, takes a long time to *devise* and implement, and usually *feeds through* the system too slowly to provide *timely* help – in fact the nature of the problem might have changed completely by the time any action has an effect (the *execution lag*)
- too much public borrowing (to finance the deficit) can force long-term interest rates up and *crowd out* private sector borrowing, thus *stifling* capital investment and offsetting the fiscal stimulus.

Deficit spending has enjoyed widespread popularity as a *counter-cyclical tool* over the years, especially in the 60s. Keynes's original intention has, however, often been *misinterpreted* and it is not unusual for countries to run *structural deficits*, that is *indulge in* permanent over-spending over the whole *business cycle* rather than using deficit spending as a temporary *emergency measure*.

Supply-siders also *advocate* fiscal solutions, but as part of a package of measures designed to encourage *entrepreneurial activity* with minimum *state intervention*. They concentrate on increasing aggregate supply, that is on giving producers more incentive to invest in new production facilities, thus boosting employment, demand and growth. The supply-sider approach aims

- to reduce *marginal tax rates* in order to *stimulate* capital investment, production, employment, demand and ultimately state tax revenue; supply-siders maintain that high marginal tax rates are counter-productive in that they promote tax avoidance and give producers little incentive to invest and expand their *output,* and workers little incentive to work more.
- to encourage competition and reduce prices by *rolling back* government regulation of industry (*deregulation*) and by selling off state-owned industries such as telecommunications, *utilities*, transport, even health care.
- to make industry more competitive by ending support for sectors which are in decline and by creating more flexible conditions for *wage-setting* through curbing the powers of *trade unions*.

advocate, to ~ sth.	etw. befürworten, für etw. eintreten
budget deficit, to run up a ~	ein Haushaltsdefizit verzeichnen
budget surplus, to build up a ~	einen Haushaltsüberschuss aufbauen
business cycle	Konjunkturzyklus
cope, to ~ with sth.	etw. bewältigen
counter-cyclical tool	antizyklisches Instrument
crowd out *(vb)*	verdrängen

This specific process, whereby the state competes with the private sector to borrow funds, thereby pushing up interest rates and inflation and stifling private sector capital investment, is also known as 'Crowding-Out' in German.

cyclical fluctuations, to smooth(e) ~	Konjunkturschwankungen/-ausschläge ausgleichen/glätten
decision lag	Entscheidungsverzögerung
deficit spending *(no pl.)*	Deficit-Spending
deregulation *(no pl.)*	Deregulierung, Liberalisierung
devise *(vb)*	erarbeiten
downturn, economic ~	Abschwung
emergency measure	Notmaßnahme
entrepreneurial activity *(no pl.)*	Unternehmertätigkeit
execution lag	Ausführungsverzögerung
feed through *(vb)*	*hier:* Wirkung zeigen
(Great) Depression	Weltwirtschaftskrise
indulge, to ~ in sth.	der Versuchung nachgeben etw. zu tun
Keynesian *(noun and adj.)*	Keynesianer; keynesianisch
marginal tax rate	Grenzsteuersatz

Tax paid on marginal (additional) income; with progressive tax systems, marginal rates rise with incomes, i.e. extra income is more heavily taxed.

misinterpret *(vb)*	falsch auslegen/deuten/verstehen
output *(no pl.)*	Produktion, Produktionsmenge
postulate, posit *(vb)*	postulieren, als Theorie aufstellen
roll back *(vb)*	reduzieren, zurückschrauben
state intervention *(usu. sing.)*	staatliche Eingriffe, Dirigismus
stifle *(vb)*	abwürgen, unterbinden
stimulate, boost *(vb)*	Impulse geben, ankurbeln, stimulieren
structural deficit	strukturelles Defizit
supply-sider	Anhänger einer angebotsorientierten Wirtschaftspolitik
timely	rechtzeitig, zur rechten Zeit
trade union *(UK)*, labor union *(US)*	Gewerkschaft
upswing, upturn, pickup	Aufschwung
utility	Versorgungsunternehmen/-betrieb
wage-setting *(no pl.)*	Lohnbildungsprozess; Festsetzung der Löhne

These policies were applied by President Ronald Reagan in America (Reaganomics), and to a lesser extent by Prime Minister Margaret Thatcher in Britain (Thatcherism), in the 1980s, and were indeed successful in *bringing down* inflation and stimulating growth and expansion.

- In Britain the shortfall in tax revenue was largely offset by spending cuts and by the proceeds of large-scale *privatisation* programmes (famously criticised by Harold Macmillan as "*selling the family silver*"). This, however, is a one-off solution that cannot be repeated and also led to serious problems in privatised industries, such as the railways.
- In America the decline in tax revenue was accompanied by *exorbitant state spending* in certain areas, especially in the field of *defence*, resulting in a *resounding* budget deficit; interest rates were hiked to attract the necessary *borrowed funds* from both domestic and foreign investors, leading to a *soaring dollar*, lower exports and a huge *trade deficit* as well. It was not until the end of the 1990s that the country *eventually* achieved a balanced budget again. The late 2000s *actually* saw a return to Keynesian economics in the USA, using government spending to create jobs and beat the recession which had been triggered amongst other things by the *subprime crisis*.

Economists for the most part agree that deficits in themselves are not *intrinsically* undesirable, whether deliberate as a result of following Keynesian policies (deficit spending) or *involuntary*, for example as a result of applying supply-side measures (deficit without spending); but *deficit-induced* growth and expansion will be short-lived unless accompanied by *selective budgetary restraint* and structural reforms (e.g. boosting education and research programmes which will ultimately benefit the economy, doing away with *feather-bedding*, restructuring the social security system, etc.) and by applying appropriate *monetary measures*. Moreover the success of economic policies also depends to a large extent on the human factor - cultural differences such as spending and saving habits, *citizens' expectations* about the future, reactions to political situations etc. - and as such is anything but predictable.

Money talks	**Geld öffnet alle Türen**
money doesn't grow on trees	keinen Goldesel haben
money makes the world go round	Geld regiert die Welt
to have money to burn to have stacks/loads of money to be rolling in money money is no object for sb.	Geld wie Heu haben, in Geld schwimmen
the streets are paved with gold	hier liegt das Geld auf der Strasse
penny wise, pound foolish	am falschen Ende sparen
that was money down the drain	das Geld war zum Fenster hinausgeworfen ►

actually	eigentlich, zudem, übrigens
NB aktuell = topical, up-to-date; actual = tatsächlich, eigentlich	
borrowed funds *(no sing.)*	Fremdmittel
bring down, reduce *(vb)*	senken, reduzieren
citizens' expectations	die Erwartungen der Bürger
defence *(no pl.)*	Verteidigung
deficit-induced	defizitbedingt
eventually	schließlich
NB eventuell = possibly, perhaps; e.g. Der Zug kommt eventuell später an. = The train will possibly/perhaps arrive later.	
exorbitant spending *(no pl.)*	übermäßige/überbordende Ausgaben
feather-bedding *(no pl.)*	
Translate as appropriate in the context; z.B. Arbeitsplätze bzw. Branchen protegieren/unnötig subventionieren *Cushioning sb./sth. against unfavourable (economic) developments, especially* *1. employing more staff than necessary, usually as a result of union pressure* *2. subsidising unprofitable branches of industry*	
intrinsically, per se	an sich, per se
involuntary	ungewollt
monetary measure	geldpolitische Maßnahme
privatisation	Privatisierung
Transferring publicly-owned industries to private ownership, usually first by creating an independent corporate entity and later by taking this entity public and floating the shares on the stock exchange. *NB Privatisation/delisting/going private is also used in English to refer to the process of taking a listed (börsennotiert) company private again by means of buying back shares owned by the general public (Reprivatisierung/Delisting).*	
resounding	gewaltig
selective budgetary/fiscal restraint *(no pl.)*	gezielte Zurückhaltung bei Ausgaben in bestimmten Haushaltsbereichen
selling the family silver	das Tafelsilber verhökern
soaring dollar	Höhenflug des Dollars
subprime crisis	Subprime-Krise, Hypothekenkrise
trade deficit	Handelsdefizit, Handelsbilanzdefizit

◄ that costs a fortune/a pretty penny	das geht ins Geld
money for old rope/for jam/for nothing	schnell verdientes Geld
to count every penny	jeden Pfennig zweimal umdrehen
to spare no expense to splash out to (really) go to town on sth.	sich nicht lumpen lassen
Look after the pence and the pounds will take care of themselves.	Wer den Pfennig nicht ehrt, ist des Talers nicht wert.

1. Word Family: Haushalt / Budget		
noun	Haushalt *Syn.* Haushaltsplan, Etat, Budget	**1.** budget
noun	Budget, Mittel	budget, funds
verb	im Budget vorsehen	to budget $6m
verb	auf etw. sparen	to budget for sth.
verb	(mit seinem Geld) haushalten	to budget, to keep to a /be on a ~
adj.	Billig-, z.B. Billigflug	budget, cut-price e.g. budget flight
noun	Haushalt, z.B. private Haushalte	**2.** household, e.g. private ~s
noun	öffentliche Haushalte/Hand	the public sector
noun	Haus-/Wohnungsbesitzer(in)	householder, home owner
verb	überall bekannt/ein Begriff sein	household name, to be a ~
verb	Haushalt(en), Haushaltsführung	**3.** housekeeping
verb	Haushälter(in)	housekeeper
noun	Haushaltsgeld	housekeeping (money)
noun	-haushalt (z.B. Hormonhaushalt)	**4.** balance (e.g. hormone balance)

Translate the following sentences using the above terminology

(a)	Wir versuchen den natürlichen Wasserhaushalt wieder herzustellen.
(b)	Der Brief war an alle Hausbesitzer gerichtet.
(c)	Ich kann leider nicht mitkommen; ich spare auf ein neues Auto.
(d)	Der Bundestag hat den neuen Haushaltsplan verabschiedet.
(e)	Sie hat ihren Laptop aus dem Haushaltsgeld finanziert, indem sie streng gehaushaltet und nur in Billigläden eingekauft hat.
(f)	Sie ist Haushälterin bei einem allseits bekannten Fußballprofi.
(g)	Es wird den öffentlichen Haushalten vielfach vorgeworfen, im Budget unnötig hohe Ausgaben für die Verwaltung vorzusehen.

2. Building bricks

marginally, slightly	a mere, merely	just under, a whisker/tad below	
to the tune of *	roughly, approximately, about	in the region of	
almost, nearly, virtually	well above/over	a good	a tad/just over

* only used to emphasise (large) sums of money

Insert the above building bricks as modifiers in the following phrases

(a)	output rose by *(knapp unter)* 4 %
(b)	turnover of *(fast/beinahe/annähernd)* €7bn
(c)	capacity utilisation *(in der Größenordnung von)* 80 %
(d)	a subsidy of *(gut/reichlich)* €2,000 per tonne
(e)	a balance sheet total of *(lediglich/bloß)* €3m
(f)	the *(rund (rd)/etwa/ungefähr/circa (ca))* 58 million Italian citizens
(g)	the cost of living has *(leicht)* decreased
(h)	their markup must have been *(weit über)* 200 %
(i)	debts *(von sage und schreibe)* £60,000
(j)	she earns *(knapp über)* £15,000 per annum

3. Some basic taxation vocabulary

Abgabe (Oberbegriff)	levy
abzugsfähig, steuerlich ~	tax-deductible
besteuern, mit einer Steuer belegen, eine Steuer erheben auf	to tax, to impose/levy/raise a tax on sth.
Einkommen melden	to declare income
Fiskus, der ~	the taxman (no pl.)
mehrwertsteuerpflichtig sein	to be subject to value added tax/VAT (UK)
Steuer (öffentliche Abgabe)	tax
Steuer senken bzw. erhöhen, eine ~	to cut or raise a tax
steuerbegünstigt	tax-advantaged
Steuererklärung abgeben, eine ~	to file a tax return
Steuererleichterung	tax relief, tax break
steuerfrei, nicht steuerpflichtig	exempt from tax, tax-exempt
steuergünstig	tax-efficient
Steuerhinterziehung	tax evasion (no pl.)
Steueroase, Steuerparadies	tax haven
steuerpflichtig (Personen)	liable for tax
steuerpflichtig (Sachwerte)	taxable, subject to tax
Steuersatz	tax rate
Steuerumgehung/-flucht	tax avoidance (no pl.) (not illegal)
Steuervermeidungsstrategie, Steuervermeidungsmechanismus	tax shelter (not illegal)
Verbrauchsteuer	excise (no pl.)
Zoll	customs duty

Translate the following sentences

(a)	Eine Mehrwertsteuererhöhung führt zu einer Verringerung der Kaufkraft der privaten Haushalte.
(b)	Fiskus ist eine umgangssprachliche Bezeichnung für Steuerbehörde.
(c)	Von den kürzlich eingeführten Steuererleichterungen für Unternehmen verspricht man sich die Sicherung von Arbeitsplätzen.
(d)	Deutschland gilt als Hochsteuerland. Viele Unternehmen verlegen ihren Firmensitz in Steueroasen.
(e)	Tax increases might engender a thriving underground economy of tax dodgers and moonlighters rather than hiking revenue.
(f)	At the very least tax increases are likely to trigger an increase in tax avoidance using tax shelters.
(g)	According to Friedman, a flat-rate tax in the region of 20% would raise the same amount of revenue as the existing complex tax systems with their wide range of rates.
(h)	The reduced 15% tax rate on dividends should boost aftertax gains for equities and help draw private investors back into the market.
(i)	Speeded-up rate cuts and new tax breaks for married couples and families with children will put about $30 billion in taxpayers' pockets.

1.

(a) We are trying to restore the natural water balance.
(b) The letter was addressed to all householders.
(c) I'm afraid I can't come, I'm budgeting/I'm saving (up) for a new car.
(d) The Bundestag has passed the new budget.
(e) She has financed her laptop from the housekeeping by keeping to a strict budget and only shopping at budget/cut-price shops/outlets.
(f) She's housekeeper to a professional footballer who's a household name.
(g) The public sector is often accused of budgeting (for) too much administrative expenditure.

2.

(a) just under, a whisker/tad below
(b) almost, nearly, virtually
(c) in the region of
(d) a good
(e) a mere, merely
(f) roughly, approximately, about
(g) slightly, marginally
(h) well above, well over
(i) to the tune of
(j) just over, a tad over

3.

(a) An increase in value added tax/VAT engenders a reduction in private households'/the private sector's purchasing power.
(b) The taxman is the colloquial name for the tax authorities.
(c) It is hoped that the corporate tax breaks recently introduced will help to save jobs.
(d) Germany counts as a high-tax country. Many companies are moving their head offices to tax havens.
(e) Steuererhöhungen führen wohl eher zu einer blühenden Schattenwirtschaft von Steuerhinterziehern und Schwarzarbeitern statt zu einer Steigerung der Einnahmen.
(f) Die unmittelbare Folge von Steuererhöhungen ist wahrscheinlich, dass mehr Steuerumgehungsmaßnahmen im Zuge von Vermeidungsstrategien durchgeführt werden.
(g) Nach Friedman würde eine Einheitssteuer in der Größenordnung von 20 % genauso hohe Einnahmen generieren wie die bestehenden komplexen Steuersysteme mit ihren vielfältigen Steuersätzen.
(h) Die Senkung der Dividendensteuer auf 15 % dürfte die Nachsteuergewinne bei Aktien ankurbeln und dazu beitragen private Anleger wieder auf den Markt zu locken.
(i) Die im Schnellverfahren eingeführten Steuersenkungen sowie die neuen Steuererleichterungen für Ehepaare und Familien mit Kindern werden die Kaufkraft der Steuerzahler um etwa $30 Milliarden erhöhen.

28

Wirtschaftstheorie im Wandel der Zeit
Bedeutende Ökonomen und wirtschaftliche Denkschulen

The State Versus the Market
A closer look at Keynesianism and monetarism

Wirtschaftstheorie im Wandel der Zeit

Die *Wirtschaftswissenschaften* – heute der *Oberbegriff* für *Volkswirtschafts-* und *Betriebswirtschaftslehre* – sind eine vergleichsweise *junge Disziplin*; ihre Ursprünge wurden von *Naturwissenschaftlern* wie François Quesnay, von *Philosophen* wie Adam Smith und *Rechtswissenschaftlern* wie Karl Marx begründet.

Drei klassische Fragestellungen bilden nach heutigem Verständnis die Grundlage wirtschaftswissenschaftlichen Denkens; nach den Antworten suchen die drei großen Teilbereiche der Ökonomie:

- Was war? – Die **Wirtschaftskunde und Wirtschaftsgeschichte** beobachten und beschreiben ökonomische Abläufe und Sachverhalte.
- Warum war/ist es so? – Die **Wirtschaftstheorie** versucht die Ursachen für diese Vorgänge zu finden und die wirtschaftliche Realität zu erklären. Bei der Behandlung eines Problems werden weniger relevante oder zufällige Details *ausgeklammert.* Man versucht zum *allgemein Gültigen* vorzudringen, es erfolgt eine Abstraktion der Realität, und das Problem wird in einem Modell *vereinfacht dargestellt.*
- Wie lassen sich bestimmte Ziele erreichen? – Die **Wirtschaftspolitik** gestaltet und beeinflusst das wirtschaftliche Geschehen.

Zwar gab es im *Altertum* und im *Mittelalter* einige *punktuelle Ansätze für* wirtschaftliche *Analysen*, doch ein wirkliches Bewusstsein für ökonomische Abläufe und für die *Entfaltung von staatlicher Macht* mit Hilfe von Wirtschaft und Handel entstand erst in der Ära des ***Merkantilismus*** im 17. Jhdt. An den prunkvollen Höfen der Könige in den europäischen *Nationalstaaten* sollte wirtschaftliche Macht im Dienst des Staates ausgeweitet werden. *Merkantilisten* praktizierten zwar Wirtschaftspolitik, entwickelten allerdings noch keine systematische Wirtschaftstheorie.

Kennzeichen des Merkantilismus sind:

- Nachhaltige Einwirkung des Staates auf die Wirtschaft;
- Ziel: Mehrung des *Staatswohls* (nicht des *Gemeinwohls*) und des nationalen Reichtums;
- Förderung des Außenhandels auch mit Hilfe protektionistischer Maßnahmen; Erzielen eines *Außenhandelsüberschusses*, d.h. möglichst viel im Inland selbst erzeugen und exportieren und nur Rohstoffe oder lebensnotwendige Güter importieren;
- Förderung des *Gewerbes*: Einrichtung staatlicher *Manufakturen.*

Die *Geburtsstunde der Wirtschaftstheorie* war das darauf folgende Zeitalter des ***Wirtschaftsliberalismus*** im 18. und 19. Jhdt., eine Epoche, die zudem auch eine neue *Geisteshaltung* in *Politik* und Gesellschaft hervorbrachte.

Die Kennzeichen des Wirtschaftsliberalismus sind:

- *Privates Eigentum an Produktionsmitteln*;
- Entfaltung von Privatinitiative in der Wirtschaft;
- keine *Einmischung* oder *Eingriffe des Staates* in die Wirtschaft: „Laissez-faire, laissez passer, le monde va de lui-même“ – so lautete die *Devise der freien Marktwirtschaft*;
- *Freihandel;*
- *Vertrauen in* die *Selbstheilungskräfte des Marktes*: *destabilisierte Märkte beseitigen Störungen* immer *aus eigener Kraft*; es sind keine *regulierenden* Eingriffe des Staates erforderlich.

allgemein Gültiges	generally accepted principles
Altertum	antiquity
Analyse	analysis *(pl. analyses)*
ausklammern	to exclude/omit/not take into account
Außenhandelsüberschuss	foreign trade/export surplus
Betriebswirtschaftslehre	business management/studies
destabilisierte Märkte	destabilised markets
Devise der freien Marktwirtschaft	motto of the free market economy
Disziplin, junge ~	new field of study/discipline
Eingriff des Staates, Dirigismus	state intervention, dirigisme
Einmischung des Staates	state interference
Entfaltung von staatlicher Macht	unfolding/development of state power
Freihandel	free trade
Geburtsstunde der Wirtschaftstheorie	birth of economic theory
Geisteshaltung	frame of mind, attitude
Gemeinwohl	the common/public good, public welfare
Gewerbe	*here:* trade and industry
Kennzeichen	main feature/characteristic
Kraft, aus eigener ~	*here:* of one's own accord
Manufaktur	manufactory *(archaic),* factory
Merkantilismus; Merkantilist	mercantilism; mercantilist
Mittelalter	Middle Ages
Nationalstaat	nation state
Naturwissenschaftler	natural scientist
Oberbegriff	generic/superordinate term
Philosoph	philosopher
Politik *(als Disziplin)*	politics *(sing.)*
Politik (als Strategie, Kurs) = policy (sing. & pl.), z.B. protectionist policies.	
privates Eigentum/Privateigentum an Produktionsmitteln	private ownership of the means of production
punktuelle Ansätze für etw.	*here:* isolated attempts to carry sth. out
Rechtswissenschaftler	lawyer
regulierend	regulatory
Selbstheilungskräfte des Marktes	self-healing/self-regulating market forces
Staatswohl	the welfare of the state
Störungen beseitigen	to rectify/ iron out imbalances
vereinfacht darstellen	to present in simplified form
Vertrauen in etw.	faith in sth.
Volkswirtschaftslehre	economics *(sing.)*
Wirtschaftsliberalismus	economic liberalism
Wirtschaftswissenschaften	economic sciences, economics *(sing.)*

Eine frühe *Ausprägung des Liberalismus* war die ***Physiokratie*** in Frankreich. *Begründer dieser Lehre* ist François Quesnay (1694-1774), *ein Arzt am Hofe Ludwigs XV*. Er formulierte erstmals das Phänomen des *Wirtschaftskreislaufs*, beschrieb am Beispiel Frankreichs die Entstehung und die Verwendung der *Gesamtproduktion* in einer Volkswirtschaft und entwarf somit den *Vorläufer* der *volkswirtschaftlichen Gesamtrechnung*.

In Großbritannien bezeichneten sich die Theoretiker des frühen Liberalismus als ***Klassische Schule***. Begründer und wohl berühmtester Vertreter ist Adam Smith (1723-1790), Professor für *Moralphilosophie* in Edinburgh. Ihm gelang erstmals eine umfassende und *systematische Darstellung* der Einzelerscheinungen in einer *Volkswirtschaft*. Er beschrieb die *Gesetzmäßigkeiten der Produktion* und der *Preisbildung* sowie die Vorteile der nationalen und internationalen *Arbeitsteilung*. "Das Streben nach *eigenem Nutzen* fördert die Gesamtwirtschaft" – so lautete sein optimistischer *Leitsatz* für die *wirtschaftspolitische Praxis*.

Die klassische Lehre wurde weiterentwickelt und *verfeinert*. *Im Laufe der Zeit* entstanden mehrere Ausprägungen dieser Denkschule vor allem im Hinblick auf das zulässige Maß staatlichen Einflusses. Sie reichten vom ***Manchester-Kapitalismus*** des 19. Jhdts., der durch die klare Ablehnung jeglicher staatlichen Präsenz im Wirtschaftsleben (staatsfreie Wirtschaft) gekennzeichnet war, über Ferdinand Lassalle, der diese passive Haltung des Minimalstaates gegenüber sozialen Problemen kritisierte und hierfür den Begriff des *'Nachtwächterstaates'* prägte (ein Staat, der nicht in die Wirtschafts- und Sozialpolitik eingreift), bis hin zu den Gründervätern der *Sozialen Marktwirtschaft,* Alfred Müller-Armack und Ludwig Erhard, die – sich in der wirtschaftsliberalen Tradition verstehend – dem Staat durchaus wichtige Eingriffsmöglichkeiten und *soziale Verantwortung einräumten*.

Im 19. Jhdt. waren die furchtbaren *Schattenseiten* der Industriellen Revolution nicht mehr zu leugnen: *Ausbeutung, Verarmung* und *Elend* sowie fehlende politische Rechte der Arbeiter. In dieser Zeit entstand der **Sozialismus** – die erste große *Gegenbewegung* zum klassischen Liberalismus und Kapitalismus – der *das Gemein- oder kollektive Eigentum an Produktionsmitteln postulierte*. Auch hier entwickelten sich alsbald sehr unterschiedliche Denkschulen. Vor allem in Frankreich findet der ***utopische Sozialismus*** Verbreitung. In England prägte Robert Owen (1771-1858) als Begründer der praktischen Sozialpolitik (Einführung von *Produktions- und Konsumgenossenschaften*) den stark ***praxisbezogenen Sozialismus.*** Ähnlich in Deutschland: Ferdinand Lassalle (1825-1864) u.a. propagierten genossenschaftliche Selbsthilfe. Doch den größten Einfluss auf die Wirtschaftstheorie der Zeit übte sicherlich der ***wissenschaftliche Sozialismus*** von Karl Marx (1818-1883) aus. Zu seinen wichtigsten Schriften zählen das *'Kommunistische Manifest'* und 'Das Kapital', die unter Mitwirkung von Friedrich Engels (1820-1895) entstanden. Er prangerte die Ausbeutung des Arbeiters an, und prognostizierte die *Verelendung der*

Arbeitsteilung	division of labour
Ausbeutung	exploitation
Ausprägung des Liberalismus	*here:* variant/form of liberalism
Begründer einer Lehre; Begründer einer Denkschule	propounder of a theory/doctrine; founder of a school of thought
einräumen	to concede
Elend	misery
Gegenbewegung	countermovement
Gemein-/kollektives Eigentum an Produktionsmitteln	common/collective ownership of the means of production
Gesamtproduktion	total/aggregate production
Gesetzmäßigkeiten der Produktion	laws of/governing production
Hof, ein Arzt am ~e Ludwigs XV	a physician at the court of Louis XV
Klassische Schule, Schule des Klassischen Liberalismus	the classical school, classical liberalism
Kommunistisches Manifest	Communist Manifesto
Laufe, im ~ der Zeit	in the course of time
Leitsatz	guiding principle
Manchester-Kapitalismus	Manchester capitalism
Moralphilosophie	moral philosophy
'Nachtwächterstaat'	'nightwatchman state'
Nutzen, eigener ~	one's own interest
Physiokratie	physiocracy
postulieren	to postulate, premise, posit
praxisbezogener Sozialismus	practical socialism
Preisbildung	price formation
Produktions- und Konsumgenossen-schaften	producer and consumer cooperatives
Schattenseiten	downside *(no pl.)*, dark side *(no pl.)*
soziale Verantwortung	social responsibility
soziale Marktwirtschaft	social market economy
Sozialismus, utopischer ~	utopian socialism
systematische Darstellung	systematic presentation
Verarmung	poverty
Verelendung der Massen	dire impoverishment of the masses
verfeinern	to refine
Volkswirtschaft	the economy
volkswirtschaftliche Gesamtrechnung	national accounting/accounts
Vorläufer	forerunner
Wirtschaftskreislauf	economic cycle
wirtschaftspolitische Praxis	economic practice
wissenschaftlicher Sozialismus	scientific socialism

Massen und den Zusammenbruch der kapitalistischen Gesellschaft, die nach der *Diktatur des Proletariats in* eine *klassenlose Gesellschaft münden würde.*

Im 20. Jhdt. versuchte der ***Bolschewismus*** die Lehren von Marx in Russland und anderen Staaten *in die Praxis umzusetzen.* Lenin, Stalin u.a. entwickelten die *zentral verwaltete Kommandowirtschaft.*

1936 erschien das Hauptwerk von John Maynard Keynes (1883-1946), und es folgte eine wahre Revolution in der ökonomischen Theorie. *Vor dem Hintergrund* der *Weltwirtschaftskrise* der Jahre 1929-33, des Elends und der *Massenarbeitslosigkeit* entstand mit dem ***Keynesianismus*** die zweite große Gegenbewegung zum Liberalismus.

Kennzeichen des Keynesianismus:
- *Nachfrageorientierte Wirtschaftspolitik;*
- bei *rückläufiger Gesamtnachfrage* muss der Staat durch zusätzliche *Staatsausgaben*, wenn nötig auch durch *Verschuldung* (Deficit Spending), *nachfrage- und beschäftigungswirksame Maßnahmen* finanzieren;
- der Markt kann sich also nicht selbst regulieren; der Staat sollte gegebenenfalls *eingreifen;*
- zentrale *Steuerungsgrößen* in der Wirtschaftspolitik sind finanz- und *fiskalpolitische Instrumente.*

In den 50er und 60er Jahren *bekannte man sich* in den USA und anderen Industriestaaten *zu keynesianischer Wirtschaftspolitik.* Doch im Zeichen *anhaltender* wirtschaftlicher Probleme in den 80er und 90er Jahren *mehrten sich kritische Stimmen. Das Pendel begann wieder in die andere Richtung zu schlagen*, und die Ära des ***Neoliberalismus*** (wirtschaftsliberale Ausprägung des 20. Jhdts.), verkörpert durch den ***Monetarismus***, sollte beginnen. Begründer und herausragender *Verfechter* ist Milton Friedman. Der Monetarismus fand seinen Niederschlag in der Politik: in den USA wurde Reaganomics und in Großbritannien der *Thatcherismus* praktiziert.

Kennzeichen des Monetarismus sind:
- *Angebotsorientierte Wirtschaftspolitik*, d.h. Förderung der Unternehmenstätigkeit;
- die unternehmerische Initiative soll durch Deregulierung, d.h. den Abbau staatlicher Kontrollen, unterstützt werden;
- der Staat gilt als *Störfaktor* - staatliche Eingriffe haben destabilisierende und somit negative Auswirkungen;
- stattdessen: Vertrauen auf die Selbstheilungskräfte des Marktes;
- zentrale Steuerungsgröße in der Wirtschaftspolitik: die *Geldmenge* im Rahmen der *Geldpolitik.*

Nach dem *Fall der Mauer*, dem Zusammenbruch der Sowjetunion und dem *Scheitern* der Zentralverwaltungswirtschaft ist der *Systemwettbewerb* zugunsten des *Primats der Marktwirtschaft* entschieden. Doch die *Kontroverse* über die richtige Wirtschaftslehre hält auch im neuen Millennium an. Die volkswirtschaftlichen Lehrmeinungen des Monetarismus und Keynesianismus haben nach wie vor Einfluss auf die Gegenwart – sowohl in der *akademischen Welt* als auch im Hinblick auf die wirtschaftspolitische Praxis.

akademische Welt	academia, academic circles
angebotsorientierte Wirtschaftspolitik	supply-side economics
anhaltend	*here:* persistent
bekennen, sich zu etw. ~	to adhere to sth.
Bolschewismus	Bolshevism
Diktatur des Proletariats	dictatorship of the proletariat
eingreifen	to intervene
Fall der Mauer	fall of the Berlin wall
fiskalpolitische Instrumente	fiscal instruments
Geldmenge	money supply/stock
Geldpolitik	money/monetary policy
Hintergrund, vor dem ~ von etw.	*here:* against the backdrop of sth.
keynesianische Wirtschaftspolitik	Keynesian economics/economic theory
Keynesianismus	Keynesianism
klassenlose Gesellschaft	classless society
Kontroverse	controversy
kritische Stimmen mehrten sich	there was increasing criticism
Massenarbeitslosigkeit	mass unemployment
Monetarismus	monetarism
nachfrage- und beschäftigungswirksame Maßnahmen	measures to stimulate demand and employment
münden, in etw. ~	to lead to sth.
nachfrageorientierte Wirtschaftspolitik	demand-side economics
Neoliberalismus	neo-liberalism
Pendel, das ~ begann wieder in die andere Richtung zu schlagen	the pendulum started to swing in the opposite direction
Praxis, in die ~ umsetzen	to put into practice
Primat der Marktwirtschaft	primacy of the market economy
rückläufige Gesamtnachfrage	declining aggregate demand
Scheitern	failure
Staatsausgaben	government spending
Steuerungsgröße	steering measure
Störfaktor	disruptive influence
Systemwettbewerb	competition of economic systems
Thatcherismus	Thatcherism
Verfechter	proponent
Verschuldung	borrowing
wirtschaftspolitische Praxis	economic practice
zentral verwaltete Kommandowirtschaft, zentrale Planwirtschaft, Zentralverwaltungswirtschaft	command economy, centrally planned economy

The State Versus the Market

Economic policy *decisions* since World War 2 have *predominantly* been *shaped* by the theories of two 20th century intellectual giants, John Maynard Keynes and Milton Friedman. Their ideas, which were in many respects contradictory, have over the years *captured the imaginations* of policymakers all around the world.

John Maynard Keynes (1883 – 1946)

Keynes was born in Cambridge, England, into a relatively well-to-do *scholarly* family, and shone both academically and socially at his *public school*, Eton. While studying at Cambridge, where he *lived undergraduate life to the full*, his focus widened from mathematics to politics and *economics*. As a member of the *Bloomsbury Group* in London he also had wide-ranging cultural interests – which is reflected in the exceptional quality of his writing – and developed a *penchant for* independent thought, which is very evident in his political opinions and original approach to orthodox economic doctrine. After lecturing at Cambridge, he made a brilliant career with the *Treasury* during World War I and participated in the post-war negotiations at the Peace Conference in Versailles. He abruptly *resigned this post*, disgusted at the political *machinations,* and convinced that the harsh *reparation terms* imposed on an *impoverished* Germany would lead to further political *upheaval* in Europe. His critical pamphlet on "The Economic Consequences of the Peace" was a runaway success and later was instrumental in promoting Europe's economic recovery after World War 2. In 1920, however, it won him little favour with the British government; matters did not improve when he criticised Britain's return to the *gold standard* in 1925 under Churchill as *Chancellor of the Exchequer*. Privately his life was very successful: he lectured, worked as an *investment consultant* and journalist, and made a prosperous living from *playing the stockmarket*. It was at this time too that he exchanged his homosexual lifestyle for a happy marriage to Lydia Lopokova, a Russian ballerina.

The Great Depression brought another turn in his life. The *plight* of the large masses of unemployed *distressed* him greatly and, *flying in the face of* conventional economic thought, he approved the *Liberals'* idea of getting workers off the *dole* by introducing *public works* programmes. He *propounded* the theoretical basis for this in his most famous work, "The General Theory of Employment, Interest and Money", published in 1936, which was an instant success and influenced successive governments worldwide, particularly in the 50s and 60s. During World War 2 he again worked for the Treasury, was *knighted* in 1942, and played a prominent role as an advisor at the Bretton Woods *Conference* in 1944. This was *convened* to design a new liberal world economic order which would avoid a *recurrence* of the disastrous *trade warfare* between nations of the 1930s. Keynes died not very long later, having suffered serious heart problems for a number of years.

Bloomsbury Group	Bloomsbury-Zirkel
Group of artists and writers living in the central London district of Bloomsbury at the beginning of the 20th century and noted for their unconventional lifestyle, liberal sexual mores and pacifist leanings.	
Chancellor of the Exchequer *(UK)*	Chancellor of the Exchequer, Schatzkanzler, britischer Finanzminister
convene, to ~ a conference	eine Konferenz einberufen
distress sb. *(vb)*	jdm. sehr nahe gehen
dole *(coll.) (no pl.)*, to be on the ~; *syn:* to be jobless/unemployed	stempeln gehen *(ugs.)*; *Syn:* arbeitslos sein
economics *(sing.)*	1. Wirtschaftswissenschaften 2. Volkswirtschaftslehre, VWL
face, to fly in the ~ of sth.	sich über etw. hinwegsetzen
gold standard	Goldstandard
System whereby the value of a currency is defined in terms of gold. Widespread until the 1st World War, it was abandoned by one country after another as they had insufficient gold reserves to back the currency they issued.	
imagination, to capture sb's ~	jdns. Phantasie beflügeln
impoverished	verarmt
investment consultant	Investmentberater
knight *(vb)*	adeln, in den Adelsstand erheben
Liberals	die Liberalen
UK political party advocating liberal policies, now recreated as Liberal Democrats.	
machinations *(usu.pl.)*	Machenschaften
penchant, to have a ~ for sth.	eine Neigung zu etw. haben
plight *(usu. sing.)*	Misere
predominantly	überwiegend
propound *(vb)*	aufstellen, vortragen
public school *(UK)*	Privatschule *(meist Internat)*
Fee-paying (gebührenpflichtig) in the UK; in the USA = öffentliche Schule	
public works *(no sing.)*	öffentliche Bauvorhaben
recurrence	Wiederkehr, Aufflackern
reparation terms	Wiedergutmachungsauflagen
resign, to ~ a post	von einem Posten zurücktreten
scholarly *(adj.)*	gelehrt, hochgebildet
shape, to ~ decisions	Entscheidungen beeinflussen
stockmarket, to play the ~	an der Börse spekulieren
trade warfare *(no pl.)*	Handelskriege
Treasury	*hier:* Treasury, britisches Schatzamt
undergraduate, to live ~ life to the full	das Studentenleben in vollen Zügen genießen
An undergraduate is a student who has not yet earned his/her first degree.	
upheaval *(usu. sing.)*	Umwälzungen, Verwerfungen

Main *Propositions* of *Keynesian Economics*

As indicated above, Keynes's best-known *precepts originated as a response to* the *persistent recession* and mass unemployment of the late 20s and early 30s. Here orthodox economic theory had failed, which said that a *depression* would automatically cure itself because workers would accept lower wages as unemployment increased (cf. page 434 ff.). Keynes said that if demand falls low enough, output will also drop and the economy will find itself in a state of equilibrium, but at an unacceptably high level of unemployment. The only means of escape out of this impasse is consciously to encourage demand. He suggested that the standard mechanisms were not working because

- even minimal wages will not *eradicate* unemployment if demand is low
- recovery can only come about by *stimulating aggregate demand*. Here the fault does not lie so much with consumers, whose income is limited, but with investors, that is the *public sector* and private industry. With a mild recession, demand can usually be *restored* by lowering interest rates, thus stimulating *business investment*, e.g. in new production facilities, and *boosting* demand and employment. In times of severe prolonged recession entrepreneurs will have poor expectations about the future and will tend to show a *liquidity preference*, that is to *hoard* any money they have rather than invest it. *Business confidence* will be so low that *monetary measures* in the form of lower interest rates will have no effect. *It is* then *up to* the public sector to stimulate demand, for example by initiating public works projects, *granting subsidies*, *launching job-creation schemes*, providing *investment incentives* (e.g. *tax relief*) and lowering taxes. It is almost inevitable that the state will *deliberately* have to *go into deficit* to finance these measures, that is to pursue a policy of *deficit spending*.

  The injection of extra money into the economy (known as pump-priming in the USA, e.g. during the *New Deal*) will have a *multiplier effect*, i.e. higher incomes will lead to higher consumption, which in turn will generate higher incomes, and so on. However this effect will be limited because there is a tendency for people to spend only a proportion of their <u>extra</u> income (the *marginal propensity to consume (MPC))* and save the rest (*marginal propensity to save (MPS))*. On the basis of the MPC it is possible to work out the multiplier, i.e. the effect an injection of extra money will have on the economy.

The notion that the state should intervene in the economic process to boost employment and demand and deliberately incur a deficit was revolutionary when Keynes first introduced it, but was quickly adopted by one country after another. Keynes in fact seems to *advocate* deficit spending as a *discretionary remedy for* recessions and short-term phenomena such as *volatile business expectations* and unemployment, not as a *routine tool of fiscal policy.* He also never *underestimated* the importance of monetary policy and price stability.

advocate *(vb)*	befürworten
boost *(vb)*	ankurbeln
business confidence *(no pl.)*	Geschäftsklima
business expectations	Zukunftserwartungen der Wirtschaft
business investment *(no pl.)*	gewerbliche/betriebliche Investitionen
NB Investment in the sense of 'Finanzanlage' is used in both the sing. and pl.	
deficit spending *(no pl.)*	Deficit-Spending
deficit, to deliberately go into ~	absichtlich rote Zahlen schreiben
demand *(no pl.)*, aggregate ~	gesamtwirtschaftliche Nachfrage
depression	Depression, starke Rezession
Long-term recession characterised by persistent mass unemployment.	
discretionary	diskretionär *(d.h. nach Ermessen im Einzelfall angewandt)*
eradicate *(vb)*	gänzlich beseitigen, ausmerzen
fiscal policy, routine tool of ~	fiskalpolitisches Standardinstrument
hoard *(vb)*	horten
investment incentive	Investitionsanreiz
job-creation scheme/programme, to launch a ~	ein Arbeitsbeschaffungsprogramm starten
Keynesian economics, Keynesianism	Keynesianismus
liquidity preference	Liquiditätspräferenz
marginal propensity to consume, MPC	marginale Konsumneigung/-quote
marginal propensity to save, MPS	marginale Sparneigung/-quote
monetary measures	geldpolitische Maßnahmen
multiplier effect	Multiplikatoreffekt
New Deal	New Deal
Public works programme successfully introduced in USA in 1933 to combat the Great Depression (Weltwirtschaftskrise).	
originate, to ~ as a response to sth.	als Reaktion auf etw. entstehen
persistent *(negative idea)*	anhaltend
precept	Grundsatz, Lehre
proposition	These, Credo
public sector	die öffentliche Hand
recession	Rezession, Flaute
Decline in real (i.e. inflation-adjusted) GDP for 2 or more successive quarters.	
remedy for sth.	Heilmittel gegen etw.
restore *(vb)*	wiederherstellen
stimulate *(vb)*	Impulse geben
subsidy, to grant a ~	eine Subvention gewähren
tax relief *(no pl.)*	Steuererleichterung
underestimate *(vb)*	unterschätzen
up to, it is ~ sb. to do sth.	es obliegt jdm. etw. zu tun
volatile	stark schwankend, volatil

Most Western governments pursued Keynesian policies between 1945 and 1970, and although deficit spending was not generally necessary until the 60s, the confidence inspired by these policies generated the optimism which *fuelled* the *postwar boom*. Keynesian policies *fell into disrepute* in the 70s, when they proved *unequal to* coping with inflation *induced* by soaring oil prices. The 80s saw the triumph of *monetarism*, although America's *subsequent supply-side boom* (cf. page 436 ff.), which saw tax cuts plus meteoric state spending and *spiralling* budget deficits, was *arguably essentially* Keynesian.

Milton Friedman (1912 – 2006)

Friedman was born in Brooklyn, New York, the son of Jewish immigrants from eastern Europe. At the age of 15, Friedman was forced to go out to work to help support the family when his father died, but being exceptionally *gifted won a scholarship* to enter nearby Rutgers University when he was only 16. He later studied at Chicago and then Columbia for his master's degree and *Ph.D.*, returning as a professor to Chicago in 1946. As the leading *exponent* of the *Chicago School* with its supreme faith in the *free market system* he found increasing *renown*, *culminating* in the award of the Nobel Prize for Economic Science in 1976. In the 80s he moved to Stamford University in California.

An *amiable*, but somewhat controversial figure, Friedman's ideas have influenced many central banks and leading western politicians, including UK Prime Minister Margaret Thatcher and US President Ronald Reagan, despite the fact that he came in for a storm of criticism for *advising* Chilean dictator President Pinochet in 1973. Although loosely referred to as monetarism, Friedman's ideas cover much wider ground than purely economic theory and amount to a *neoliberal* ideology favouring *individual freedom and initiative*.

Friedman believed that the best government is the one that *governs* the least, and these ideas are *expounded* in detail in his "Capitalism and Freedom" (1962), where, in direct contrast to Keynes, he declares that the role played by the state should be reduced to an absolute minimum in order to *promote private initiative* and *permit the free play of market forces*. His proposals extend beyond the economic sphere, for example he suggests that

- the USA should only have a *professional army* (long since introduced)
- the *welfare system* is a scandalous *waste of taxpayers' money*, especially the high *administration* costs; welfare schemes should be replaced by a *negative income tax*, i.e. direct payments to those below a certain income
- to promote competition in *education*, parents should be issued with *vouchers* enabling them to send their children to schools of their own choice, whether private or public (partly *in place*)
- tax systems should be simplified, thus reducing bureaucracy. A *flat-rate tax* of about 20% would raise the same amount of revenue as the existing complex systems with their wide range of rates rising to as much as 90%.

administration *(no pl.)*	Verwaltung
advise *(vb) (noun = advice, no pl.)*	beraten
NB 'Consultant' = Berater, but 'to consult' = Rat holen, sich beraten lassen	
amiable	gutmütig, umgänglich
arguably	man könnte behaupten, dass
Chicago School	Chicagoer Schule
culminate, to ~ in sth.	gipfeln in
disrepute *(no pl.)*, to fall into ~	in Verruf geraten
education *(no pl.)*	Bildungswesen
essentially	im Grunde, im Wesentlichen
exponent	Vertreter, Protagonist
expound *(vb)*	darlegen, vortragen
flat-rate tax	Einheitssteuer
free market system	freie Marktwirtschaft
fuel *(vb)*	schüren
gifted	begabt
govern *(vb)*	regieren
individual freedom and initiative *(no pl.)*	(Entscheidungs-)Freiheit und Eigeninitiative des Einzelnen
induced	bedingt, induziert
market forces, to permit the free play of ~	das freie Spiel der Marktkräfte zulassen, die freien Marktkräfte nach Belieben walten lassen
monetarism *(no pl.)*	Monetarismus
negative income tax	negative Einkommenssteuer (*z.B. Bürgergeld)*
neoliberal	neoliberal
Ph.D., Doctor of Philosophy *(written after name: Milton Friedman Ph.D.)*	Dr. Phil. *(Im Deutschen steht Dr. Phil.* ***vor*** *dem Namen.)*
place, to be in ~	eingeführt/in Betrieb sein
postwar boom	Nachkriegsboom
private initiative *(no pl.)*, to promote ~	Privatinitiative fördern/anregen
professional army	Berufsarmee
renown *(no pl.)*	Renommee, Ansehen
scholarship, to win a ~	ein Stipendium erhalten
spiralling	ins Unermessliche steigend
subsequent	(darauf) folgend
supply-side boom	Hochkonjunktur der angebotsorientierten Wirtschaftspolitik
taxpayers' money (*no pl.*), waste of ~	Verschwendung von Steuergeldern
unequal, to be ~ to sth	einer Sache nicht gewachsen sein
voucher	Gutschein
welfare system	soziales Netz

This approach to the role of the state prompted the *tax cuts* and *deregulation* measures initiated by Ronald Reagan and Margaret Thatcher in the 80s. Friedman's belief in the *efficiency* of the markets also caused him to advocate the replacement of *fixed exchange rates* by *floating rates* determined by the free play of market forces, and these have at least nominally been in place between the major economies since the early 70s.

Main propositions of monetarism

Monetarists return to the laissez-faire views of *classical liberalism* in that they focus on individual rights and private initiative; they *attribute fluctuations in business activity* primarily *to* monetary causes, that is to fluctuations in the *money supply*, and therefore consider that it is the primary duty of the state to create a *climate* which is sufficiently *secure* and stable to permit *steady moderate* growth of the money supply at the same rate as *GNI*. This will promote long-term stability and prevent inflation, and will avoid the use of short-term monetary and fiscal measures which can lead to *sharp expansions* and *contractions* and inflation. *Keynesians* on the other hand, as we have seen, think that fluctuations in business activity are also *triggered* by non-monetary causes, in particular by the private sector's changing expectations about the future, and that the state should intervene to *mitigate* these effects. Friedman doubted the *efficacy* of such intervention. His analysis of *consumption patterns* led him to expound his *permanent income hypothesis* in which he *postulates* that consumers form expectations about their *prospective long-term income* and do not allow short-term rises or falls in income to *affect* their consumption patterns; in other words he considers that short-term injections of money into the economy will not be as *effective* a *troubleshooting* measure as Keynes thought. Moreover government borrowing to finance these measures will, he says, lead to *crowding out*, that is the public and the private sector will be competing for credit, thus pushing up interest rates and *stifling* private investment.

More state or less state?

This has been the underlying theme of macro-economic debate ever since economists first started to propound theories about *economic processes*. Nowadays – and this is Keynes' great *legacy* – it would seem to be generally accepted that some degree of action needs to be taken by the state to protect its citizens and *promote* their *wellbeing*, even if this only takes the minimal form of ensuring a suitable business climate as suggested by Friedman. The globalisation of markets and the rise of larger economic entities such as the EU will, however, *call for* changes in the way such policies are devised and implemented. As Keynes famously said, we cannot always wait for matters to take care of themselves:

> "The long run is a misleading guide to current affairs. *In the long run* we are all dead. Economists set themselves too easy, too useless a task if in tempestuous seasons they can only tell us that when the storm is long past the ocean is flat again."

affect *(vb)*	beeinflussen
attribute, to ~ sth. to sth.	etw. auf etw. zurückführen, etw. einer Sache zuschreiben
call, to ~ for sth., demand sth.	etw. verlangen, benötigen, erfordern
classical liberalism *(no pl.)*	Klassicher Liberalismus
climate, environment *(usu. sing.)*	Klima, Szenario, Umfeld, Rahmenbedingungen
consumption pattern	Verbrauchsmuster, Konsumverhalten
contraction	Abschwung
crowding out *(no pl.)*	Crowding-Out
deregulation *(no pl.)*	Deregulierung, Liberalisierung
Removal or reduction of central regulations and restrictions in order to boost economic activity, including privatising and splitting up state monopolies.	
economic processes	ökonomische Abläufe
effective	wirksam
efficacy *(no pl.)*	Wirksamkeit
efficiency *(no pl.)*	Effizienz, Leistungsfähigkeit
expansion, sharp ~	deutlicher/markanter Aufschwung
fixed exchange rate	fester Wechselkurs
Exchange rate which is pegged to some parity (Parität), usually a specific rate of exchange with a key currency such as the US$.	
floating rate	floatender/frei schwankender Kurs
Exchange rate which varies according to market supply and demand.	
fluctuations in business activity	Konjunkturschwankungen, Konjunkturausschläge
GNI, Gross National Income	BNE, Bruttonationaleinkommen
Keynesian *(noun)*	Keynesianer
legacy	Vermächtnis
long run, in the ~	auf lange Sicht, langfristig
mitigate *(vb)*	lindern, mildern
moderate *(adj.)*	moderat, angemessen, maßvoll
money supply/stock *(no pl.)*	Geldmenge
permanent income hypothesis	Hypothese über das permanente Einkommen
postulate, posit, premise *(vb)*	postulieren, These/Theorie aufstellen
promote, to ~ wellbeing *(no pl.)*	das Wohlergehen fördern
prospective long-term income	langfristig erwartetes Einkommen
secure *(adj.)*	sicher
steady *(adj.)*	stetig
stifle *(vb)*	abwürgen, im Keim ersticken
tax cut	Steuersenkung
trigger *(vb)*	auslösen
troubleshooting *(no pl.)*	Troubleshooting-Maßnahme

1. Speaking your mind

Auffassung, die ~ vertreten, dass ...	to state that, to be of the opinion that
Auffassung, nach (einhelliger) ~	it is (unanimously/generally) agreed that
Auffassung, nach ~ von	in the opinion of
Aufruf	rallying cry/call, battlecry
Ausspruch, den berühmten ~ tun	to coin the famous catchphrase
definitionsgemäß, laut Definition	by definition, is/are defined as
Geschichte, in die ~/Geschichts-bücher/Annalen eingehen als	to go down in history/ the history books/ the annals as
lautet, das Credo/Motto/die Devise ~	their creed/motto/slogan is/runs
Lehrmeinung, die akademische ~ besagt, dass ...	according to leading academics, received academic theory says
postulieren	to postulate, to posit
prägen, den Begriff ~	to coin the term/phrase
sinngemäß zum Ausdruck bringen	to convey the idea that
stammt von ..., der Satz ~	these words were written/spoken by, this quotation stems/comes from, ... was the author/source of these words
These, die ~ aufstellen, dass ...	to propound a/the theory/thesis that
zitieren	to quote

Translate the following sentences

(a)	Der berühmte Aufruf *"Proletarier aller Länder vereinigt Euch!"* stammt aus dem Kommunistischen Manifest von Karl Marx.
(b)	Adam Smith vertrat die Auffassung, dass der Staat praktisch nur für die Verteidigung und die innere Sicherheit zuständig sein sollte. Für eine ähnliche These prägte Lassalle später den Begriff *'Nachtwächterstaat'*.
(c)	Von Keynes stammt der Satz: *"Langfristig sind wir alle tot"*. Er wollte damit sinngemäß zum Ausdruck bringen, dass in wirtschaftlichen Notzeiten ein schnelles Eingreifen des Staates notwendig sei und man nicht auf eine Selbstheilung des Marktes in ferner Zukunft warten könne.
(d)	Die Nachfolger von A.W. Phillips stellten die These auf, dass es einen Tradeoff zwischen der Beschäftigung und der Inflationsrate gäbe.
(e)	*"Wer zu spät kommt, den bestraft das Leben."* Dieser viel zitierte Ausspruch stammt von Michail Gorbatschow.
(f)	Die akademische Lehrmeinung in der Ökonomie besagt, dass der Preis eines Gutes durch Angebot und Nachfrage am Markt bestimmt wird. Laut Definition versteht man unter Preis den in Geld ausgedrückten Gegenwert einer Ware oder Dienstleistung.
(g)	Laffer postulierte, dass eine Entlastung der Steuerzahler langfristig für inflationsfreies Wachstum sorgen würde.
(h)	Der Ausruf *"Wir sind das Volk!"* wird nach einhelliger Auffassung in die Geschichtsbücher eingehen als die Devise der friedlichen Montagsdemonstrationen in der früheren DDR, die die Mauer zu Fall brachten.

2. Affect or effect?

1. *verb*	**to affect**	sich auswirken auf, eine Wirkung auf etw. haben
• *I won't allow your comments to affect my decision.*		
noun	**effect**	Einfluss, Wirkung
• *The effect of your comments was to make me stubborn.*		

2. *verb*	**to effect** *(fairly formal)*	tätigen, ausführen, bewirken
• *The transfer will be effected electronically.*		
noun	**execution**	Durchführung, Ausführung
• *The execution of the transfer will cost you 32 cents.*		

Insert affect or effect as appropriate in the following sentences

(a)	We'll ... delivery once the money has been credited to our account.
(b)	Bloomsbury had the ... of broadening his interests.
(c)	His ill health ... his exam results.
(d)	The new legislation ... a radical change in business confidence.
(e)	We'd better wait to see the ... of the medicine before taking any more.
(f)	Too much internet-surfing can ... your eyes.

3. Match the following personalities with the appropriate institutions and write a short presentation on one of them who/which interests you

• Virginia Woolf	• Bretton Woods
• Franklin D. Roosevelt	• Treaty of Versailles
• Harry Dexter White	• Bloomsbury
• Lloyd George	• New Deal

4. A question of degree

slight * slim * restrained * modest * gentle * minor * scant * tame * tepid

tangible * perceptible * palpable * noticeable

appreciable * marked * pronounced * significant * distinct

considerable * substantial * major * sizeable * handsome

massive * huge * resounding * gigantic * spectacular * swingeing * prodigious

Rearrange the following German adjectives to form 5 similar groups, starting with the first word in each line

leicht	enorm	feststellbar	sanft	eindeutig
erkennbar	ansehnlich	gewaltig	bescheiden	bedeutend
nennenswert	spürbar	merklich	verhalten	deutlich
beträchtlich	riesig	moderat	ungeheuer	beachtlich
massiv	handfest	erheblich	ausgeprägt	lustlos

NB: 'anhaltend' is translated differently depending on whether the idea to be expressed is positive or negative: *sustained* growth, but *persistent* inflation.

1.

(a) The famous rallying cry "*Workers of the world, unite!*" comes from the Communist Manifesto by Karl Marx.

(b) Adam Smith was of the opinion that the state should practically only be responsible for defence and internal security. Lassalle later coined the term *nightwatchman state* to convey a similar theory.

(c) Keynes wrote "*In the long run we're all dead*". The idea he wanted to convey was that in times of economic distress it is essential that the state provide speedy intervention and that there isn't time to wait for the market to regulate itself at some distant point in the future.

(d) The successors of A.W. Phillips propounded the theory that there was a tradeoff between employment and the inflation rate.

(e) Mikhail Gorbachev was the author/source of the widely-quoted catchphrase "*Life will punish the latecomers*".

(f) According to received economic academic theory, the price of a good is determined by supply and demand in the market. The price is by definition/is defined as the quantity of money which must be exchanged for a commodity or service.

(g) Laffer postulated that a reduction in the taxpayers' tax burden would in the long run ensure growth without inflation.

(h) It is generally agreed that the rallying call "*We are the people!*" will go down in the history books as the motto of the peaceful Monday demonstrations in the former GDR, which led to the fall of the Berlin Wall.

2.

(a)	effect	(d)	(has) effected
(b)	effect	(e)	effect(s)
(c)	(has) affected	(f)	affect

3.

Virginia Woolf – Bloomsbury
Franklin D. Roosevelt – New Deal
Harry Dexter White – Bretton Woods
Lloyd George – Treaty of Versailles

4.

1. leicht – verhalten – bescheiden – sanft – moderat – lustlos
2. erkennbar – spürbar – feststellbar – merklich
3. nennenswert – deutlich – ausgeprägt – eindeutig – handfest
4. beträchtlich – beachtlich – bedeutend – ansehnlich – erheblich
5. massiv – gewaltig – ungeheuer – enorm – riesig

Stichwortverzeichnis

A

F

G

H

N

O

P

Q

R

S

V

W

Index

A

C

D

E

F

G

M

N

O

Q

R

S